Grandi Tascabili Economici

292

Titolo originale: *Howard Carter and the discovery of the tomb of Tutankhamun*
Traduzione di Pietro Negri

Prima edizione: ottobre 1994
Grandi Tascabili Economici Newton
Divisione della Newton Compton editori s.r.l.
© 1994 Newton Compton editori s.r.l.
Roma, Casella postale 6214

ISBN 88-7983-665-X

Stampato su carta Libra Cream della Cartiera di Kajaani
distribuita dalla Fennocarta s.r.l., Milano
Copertina stampata su cartoncino Fine Art Board della Cartiera di Aanekoski

H.V.F. Winstone

# Alla scoperta della tomba di Tutankhamun

Edizione integrale

Grandi Tascabili Economici
Newton

*a Nancy e Jack*

*Grandi Tascabili Economici, sezione dei Paperbacks*
*Pubblicazione settimanale, 26 ottobre 1994*
*Direttore responsabile: G.A. Cibotto*
*Registrazione del Tribunale di Roma n. 16024 del 27 agosto 1975*
*Fotocomposizione: Centro Fotocomposizione Calagreti s.n.c., Città di Castello (PG)*
*Stampato per conto della Newton Compton editori s.r.l., Roma*
*presso la Rotolito Lombarda S.p.A., Pioltello (MI)*
*Distribuzione nazionale per le edicole: A. Pieroni s.r.l.*
*Viale Vittorio Veneto 28 - 20124 Milano - telefono 02-29000221*
*telex 332379 PIERON I - telefax 02-6597865*
*Consulenza diffusionale: Eagle Press s.r.l., Roma*

# Prefazione all'edizione italiana

Immagino che il destino della maggior parte dei biografi sia quello di imbattersi in qualche dato nuovo e utile proprio quando il loro libro va in stampa.

La stessa cosa è capitata con Carter.

Mi ero appena accomiatato dal mio manoscritto, che il mio amico dottor Nicholas Reeves, a quel tempo addetto al settore dell'Egitto presso il British Museum, si fece avanti con una lettera che aveva scoperto nell'archivio del Griffith Institute a Oxford e che getta una luce rivelatrice sulla disposizione d'animo che il mio personaggio mantenne nel corso degli anni nei suoi rapporti con i compagni archeologi.

La lettera, in data 2 febbraio 1891, era stata scritta da Francis Llewellyn Griffith a John E. Newberry, fratello del professor Percy E. Newberry, coloro cioè che si erano assunti la responsabilità di raccomandare Carter al suo primo mecenate, Lord Amherst, e di farlo assumere inizialmente in Egitto. Essa diceva:

(...). Se per caso incontri un colorista (l'occhio per il colore deve essere il requisito principale oltre alla conoscenza del disegno), al quale piacesse fare un viaggetto [in Egitto] tutto spesato, ma niente altro, ti sarei molto grato se tu gli chiedessi di presentarsi... A me sembra che il costo sia un fattore importante, a prescindere che l'artista sia o non sia un gentiluomo. Tuo fratello può fare amicizia con Fraser [un altro assistente artistico in Egitto], non fa niente che l'artista lo trovi di una noia mortale. È molto probabile che un gentiluomo, a meno che non abbia un temperamento parsimonioso, si impelaghi in spese straordinarie, mentre se si facesse partire un plebeo, P.E. N[ewberry] potrebbe prenderlo sotto le sue ali e amministrare tutto il suo mantenimento ecc. in qualità di suo datore di lavoro. In tal modo si potrebbero risparmiare 2 o 3 scellini al giorno...

Sono obbligato nei confronti di Mr Anthony Leadbetter, il quale mi ha fornito un'altra informazione supplementare, di cui il lettore dovrebbe tener conto nel valutare il comportamento di Lady Carnarvon nel finanziare la spedizione Tutankhamun, nel sostenere le spese per le operazioni di sgombero del sepolcro dopo la morte del marito e nel vendere al Metropolitan Museum di New York alcuni dei suoi acquisti più belli. Come espongo nel corso della mia narrazione, il matrimonio di Almina con il quinto conte di Carnarvon avvenuto nel 1895 fu combinato dal padre naturale, il barone Alfred de Rothschild, per garantire una posizione sociale molto ambita alla sua unica figlia. La dote di 250.000 sterline, una somma enorme per quell'epoca, fu accresciuta nel corso degli anni e sperperata in larga misura dal marito e dalla moglie. Essa tuttavia garantì la prosecuzione dell'attività di Carnarvon in Egitto e del suo appoggio a Carter, nonché l'acquisto di tante belle cose su esortazione dello stesso Carter. Il barone de Rothschild, quando morì nel 1918, lasciò alla figlia le sue case di Londra a Seamore Place e in Bruton Street (la prima, da sola, era valutata a 500.000 sterline), la sua preziosa collezione d'arte e le sue ricchezze private. Eppure Almina doveva morire nell'indigenza, in una casetta di provincia, sottoposta a sequestro cautelativo dai figli per metterla al sicuro dalla sua naturale tendenza a comportarsi, a detta del curatore fallimentare designato d'ufficio, «da fata benefica nei confronti di tutti senza eccezione».

Con l'aggiunta di quell'informazione di fondo e di alcune rettifiche apportate all'edizione originale inglese, sono lieto di come il libro si presenta e del fatto che stia per uscire in una edizione in italiano.

*luglio 1992*

H.V.F. WINSTONE

# Introduzione

*Fra tutti gli eruditi, tuttavia, quelli che hanno la pretesa di indagare sulle più antiche memorie del passato debbono come minimo implorare pietà e discolparsi, quando la loro passione li spinge a commettere deplorevoli abusi. In genere ci si accorge che alla mancanza di documenti essi suppliscono ricorrendo a ipotesi, continuando poi a lasciarsi indurre a credere autentiche le opinioni che perfino a loro stessi, in un primo momento, erano sembrate basarsi soltanto sulla fantasia.*

Oliver Goldsmith *

Ho iniziato le mie ricerche sulla vita di Howard Carter nel 1986. Quando accennavo alla massima impresa da lui compiuta, cioè alla scoperta della tomba di Tutankhamun, gli occhi di chi mi ascoltava si illuminavano e immediatamente la sua mente andava agli splendidi tesori oggi svelati dalle mostre internazionali itineranti del 1972-73, organizzate in occasione del cinquantenario di quell'avvenimento. Ma che c'entrava Howard Carter?

Nella maggior parte delle enciclopedie è incluso, a dir tanto, in coda al lemma dedicato al suo mecenate e collaboratore, il quinto conte di Carnarvon. Una persona soltanto, tra le tante che avvicinai, mi diede la speranza che Carter non fosse stato gettato in quel pozzo d'oblio in cui i più importanti figli d'Inghilterra vengono di solito relegati a favore degli eroi da leggenda popolare. Una giovane donna, che era venuta a conoscenza dei miei progetti, domandò senza tanti· complimenti: «Che cosa mai ci può dire che noi ancora non conosciamo?».

Fin dall'inizio sapevo che mi stavo occupando di un uomo che gli inglesi hanno deciso di lasciare assolutamente da parte, un uomo maldestro il quale, per citare le parole di un altro autore che cercò di farlo rivivere, «ha pestato i piedi a molta gente»; un uomo fino alla fine trascurato da compatrioti i quali, nella loro «gretta meschinità» [1], non gli hanno dato, in cambio della più strepitosa scoperta di tutti i tempi, neanche un modesto riconoscimento del ruolo da lui svolto nella storia dell'Impero britannico. Quando entrai in scena io non esisteva una sua biografia. Soltanto alcuni necrologi scritti cinquant'anni prima e un resoconto critico della disposizione del contenuto della tomba a cura di uno scrittore americano e funzionario di museo, il quale aveva ottenuto il privilegio di accedere a certi documenti conservati nel Metropolitan Museum of Art di New York, hanno fornito qualcosa che potrebbe costituire un punto di partenza per l'aspirante biografo. Tuttavia, appena completata la ricerca di base per il libro, e una volta che ebbi cominciato a mettere nero su bianco le

---

* Citato nel quaderno d'appunti n. 15 di Carter.
[1] La citazione è tratta da Jon Manchip White, *Introduzione*, in Howard Carter, *The Discovery of the Tomb of Tutankhamen*, New York 1977.

mie scoperte, mi accorsi di un subitaneo e imprevisto interesse per Carter, che si polarizzava sull'imminente settantesimo anniversario della scoperta della tomba, avvenuta nel novembre del 1922. Le reti radiotelevisive cominciarono a rivolgere domande che indicavano che anch'esse stavano preparandosi a colmare un vuoto di tre quarti di secolo con la produzione di servizi speciali di vario genere. Adesso sono in grado di presentare la prima relazione sulla vita di Howard Carter.

Non vi sarei riuscito se non avessi ricevuto un aiuto altamente qualificato e generoso. Qualsiasi biografia di Carter deve essere affrontata partendo dal presupposto che la sua fama si basa su una singola impresa. Tutankhamun non fu un sovrano importante se lo si pone a confronto del Nuovo Regno, la cui magnifica discendenza regale ebbe inizio a metà del xvi secolo a.C. e finì nell'xi con l'ultimo dei Ramesse, dando origine all'età aurea dell'antico Egitto. Fu, nondimeno, l'unico re egiziano il cui sepolcro abbia resistito alle attenzioni dei predatori per tre millenni. L'ineguagliabile successo di Carter consiste nell'aver previsto l'eventualità che la tomba si fosse salvata e di aver calcolato con pazienza metodica il punto in cui più o meno si trovava.

Quando ascese al trono all'età di nove anni, nella città dell'apostasia chiamata Akhetaton (Tell-el Amarna) dove si adorava l'«Aton» (disco solare o globo solare), il giovane re portava il nome di Tutankhaton (Immagine Vivente di Aton). Il nome gli era stato dato dal suocero Akhenaton (Splendore di Aton), il re eretico che fondò la nuova religione a dispetto dell'opposizione del clero. Quando morì, circa nove anni dopo, egli era Tutankhamun (Immagine Vivente di Amun [Ammone]). La corte era tornata a Tebe nella sua sede tradizionale, nonché alla sua fede tradizionale, che era basata sul culto di una divinità solare centrale all'interno di un pantheon di secondo piano, costituito da numi di minor rilievo in sembianze zoomorfiche e antropomorfiche. Erano stati cancellati quasi tutti i riferimenti alla fede apostatica. Ecco quanto scrisse al riguardo lo stesso Carter:

All'esterno, l'Impero fondato nel xv secolo [a.C.] da Thutmosi iii e tenuto, a dire il vero con difficoltà, ma comunque tenuto, dai sovrani successivi, si era afflosciato come un pallone bucato. All'interno, il malcontento era diffuso. I sacerdoti dell'antica fede, i quali avevano visto i loro numi derisi e il loro stesso sostentamento messo a repentaglio, mordevano il freno, aspettando unicamente il momento più propizio per liberarsene del tutto...

A partire dalla famosa scoperta di Carter, gli studiosi hanno discusso sia a proposito del preciso lignaggio del re, sia in merito alla natura esatta dell'eresia che egli ereditava, anche se la questione del sangue reale è irrilevante in quanto – per dirla con

Carter – «essendosi unito in matrimonio con la figlia di un re, in base alla legge egiziana sulla successione, egli era diventato subito un potenziale erede al trono».

Come ripeto, si tratta di un argomento che per qualsiasi scrittore che non avesse un bagaglio culturale specializzato in egittologia sarebbe consigliabile esaminare con circospezione e preferibilmente con l'aiuto di un esperto. Grazie ai miei primi articoli, ebbi la fortuna di mettermi in contatto con Mrs Henrietta McCall, la quale aveva scelto Howard Carter come argomento della sua tesi a Oxford. Il suo lavoro accademico si era concentrato per lo più sui documenti di Carter conservati presso il Griffith Institute dell'Ashmolean Museum. Finché ella non ebbe esaminato i diari personali e i taccuini contenuti in quell'archivio veramente importante, tali documenti non erano stati praticamente toccati da nessuno, da quando vi erano stati depositati nel 1939 in seguito alla morte di Carter. Durante la preparazione del suo saggio, Henrietta McCall visitò Highclere Castle, la dimora dei conti di Carnarvon, verso la cui famiglia Carter era in debito per il finanziamento della sua scoperta, e parlò con molti suoi coetanei. Quando venne a sapere della mia intenzione di scrivere il presente libro, mise a mia disposizione la sua tesi di laurea, gli appunti e una raccolta di libri e di articoli specializzati sull'argomento. Mi è difficile tradurre in parole la gratitudine che provo nei suoi confronti per l'aiuto generoso e la consulenza che mi ha prestato in ogni fase del mio compito. Debbo ringraziare inoltre suo marito Christopher McCall, patrocinante per la corona, il quale secondo me ha sopportato più di una volta che gli venisse rovinata la cena mentre sua moglie e io eravamo impegnati in interminabili conversazioni telefoniche a proposito del carattere di Carter, della XVIII Dinastia d'Egitto, o degli aspetti più raffinati del culto del disco solare. Se ho ragione, lo ha fatto dando prova di essere una persona dotata di un ottimo carattere.

Sarebbe impossibile per chiunque intraprendere una ricerca biografica su Howard Carter senza rivolgersi al Griffith Institute. I documenti e le fotografie in sua custodia sono *la* fonte per eccellenza e vorrei esprimere la mia gratitudine al dottor Jaromir Malek, sovrintendente archivistico, e ai suoi colleghi per il loro aiuto inesauribile e per la loro cortesia nell'agevolare la mia ricerca di prove e le mie richieste di documenti e fotografie. Lo stesso Istituto sta lavorando a un progetto colossale, che prevede una «Bibliografia Topografica degli Antichi Testi Geroglifici, dei Rilievi e delle Pitture dell'Antico Egitto», in cui la tomba di Tutankhamun e l'opera di Carter e del suo gruppo di lavoro trovano la loro legittima collocazione accademica. Nel frattempo, la collana «Tut'ankhamun's Tomb Series» ha fatto progressi grazie al professor J.R. Harris, suo curatore generale. Ciascuna monografia della collana è dedicata a un particolare gruppo di oggetti provenienti dalla tomba, descritti da un esperto del settore e illustrati dalle fotografie originali di Harry Burton, fotografo ufficiale della spedizione, con tutte le relative annotazioni tratte dal catalogo scritto a mano da Carter, dai taccuini pieni di informazioni e dagli inventari accuratamente controllati, nonché con una rigorosa attribuzione degli oggetti all'epoca cui appartengono e al luogo in cui sono stati trovati. La collana è arrivata al nono volume. Solo quando questi programmi saranno stati portati a termine, sarà possibile affermare che piena giustizia è stata resa a Carter, ai suoi leali collaboratori anglo-americani e al re fanciullo che essi hanno riportato in vita.

Esiste un'altra fonte essenziale, cui debbo rivolgere un particolare ringraziamento. Swaffham nel Norfolk, paese natio della famiglia Carter, si gloria di avere un piccolo ma eccezionale museo che conserva accurata testimonianza dei più famosi figli della regione, fra i quali Carter gode della massima considerazione. Quasi equidistante tra King's Lynn e Norwich, l'aspra pianura dell'Anglia orientale su cui sorge Swaffham vanta i propri diritti su un disparato gruppo di eroi. Basta soltanto menzionare l'ammiraglio Lord Nelson, gli Amherst che erano venuti dal quartiere londinese di Hackney per stabilirvi la più bella collezione privata di arte antica e di manufatti esistente in Gran Bretagna, Henry Rider Haggard, i Coleman che diedero il nome a un tipo di mostarda d'uso comune e, per finire, Howard Carter. Ce ne sono molti altri rappresentati nel piccolo e incantevole museo, il cui conservatore, Mr David C. Butters, mise in particolare evidenza gli anni giovanili del mio personaggio, quando viveva nella casetta di famiglia a Swaffham, affidato alle cure di due zie nubili. Vorrei ringraziare Mr Butters e i suoi assistenti per la loro buona volontà e per il loro aiuto inesauribile nel fornirmi sia i precedenti riguardanti i Carter attraverso diverse generazioni, sia fotografie e disegni provenienti dalla raccolta del museo. Vorrei inoltre ringraziare la persona che rappresenta il mio primo contatto con la cittadina, cioè il prebendario della bella chiesa medievale dei Santi Pietro e Paolo, reverendo Basil Jenkyns. E già che ci troviamo nell'Anglia orientale, la mia gratitudine va anche a Mr N.G. Stafford Allen e a Miss Elizabeth Reeves, per avermi aiutato sull'argomento riguardante l'istruzione primaria del mio eroe.

Quanto all'egittologia, debbo ringraziare la Egypt Exploration Society, la sua segretaria dottoressa Patricia Spencer e l'assistente di quest'ultima Mrs Shelah Meade per avermi dato un prezioso aiuto nel ricostruire gli spostamenti di Carter nei primi giorni da lui trascorsi ad Al Bersha e a Beni Hasan. Ringrazio il comitato della predetta Society per avermi consentito di consultare la corrispondenza intercorsa tra il mio eroe e i suoi superiori. Sono altresì grato al dottor Nicholas Reeves del British Museum, il quale è conservatore della collezione di Carnarvon a Highclere, per il suo aiuto e per i suoi consigli; e a Mrs Margaret S. Drower, la biografa di Petrie, le cui ricerche e la cui generosa assistenza per diversi anni hanno permesso al sottoscritto di risparmiare più di un viaggio a vuoto. L'aiuto più spontaneo l'ho ricevuto dal maggiore C.G. Harris, responsabile della Star and Garter Home per soldati, marinai e aviatori mutilati di guerra, nonché da Mrs P. Moore e da Mr Alured Weigall.

Sarebbe inoltre impossibile scrivere un resoconto della scoperta della tomba di Tutankhamun senza fare riferimento al giornale *The Times*, il cui patto con Lord Carnarvon riservò alla sua redazione una posizione di privilegio unica negli annali del giornalismo. Ringrazio il presidente e i dirigenti del News International Archive del *Times* per avermi permesso di consultare la corrispondenza relativa a quell'accordo e ai suoi risultati, in particolare Melanie Aspey, dirigente dei Group Records, e la sua assistente Emma-Jane Howell. Ringrazio Mrs Ailsa Corbett Winder, la quale mi ha dato in prestito la più utile raccolta di ritagli di stampa fatta in famiglia all'epoca della scoperta della tomba.

Per l'ammissione ad archivi, biblioteche e giornali, per l'aiuto in generale e per l'assistenza che ho ricevuto nel rispondere a centinaia di piccoli ma importanti quesiti che emergono nell'affrontare qualsiasi tema biografico, rivolgo i miei tardivi ma sinceri ringraziamenti: all'attuale Lord Amherst; al dottor Roger Moorey, curatore del dipartimento alle Antichità dell'Ashmolean Museum; al curatore del Public Record Office; all'Archivista del dipartimento biblioteca e archivio del ministero degli Affari esteri e del Commonwealth e, in particolare, a Miss L. Baker; a Mrs Judith Blacklaw, della biblioteca del ministero della Difesa; al direttore e agli amministratori del British Museum; al Petrie Museum, University College, di Londra; al Wandsworth Council e al sovrintendente del cimitero di Putney Vale; alla Royal Military Police Association di Chichester; ai giornali delle contee orientali; a Mr A.A.E.E. Ettinghausen; a Mrs Patricia Leatham; a Mr Ray Vann; a Mr Peter Nahum; al dottor Irving Finkel; a Mr Brian Butland; al professor Luke Herrmann; a Mr S.G. Roberts, curatore dirigente della regia commissione per i manoscritti storici; a Miss Julia Rushbury; a Mr Peter Aldersley, segretario del Savile Club; a Mr Charles Newton, conservatore della Collezione delle stampe, disegni e dipinti presso il Victoria and Albert Museum; a Mr Peter Scott; a Mr John Edwards; al dottor Saad al-Doori; a Miss A.J. Shute, bibliotecaria della contea del mio territorio d'origine, il Devon, e in particolare ai bibliotecari e ai loro assistenti a Barnstable e a Bideford; alla biblioteca pubblica di Wandsworth; alla Royal Geographical Society e alla Royal Commonwealth Society. Come sempre accade, un plauso lo merita la mia famiglia per avermi sopportato.

Debbo ringraziare inoltre l'attuale conte di Carnarvon, anche se l'ho infastidito soltanto tramite il dottor Reeves, suo sovrintendente. È proprio un gran peccato che giustizia non sia stata fatta, e forse non potrà mai essere fatta, al suo antenato, il quinto conte di Carnarvon, il quale non fu semplicemente il finanziatore della spedizione di Tutankhamun ma anche l'altra metà essenziale della coppia che scoprì la tomba e la fece conoscere al mondo. Si dice che durante la seconda guerra mondiale una bomba abbia distrutto l'intero archivio Carnarvon. Tuttavia, alcuni membri della famiglia hanno messo a disposizione documenti e ricordi dell'elusivo «milord», la cui passione per le imbarcazioni e le automobili durante gli ultimi due decenni dell'Ottocento, nonché il suo amore per le belle donne e per l'archeologia, desterebbero senza dubbio un certo interesse nell'era della televisione. Egli fu il mecenate aristocratico per antonomasia, con tutti i pregiudizi pittoreschi della sua classe: andava a pranzo con re e presidenti, affascinava l'uomo della strada, accettava l'archeologia come un passatempo e considerava preziosa l'amicizia di Carter, il quale, come sosteneva qualcuno, era «l'uomo più difficile del mondo da proteggere». Sicuramente prima o poi qualcuno avrà il coraggio di descrivere la vita esuberante di Carnarvon. Per il momento Carter, il suo permaloso e sfrenato compagno, deve stare in scena da solo.

La medaglia della ricerca ha sempre il suo rovescio, c'è sempre da qualche parte un'istituzione o un'associazione che cerca di proteggere il suo angolino di conoscenza, o tacendo o rifiutandosi apertamente di collaborare. Va detto che la storia di Carter non sarà mai completa finché una famosa istituzione, cioè il Metropolitan Museum of Art di New York, non offrirà agli scrittori e agli studiosi seri, come gli altri musei e centri culturali del mondo, accesso libero e incondizionato ai suoi archivi. Il rifiuto, cortese ma inflessibile, opposto al sottoscritto, nonostante che documenti decisivi siano stati consultati e in parte pubblicati da uno dei suoi funzionari in una descrizione parziale della sistemazione degli oggetti funebri, non promette niente di buono.

Quanto alle sottigliezze dell'egittologia, non sono stato eccessivamente meticoloso. Questa è una biografia di Carter, non una relazione sulla vita e sull'epoca di Tutankhamun. Ciò nonostante, cacciatore e preda sono intimamente legati e io ho cercato di osservare le regole accademiche fondamentali. Per esempio, è assolutamente scorretto usare il termine «faraone» riferendosi a un periodo precedente a quello in cui è entrato nel vocabolario egiziano di corte, all'epoca ramesside, cioè dopo la morte di Tutankhamun. Molti egittologi, comunque, ignorano la circostanza e, sebbene io abbia usato in genere i termini «re» e «monarca», può darsi che uno o due «faraoni» mi siano sfuggiti. Nell'adottare un'ortografia unica del nome di Tutankhamun dal principio alla fine, anche nelle citazioni, mi sono preso una libertà che qualcuno giudicherà un po' arbitraria. Nel titolo del celebre libro scritto dal mio personaggio sulla scoperta della tomba si parla di Tutankhamen, ma nel citarlo dal testo l'ho cambiato senza fornire spiegazioni; altrettanto dicasi riguardo a Tutankhamon usato da alcuni illustri accademici. Il nome compare troppo di frequente perché si possa imboccare un'altra strada, ma chiedo lo stesso scusa per aver denigrato la pratica corrente. Altri nomi egiziani, per i quali non esiste nessuna forma corrispondente in greco o in altra lingua, appaiono con lievi modifiche ortografiche.

Presento infine le scuse dovute da chiunque si occupi di idiomi del mondo antico, per non dire dell'arabo moderno, per le incongruenze di traduzione che sovente lasciano sconcertato il lettore, il quale si chiede perché una data parola compare in una sola pagina in mezza dozzina di forme diverse. Nel caso dei nomi dell'antico Egitto, il problema è risolto in modo semplice, usando versioni greche su cui non ci siano controversie né variazioni. Nei casi in cui, ogni tanto, nella citazione ho lasciato integra la versione egiziana, l'indice rinvia alla forma greca alternativa. Quanto alle parole arabe, il problema non si risolve affatto con altrettanta facilità. Sono tuttora impegnato a fare entrare in vigore nel mondo accademico un accordo in base al quale sia ammessa la traslitterazione dalla lingua parlata. Riguardo alla lingua araba parlata in Egitto, si tratta piuttosto di come presentare parole e frasi in inglese nell'ambito di un testo francese con le inflessioni vocaliche, per esempio, di Newcastle-upon-Tyne o di Glasgow: ottima idea per un racconto, ma vistosamente ingenua per una biografia o una trattazione scientifica. Fondamentalmente, la tendenza è stata quella di accettare l'ortografia degli archeologi e di altre persone che hanno imparato a parlare la lingua ma non a scriverla. In tal modo, la parola araba che significa collina o cumulo si pronuncia «tell» e così viene presentata, anche se si scrive *tal*. La confusione si aggrava ancora di più per via della tendenza egiziana di usare «g» o «k» quando altri popoli di lingua araba usano la morbida «j»: ecco perché *jamal* (cammello) diventa «gemal» o «kemal» e via dicendo. La lingua araba non ha lettere maiuscole, eppure per qualche motivo ai sostantivi nelle loro forme anglicizzate si dà quasi sempre una iniziale maiuscola. Non

tutti gli studiosi sono d'accordo con queste abitudini assolutamente insostenibili. Alcuni, come l'americano professor Noah
Kramer, seguitano a tradurre dalla forma scritta, cosa su cui sono
d'accordo. L'articolo determinativo si scrive *al* e non *el*. Nel testo
e nelle citazioni ho dovuto tollerare qualche incongruenza. Si
discute per lo più in linea di principio, cosa che è di scarso rilievo
per la maggior parte dei lettori, ma se volessi ottenere una perfetta coerenza dovrei cambiare l'ortografia di quasi tutti i toponimi:
Deir el-Bahri, per esempio, diventerebbe Da'ir al-Bahari. Avendo insistito su una questione di principio, termino con un compromesso. Ho usato l'indice per fornire le versioni corrette e
alternative delle parole che hanno forme diverse. Ho usato l'indice anche per fornire i significati di parole inconsuete. A ragione o
a torto ho dato per scontato che chi legge sia in grado di indovi-
nare il significato di una parola straniera quando la incontra nel
contesto, senza dover ricorrere a un glossario a ogni piè sospinto.

# CAPITOLO PRIMO

# Nasce un traccagnotto a Norfolk

Il telegramma in codice che Howard Carter inviò dall'Egitto il 6 novembre 1922 al suo ricco mecenate, il quinto conte di Carnarvon, fu il preludio di una serie di rivelazioni che avrebbero modificato la visione del passato dell'umanità e il suo modo di comportarsi nel presente. Eccone il testo decifrato:

FINALMENTE ABBIAMO FATTO MERAVIGLIOSA SCOPERTA NELLA VALLE STOP MAGNIFICA TOMBA CON SIGILLI INTATTI STOP COPERTA DI NUOVO ATTESA VOSTRO ARRIVO STOP CONGRATULAZIONI FINE COMUNICAZIONE [1].

La dichiarazione pubblica, effettuata di lì a tre settimane dall'arrivo del messaggio di Carter a Highclere Castle, la tenuta avita dei Carnarvon, fece balenare agli occhi del mondo la prima allettante visione di un giovane sovrano che governò l'Egitto per breve tempo nel XIV secolo a.C. Dieci anni di diligente lavoro di sgombro delle tombe, di infiammate polemiche e di propaganda senza precedenti avrebbero impresso nella mente di generazioni di uomini e donne lo spettacolo accattivante del re fanciullo Tutankhamun splendidamente abbigliato, sepolto in mezzo a impensabili prodigi d'arte e d'artigianato, lavorati in oro, alabastro e legno, quali l'occhio umano non aveva mai visto prima d'allora. Da cento anni ci si limitava a prendere in considerazione resti polverosi, torsi di pietra decapitati e teste mozzate buttate nella sabbia; ora tutto questo aveva ceduto il passo alla nuova e amabile visione di un viaggio regale nell'eternità. Era il materiale di cui sono fatti i sogni di un direttore di giornale e nel giro di qualche giorno dall'annuncio la stampa di tutto il mondo calò in Egitto come un nugolo di cavallette d'antica memoria. Nella lingua inglese fu introdotto un nuovo termine, «Tutmania». Il mondo della moda, dei viaggi, dell'architettura, la progettazione delle automobili e dei prodotti casalinghi seguì uno stile che aveva agilmente scavalcato tremilacinquecento anni. «Le meraviglie del sepolcro d'oro», «Una vera e propria vittoria», «Le meraviglie del Nilo», annunciavano i titoli dei giornali in tutte le lingue.

---

[1] Telegramma: Carter, *The Discovery*, cit., p. 90.

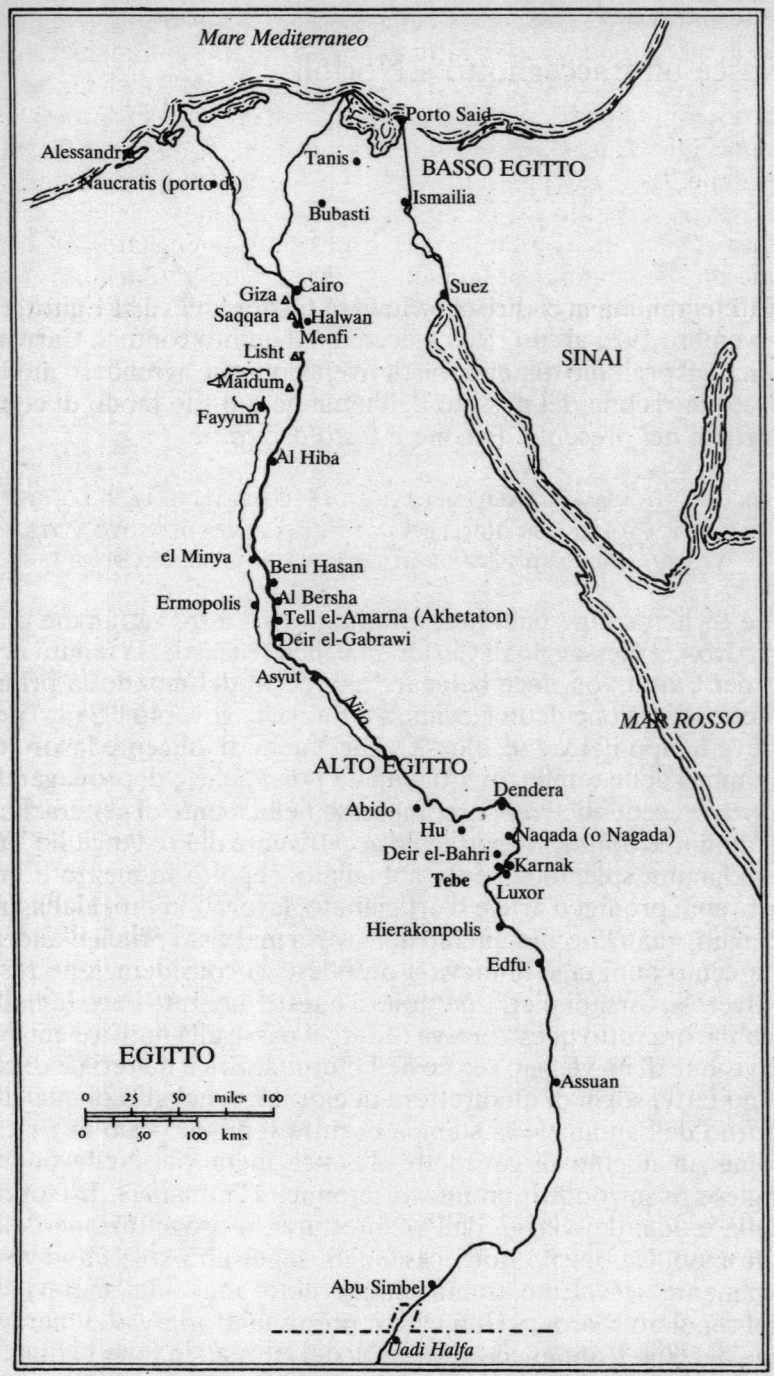

*La Valle del Nilo, in cui si vedono le principali aree archeologiche e le località dell'Antico Egitto.*

«Parigi interpreta l'enigma della Sfinge», titolava una rivista di moda. «L'ultimo grido in fatto di linea attillata sui fianchi e sulla schiena viene dall'Egitto», diceva confusamente un'altra. Nelle vetrine di Oxford Street era esposta la «camicetta di Tutankhamun». Diventarono di moda edifici pubblici e facciate di stile egiziano. Lady Elizabeth Bowes-Lyon, duchessa di York sposata di fresco, partendo per la luna di miele aveva messo in valigia un abito «egiziano». Le borse da signora erano adornate con l'effigie mascherata del re fanciullo. Alle caramelle Mackintosh fu fatta pubblicità con versi d'attualità, anche se di cattivo gusto:

> Quando il sepolcro di Tutankhamun fu trovato
> insieme a Tut venne dissotterrato
> un barattolo di de Luxe mummificato.

Scatole di biscotti e poppatoi avevano il simbolo inconfondibile della maschera d'oro del re, la General Motors progettò un'autovettura a forma di missile faraonico, le macchine per cucire Singer ostentavano la sfinge alata, fabbricanti di saponette e profumi passarono dalla parte del vincitore e scolari di tutto il mondo scrissero innumerevoli componimenti in segno di omaggio.

L'archeologo fino ad allora sconosciuto e l'aristocratico mecenate al centro di questi avvenimenti divennero entrambi tanto immediatamente quanto imprevedibilmente gli uomini più famosi della terra.

Carnarvon, persona raffinata e abituata alla curiosità del pubblico, accettò di buon grado l'intromissione. Carter, individuo appartenente a tutt'altro ambiente e di carattere assai diverso, era pieno di risentimento. Per lui, quella scoperta era stata il culmine di oltre venti anni di scavi pazienti e ingrati e di tante amare delusioni. Riusciva soltanto a esprimere rabbia e disprezzo per i giornalisti e per la fiumana di turisti e di notabili i quali, all'apice dell'opera della sua vita, invadevano il suo prezioso sepolcro. Flemmatico, serio, impassibile, affrontò a muso duro il governo del paese che lo ospitava, le autorità accademiche e politiche della sua terra natale e le forze riunite della stampa internazionale. Nello scegliersi i nemici non guardò troppo per il sottile.

«Se è vero che tutti amano un innamorato, è anche vero che apertamente o in segreto tutti amano le storie d'amore» [2], scrisse Lady Burghclere, sorella di Carnarvon, in una ispirata celebrazione della scoperta della tomba. Scritte a un anno dall'avvenimento, le sue parole si intonavano allo stato d'animo di un mondo che stava ancora a guardare a bocca aperta lo splendore degli

---

[2] Lady Burghclere: ivi, pp. 1 ss.

arredamenti funebri: «Un racconto», concluse, «che esordisce con la caverna di Aladino e ha un finale da mito greco di Nemesi».

Il destino non fu equo quando scelse Howard Carter per la lunga e difficile caccia al sovrano Tutankhamun in mezzo alle colline e ai dirupi, perlustrati fino all'esaurimento, della Valle dei Re.

All'incirca all'epoca in cui fu concepito, undicesimo e ultimo dei discendenti della sua generazione, degli avvenimenti remoti, riportati dalla stampa europea, si fecero un dovere di indicare il futuro posto di lavoro del bambino. Nel 1873, il chedivè d'Egitto aveva compensato il direttore nazionale alle Antichità, il francese Auguste Edouard Mariette, promettendogli di edificare un nuovo museo a Giza, progettato per sistemarvi la sua meravigliosa raccolta di manufatti provenienti dal *serapeum* di Saqqara, da Tanis, da Tebe, da Edfu, da Dendera; oggetti di incalcolabile valore che fino ad allora erano rimasti pressoché ignorati in un vecchio e cadente museo nel sobborgo di Bulaq al Cairo [3]. Howard Carter, nato il 9 maggio 1874 nella casa londinese dei suoi genitori, cinquant'anni dopo sarebbe entrato nell'unico sepolcro di un sovrano egiziano che, per millenni, si fosse sottratto alla profanazione da parte dei predatori di tombe e che, con l'eccezionale magnificenza del suo contenuto, avrebbe messo in ombra tutto ciò che l'aveva preceduto durante un secolo di esplorazione intensiva e di scoperte spettacolari.

Una famiglia numerosa e l'esigenza da parte dei genitori di salvare le apparenze gli accordarono, in ogni fase della vita, una scarsa disponibilità finanziaria, che certamente non fu sufficiente a fornire quel tipo di preparazione culturale o di rango che avrebbe fatto sì che la società potesse valutarlo o collocarlo socialmente secondo il modello corrente. Privo delle possibilità che erano corredo della media borghesia inglese, non avrebbe potuto sperare di entrare nei ranghi dell'archeologia, riservati come erano ai rampolli delle scuole classiche e teologiche di Oxford e Cambridge, e ancor meno di brillare come esperto di scavi in paesi in cui anche le più ricche università americane si tiravano indietro di fronte al costo della mano d'opera. Soltanto un appoggio estremamente generoso, unitamente a una inflessibile determinazione, poteva fargli superare la condizione di svantaggio della sua nascita. In Carter, tenacia e determinazione erano qualità innate. Un osservatore sensibile scrisse a titolo di prefazione della relazione fatta da Carter sulla propria attività: «Ha ricevuto un privilegio, una grazia, un dono soprannaturale, una corona di

---

[3] Museo del Cairo: EES, Archivio storico.

immortalità [...] si tratta però di una grazia non scevra di frustrazione e dolore» [4].

Più oltre negli anni, Carter descrisse la casa natale, al numero 10 di Richmond Terrace a Earls Court, «vecchia e pittoresca» [5]. La sua caratteristica più apprezzabile era «un giardino incantevole, in cui c'erano begli alberi» e recinti per gli animali che il padre pittore teneva a scopo di studio. La famiglia apparteneva a un ceppo industrioso, frutto di intere generazioni provenienti dalle pianeggianti e bene irrigate regioni dell'Anglia orientale, dove l'idioma e la vita hanno un'andatura nettamente tranquilla. Il nonno Samuel Isaac Carter aveva cominciato la sua vita lavorativa da bracciante agricolo nella sua città natale, Great Dunham nel Norfolk, anche se più tardi divenne guardacaccia di Robert Hamond, il signorotto di Manor House, Swaffham, nella stessa contea. Si trattava di un'occupazione che dava diritto a usufruire di una residenza nota come la *Casetta del custode*, dove nel marzo del 1835 era nato Samuel John Carter, il padre di Howard [6].

Samuel John Carter risultò essere un artista dotato di capacità eccezionali, ma di scarsa fantasia. Inizialmente usò la matita per rappresentare animali, selvatici e domestici, prendendo lezioni dal pittore di Norwich John Sell Cotman, il quale dirigeva una scuola di disegno a Swaffham. Dopo aver vinto il primo premio in un concorso di carattere locale, continuò a frequentare i corsi dell'Accademia reale britannica, vincendo la medaglia d'argento al primo trimestre e congedandosi con un'ottima reputazione di disegnatore dalla linea perfettamente pulita e dotato di un senso quasi istintivo per l'anatomia degli animali. Tornò a casa a Swaffham nel 1858, a ventidue anni, per sposare una ragazza del luogo, Martha Joyce Sands, figlia di un costruttore e di un anno più giovane del marito.

Samuel divenne rinomato come un artista consapevole dei suoi limiti, da cui non derogò, producendo quadri di animali per i quali i suoi facoltosi clienti erano felicissimi di pagare un prezzo modico. Si guadagnava onestamente da vivere rappresentando in versione stucchevole cani e altri animali da salotto. Tuttavia era più che un intelligente imbrattatele, come farebbe pensare una descrizione del genere. Richiamò l'attenzione degli esperti, tanto che Ruskin fu indotto a riconoscere che il suo dipinto intitolato *Il primo assaggio* era «esemplare in quanto era stato scelto un momento di suprema felicità del cucciolo; tra i più adatti per fargli il

---

[4] La citazione è tratta da White, *loc. cit.*, p. VII.
[5] Dal certificato di nascita risulta «Rich Place».
[6] Famiglia Carter: Swaffham Museum, documenti e mostra del giugno-settembre 1989. A questo proposito, sono particolarmente grato a Mr D.C. Butters, curatore del museo. Vedi anche Howard Carter, «An Account of Myself», Notebook 15, Sketch II, GI.

ritratto». Malgrado tutto, si trattava di un'arte che dava sicurezza, il cui scopo era di provvedere al sostentamento di una famiglia numerosa e in crescita, ben lontana dalle discussioni «esteti-
che» che si diffondevano nell'Inghilterra vittoriana: non il genere
di ritratto su cui Wilde avrebbe tenuto una conferenza ai minato-
ri americani, né il genere che Burne-Jones avrebbe appeso nella
casa di campagna di un industriale in vena di mecenatismo. Samuel però esponeva regolarmente all'accademia reale e la sua
produzione era sempre più richiesta. Quasi tutti i suoi otto figli
superstiti (tre erano morti in età infantile) ereditarono un po' del
suo talento. Alcuni furono dei bravi pittori. Due dei maggiori,
William e Verney, nati rispettivamente nel 1863 e nel 1864,
esposero all'accademia, come fece l'unica figlia sopravvissuta,
Amy, la quale dipingeva soprattutto miniature. Un altro figlio,
Edgar, diventò un rinomato progettista e pittore di quadranti
d'orologio. Ma nessuno di tutta la figliolanza ereditò le capacità
paterne in modo più creativo di Howard, come lui stesso riconosceva. A distanza di anni, pensando all'origine del proprio talento, in un saggio dal titolo *Parlando di me stesso*, Howard descrisse
l'infallibilità del tocco paterno: «Essendo un pittore istintivo di
una certa reputazione... egli era uno dei più formidabili disegnatori che abbia mai conosciuto. La sua conoscenza nel campo del-
l'anatomia comparata e la resa della forma erano impareggiabili.
Riusciva a dipingere a memoria, con precisione, qualsiasi animale in qualsiasi movimento, di scorcio o in altro modo, con la massima disinvoltura» [7].

Poco dopo il matrimonio, Samuel fu in grado di permettersi una
casa per tutta la famiglia e scelse una villetta fornita di terrazza a
Sporle Road, Swaffham, dove fu tirata su la maggior parte dei
figli. Comunque il crescente successo gli consentì di avvicinarsi di
più alla fonte delle sue ordinazioni meglio pagate, il quartiere
londinese di Earls Court, e acquistò la casa a Richmond Terrace
dove nacque Howard.

Appena nato, Howard fu mandato nella villetta di Sporle Road
dove erano andate ad abitare due zie nubili, Kate e Fanny, sorelle maggiori di Samuel, che si incaricarono di badare al bambino
mentre i genitori erano tutti presi a guadagnarsi la vita e ad alle-
vare il resto della famiglia. Si credeva che il ragazzo fosse di
salute un po' cagionevole e soltanto quando ebbe superato da un
pezzo l'età prescritta gli fu concesso di arrischiarsi a frequentare
la scuola. In realtà, l'unica vera malattia della sua infanzia sem-

---

[7] Per la formazione di Carter, cfr. la documentazione conservata nel Swaffham Museum.

bra sia stata un'ernia, curata con successo. Crebbe come un bambino eccezionale e appartato, conscio soltanto vagamente di appartenere a una famiglia numerosa, pago fin da tenera età della compagnia di se stesso e di una tranquilla intimità con la natura, dotato inoltre di una rara capacità di catturarne col pennello e con la penna l'immensità vitale e l'atmosfera. Memorie affidate al quaderno degli appunti registrano con modestia e sincerità le passioni e le rinunce dell'adolescenza: «Dato che non ero robusto, mi fu impedito di partecipare alla vita e ai giochi della scuola pubblica... Mentre diventavo grande, si sviluppò in me un'inclinazione per l'entomologia e l'ornitologia».

A proposito della madre, Martha Joyce, Howard annotò semplicemente che «era una donna minuta e dolce», aggiungendo che prediligeva le cose di lusso. La descrizione, se rispondeva al vero, veniva fatta con cognizione di causa in quanto il figlio ne condivideva il punto debole. Egli crebbe con una gran passione per l'agiatezza e per le cose pregevoli, per non parlare di un acuto senso del loro valore.

Per Howard, come per suo padre, l'istruzione dipese dalla protezione della famiglia Hamond, che nel 1736 aveva fondato una scuola per i bambini del luogo, diretta dal vicario della parrocchia[8]. L'apprendimento elementare fu integrato dall'insegnamento del disegno, soprattutto con l'aiuto di suo padre. Si ritiene che nell'ambito della famiglia Carter, anche Howard ricevesse un'istruzione privata da un benefattore locale, la cui moglie si dice che abbia inculcato un interesse precoce nella mente del ragazzo per la civiltà egiziana. Quali che siano stati i suoi insegnanti, quella di Howard fu un'istruzione di scarso livello, cominciata tardi e terminata prima del tempo. Ciò nonostante, si trattava del tipo di preparazione primaria che, se la tradizione locale è qualcosa su cui basarsi, aveva un illustre precedente. Il padre di Horatio Nelson, Edmund, negli anni di formazione dell'eroe nazionale d'Inghilterra, fu rettore della vicina parrocchia di Hilborough e uno dei direttori della Hamond School[9]. Gli abitanti di Swaffham giurano che Horatio frequentò la loro scuola prima di essere trasferito a quella secondaria di Norwich, ma potrebbe esserci un po' di confusione a causa del fatto che, a quanto si sa, i primi tre figli dei Nelson, compreso il primo Horatio che morì a

---

[8]  Tra i benefattori va citata la famiglia Allen di Cockley Clay Hall. Al riguardo, mi hanno scritto Mr N.G. Stafford Allen (7 febbraio 1990) e Miss Elizabeth A. Reeves (12 febbraio 1990).

[9]  I dati relativi ai Nelson sono stati forniti da Mr Butters. Cfr. inoltre il manoscritto inedito, del 1781, di Edmund Nelson, rettore di Burnham Thorpe, intitolato «A Family Historicall Register» e conservato nell'archivio del Swaffham Museum.

due anni non ancora compiuti, sono nati a Swaffham dove hanno trascorso la loro infanzia.

La città di Swaffham si erge su una vasta pianura e la regione è stata sempre considerata salubre. Questo era forse un altro motivo per cui i genitori di Carter ce lo mandarono mentre era ancora in carrozzina. Il fascino agreste della città sede di mercato, con una popolazione di tremila abitanti, raramente veniva turbato dagli avvenimenti del mondo esterno. L'ambiente in cui il giovane crebbe era tranquillo e assolutamente privo di avvenimenti degni di nota. C'erano tuttavia molte attività in grado di interessare un ragazzo dal carattere chiuso, il quale non partecipava ai giochi, aveva pochi amici ed era quasi sempre armato di un quaderno per appunti e di un blocco per fare schizzi. I confinanti che vivono più a sud, nella pietrosa contea del Suffolk cosparsa di erica, sono stati sempre pronti a beffarsi allegramente della gente più posata del Norfolk. Chiedete loro che cosa succede in particolare a Swaffham ed è probabile che rispondano: «Ah, è là dove fanno una giornata di trebbiatura gratis». Può darsi che l'ironia contadina contenga un pizzico di verità. I suoni vocalici larghi sarebbero divenuti tipici della parlata del giovane Carter, ma da adulto non fu certamente propenso a dimostrare buona volontà facendo, come suggeritogli, una giornata di trebbiatura senza la promessa di una adeguata retribuzione finanziaria.

Uno dei più noti aspetti peculiari di Swaffham, la chiesa dei Santi Pietro e Paolo, costituiva un esempio solenne dell'antica architettura inglese. Le sue linee gotiche perpendicolari, la perfetta struttura cruciforme e il tetto di legno intagliato non possono non avere richiamato l'attenzione del giovincello dallo sguardo vigile. Inoltre, a qualche chilometro di cammino in direzione nord si trovano i ruderi pittoreschi del priorato di Castle Acre, fondato poco dopo la conquista normanna e circondato da opere di sterro del periodo romano e preromano.

In città risiedeva un illustre viaggiatore, il reverendo Greville Chester. Quel celebre antiquario era figlio del reverendo William Chester, il quale fu pastore della diocesi del Norfolk a Denton e Walpole St Peter fino al 1839 e i cui viaggi in Egitto, nel Sinai e in Palestina erano stati registrati in diverse pubblicazioni e articoli. Al tempo in cui il giovane Carter fece la sua conoscenza aveva lui stesso una certa età, ma era un personaggio locale ancora attivo e noto a tutti, il quale di tanto in tanto tornava a Swaffham reduce dai suoi vagabondaggi nei «territori biblici».

Le rare volte che si incontravano, sia a Londra che a Swaffham, i Carter, padre e figlio, si trovavano d'accordo e condividevano i loro orientamenti artistici. Avendo osservato fin dall'inizio i rap-

porti che il padre intratteneva con i suoi clienti, Howard deve
essersi certamente reso conto che la sua famiglia apparteneva al
ceto artigiano piuttosto che a quello professionale, in una Inghilterra vittoriana che tracciava con fermezza i confini sociali. Compiuti i quindici anni, si rese conto che doveva contribuire a mantenere la famiglia e fu pronto a guadagnarsi da vivere disegnan-
do. Nel Norfolk, i robusti figli dei fattori vengono chiamati *dum-
plings* [traccagnotti]. Howard, quando lasciò la scuola, rispondeva per l'appunto a questa descrizione. Il bambino gracile era
diventato un giovanotto tarchiato dalle spalle larghe e dall'aria
seria. Per fortuna, a portata di mano c'era una possibilità di lavoro. Come suo padre, ben presto si abituò a essere ammesso in
grandi palazzi bene arredati e freddi dove gli artisti, come gli altri
dipendenti, venivano fatti entrare dalla porta di servizio.

Didlington Hall, la residenza di campagna degli agiati Tyssen-
Amherst, era situata vicino al villaggio di Brandon a una ventina
di chilometri da Swaffham [10]. La tenuta si estendeva per oltre
cinquemila ettari di brughiera del Norfolk e comprendeva svariate piccole municipalità. Mr William Tyssen-Amherst aveva sposato nel 1856 Margaret Susan Mitford, figlia dell'ammiraglio Robert Mitford. Marito e suocero diventarono poi amici strettissimi
grazie all'attaccamento di entrambi per la massoneria e per l'antico Egitto. Gli Amherst avevano cinque figlie, ragion per cui non
c'era un maschio che ereditasse l'immensa ricchezza che la famiglia aveva accumulato durante il Settecento mediante abili matrimoni e che era costituita da beni e interessi aziendali all'interno e
nei paraggi del paludoso distretto londinese di Hackney.

Samuel Carter aveva lavorato per Amherst fin da quando aveva
terminato il suo tirocinio presso la scuola artistica. Svariate sue
produzioni abbellivano il salone di Didlington quando Howard
cominciò a frequentare casa Amherst all'età di quindici anni.
Anche mentre andava a scuola, aveva vagabondato in campagna
durante i giorni di vacanza, facendo schizzi e «osservando affascinato il comportamento di insetti e uccelli», sconfinando
spesso nel territorio di Hereward-the-Wake situato tra casa sua e
Brandon. In ogni modo, non fu se non quando lasciò la scuola,
decidendo di guadagnarsi da vivere facendo il pittore, che cominciò a visitare Didlington Hall a intervalli regolari e a imporsi
all'attenzione dei signori Amherst e della loro covata di figlie.
Anche se le barriere sociali tra il figlio di un artista locale, la cui
reputazione e le cui possibilità economiche erano modeste, e il

---

[10] A proposito di Didlington Hall e degli Amherst, cfr. Amherst Papers, Norfolk County
Archive, Norwich Central Library.

ricco proprietario terriero non furono mai del tutto abbattute, esse non costituirono nemmeno un ostacolo all'instaurarsi di un rapporto di mecenatismo amichevole e rimunerativo. Amherst, appassionato di libri, di arte e di egittologia, riconobbe presto il talento del ragazzo, la notevole facilità con cui eseguiva perfette rappresentazioni delle immagini più fugaci e gli diede libero accesso alla sua biblioteca e ai suoi saloni in cui erano esposti alcuni dei più rari tesori del passato.

La collezione Amherst conteneva la più importante raccolta privata di oggetti artistici e di papiri egiziani esistente in Inghilterra e suscitò in Howard «un desiderio intenso nei riguardi di quel paese, della purezza del suo cielo azzurro, delle sue pallide ed eteree colline, delle sue valli brulicanti di masse di tesori...».

Nel 1881 William George Tyssen-Amherst fu nominato Gran Cavaliere del Consiglio supremo del trentatreesimo grado della massoneria per l'Inghilterra, il Galles e le Colonie della corona inglese [11]. L'Egitto e gli affari massonici erano le passioni di questo signorotto ricco e intellettuale. I due interessi avevano un legame comune. Nascosto in mezzo alle carte personali di Amherst c'era un ritaglio di stampa, senza data, dell'*Evening Standard* di Londra, che riprendeva la notizia dal *New York Herald*:

> Rimovendo le fondamenta dell'Ago di Cleopatra, il capitano di corvetta Gorringe, un massone, ha fatto una scoperta della massima importanza. Un quadrato massonico era stato ritagliato da un immenso blocco di granito. Egli ha scoperto che all'interno della base erano stati incisi tre livelli corrispondenti ai primi tre gradi massonici. Sotto il quadrato c'erano tre gradini corrispondenti ai gradi di Apprendista, di Compagno e di Maestro...

Nel rapporto si parlava anche dei «misteri di Hiram, Osiride e Iside». L'obelisco in questione non è identificato, ma potrebbe essersi trattato di uno dei tanti trafugati da europei e americani come curiosità architettoniche. Il primo ad arrivare in Inghilterra fu, nel 1819, quello donato dal viceré ottomano Mehmet Alì, eretto poi nel 1878 sul lungotamigi. In quell'anno a Swaffham venne istituita una loggia massonica rinnovata, su iniziativa di cinque gentiluomini del luogo, uno dei quali era James Carter, zio di Howard. Fratello Amherst venne proposto come primo Gran Maestro della Loggia. Nell'ottobre del 1882, l'anno dell'annessione alla Gran Bretagna dell'Egitto (all'epoca si parlava riguardosamente di «Protettorato»), a Swaffham si tenne una mostra in cui venne portato Howard, che aveva otto anni, con i suoi fratelli maggiori, perché vedessero alcuni dei tesori della Colle-

---

[11] Lord Amherst e la massoneria: ivi.

zione Amherst esposti accanto a dipinti in cui erano inclusi diversi lavori del loro padre. L'affinità tra gli Amherst e la famiglia Hamond rafforzò gli svariati stretti legami che permisero a Howard Carter di entrare a Didlington Hall e ne determinarono così il corso della vita.

La collezione egiziana conservata a Didlington Hall gareggiava con i grandi musei pubblici del mondo per importanza e varietà dei suoi tesori, che datavano dal periodo predinastico nagadiano e si estendevano fino ai regni tolemaici [12]. Gli album per schizzi di Carter cominciarono a riempirsi di forme raffiguranti attrezzi di pietra predinastici, tegole di ardesia, tavolozze e ceramiche incise; geroglifici, iscrizioni greche e copte lungo tremila anni di storia; personaggi scolpiti in pietra che rappresentavano numi e bovari, re e regine. In mezzo ai sarcofagi esposti al pubblico, ce n'era uno che mostrava il cartiglio (consistente nel nome del re inscritto in un contorno ovale) del faraone Amenhotep I, il cui corpo era ancora avvolto nelle sue bende funebri. C'era anche il primo sarcofago portato in Inghilterra (nel 1730 circa). Un altro, che si riteneva appartenesse al periodo etiopico, conteneva un corpo il cui volto, con un occhio di vetro, esprimeva una forte personalità. Di un altro ancora, appartenente al periodo romano e proveniente dallo stesso distretto, si era impossessata la figlia di Amherst, Mary, che sposò Lord William Cecil nel 1885 ed eseguì scavi ad Assuan. Lady William Cecil, erede dei beni degli Amherst per dispensa speciale, non essendoci un successore di sesso maschile, diventò un'abile archeologa dilettante e riportò in patria molti altri oggetti per il museo di famiglia. Uno in particolare era destinato ad avere un buon posticino nella letteratura. Si trattava di un *ushebti* ligneo, cioè di una statuetta che doveva sostituire il defunto quando fosse chiamato da Osiride a lavorare nel mondo dell'aldilà. Essa ispirò, a un altro dei figli famosi di Swaffham, Henry Rider Haggard, il romanzo intitolato *She* [13]. Accanto c'era forse il più notevole dei capolavori egiziani di Amherst, una bella barca funebre con il cartiglio di Thutmosi III, il sovrano della XVIII Dinastia, a cavallo tra il XVI e il XV secolo a.C. Effigi in bronzo e argilla di Osiride e di Neith (dea della guerra), di Iside, di Horo e di altri personaggi sacri erano la dimostrazione di alcune fra le più delicate lavorazioni della lunga storia dell'antico Egitto. Su una bottiglia presa da Lady William Cecil c'era scritto «Buon capodanno» in caratteri geroglifici. In ogni caso, di

[12] Henry Rider Haggard, *Didlington Hall*, senza data né luogo, p. 14. Si tratta di una guida descrittiva delle stanze, dei terreni e dei tesori della tenuta.
[13] Recentemente pubblicato con il titolo *La Donna Eterna* nella collana «Il Fantastico Economico Classico» del Gruppo Newton, Roma 1994.

singolare importanza per la futura attività di Carter furono i papiri conservati nel museo, in mezzo ai quali c'era una parte del *Libro dei Morti*. Il più famoso, che diventò noto con il semplice titolo di *Papiro di Amherst*, fornì un resoconto coevo dei furti perpetrati nelle tombe all'epoca di Ramesse ix, facendo luce sui metodi e sulle tecniche adottate in epoca dinastica per depredare i cimiteri dei faraoni, spesso a distanza di pochi giorni dalla sepoltura e di solito con la connivenza dei funzionari di corte. I papiri, unitamente alle tavolette scritte a caratteri cuneiformi, agli ostraka e ai sigilli a forma di cilindro e di scarabeo, custoditi nel museo di Didlington Hall, fornivano un colpo d'occhio sul linguaggio e sulla parola scritta rimasti in vigore per un periodo di circa tremila anni.

Queste splendide mostre non erano le uniche manifestazioni dell'interesse degli Amherst verso l'Egitto. Lord Amherst fu uno dei primi membri e sostenitori attivi dell'Egypt Exploration Fund (d'ora in avanti indicato con la sigla EEF), istituito nel 1882 sotto il co-segretariato della romanziera Amelia Edwards e dell'accademico Reginald Stuart Poole all'insegna della discordia. Nel 1887 Amherst aveva scritto all'EEF dalla camera dei Comuni per scusarsi di essere in arretrato con il versamento della sua sottoscrizione. Aggiungeva di aver letto la notizia riguardante le scoperte effettuate dall'archeologo anglo-svizzero Edouard Naville, al Terrapieno degli Ebrei presso la città greca di Bubasti nel Delta del Nilo. «Ho spesso osservato questi terrapieni e mi sono chiesto che cosa potesse esserci», scrisse. L'ammiraglio Robert Mitford, padre di Susan, divenuta Lady Amherst, era un dilettante pieno di entusiasmo, il quale scrisse *A Sketch of Egyptian History*. Arte e storia egiziane costituivano la ragion di vita della famiglia e Didlington Hall veniva continuamente visitato da illustri studiosi e da esploratori dell'epoca. Tutta la famiglia Amherst condivideva l'intensità e il grado di informazione dell'interesse paterno.

Nell'estate del 1891 al diciassettenne Carter, il quale già da due anni si stava facendo strada come pittore lavorando per lo più a Didlington Hall, si offrì l'occasione di un impiego a tempo pieno alle dipendenze degli Amherst. Egli accettò. Didlington Hall era pervasa da un'atmosfera brillante di ricerca e di discussione intellettuale a cui Carter partecipava ormai tutti i giorni, osservando e ascoltando, con espressione grave e pensosa che smentiva la facilità con cui lavorava.

Toccò a Lady Amherst svolgere la parte decisiva nel consolidare le capacità del giovane Carter e nell'incoraggiarne la determinazione di riuscire a partire per l'Egitto. Subito dopo che il marito

ebbe assunto Carter, ella gli presentò un altro aspirante egittologo dell'epoca, Percy Newberry, il quale aveva conosciuto gli Amherst grazie a una passione per il giardinaggio che egli condivideva con Alicia Amherst, la figlia più piccola della famiglia. Newberry si era laureato a Londra, al King's College, ed era entrato
nel campo dell'archeologia seguendo più o meno la stessa trafila
di Carter. Lavorava con accanimento alla tecnica del disegno
architettonico e si specializzò come progettista, ma non aveva la
bravura naturale di Carter.

   Nel 1890 era stato nominato dirigente responsabile del Catasto
archeologico d'Egitto e, prima di partire per assumere il suo primo incarico, passò a salutare la famiglia di Alicia. Lady Amherst
gli fece vedere alcuni acquerelli e disegni a matita di Carter ed
egli rimase colpito dalla delicata qualità del disegno che la produzione del giovane rivelava; e ne fu colpito a tal punto che lo invitò
ad aiutarlo nei lavori di copia per i quali si era impegnato con il
British Museum. Newberry aveva bisogno di qualcuno che mi-
gliorasse a inchiostro gli schizzi che aveva eseguito a matita relativi a scene funebri riprese a Beni Hasan, alcune delle pitture più
belle del Medio Regno dell'antico Egitto, risalenti al 2000 a.C.
circa. In ogni modo non si trattava di un impiego a tempo pieno e
l'ufficio per il quale Carter lavorava, sotto la direzione generale
di Sir Augustus Wollaston Frank, presto gli trovò altre cose da
fare, consistenti in particolare nel copiare «con assoluta precisione» i disegni originali di Robert Hay, le cui prime rappresentazioni vittoriane di iscrizioni monumentali egiziane erano fra le
più belle mai eseguite. Durante il suo breve periodo di apprendistato presso il British Museum, Carter fu circondato dai dignitari
e dai candidati della cultura contemporanea. Alan Gardiner,
un'autorità nel campo della lingua egiziana e uomo molto in-
fluente, si interessò molto degli sforzi coscienziosi del giovane.
Lo stesso dicasi di Frank Llewellyn Griffith, soprintendente del
Catasto archeologico, brillante e distratto esperto di egiziano antico, il quale aveva lavorato con Flinders Petrie a Naucratis, nel
Delta del Nilo.

   Verso la fine del 1891 Carter era pronto a intraprendere la sua
prima breve missione in Egitto. Era diventato importante in mezzo a una nuova generazione di archeologi che erano in procinto
di impegnarsi nell'esplorazione «sistematica e scientifica» di un
territorio che aveva subìto per quasi un secolo gli attacchi di
scavatori armati di picconi e badili, nonché guasti incalcolabili a
opera di predatori di tombe nel corso di quasi cinque millenni.
Per essere il più giovane di tutti, privo di requisiti di ogni genere e
carente del *savoir faire* e della fiducia di cui erano dotati i suoi

compatrioti, prese in considerazione ciò che gli si prospettava con eccezionale sicurezza di sé [14].

Carter elencò i componenti del gruppo che doveva occuparsi del rilievo topografico e a cui stava per unirsi: «Mr G. Willoughby Fraser, per il lavoro di misurazione; Mr M.W. Blackden, pittore e copista; e il mio superiore diretto, Mr Percy E. Newberry».

La nomina fu ratificata in seguito a una visita effettuata da Bernard Tyne Grenfell a Beni Hasan, mentre risaliva il Nilo provenendo da Assuan, dove stava eseguendo scavi per conto dell'EEF. Il 5 gennaio 1891 scrisse ad Amelia Edwards, dicendo di aver parlato con Newberry e Fraser, i quali stavano facendo un ottimo lavoro ma avevano estremo bisogno di un artista in grado di dare il colore ai suoi tracciati grafici. Newberry conosceva «un gentiluomo» il quale si sarebbe impegnato a versare 25 sterline per le spese, mentre lui, cioè Grenfell, avrebbe dato un contributo di altre 25 sterline. Tutti i dipendenti dell'EEF sapevano benissimo che le questioni andavano affrontate con discrezione se non volevano colare a picco fracassandosi contro gli scogli del dissenso esistente tra i segretari della sede centrale. La lettera di Grenfell fu quasi certamente una mossa calcolata per far mettere nel libro paga il giovane e inesperto Carter. «Ritengo che sarebbe opportuno provvedere in tal senso», scrisse lo stimatissimo Grenfell, «dato che il colore, ahimè, fa presto a sbiadire...» La nomina di Carter fu confermata entro il mese. Amherst pagò le prime 25 sterline del suo salario, che nel complesso ammontava a poco più di 50 sterline l'anno. Più tardi, nel suo diario, Carter rese un rapido omaggio al suo datore di lavoro:

Grazie a Lord e a Lady Amherst di Hackney – verso i quali ho un immenso debito di gratitudine per la benevolenza da loro dimostratami agli inizi della mia carriera – fui inviato in Egitto all'età di diciassette anni e mezzo in qualità di assistente disegnatore per la sezione dell'Egypt Exploration Fund denominata «Il Catasto Archeologico d'Egitto».

Prima di imbarcarsi per Alessandria nel settembre del 1891, Carter apprese che Amherst era in trattative con Flinders Petrie, uno dei più valenti egittologi dell'epoca, per ottenere una concessione in Egitto, e aveva proposto che Carter venisse collocato

---

[14] Impiego in Egitto: Carter, *op. cit.*; Henrietta McCall, «Howard Carter, Egyptologist, 1874-1939», tesi di laurea inedita, Oxford, 1987; e EES, Carteggio, 1890-91. Da notare che in *The Discovery*, cit., p. 75, Carter dice di aver visitato per la prima volta l'Egitto nel 1890, mentre nelle sue note autobiografiche (v. precedente nota sulla famiglia Carter) afferma: «Mi mandarono in Egitto quando avevo diciassette anni e mezzo». La dottoressa Patricia Spencer, segretaria dell'EES, è d'accordo con me sul fatto che alcune lettere inviate da Carter a membri della Society, quantunque siano datate 1890, a un'attenta lettura risultano appartenere al 1891.

come apprendista sotto «lo sguardo d'aquila del maestro» [15]. In ogni modo all'inizio l'incarico dell'allievo diciassettenne consistette nell'aiutare Newberry, il quale si stava occupando dei sepolcri di pietra dei nomarchi (funzionari di governo) appartenenti all'xi e xii Dinastia del Nomos dell'Orice a Beni Hasan.

[15] Attività di Carter in Egitto con Petrie: Carter, *op. cit.*; cfr. inoltre Margaret S. Drower, *Flinders Petrie*, London 1985, pp. 172 ss. EES, Carteggio: Grenfell a Miss Edwards, 8 gennaio 1891 (IIId. 31).

CAPITOLO SECONDO

# «Il mio grande desiderio»

Nell'Egitto che accolse Carter coesistevano antichi misteri e un moderno senso di insicurezza [1]. Dieci anni prima che egli si mettesse in viaggio, il governo di Gladstone aveva inviato un reparto militare a occupare il paese, ignorando le rivendicazioni storiche della Turchia ottomana e le pretese della Francia. Da un punto di vista tecnico, l'Egitto era rovinato. Nell'ambito del vecchio sistema amministrativo anglo-francese, quello del doppio comando, il paese era stato governato da ciò che Lord Salisbury definì «un insieme di cose assurde, di dure critiche e di inquietudine» [2]. Nel 1883 Sir Evelyn Baring (divenuto più tardi Lord Cromer), «ispettore» finanziario della Gran Bretagna negli ultimi anni di formale indipendenza, fu nominato ministro residente e console generale, investito di poteri che più di un sovrano aveva motivo di invidiargli. Era noto semplicemente come «il Lord» [3].

Sebbene Cromer avesse rimosso con mano ferrea alcune assurdità e gran parte delle critiche, gli uomini politici e in particolare gli archeologi avevano ancora molti motivi per cui preoccuparsi [4]. Tewfiq, il chedivè d'Egitto (che gli inglesi, per salvare le apparenze, seguitavano a chiamare «Maestà» anche se il titolo non aveva niente a che vedere con l'istituto monarchico), era un individuo remissivo che si fece da parte mentre Cromer e Kitchner – quest'ultimo Sirdar (comandante supremo) dell'esercito egiziano – si occupavano della marea montante di nazionalismo, dell'avvento di un nuovo «messia» nel Sudan, della sicurezza del canale di Suez e della via più breve per l'India. Sotto la direzione del successore di Mariette, il giovane francese anglofilo Gaston Maspéro, per un po' l'archeologia prosperò [5]. Ma nel 1886 a Ma-

---

[1] Egitto e «Protettorato» inglese: John Marlowe, *Spoiling the Egyptians*, London 1974, capp. 11 e 12, in cui vengono succintamente analizzati gli avvenimenti che sfociarono nell'occupazione inglese del 1882.

[2] Salisbury: ivi, pp. 260 ss.

[3] Cromer: Sir Ronald Storrs, *Orientations*, 1937, pp. 191 ss.; e H.V.F. Winstone, *Gertrude Bell*, London 1978, pp. 100 ss.

[4] Rapporti tra il chedivè Tewfiq e gli inglesi: Marlowe, *op. cit.*, pp. 260 ss.; e H.V.F. Winstone, *The Illicit Adventure*, London 1982, pp. 3 ss.

[5] Mariette, Maspéro e Grébaut: Marlowe, *op. cit.*, p. 12; H.V.F. Winstone, *Uncovering the Ancient World*, London 1985, pp. 116 ss.; e Drower, *op. cit.*, pp. 40-46, 99.

spéro successe l'intrigante Eugène Grébaut il quale, quando di lì a cinque anni arrivò Carter, ricopriva ancora la carica di direttore generale alle Antichità.

Anche in età adulta, Carter non fu attratto dalla politica. Non sappiamo se egli dedicasse un pensiero fugace ai conflitti internazionali e alle ambizioni nazionaliste che l'occupazione della Gran Bretagna fomentava e nello stesso tempo faceva fallire. Il suo Egitto era un immenso prezioso forziere d'arte antica, da dissotterrare, registrare e interpretare. Era un giovanotto che perseguiva un unico scopo e fin dall'inizio dimostrò uno sfrontato disprezzo per gli uomini di potere – fossero militari o politici – che avrebbero potuto spianargli la strada e procurargli una collocazione in quel mondo in cui, purché si appartenga a un circolo, si scambiano favori e si spartiscono privilegi [6].

Incurante di tutto ciò, nel settembre del 1891 fu raggiunto ad Alessandria da Newberry. Viaggiarono insieme fino al Cairo, dove Carter venne presentato a un uomo che avrebbe avuto su di lui un'influenza irresistibile: Flinders Petrie, il più celebre scavatore dell'antico Egitto e, forse, anche il più pignolo. Carter si rese conto che il «Maestro» aspettava il momento buono in cerca di sigilli a forma di scarabeo, sui quali non c'era «miglior giudice» di lui.

Petrie aveva per l'appunto venti anni più di Carter, essendo nato nel 1853, quando Mariette aveva portato alla luce il *serapeum* di Saqqara e rivelato i tesori di Menfi. Ma nel 1880, poco prima dell'invasione britannica, Petrie aveva visitato l'Egitto per la prima volta, calcolando le dimensioni delle piramidi di Giza e impegnandosi nella prima di una serie di polemiche riguardanti il loro disegno, la loro struttura e il loro scopo. Nel gennaio del 1881 Mariette era ancora vivo, anche se morì subito dopo la venuta di Petrie. La sua morte segnò la fine della prima grande epoca dell'egittologia, che aveva preso le mosse all'inizio dell'Ottocento con l'invasione napoleonica. Eppure, quando Carter entrò in scena nell'ultimo decennio del secolo, molte domande che avevano affascinato e assillato le generazioni precedenti erano rimaste senza risposta.

Nel 1881, l'anno in cui Gaston Maspéro fu nominato al posto di Mariette, si era compiuto un decisivo passo avanti nell'identificazione di alcune delle più importanti monarchie d'Egitto. Maspéro era venuto a conoscenza dell'esistenza di un traffico illecito di oggetti che recavano i nomi di personaggi regali del periodo del Nuovo Regno, che va dal xvi al xiii secolo a.C. Denunciò il fatto alla polizia, che condusse con discrezione un'indagine con-

[6] Carter in Egitto: Carter, «An Account», cit.; e Drower, *op. cit.*, pp. 191 ss.

clusasi con l'arresto dell'impudente capobanda di un racket di
oggetti di antiquariato. Presto furono arrestate altre persone, che
tuttavia rivelarono ben poco alla polizia. Nondimeno, un testimone guidò gli investigatori fino a una scarpata presso Deir el-
Bahri, sulla sponda occidentale del Nilo, proprio a nord della
Valle dei Re e di fronte a Tebe, dove essi scoprirono una fossa
larga oltre un metro e mezzo e profonda dieci. In fondo alla fossa
si accedeva a un corridoio, lungo una settantina di metri, che
immetteva in una stanza segreta. Scavalcando bare, canopi e altre cose di varia dimensione e sorta, alla fine arrivarono nella
stanza dove, al lume di candela, trovarono oggetti contrassegnati
con i nomi di Amenhotep I, Thutmosi III, Ramesse II e della sua
regina Nefertari. Gli investigatori presero con loro centinaia di
reperti, che caricarono su una chiatta per trasportarli al Cairo. La
notizia si diffuse rapidamente, come accadeva sempre in Egitto.
Lungo le sponde del fiume c'era una folla di cittadini egiziani,
che applaudivano e sparavano raffiche a salva man mano che la
chiatta procedeva lentamente verso la salvezza recando a bordo
il suo cumulo di mummie e di oggetti funerari. Agli esperti del
Bulaq Museum sarebbero occorsi quattro anni per catalogare le
scoperte. Ai predatori di tombe era stato impedito di arricchirsi
illecitamente. Tuttavia con la legge appositamente promulgata si
era riusciti appena a mettere in salvo quanto rimaneva dopo tremila anni di profanazioni. Agli archeologi era consentito soltanto
di osservare la dimensione e la magnificenza dei depositi segreti
in cui erano custoditi oggetti preziosi e opere d'arte, che essi
sarebbero stati in grado di trovare se fossero stati i primi ad aprire i sepolcri dei massimi sovrani del mondo antico [7].

La cronologia, al pari delle tombe dei faraoni, era materia che
attendeva di essere studiata a fondo in modo sistematico. Gli
antichi egiziani e gli scrittori del periodo classico avevano lasciato elenchi e cronache relative ai re ma, dato che i loro documenti
erano frammentari, molti studiosi erano propensi a ritenere che
nei loro resoconti si attenessero, almeno in parte, a criteri seletti-
vi. Dopo quasi un secolo di scavi e di ricerche archeologiche sul
campo, la configurazione autentica dell'antico Egitto era ancora
incerta. Documenti come quelli sopravvissuti per duemila anni al
crollo della Grecia erano la tragica testimonianza dei rischi con-
nessi all'intervento dell'autorità amministrativa. Il celebre Papiro reale di Torino, compilato durante la XIX Dinastia, forniva un
elenco di re insieme alla durata dei loro regni computati in anni,

[7] Scoperta del nascondiglio segreto: Gaston Maspéro, *La Trouvaille de Deir el Bahari*, Cairo 1881. Cfr. anche Carter, *op. cit.*, pp. 69 ss.; e John Romer, *Valley of the Kings*, London 1981, cap. 14.

mesi e giorni, risalendo oltre la documentazione storica fino ai tempi in cui regnavano gli dei. Quasi certamente si trattava di uno dei documenti da cui gli autori del periodo classico avevano attinto le loro informazioni. Ma nel secolo xix dell'era cristiana era stato trattato con tanta negligenza che metà del suo contenuto risultava cancellata. La Pietra di Palermo, costituita in origine da una lastra di basalto nero lunga circa due metri e alta una sessantina di centimetri, era sopravvissuta sotto forma di cinque piccoli frammenti. Tuttavia gli egittologi sono convinti che sarebbe ancora possibile trovare i pezzi mancanti, forse in una biblioteca o in un museo, se solo si sapesse dove cercarli[8].

Questi documenti erano liberamente accessibili per Greci e Romani, i quali quasi certamente se ne servirono. Fra i cronisti del periodo classico, Erodoto aveva lasciato descrizioni particolareggiate delle regioni in cui si spostava in lungo e in largo. Ma non padroneggiò mai la lingua dei suoi ospiti, fidandosi più che altro delle dicerie. Mariette lo definì un «criminale» che avrebbe potuto rivelare molte cose, ma che invece riferiva «soltanto stupidaggini». Anche gli studiosi moderni si sono avvalsi della testimonianza frammentaria di Manetone, sacerdote di Eliopoli vissuto nel iii secolo a.C, il quale scrisse una storia della sua terra natia dedicandola a Tolomeo ii. La storia di Manetone andò perduta e ne rimasero soltanto alcuni passi usati da scrittori posteriori, principalmente dallo storico ebreo Giuseppe Flavio nel i secolo d.C. e dai cristiani Sesto Giulio Africano (ii-iii secolo) ed Eusebio (iii-iv secolo)[9].

Quando Carter cominciò a lavorare la Prima Dinastia era stata situata, sulla base di ipotesi e di arcane teorie matematiche, oltre un millennio prima della sua effettiva collocazione cronologica, si ignoravano i nomi dei sovrani e la maggior parte di quelli più recenti era stata classificata in modo approssimativo. Fu tuttavia un periodo di scoperte emozionanti[10]. Uomini di fama consolidata – Quibell, de Morgan, Amélineau, Naville e il prolifico Petrie – scavavano e cercavano lungo le mille miglia in cui il Nilo si distendeva partendo dal Delta del Basso Egitto a nord, attraversando località promettenti come Beni Hasan e Tell el-Amarna nel Medio Egitto e arrivando fino ai centri delle dinastie più antiche come Abido, Tebe, Karnak, Luxor e Edfu nell'Alto Egitto. Stava venendo alla luce una profusione di nuove testimonian-

[8] Cronologia ed elenco dei re: Sir W. Flinders Petrie, *A History of Egypt*, Methuen, London, 1924, vol. ii; John Baines-Jaromir Malek, *Atlas of Ancient Egypt*, Oxford 1978; Nicholas Reeves, *The Complete Tutankhamun*, London 1950.
[9] Manetone e Erodoto: Winstone, *Uncovering*, cit., pp. 213 ss.
[10] Clamore suscitato dalle scoperte: W.B. Emery, *Archaic Egypt*, London 1961, Introduzione.

ze riguardanti la cronologia, le persone e gli avvenimenti: nuovi elenchi di re, i nomi egiziani di governanti fino ad allora noti soltanto con i loro appellativi greci, nonché pietre sepolcrali incise e tavolette attinenti ai primi contatti con le civiltà coeve della regione del Tigri e dell'Eufrate.

Carter imparò subito a muoversi fiducioso in mezzo a uomini del genere, anche se non sempre con disinvoltura, ben consapevole della sua eccezionale abilità di disegnatore e acquerellista, reso sfacciato dalla giovinezza e dalla mancanza di studi regolari, che la maggior parte di coloro che gli erano intorno davano per scontati come presupposto per averlo scelto. Nel complesso, sembrava aver fatto una buona impressione.

I suoi primi giorni al Cairo li trascorse girovagando per tutto il Museo di Giza (presso cui, l'anno precedente, era stato trasferito il contenuto dell'insicuro edificio di Bulaq, meta di turisti) e fra le piramidi. Le serate le passava nell'alloggio di Petrie al Cairo, ascoltando i discorsi degli uomini che avevano provato il fervore della ricerca e la gioia della scoperta, tutto preso dalla discussione tecnica, artistica e cronologica che riportava alla luce l'antico Egitto e rafforzava la sua convinzione di essersi trovato, sebbene avesse solo diciassette anni, un «mestiere» vicino al Nilo. Petrie lo colpiva sempre più favorevolmente. «L'aver conosciuto Flinders Petrie, uomo dai gusti semplici, dotato di un acume che gli dava la sicurezza e la forza per risolvere problemi in campo archeologico, costituisce uno degli avvenimenti indimenticabili della mia giovinezza. Come figlio d'artista, ciò che forse mi ha interessato sopra ogni altra cosa, oltre alla estensione e all'accuratezza delle sue conoscenze, era la sua capacità di identificare e amare le opere d'arte.» Carter decise di conseguire la stessa sicurezza, conoscenza e sagacia [11].

L'uomo più anziano prese in simpatia Carter. Sebbene fossero molto diversi nel comportamento e nell'aspetto – entrambi scontrosi, massicci e villosi, ma Petrie aveva una candida barba, mentre Carter si lasciava crescere i baffi – avevano dei precedenti in comune, rappresentati da una formazione e da una educazione non convenzionale. Petrie aveva frequentato una scuola rionale e aveva avuto per insegnante la figlia di un colonnello, la quale era intransigente in fatto di disciplina e riempiva i compiti che assegnava di confuse tiritere in inglese e in lingue straniere. Il ragazzo arrivò ai limiti di un esaurimento nervoso e per un po' gli fu proibito di continuare a frequentare le lezioni. Ciò nonostante leggeva di tutto e imparò da solo in modo encomiabile i princìpi fondamentali della scienza e della matematica.

[11] Petrie e compagni: Drower, *op. cit.*, pp. 168 ss.

Nel 1891 si era già fatto un nome come egittologo e stava per pubblicare un resoconto dell'attività da lui svolta fino a quel momento, intitolato *Un decennio di scavi*. Inoltre aveva acquisito gradualmente una specie di gallofobia, in particolare nei riguardi di Mariette, il quale, insieme ad altri delitti, aveva «da perfetto mascalzone fatto a pezzi tutte le parti crollate» di un tempio di granito. In quel momento la stampa inglese aveva sollevato scalpore a proposito del deterioramento dei monumenti egiziani, la cui responsabilità ricadeva ormai in definitiva su Whitehall. Ciò aveva portato alla creazione di potenti comitati e all'intervento personale del ministro per gli affari esteri, Salisbury. Di conseguenza, l'EEF aveva accolto una delle istanze predilette di Petrie: la proposta di istituire un organo di controllo archeologico, un piano ambizioso – descritto da Amelia Edwards, la *grande dame* degli inglesi in Egitto – «per disegnare una mappa, per programmare, per fotografare e copiare tutte le località più importanti, le sculture, le pitture e le iscrizioni ancora esistenti, in modo da conservare almeno una documentazione conforme a verità di quei monumenti che stanno andando rapidamente in rovina». Fu quell'idea intraprendente che nel 1890 fece incontrare Petrie con il giovane disegnatore Percy Newberry, allora ventiduenne, e con lo stimato archeologo in servizio attivo, Francis Llewellyn Griffith [12].

Dal momento in cui Grébaut fu nominato direttore generale delle Antichità, le località vennero ripartite [13] in base alle spinte politiche e non alla competenza accademica o ai dati emersi dalle esplorazioni. Già nel 1891 Petrie contava sull'assegnazione di una località molto importante, Tell el-Amarna, ma le inconcludenti riunioni del comitato non riuscirono a chiarire chi sarebbe stato l'assegnatario e di che cosa. Saqqara, Abido, Amarna? La discussione fu interminabile. Fu chiamato in causa Cromer, ma neppure lui col suo pugno di ferro riuscì a ottenere qualcosa. Petrie e i suoi potenti sostenitori non riuscirono a far ricredere l'altezzoso francese. Petrie, bisogna ammetterlo, non era un negoziatore dei più docili. Ritenendosi offeso, aveva già rassegnato le dimissioni dal comitato dell'EEF in Inghilterra, dicendo ad Amelia Edwards nell'ottobre del 1886 che intendeva ritirarsi e aggiungendo che «non desiderava giustificarsi». Più di un anno prima, Stuart Poole aveva detto a Miss Edwards che Petrie «stava lavorando gratis e che come compenso si aspettava la pubblicazione». Il reverendo Chester aveva detto a Poole che Petrie era

---

[12] Newberry e Griffith: Carter, *The Discovery*, cit., p. 20.
[13] Catasto archeologico egiziano: EES, 1890-1/1891-2, «Scheme for carrying on the survey», unitamente ai rapporti relativi alla prima e alla seconda stagione.

dispostissimo a dormire sulle casse da imballaggio: «È un insensato che va oltre il limite della sopportazione umana». Dopo la vertenza che ebbe nel 1886 con la segreteria dell'EEF, decise di accettare il sostegno finanziario di un uomo d'affari di Manchester e di servirsi di qualcuna delle sue limitate risorse economiche allo scopo di proseguire gli scavi. Ormai, dopo sei anni di tempestose discussioni con i suoi finanziatori a Londra e con la direzione francese alle Antichità, Grébaut stava dando prova di essere assurdo. I dissensi e i battibecchi di Petrie si dimostrarono quasi profetici per quanto riguarda l'avvenire personale di Carter in Egitto.

A Griffith fu affidato il rilevamento archeologico dell'EEF, ma siccome era ormai un dipendente del British Museum, non poteva eseguire il lavoro personalmente. Egli scelse George Willoughby Fraser, che era stato preparato da Petrie e da Newberry. Loro primo compito sarebbe stato quello di fare il rilievo topografico della regione che va da Miniya fino ad Asgut, a cominciare da Beni Hasan. Carter fu prescelto come componente più giovane del gruppo.

Beni Hasan, con i suoi magnifici disegni e iscrizioni murali [14], offrì l'occasione eccezionale di mettere alla prova il talento di Carter con una esecuzione impegnativa. Si calcolava che i suoi dipinti funebri coprissero una superficie di circa quattromila metri quadrati. Disegnarli con precisione sarebbe stata un'impresa ardua. Petrie aveva già dato a Newberry istruzioni dettagliate su argomenti che andavano dalla necessità di registrare l'esatta collocazione di ogni iscrizione, secondo un sistema di enumerazione decimale, fino al modo migliore di rifarsi il letto. Uno dei suoi tanti pallini era l'incapacità dei suoi contemporanei di copiare le pitture murali e di disegnare i manufatti e l'architettura dei sepolcri [15].

Trascorsi alcuni giorni al Cairo, Carter accompagnò Newberry a Beni Hasan, scendendo da un treno polveroso ad Abu Qirqas, la stazione più vicina alla loro destinazione. Dopo il lungo viaggio erano indolenziti e sporchi. La ferrovia terminava a qualche distanza dall'area dei sepolcri di pietra. Carter stava per avere la sua prima esperienza riguardo al sistema di trasporto che l'egittologo doveva inevitabilmente usare. Con armi e bagagli assicurati per mezzo di cinghie agli asini, partirono cavalcando attraverso campi coltivati diretti verso il fiume, stando a cavalcioni con i piedi che sfioravano il terreno e procedendo con lentezza

---

[14] Beni Hasan: ivi, pp. 22 ss. Vedi inoltre McCall, op. cit., pp. 3 ss.; e Drower, op.cit., pp. 172 ss.
[15] Metodi di esecuzione delle copie: Carter, The Discovery, cit., pp. 19 ss.

esasperante. Fecero la traversata per raggiungere l'argine orientale del Nilo su un antiquato traghetto e poi si inerpicarono al buio lungo il pendio della scarpata desertica fino al terrapieno che contrassegnava le tombe di Beni Hasan. Le prime impressioni di Carter riguardo all'area del suo battesimo archeologico non furono incoraggianti. «Qui, mentre il crepuscolo scendeva rapido e silenzioso sopra quelle rupi grigie, ebbi sul momento una sensazione di tetro squallore.» La sua prima notte la trascorse ad ascoltare i pipistrelli che si sistemavano sopra la camera rocciosa dove lui e Newberry si erano fatti il letto, rievocando con la fantasia «strani fantasmi di antichi defunti».

Il nuovo giorno modificò il suo stato d'animo. Guardò fuori e vide un panorama quale non aveva mai neanche immaginato. Era una vista da far restare senza fiato: la valle del Nilo che ardeva silenziosamente alla luce del sole, estendendosi a perdita d'occhio, il bordo del deserto in gradevole contrasto con la fertile pianura. Cominciò ad avvertire il richiamo del Nilo che aveva spinto molti uomini prima di lui a parossismi di gioia e ad eccessi di venalità. All'interno dei sepolcri, ovunque guardasse, trovava motivo di ispirazione. Ma il piacere inebriante del primo giorno venne attenuato da una valutazione critica di ciò che era accaduto in passato. Non era d'accordo con i metodi di lavoro adottati da Newberry e dai suoi colleghi nella precedente stagione 1890-91, anche se agivano su precise disposizioni di Petrie.

La sua prima esperienza professionale l'ebbe con i sepolcri dei nomarchi del Nomos dell'Orice (così chiamati, come gli altri, in base ai segni corrispondenti al nome dei loro occupanti, cioè dei viceré o dei governanti). Riandando il passato, giudicò che si trattava dei più importanti monumenti del Medio Regno d'Egitto. «Le loro iscrizioni storiche erano della massima importanza.» Sotto il profilo estetico, la meravigliosa fedeltà dei disegni alla natura, le qualità ravvisabili nella linea leggiadra, nell'equilibrio del colore e nel perfezionamento dei particolari, li distingueva come opere di altissimo valore in qualsiasi contesto artistico. Quanto ai tratti architettonici dei sepolcri, essi erano, in una parola, «straordinari».

Il metodo di copiare le decorazioni murali consisteva nell'appendere grandi fogli di carta da ricalco sulla superficie, a prescindere dal fatto che i disegni fossero piatti o a rilievo, oppure che gli stessi muri fossero lisci o granulosi, e nel disegnare i contorni usando una matita morbida. I fogli di carta da ricalco venivano poi arrotolati e spediti al British Museum, dove un altro disegnatore ripassava a penna l'esecuzione a matita, di modo che tutti i contorni venivano riempiti, «spesso e volentieri... da persone completamente ignare dell'originale o del disegno». Così anneriti, i ricalchi venivano ridotti a una dimensione maneggevole mediante procedimento fotografico. «Dal punto di vista dell'arte egiziana», scrisse Carter, «i risultati erano tutt'altro che soddisfacenti.» Era rattristato dai metodi sconsiderati che usavano gli altri, ma non aveva voce in capitolo. «Ero giovane, era la mia prima esperienza e, nella lotta per l'esistenza, dovevo obbedire e applicare il loro metodo strampalato di riprodurre quelle belle testimonianze egiziane, esaltate dall'atmosfera romantica di una grandiosa antichità.»

Per fortuna, Newberry era un collega anziano assennato e duttile. La maggior parte dell'indispensabile lavoro di ricalco era stata terminata durante la stagione precedente e Carter, con suo gran sollievo, fu autorizzato a dedicare il suo tempo a disegnare accuratamente a colori i particolari più interessanti delle pitture murali originali. Non aveva neanche compiuto diciotto anni quando spedì in Inghilterra una bella infornata di copie di alcuni capolavori artistici dell'antico Egitto.

Già alla fine di novembre la spedizione era pronta a lasciarsi alle spalle le tombe dei «Grandi Capi della Provincia dell'Orice», per muoversi verso Al Bersha, a una quarantina di chilometri in direzione sud, effettuando il viaggio per via fluviale a bordo di una *ghiassa* locale, il «giramondo» del Nilo munito di grandi vele latine triangolari sistemate su doppia alberatura.

I sepolcri dei nomarchi della Lepre erano tagliati nei fianchi di un burrone noto con il nome di Uadi al-Nakhla presso Al Bersha. «Può darsi che ci siano state poche giornate più luminose di quelle che ci videro impegnati al massimo a fare rilievi topografici dei templi scavati nella roccia sui fianchi scoscesi di quell'uadi.» Si trattava, per Carter, di un'altra occasione di lavorare non da semplice lucidista o copista, bensì come artista creativo che riproduce gli originali con esattezza, ma non pedissequamente, e abbellisce l'esecuzione che ne deriva. In realtà, forse è esatto dire che Carter fu il primo in senso assoluto fra i copisti esperti in campo archeologico a introdurre un elemento personale in quello che fino ad allora era stata una mansione del tutto priva di originalità.

Dopo aver lavorato per alcune settimane ad Al Bersha [16], giunse alla conclusione che alcuni sepolcri e templi ci guadagnavano al confronto con quelli dei nomarchi dell'Orice. Affermò che il tempio di Djehutihotpe – vissuto durante i regni di Amenemhat II, di Sesostri II e Sesostri III della XII Dinastia (nel tardo secondo millennio) – era «addirittura più bello di quello che si trovava a Beni

---

[16] Attività svolta a Al Bersha: Carter, *The Discovery*, cit., pp. 25 ss.; e McCall, *op. cit.*, pp. 4 ss.

Hasan». L'attività da lui svolta nelle tombe di Al Bersha fu forse la migliore del suo periodo di apprendistato. Il suo modo di cogliere il movimento, in particolare nei disegni che raffiguravano uccelli, la sua magnifica padronanza del colore e l'attenzione per il dettaglio nell'interpretare, anziché copiare, i disegni murali, avrebbero ottenuto l'alto elogio di coloro i quali ebbero il privilegio di vederne le stupende riproduzioni eseguite alcuni anni dopo dall'EEF. Ma i componenti della spedizione, abituati a trattare l'argomento con minore spirito di iniziativa, non erano del tutto contenti del modo sprezzante con cui il loro collega respingeva ciò che era stato fatto in precedenza. Anche Newberry, il quale si era subito reso conto del talento del ragazzo quando Alicia Amherst gli aveva proposto di assumerlo, lo criticava, ma le sue lamentele riguardavano soprattutto la lentezza con cui Carter lavorava e la sua tendenza a uscire di quando in quando dal seminato per dedicarsi ad abbozzare paesaggi e a disegnare animali selvatici. Ciò nonostante, gli schizzi e i dipinti eseguiti da Carter dei rilievi a colori che ornavano le pareti del tempio risultarono di altissimo livello quando li si mise a confronto con qualsiasi altro precedente lavoro.

Le sue accurate osservazioni erano altrettanto importanti. Anche il più competente degli egittologi si meravigliava ancora della capacità logistica degli egiziani nel trasportare gli enormi blocchi di pietra destinati ai loro edifici e alle loro statue. Nel tempio di Djehutihotpe, Carter si imbatté in una scena che descriveva dettagliatamente i metodi usati per trasportare via terra dalle più vicine cave situate a Hatnub grandi lastroni di pietra, pesanti più o meno quarantacinque tonnellate ciascuno. Un'iscrizione indicava che la figura seduta del nomarca, il grande capo Djehutihotpe, era alta tredici cubiti [pari a sei metri] ed era stata realizzata con un unico blocco di alabastro (calcite). I disegni facevano vedere il grande blocco scolpito, da cui emergeva la figura, fissato a una slitta di legno mediante grosse funi serrate al massimo per mezzo di tornelli di legno, e le superfici scolpite protette da spesse imbottiture di cuoio. Le strade venivano appositamente predisposte da squadre di operai, ciascuna formata da quarantadue «bravi guerrieri» e da un comandante, i quali tenevano l'estremità libera delle gomene assicurate alla parte anteriore della slitta per poterla trascinare lungo la strada. I cavapietre erano organizzati in potenti corporazioni. L'iscrizione parlava degli uomini che spingevano e tiravano: «Le loro braccia diventavano forti, ciascuno ostentava la forza di mille uomini». Alcuni camminavano di fianco portando un pesante fulcro di legno, che serviva da punto d'appoggio alle leve quando era necessario aiutare la slitta a superare ostacoli o superfici difficoltose. Solo per questa statua, centosettantadue capisquadra spingevano la slitta, accanto alla quale avanzavano a passo di marcia ottantaquattro operai ausiliari suddivisi in sette gruppi per rimpiazzare i guerrieri affaticati. In piedi sulla base della statua c'era un uomo che versava acqua davanti alla slitta per farla scorrere meglio sulla strada e per impedire che il legname prendesse fuoco per via dell'attrito.

Le poche settimane trascorse ad Al Bersha offrirono inoltre a Carter l'occasione per fare esperienza di vita da campeggiatore. Non gli piaceva. Una tomba scavata nella roccia e bene arredata con un giaciglio fatto di rami di palma era di gran lunga preferibile come sistemazione per la notte, «nonostante i pipistrelli». Nel suo taccuino si dilungò sull'argomento. «In Egitto la tenda è esposta agli elementi. Calda di giorno, fredda di notte, con i fianchi che sbattono a ogni folata di vento. Si è limitati dalla mancanza di spazio, in realtà si deve fare tutto sul principale pezzo dell'arredamento, cioè sulla branda.» Il gruppo di pressione politica contrario all'adozione della tenda potrebbe in linea di massima sostenere che certi inconvenienti non si limitano alla pratica del campeggio in Egitto.

Nel Natale del 1891, Carter e Newberry andarono alla ricerca di sepolcri perduti e sconosciuti, mentre Fraser e Blackden decisero di partecipare alle celebrazioni natalizie organizzate a Miniya sulla sponda del fiume dall'Egyptian Irrigation Department. Alla vigilia di Natale scoprirono le cave di Hatnub. Si trattava di un ritrovamento molto importante, in quanto esse erano state precedentemente conosciute soltanto a causa degli oggetti di calcite che vi erano stati ricuperati. Incise sui pendii delle cave c'erano delle iscrizioni in cui si diceva che esse erano state aperte all'epoca dell'Antico Regno nel terzo millennio a.C. Esaminato che ebbero la gran quantità di iscrizioni, si approssimò il tramonto e dovettero andare avanti. Dopo neanche ventiquattr'ore trascorse in pieno deserto, avendo interamente esaurito la scorta dei viveri e disponendo soltanto di tre coperte da dividersi tra loro, cominciarono a cercare un comodo rifugio. Distavano da Al Bersha soltanto una quarantina di chilometri, ma la loro guida beduina, lo sceicco Ayd del Bani Abahda, consigliò loro di dirigersi verso il vicino villaggio di Hagg Qandil. Lo sceicco aveva spiegato loro che il villaggio non distava molto da Tell el-Amarna, un posto in cui, a suo dire, la roccia presentava un approfondimento che era «scritto» più o meno come i templi funebri di Al Bersha.

Sapevano che Petrie aveva di recente cominciato a scavare a Tell el-Amarna e non si doveva perdere un'occasione di visitare la sua ultima concessione. Sapevano inoltre che egli aveva costruito una casa nella periferia di Hagg Qandil. Dietro modesta ricompensa lo sceicco Ayd diede loro dei cammelli e li guidò fino a destinazione. La carovana arrivò alle nove di sera.

In oriente una squadra di cammelli e di uomini armati che calano all'improvviso e in silenzio dal deserto... di notte, ha sempre un elemento sconvolgente in sé, in quanto è di cattivo augurio, fa pensare davvero a banditi beduini. Petrie era in piedi sulla porta e ci scrutava con ansia. Figuratevi perciò la sua gioia quando si rese conto che eravamo persone innocue, anzi dei vecchi amici, che chiedevano soltanto un po' di cibo e un tetto per la notte.

Si diceva che le diete di Petrie non fossero assolutamente adatte né per gli schizzinosi né per i vigliacchi [17]. Una ventina d'anni dopo, nel 1911, T.E. Lawrence, il quale aveva eseguito scavi con Leonard Woolley a Carchemish, fu incaricato di raggiungere Petrie a Tarkhan sulla riva occidentale del Nilo, per scoprire che «i rognoni in scatola si mescolavano nella minestra a cadaveri mummificati e amuleti». Lawrence constatò che il maestro era «stravagante», ma si chiedeva: «Come mai non è morto per intossicazione alimentare?». A quel tempo Petrie si era già sposato e sua moglie Hilda era famosa per il modo caotico in cui amministrava la casa. Forse l'ospitalità del grand'uomo era migliore nei suoi anni di celibato. Carter non ebbe a lamentarsi, prendendo nota del «buon pasto» che lui e Newberry avevano gustato, consistente in una «zuppa calda di lenticchie, uova in camicia, caffè caldo, frittelle e marmellata di ciliege!».

Il giorno di Natale lo trascorsero esplorando Tell el-Amarna, dove gli uomini di Petrie avevano cominciato a lavorare il 20 novembre. Una delle prime cose che venne loro mostrata fu un pavimento ornato di pitture appena dissotterrato, proveniente da una camera del palazzo reale, decorato con un ammasso di ciuffi di papiro, laghetti abbelliti da uccelli acquatici selvatici e da vitelli saltellanti. In seguito esso venne distrutto da un contadino del luogo, che volle così vendicarsi dei danni causati dai visitatori che, per andarlo a vedere, gli calpestavano il fondo. Ripensando, di lì a qualche anno, a quella piacevolissima giornata, Carter riuscì a ricordare tutti i particolari del pavimento ormai perduto per i posteri. Egli prese inoltre nota che in quella città, che in origine era chiamata Akhetaton [18], eretta dal «re eretico» Akhenaton per farne «il centro del culto del sole Aton», aveva osservato una stele di confine su cui erano incise queste parole: «Là sulla montagna a Oriente si farà per me un sepolcro, ivi sarà la mia tomba».

Il giorno di Santo Stefano Carter e Newberry fecero ritorno ad Al Bersha, intormentiti dal viaggiare a dorso di cammello. Erano ancora tutti presi dalla scoperta fatta a Hatnub e riferirono ogni

---

[17] Regime dietetico di Petrie: Drower, *op. cit.*, p. 319.
[18] La città di Akhetaton: Carter, *The Discovery*, cit., pp. 30 ss.

cosa riguardo alle sontuose iscrizioni che avevano scoperto ai loro colleghi, i quali erano tornati tutti allegri dalle feste natalizie. Fraser e l'altro componente professionista del gruppo, Blackden [19], si recarono con prontezza e senza preavviso a Hatnub, dove copiarono le iscrizioni rivendicandone il diritto di possesso. Newberry si infuriò al punto da considerare la prospettiva di rimpatriare in Inghilterra. Carter non dimenticò l'inganno, né lo perdonò. Definì i suoi colleghi «luridi cani» e parlò di una «sensazione sgradevole» instauratasi da quel momento in poi nel campo.

Il primo dell'anno segnò una novità importante per la situazione di Carter. Fino ad allora la sua posizione e i suoi rapporti con gli altri uomini che lavoravano per conto del catasto egiziano sotto il supremo controllo di Petrie erano stati instabili. Egli era ancora pagato in parte da Lord Amherst, il quale a sua volta stava trattando con Petrie per ottenere una cointeressenza nella concessione di Tell el-Amarna. Per Carter, poco più che diciottenne, nominato aiutante artistico di Newberry, ma in qualche modo subordinato a Petrie, la situazione era scomoda e insicura. Tutto stava per cambiare. Prima della fine dell'anno Petrie era stato in grado di dire: «Sono stato pronto a cogliere l'occasione e sono entrato in possesso della mia eredità». Il suo contratto relativo alla concessione di Tell el-Amarna era stato rilasciato dal suo principale avversario Grébaut, dopo settimane di mercanteggiamenti anglo-francesi, durante le quali tre illustri rappresentanti inglesi, per esprimere il loro dissenso, avevano abbandonato una riunione dichiarando che non avrebbero mai più partecipato a un comitato che fosse presieduto dallo stesso Grébaut [20]. Ragion per cui Petrie fu in grado di svendere parte della località ad Amherst, alleggerendo così se stesso – e indirettamente l'EEF – di una parte dei costi, pur mantenendo nelle proprie mani il totale controllo dei lavori di scavo. Amherst, avendo realizzato l'ambizione di tutta la sua vita, quella cioè di ottenere una concessione nel campo delle esplorazioni che si effettuavano in Egitto, decise che se Petrie non avesse avuto nulla in contrario, il suo protetto Carter «avrebbe dovuto cimentarsi nel lavoro di scavo».

Carter arrivò a dorso di cammello [21] e sotto la guida dello sceicco Ayd nel mese di febbraio, per passare dalla qualifica di progettista a quella di scavatore. All'idea di diventare uno zappatore espresse i suoi tristi dubbi. Petrie vedeva in lui un «bravo ragazzo» di diciassette anni, il cui interesse era tutto «per la pittura e la

[19] Fraser e Blackden: ivi; e EES, rapporto della seconda stagione.
[20] Rapporti tra Petrie e Grébaut: Drower, *op. cit.*, pp. 186 ss.
[21] Carter a Tell el-Amarna: Carter, *The Discovery*, cit., pp. 35 ss.

storia naturale». Sembrava pressoché inutile «migliorarne l'efficienza come scavatore». Nondimeno, il maestro si servì di un metodo ben collaudato nel temprare il ragazzo e nel prepararlo alle avversità e ai capitomboli cui si va incontro nell'archeologia attiva. Tanto per cominciare, lo mandò a costruirsi il proprio alloggio. Si trattava di una struttura monolocale buona a tutti gli usi, fatta di mattoni di fango e priva di intonaco. Le regole di Petrie, famose fra gli archeologi, erano rigorosamente osservate: niente tavoli né sedie, unico mobilio le casse da imballaggio. Gli furono consegnate razioni di cibo in scatola per un mese e un piccolo lume a paraffina, il cui costo era a suo carico. «Non gettare mai via un barattolo vuoto», gli dissero. I barattoli erano di inestimabile valore per riporvi oggetti antichi. Non era consentito avere persone di servizio. «Dovevo rifarmi il letto, far sparire i rifiuti, prepararmi e cucinarmi i pasti e rigovernare.»

Tell el-Amarna era una zona della massima importanza nel quadro della storia antica dell'Egitto, ma il suo valore superava di gran lunga i limiti rigorosi di una indagine d'argomento egiziano. Venne eretta nel XIV secolo a.C. dal re eretico Akhenaton per proclamare una fede di cui al mondo non si era mai udito parlare prima di allora, una fede che si basava sul concetto del dio unico. Akhenaton in origine era Amenhotep (Amenhophis, secondo la terminologia greca), diventando il quarto re con quel nome finché non adottò il disco solare, Aton, a suo nume tutelare. Nel 1375 a.C. circa, da Tebe si trasferì a Tell el-Amarna, per stabilirvi la sua città di Akhetaton dedicata al suo dio, dove visse con la regina sua sposa Nefertiti. Dopo la sua morte, la fede eretica fu per breve tempo adottata dal successore di Akhenaton, il re fanciullo Tutankhamun, prima che venisse rifiutata insieme al sistema politico che l'aveva abbracciata. La corte fece ritorno a Tebe. Akhetaton venne abbandonata e cadde in rovina. Praticamente rimase inviolata, ridotta a un ammasso di macerie chiamato in arabo Tell el-Amarna, per quasi 3500 anni.

Negli anni Quaranta del secolo scorso, il celebre artista topografo e studioso prussiano Karl Lepsius aveva eseguito una pianta dei ruderi, di cui Petrie si servì per identificare i diversi terrapieni che costituivano la località. Nel 1886 lui e Griffith avevano effettuato una breve visita a Tell el-Amarna. L'anno seguente, in mezzo alle macerie del posto furono trovate alcune tavolette incise nel ben noto accadico cuneiforme, provenienti dalle decine di migliaia di documenti che erano stati scoperti nei palazzi reali d'Assiria da Layard, Botta, Rawlison e altri. Sotto il profilo accademico, esse rappresentavano forse il ritrovamento più importante di tutta la storia dell'archeologia, in quanto aprivano una finestra sui più remoti scambi diplomatici documentati del mondo antico.

Si trattava, in realtà, di una produzione di lettere [22] scambiate soprattutto tra Akhenaton e suo padre, il grande Amenhotep III [Amenophis], e con gli altri sovrani dell'Asia occidentale, cioè di Siria, Fenicia e Palestina, scritte in semitico accadico, che era la lingua franca dell'epoca. La loro scoperta fu attribuita a una contadina, ma la loro esatta provenienza è stata sempre messa in dubbio. In ogni caso, le tavolette incise non sono cose di cui s'occupino la pubblicità e il pubblico interesse. Quando Petrie e i suoi assistenti cominciarono a lavorare a Tell el-Amarna, le tavolette erano state distribuite a diverse università, senza tener conto del modo in cui erano state trovate, o dimenticandolo. Entro un anno da che le lettere di Tell el-Amarna erano venute alla luce, era stata fatta un'altra importante scoperta. Gli abitanti del villaggio sostenevano di aver trovato diversi oggetti d'oro «dentro» un sepolcro reale o «lì intorno», fra cui un anello con sigillo recante l'incisione del cartiglio della regina Nefertiti.

L'interpretazione della storia era un elemento fondamentale nel modo in cui Petrie si accostava all'archeologia, era uno dei tanti perni grammaticali che egli ficcava in testa all'apprendista [23], quando ogni giorno percorrevano la distanza di circa cinque chilometri che li separava dagli alloggi della spedizione fino all'area di scavo. A volte Carter doveva mettersi a correre per non farsi distanziare dal maestro. In una sola circostanza Carter borbottò che ci sarebbe voluto un asino. Il consiglio fu accolto «da un silenzio di tomba».

Dapprima le critiche lo irritavano, ma a poco a poco finì per rendersi conto che le idee di Petrie non partivano da semplici ipotesi, ma abbracciavano sia l'aspetto realistico che quello teorico delle cose. Annotava fedelmente tutto ciò che il suo superiore gli diceva riguardo ai dettagli tecnici e ai trabocchetti del mestiere. A Petrie non interessava l'elemento spettacolare. Il suo modo di impostare la ricerca archeologica e la valutazione del passato si basavano su «trascurabili cosette da nulla» e spesso veniva accusato di avere la fissazione delle ceramiche. Ai suoi assistenti di lingua araba era noto come il «Padre dei Vasi». Effettivamente, in epoca molto anteriore al metodo di datazione con il carbonio, non poteva esserci alcun dubbio riguardo alla funzione essenziale svolta dalla ceramica come mezzo di accertamento cronologico e culturale. Ma gli scavi di Petrie diedero luogo a montagne di cocci, che piombarono inaspettatamente su musei e

[22] Lettere rinvenute a Tell el-Amarna: Winstone, *Uncovering*, cit., pp. 163 ss.
[23] Petrie: Carter, *The Discovery*, cit., p. 39.

università in quantità tale che la loro sistemazione da allora in poi avrebbe costituito un problema. Tuttavia egli si servì dei suoi reperti fittili per sviluppare un quadro particolareggiato del mondo antico. Anche se i frammenti di vasi non erano esattamente il suo argomento preferito, Carter ascoltava e prendeva nota.

Ciò che egli mi fece soprattutto capire fu la necessità di avere un'esperienza in campo archeologico, di conoscere gli oggetti in cui di solito ci si imbatte quando ci si occupa di una civiltà antica. È della massima importanza conoscere la storia, saper inquadrare un'epoca e le influenze straniere che l'hanno toccata. Mi spiegò che l'antico idioma di un paese, pur essendo importante nello studiare i ruderi, non è tuttavia essenziale nei suoi aspetti critici durante l'osservazione diretta dei dati, ma che uno scavatore dovrebbe essere almeno capace di discernere tutto il materiale scritto che trova. Da ultimo occorreva anche una conoscenza in materia di ingegneria, matematica, fisica e chimica, e soprattutto il potere di osservare tutto quello che si può racimolare da una scoperta.

Dopo una settimana trascorsa a fare il giro dell'area di Tell el-Amarna [24], prendendo rispettosamente nota delle osservazioni di Petrie, Carter si sentì pronto a cominciare a lavorare per conto proprio nel settore che Petrie aveva separato con un tramezzo battezzandolo territorio di «Amherst». Petrie gli diede in prestito due delle sue più anziane e addestrate maestranze, nonché alcuni operai del posto.

In confronto alla mano d'opera adibita all'area principale si trattava di una squadra di modeste proporzioni, ma Carter si accontentava di lavorare su scala ridotta, anche se i suoi primi sforzi erano «lontani dal cogliere il segno e i loro risultati erano scarsi o inconsistenti». Petrie aveva calcolato che ci sarebbe voluta un'eternità per scavare l'intero territorio di Tell el-Amarna, che egli paragonava per dimensione a quello di Brighton. Aveva deciso di concentrare l'attenzione su alcune dimore tipiche, su un palazzo reale (se fosse riuscito a trovarne uno) e sui depositi di fondazione dei templi. Mise subito le mani, in modo quasi imprevisto, su alcune ceramiche egee dipinte. Con tutto ciò, la quantità dei reperti lo colse di sorpresa. Nella prima stagione di scavi aveva raccolto 1341 frammenti che, una volta ricomposti, avevano formato 800 vasi. Petrie conteggiava e smistava i suoi cocci sempre con precisione. Ben presto Carter si mise a dissotterrare lo stesso tipo di ceramiche. La loro importanza appariva evidente perfino al principiante. Il territorio di Tell el-Amarna si poteva datare grazie alla conoscenza storica e alle date trovate sui recipienti per il vino e altri oggetti. Petrie fu in grado di stabilire

---

[24] Tell el-Amarna e Akhenaton: Cyril Aldred, *Akhenaten and Nefertiti*, London 1973, pp. 27 ss.

categoricamente che Tell el-Amarna era stata abitata per poco
più di venti anni all'inizio del xiv secolo a.C.

Risultò che il pavimento dipinto trovato da Carter era soltanto
uno dei tanti esempi della stessa arte di Tell el-Amarna. Avevano
appena preso a scavare che Petrie identificò l'area del palazzo e
cominciò a rendere visibile la superficie di un pavimento di circa
25 metri quadrati. Esso era costituito da uno strato di intonaco,
splendidamente dipinto a colori tenui con mazzi di fiori di loto
alternati a cornucopie, che si ampliavano in una sinfonia di scene
di vita naturale e acquatica. Questo capolavoro, proclamò con
entusiasmo Petrie, era la scoperta artistica più importante «a
partire dalle statue dell'Antico Regno ritrovate da Mariette».
Appena la notizia del ritrovamento trapelò, cominciarono ad arrivare le inevitabili carovane che trasportavano turisti e visitatori
occasionali per condividere lo stupore degli archeologi e per rendere furiosi gli agricoltori del posto, che giunsero al punto di
distruggere sul luogo stesso alcune delle più preziose scoperte.
Nelle stanze contigue vennero riportati alla luce altri pavimenti
del genere, che nei loro particolari ricchi di immaginazione si
discostavano dalla rigorosa formalità dell'arte egiziana.

«Mi furono assegnati il grande tempio di Aton e alcuni settori
della Città da studiare a fondo per conto di Lord Amherst.» Nella moderna attività archeologica essere incaricato di uno scavo,
per un diciassettenne, era una cosa che non si era mai verificata
prima d'allora. Essere sotto l'occhio di falco di Flinders Petrie
era a un tempo un privilegio e un motivo di malumore. Il maestro
era ossessionato dai dettagli. Non si interessava mai di questioni
sociali, soltanto dei particolari precari della ricerca storica. «Ci
ha insegnato l'abbiccì della ricerca e degli scavi archeologici in
Egitto, perciò... lo ammiro profondamente. A volte, però, lo giu-
dicavo un pignolo.» Era taccagno se si trattava di soldi destinati a
procurare agi e comodità a sé o ai suoi assistenti, ma prodigo in
ciò che riguardava il lavoro in corso o nel distribuire con parsi-
monia mance per secondare l'entusiasmo e l'onestà della mano
d'opera nel consegnare i piccoli reperti.

Ben presto Carter fece importanti scoperte, fra cui i ruderi di
antiche vetrerie che gettarono luce sui metodi di lavorazione usati nel secondo millennio a.C. Poi trovò i resti di un laboratorio
sperimentale da scultore in mezzo al materiale di scarto che si
trovava al di là del muro di cinta del Grande Tempio di Aton, che
era stato completamente distrutto quando la fede rivoluzionaria
del culto di Aton fu sostituita dall'antica e fidata divinità di Ammone. Vennero messi in salvo diciassette frammenti di teste e di
torsi del deforme ed effeminato re Akhenaton e della sua bella
regina Nefertiti, anche se gravemente danneggiati dai fanatici di

3400 anni prima. Erano stati scolpiti dal calcare quasi cristallino, di una bianchezza assoluta, con una esecuzione perfetta, sebbene i contorni non fossero rifiniti come quelli riscontrabili nella serie di statue più tarde di Tell el-Amarna trovate da Petrie in una delle abitazioni private della città. Esse rappresentavano la regina seduta in grembo a suo marito, in un momento di svago sotto un pergolato del giardino, mentre le loro figlie più grandi si arrampicavano su di loro.

Quando a Natale videro per la prima volta il territorio di Tell el-Amarna, Newberry e Carter avvertirono un'atmosfera da complotto. Vennero a sapere che al Cairo correva voce che la tomba dispersa di Akhenaton, che si trovava in un punto imprecisato del deserto dietro Tell el-Amarna, qualche anno prima fosse stata trovata dai membri di una tribù e depredata, ma che le autorità del museo ne conoscessero l'ubicazione. Petrie era convinto che si trattasse di un'altra grossolana macchinazione di Grébaut, il quale non svelava il segreto per poter rivendicare per sé la scoperta. Newberry e Carter condividevano la preoccupazione di Petrie secondo cui dovevano trovare la tomba, specie quando da alcuni arabi attendibili appresero che Fraser e Blackden avevano effettuato un altro viaggio in segreto, stavolta fino al sepolcro del re, con il proposito di precedere i loro colleghi [25].

Petrie si indignò nello scoprire che alcuni membri della spedizione si erano comportati in modo così «villano». Newberry era furibondo, specie dopo la faccenda di Hatnub, e senza indugio inviò le sue dimissioni ad Amelia Edwards presso la sede centrale dell'EEF a Londra. Promise solennemente che non sarebbe mai più tornato in Egitto. Petrie cercò di dissuaderlo, ma Newberry era un giovanotto risoluto. Prima che partisse dal Cairo la stampa riportò la notizia secondo cui Grébaut aveva scoperto la tomba di Akhenaton. La stampa inglese raccolse la fandonia e Newberry, appena rimpatriato, scrisse all'Accademia accusando i funzionari francesi residenti al Cairo di aver tenuta nascosta la verità per due anni e lasciando intendere che Grébaut stava disonestamente attribuendosi il merito della scoperta. L'EEF, preoccupato di non perdere l'appoggio dell'amministrazione alle Antichità controllata dai francesi, si dissociò dalle dichiarazioni di Newberry. Petrie gettò olio sul fuoco, inviando in data 7 febbraio 1892 all'Accademia una lettera in cui affermava: «Lungi dall'avere scoperto il sepolcro, il Direttore non l'ha neanche visto». L'adirato inglese non si arrischiò a dire troppo, dato che la licenza concessagli gli vietava di occuparsi delle tombe in questione.

Il 9 aprile il *Daily Graphic* pubblicò un grandioso disegno che

25 Fraser, Blackden e Newberry: Carter, *The Discovery*, cit., p. 39.

raffigurava la tomba e un altro che rappresentava i rilievi che vi erano stati eseguiti, con la firma di Howard Carter. Un tecnico italiano, Alessandro Barsanti, sostenne allora di avere scoperto il sepolcro il 30 dicembre 1891, essendo stato inviato dal Museo del Cairo, da cui dipendeva, ad attrezzare di porte di ferro le tombe ubicate sulle rupi. Secondo Carter, furono i Badu che avevano scoperto la tomba a indicare ai funzionari del Museo del Cairo il punto in cui essa si trovava. In seguito Barsanti condusse Petrie e Carter fino alla tomba, insieme al reverendo A.H. Sayce di Oxford e a Georges Daressy dell'amministrazione alle Antichità. Petrie corse avanti, in modo almeno da poter affermare di essere stato il primo inglese a vedere il sepolcro di Amenhotep IV-Akhenaton.

Carter non se l'era mai spassata così tanto da quando era arrivato in Egitto. Al centro del suo mondo c'era il professor Sayce, il «venerando» e «illustre» filologo, i cui ricordi risalivano alla trascorsa epoca di Mariette Pascià, la cui minuscola statura, la cui indole allegra e affabile avevano indotto i colleghi archeologi a soprannominarlo «Zietta». Non va dimenticato, scriveva Carter, che egli apparteneva a quella «esimia categoria» di docenti universitari i quali erano consacrati alla verità e «non si arrendevano mai a nessuna delle eresie» di una generazione più recente. «Era un amico gentile e incantevole», aggiungeva il giovane rendendogli omaggio. Sayce intratteneva i compagni e li teneva informati, mentre loro eseguivano il rilievo topografico del sepolcro abbandonato, il cui ingresso era rivolto a oriente affinché Aton, il disco solare, al suo levarsi facesse risplendere l'interno del lungo corridoio e delle stanze ormai vuote che erano state scavate nei dirupi scoscesi e nascoste da mucchi di rocce e di massi caduti.

Era chiaro che a un certo momento la tomba reale era stata «passata al setaccio», forse dagli uomini di Barsanti. Non c'era rimasto nulla degli ornamenti che un mausoleo del genere avrebbe dovuto contenere. «È stato saccheggiato da quelli della fazione vincente. Evidentemente il loro animo meschino si è sentito appagato nel vendicarsi dell'insigne defunto», scrisse Carter. I suoi punti d'accesso erano ostruiti da rifiuti accumulatisi nei secoli. Vi furono trovate soltanto parti del suo sarcofago di granito, un tempo elegantemente scolpito, e frammenti di statue funerarie. «Eppure sulle sue pareti erano ancora incise scene interessanti.» Molto più impressionante e molto più commovente, pensò, era il dipinto che descriveva i riti funebri celebrati in onore della seconda figlia del re, Meketaten, che a quanto pare morì alla tenera età di cinque anni. La famiglia reale gemeva sul cadavere della bambina. Persone scomparse da tanto tempo avevano parlato dal profondo del cuore e avevano registrato i loro sentimenti nei disegni murali del sepolcro del re. Grande era il contrasto che si presentava guardando attraverso l'ingresso spalancato della tomba ed emergendo in pieno sole in un mondo che, all'alba della sua storia, aveva già trasformato una tomba in un «letto di morte».

Il sepolcro reale sui dirupi che sovrastavano la Valle dei Re, che Carter chiamava «Darb el-Melek» (la Strada dei Re), suscitava nel visitatore emotivo una sensazione di quanto poteva essere accaduto, un senso di sgomento di fronte allo sfarzo che un tempo doveva aver circondato il re durante il suo viaggio nell'eternità. In un certo modo, era un presentimento, un'intuizione; in quel momento, però, era solo un diversivo.

Nell'area della città reale stessa, non c'era giorno senza che venissero scoperti oggetti di vetro e ceramiche, mattonelle di raffinata fattura e intarsi provenienti da colonne e pareti e stampi in gesso. C'erano le statue e le opere d'arte che si riteneva fossero opera di Bek, figlio di Men, «Capo degli Scultori degli Immensi Monumenti del Re», distrutti e profanati, ma che pur essendo in pezzi trasmettevano ancora lo splendore artistico che per breve tempo aveva rifulso di un'atmosfera rivoluzionaria. C'erano i pavimenti decorati, i palazzi e i templi in rovina e, forse la cosa più importante fra tutte, i ruderi dell'edificio adibito a uffici sul lato orientale della dimora reale, dove la scoperta, fatta successivamente da Petrie, dei frammenti di tavolette cuneiformi e di un sigillo cilindrico fornì la prova, senza alcuna logica possibilità di dubbio, della fonte delle celebri lettere trovate a Tell el-Amarna nel 1887.

Quando i frammenti furono rinvenuti era presente il professor Sayce, il quale osservò che alcuni di essi provenivano da un dizionario della lingua accadica e di quella sumerica, scritto a uso degli scribi babilonesi e probabilmente egiziani. Altra importante scoperta fu una maschera facciale in gesso, a grandezza naturale. Carter, che di elementi tecnici per fare stampi e fusioni se ne intendeva, mise in evidenza che doveva essere stata ripresa dal cadavere di un uomo, dato che gli occhi erano semiaperti e non c'era traccia di fori per la respirazione né all'altezza delle narici né della bocca. Petrie ne dedusse che si trattava della maschera funeraria di Akhenaton e che Grébaut avrebbe chiesto di conservarla nel museo del Cairo. Prima di separarsene, ebbe la previdenza di farne un certo numero di calchi.

Ritrovamenti del genere attiravano schiere di visitatori. Uno di loro, con grande stupore di Carter, fu il reverendo Greville Chester, il quale appariva vecchio e stanco [26]. Carter si ricordava

---

[26] Reverendo Greville Chester: Carter, *The Discovery*, cit., p. 45.

di lui, che era figlio del beneficiario della sua chiesa parrocchiale di Swaffham. Inoltre rammentava che Chester e suo padre erano stati, da ragazzi, comproprietari di un asino. Arrivò mentre Carter si stava riprendendo da una forma di malore. Il giorno del suo arrivo da Tell el-Amarna, di ritorno dalla tomba del re, aveva ricevuto un cablogramma che gli comunicava la morte del padre [27]. Per lettera era stato già messo sull'avviso che a un primo colpo apoplettico avrebbe potuto seguirne un altro. Petrie gli tese il cablogramma e con qualche parola cortese gli disse di andare a leggerlo nella sua stanza. Carter notò nella voce del maestro «un'ombra di inesprimibile tristezza». Il primo maggio 1892, otto giorni prima che il suo figliolo più giovane compisse diciotto anni, Samuel John Carter si era spento all'età di cinquantasette anni a Stamford House, la nuova casa in cui lui e Martha si erano trasferiti in Fulham Road, un anno o due prima, e dove vivevano con Verney e Amy, fratello e sorella di Howard.

La notizia del decesso, l'inizio della calda estate egiziana e la severità dei sistemi di Petrie, tutto contribuì a gettare Carter in uno stato di esaurimento e di grave abbattimento. «Il suo corpo muore», scrisse di suo padre, «ma il suo ricordo rimane.» E poi: «In nome del buon senso, cominciavo a chiedermi come dovevo comportarmi di fronte a un mestiere qualsiasi che fosse migliore di quello che mio padre mi aveva insegnato...? Facevo meglio a scavare in mezzo ad ammassi polverosi e a ruderi risalenti a epoche remote, badare a me stesso da solo, mangiare cibo in scatola e sentirmi io stesso uno schiavo?».

Tali erano i dubbi passeggeri che assalivano un giovanotto abbattuto e stanco. A diciotto anni, Howard sembrava contento dei suoi progressi. Nel suo taccuino osservava che «l'intuizione, la perspicacia nel riconoscere la realtà dei fatti, si sviluppa lentamente; come pure si sviluppa l'esperienza e migliora così l'autentico spirito di osservazione». Stava apprendendo a lavorare sistematicamente, una capacità per la quale era grato a Petrie e che secondo lui gli sarebbe stata molto utile.

Al sopraggiungere dell'estate, Petrie e Carter si erano entrambi ammalati e il capo decise che «dedicare un anno di vita a un re e alle sue opere» era sufficiente. Fu dato l'ordine di cominciare a fare i bagagli. Lo stato d'animo di Petrie dovette arrivare al settimo cielo nell'apprendere che Grébaut era stato sostituito e che Jacques de Morgan, col quale Petrie era andato perfettamente d'accordo fin dal primo incontro, gli sarebbe subentrato in qualità di direttore generale. Ma ogni accenno di esultanza fu neutralizzato dalla notizia secondo cui, prima che Grébaut lasciasse

[27] Morte di Samuel John Carter: ivi, p. 46.

l'incarico, era stato emanato un nuovo decreto del chedivè relativo alla cessione degli oggetti d'antiquariato. In avvenire, tutto ciò che fosse stato rinvenuto nel corso di uno scavo sarebbe appartenuto allo Stato, ma tenuto conto delle spese sostenute dagli scavatori sarebbe stata assegnata loro «una quota parte» dei reperti. Tra amministrazione e scavatori si sarebbe tirato a sorte, ma l'amministrazione avrebbe avuto il diritto di ricomprare qualsiasi articolo ritenesse indispensabile per il museo a un prezzo fissato di mutuo accordo. Le difficoltà implicite in un progetto del genere erano evidenti per Petrie, il quale rese noto che se il nuovo direttore generale avesse accettato supinamente l'editto, e gli inglesi non fossero riusciti a esercitare la necessaria pressione sul comitato, avrebbe preso in seria considerazione l'eventualità di assumere la cittadinanza francese o tedesca!

Il *dhabiyah* di Lord e Lady Waterford si era unito alla flotta fluviale che portava i ricchi e gli studiosi a osservare gli archeologi intenti all'opera e a partecipare alle feste danzanti al Cairo. Con loro viaggiava un medico, il quale visitò i due scavatori malati. Diagnosticò uno sfinimento e prescrisse «brodo di carne, champagne e un ricostituente». Carter si riprese in quattro e quattr'otto, ma la disposizione d'animo del suo superiore peggiorava sempre di più. Greville Chester, una voce favorevole all'interno degli organi consultivi che si occupavano dell'esecuzione degli scavi in Medio Oriente, scrisse a Petrie per dissuaderlo dal commettere azioni avventate. Altrettanto fecero Griffith e Flaxman Spurrell, un medico trasformatosi in archeologo, il quale divenne amico e sostenitore di Petrie. Il maestro e il suo apprendista cominciarono a spedire i reperti della stagione e a predisporre ogni mezzo che era nelle loro possibilità per proteggere i magnifici pavimenti dipinti di Tell el-Amarna. Con l'aiuto di Griffith, Petrie redasse una nuova cronologia relativa alla dinastia che aveva trascinato l'Egitto nel caos, pur avendo dato all'umanità eccezionali tesori d'arte e di maestria durante l'effimero regno di Akhenaton. Fu stabilito che Akhenaton era morto a diciassette anni o poco più, e non a dodici come si era ritenuto, quando gli era succeduto l'ancor più giovane Tutankhamun. A quell'epoca, una controversia del genere esulava dalla competenza di Carter, per non dire dai suoi interessi.

Appena rimpatriato in Inghilterra nell'estate del 1892, fu di nuovo ottimista: «Grazie proprio al tirocinio fatto con Flinders Petrie, è diventato mio grande desiderio diventare uno scavatore. La vocazione ha avuto su di me un'attrazione irresistibile» [28]

28 Citazione: Carter, *The Discovery*, cit., p. 72.

# CAPITOLO TERZO

# «La terra promessa»

Fece appena in tempo a salutare i suoi a Swaffham dopo la morte del padre, che fu convocato a Londra perché aiutasse Petrie a selezionare i manufatti di Tell el-Amarna giunti alla banchina di Millwall a Londra. Era stata organizzata una mostra per l'autunno e occorreva affrettarsi a etichettare le migliaia di pezzi, che andavano dai frammenti di vasi a una grande stele, che sarebbe servita a creare l'ambiente all'esposizione. Mentre lui e Newberry aiutavano a sistemare gli oggetti da esporre nelle sale dell'Istituto archeologico a Oxford Mansion, sede centrale dell'EEF in Oxford Circus a Londra, lo stesso Petrie, sebbene affetto da una malattia cronica, stava assaporando la soddisfazione del riconoscimento accademico [1].

Una gran quantità di cattive notizie attendeva il gruppo di Petrie al suo arrivo a Londra. Amelia Edwards, la protettrice di Petrie, era morta. Aveva avuto un peso notevole nella conduzione degli affari dell'EEF, tenuto conto che era diventata segretaria onoraria aggiunta fin dalla fondazione dell'organismo e che, senza il suo generoso sostegno, difficilmente Petrie sarebbe sopravvissuto alle invidie e agli antagonismi del comitato che egli aborriva con tutto il cuore [2]. Anche Greville Chester, il quale aveva ricordato al giovane Carter, in occasione del loro fortuito incontro a Al Bersha, l'amicizia che lo legava a suo padre fin da quando erano ragazzi, era deceduto a bordo della nave che lo riportava in patria. La sua immensa raccolta di libri, di scarabei e di altri manufatti, che formavano la collezione di un autentico antiquario con il pallino degli affari, furono destinati in gran parte a Petrie, per essere collocati all'University College di Londra, dove già si percepivano le difficoltà prodotte da una montagna sempre crescente di reperti egiziani.

Di portata ben più grande fu il dono di Miss Edwards. A seguito di accordi presi con accortezza prima della sua morte, all'University College di Londra doveva essere istituita a suo nome una cattedra di egittologia. Nel suo testamento aveva disposto che il

---

[1] Soggiorno di Petrie e degli assistenti a Londra: Drower, *Flinders Petrie*, cit., pp. 200 ss.
[2] Amelia Edwards: ivi, Introduzione, e pp. 46 ss.

docente prescelto non dovesse avere più di quarant'anni all'atto della nomina. Petrie aveva esattamente trentotto anni e naturalmente fu il preferito. Appena confermata la nomina, il suo medico curante diagnosticò un'ulcera allo stomaco con conseguente emorragia. È probabile che il dottore abbia giustamente sostenuto che la famosa alimentazione del suo paziente a base di cibo in scatola e le dure condizioni di vita sopportate durante i suoi bivacchi in Egitto e in Palestina dovevano aver contribuito all'insorgere dei primi disturbi all'apparato digerente. Comunque, quale che fosse la causa della malattia, Petrie rifiutò sdegnosamente l'assistenza medica e non volle assolutamente prendere sul serio la faccenda. Nel mese di agosto prese alcuni giorni di riposo, prima di tornare nella sala d'esposizione dove Carter e Newberry lavoravano febbrilmente con il suo vecchio amico il dottor Spurrell e con il commerciante in oggetti d'antiquariato R.N. Riley, nel tentativo di separare le ceramiche, gli scarabei, le perline e così via, che seguitavano ad arrivare dall'Egitto nelle casse da imballaggio, nonostante gli sforzi di Grébaut per impedire che dall'Egitto uscissero oggetti di valore.

Carter ripensò all'abilità del suo superiore quando stavano caricando il materiale nella locale stazione ferroviaria di Tell el-Amarna. C'erano in tutto trentasei casse da imballaggio, ma Petrie aveva chiesto il permesso di trasportarne soltanto trentacinque. Il capostazione non voleva procedere alla spedizione, in quanto essa non era conforme alla documentazione rilasciata dal dipartimento alle Antichità. Petrie si precipitò senza indugio fino alla città vicina, dove acquistò alcune tavole di legno che vennero tagliate per lungo e usate per coprire due casse come se si trattasse di una sola [3].

Precisamente per dieci anni il personale e i rappresentanti eletti dell'University College, del British Museum e dell'EEF si erano dati aspra battaglia. Le divergenze erano emerse per la maggior parte alla morte del primo presidente, Erasmus Wilson, avvenuta nel 1884. Ben lontani dall'avere il suo sereno e autorevole ascendente, i componenti della segreteria si divisero in fazioni, che in larga misura gravitavano sulla reciproca avversione dei principali addetti agli scavi dell'EEF, Petrie e Naville, sulle pretese intransigenti della Society of Biblical Archeology e della Religious Tract Society, in cui erano seriamente coinvolti Naville e il dottor Samuel Birch, conservatore del reparto orientale del British Museum, nonché sui battibecchi senza fine tra i segretari aggiunti, Miss Edwards e Poole [4].

---

[3] Episodio delle casse da imballaggio: Carter, «An Account», cit., p. 47.
[4] Dissidi all'interno della Society: EES, Carteggio, 1884-92; e Drower, op. cit., pp. 58-201.

La situazione non migliorò dopo l'assunzione di poteri dittato-
riali da parte di Miss Paterson, già segretaria personale di Amelia
Edwards, una strega capace di fare stare al suo posto l'accademico più illustre e che diventò l'effettiva autorità dell'ufficio dopo
la morte di Miss Edwards [5]. «La linea d'azione di Naville, che
consiste nell'osservare un altezzoso silenzio, è la migliore», aveva
scritto Poole ad Amelia Edwards nel giugno del 1884, riferendosi
al modo in cui il professore abitualmente si comportava con persone scontrose, in occasione di un diverbio scoppiato tra loro e
l'americano Cope Whitehouse, riguardo alla creazione di un settore statunitense dell'EEF. «Ultimatum alla Religious Tract Society»; «Birch è un insolente»; «Miss Edwards dovrebbe fare tutto il possibile... per smascherare B[irch] e B[udge]»; «Soltanto
Petrie può riportarlo [Poole] alla ragione»; «Poole non è d'accordo sul fatto che Miss Edwards ritenga che Naville è un dispendio-
so genere di lusso»; e via litigando. A un certo punto Poole as-
sicurò Miss Edwards che il proprio stato di salute (e forse, di
conseguenza, il proprio umore) era migliorato «fin da quando
aveva fatto voto di non bere più».

La corrispondenza dell'EEF rispecchiava il contrasto che aveva
assillato Petrie per i primi dieci anni della sua attività professionale. Per l'impressionabile Carter ci furono segnali di avvertimento. Già al momento in cui entrò in scena, un altro funzionario del British Museum, H.A. Grueber, aveva assunto in certo
qual modo un fermo controllo dei mezzi economici dell'EEF,
sicché il giovane imparò subito che non si sarebbe arricchito lavorando fino a tarda notte. Mentre era in permesso dall'Egitto,
scrisse a Griffith per affermare di aver eseguito alcuni disegni di
Al Bersha in due settimane di prestazione straordinaria, in modo
da non intralciare il lavoro di Beni Hasan. «La mia tariffa è di 1
sterlina», dichiarò. Risultato della guerra di Amelia Edwards con
Poole e altri funzionari del British Museum fu un'ulteriore clausola nel suo testamento, in cui disponeva che nessun funzionario
del British Museum stesso dovesse essere eleggibile per la cattedra all'University College: un ordine che escluse l'assistente di
Birch, Wallis Budge, il quale aveva tanto desiderato ottenere
quel posto.

La mostra fu inaugurata il 19 settembre. Capitò che nello stesso
periodo si tenesse a Londra un congresso internazionale di
orientalisti e Petrie, che non era in grado di trascinarsi da un
posto all'altro, lesse una allocuzione sul tema «Le recenti scoperte effettuate a Tell el-Amarna», visitando la mostra nei ritagli di
tempo, pur essendo troppo malato per presenziarne l'inaugura-

---

[5] Rapporti tra Carter e Paterson: EES, Carteggio (XIId.10).

zione. Un visitatore molto importante dal punto di vista di Carter
fu Lord Amherst. Il suo benefattore era desideroso di vedere i
suoi disegni a colori di Beni Hasan e, soprattutto, voleva parlare
dei tesori di Tell el-Amarna, dove l'intenso lavoro svolto da Carter nel deposito di rifiuti del Grande Tempio aveva fruttato una
gran quantità di frammenti di stucco e di pietra tratti in salvo in
nome di sua signoria e spediti a Didlington Hall [6]. Qui essi rimasero gettati alla rinfusa, senza che nessuno ne riconoscesse l'importanza artistica e storica, per quasi un trentennio.

Furono esposti alcuni schizzi dei pavimenti di Tell el-Amarna
eseguiti da Carter. Si trattava di un modesto, ancorché promettente, contributo alla mostra, messo in ombra a suo modo di
vedere dall'ansia di tornare in Egitto e riprendere il lavoro eseguito sui facsimili a colori che le operazioni di scavo di Tell el-
Amarna avevano interrotto [7]. In realtà, l'EEF aveva invitato due
nuovi membri a unirsi al gruppo: il fratello architetto di Percy
Newberry, John, e il disegnatore Percy Buckman per un ulteriore
lavoro stagionale a Beni Hasan. A settembre, Carter ricevette un
lungo elenco di quesiti in merito al lavoro da lui svolto a Al Bersha inviatogli da Miss Paterson, formulando i quali la segretaria
dimostrava di fare una certa confusione fra la tomba di Tahutihotep (Djehutihotpe) e il sepolcro da cui era stata tratta la scena
della statua gigantesca trasportata sulla slitta. «Tutte le scene che
lei ha menzionato nel suo elenco riguardano la tomba di Tahutihotep, che si trova a Al Bersha», affermava lei. «Il sepolcro del
Colosso e quello di Tahutihotep sono la stessa cosa», rispose
Carter, in un tono arrogante e franco che era segno di una crescente fiducia nelle proprie capacità.

Agli inizi di dicembre era già sulla via del ritorno verso le tombe
situate nelle rocce di Beni Hasan, con il Continental Express
diretto a Napoli e di lì, via mare, a Trieste e Alessandria. Questo
itinerario gli permise di trascorrere un po' di tempo in Italia e di
visitare località tradizionali e gallerie d'arte. Fu quello che, da
allora in poi, egli seguì regolarmente.

Petrie era rimasto in Inghilterra per curarsi i disturbi di stomaco
(si era rifiutato di ascoltare i medici che lo pregavano di riposar-
si), per distribuire i reperti di Tell el-Amarna fra Oxford, Phila-
delphia e l'University College e per riflettere sul suo avvenire in
qualità di docente di archeologia designato dalla Edwards. Non
tornò a Tell el-Amarna, lasciando ad altri ai primi del Novecento

[6] Amherst e i frammenti provenienti da Tell el-Amarna: Aldred, *Akhenaten and Nefertiti*, cit., p. 54.
[7] Ritorno di Carter in Egitto: EES, Survey Report, 1892-3, di Percy E. Newberry (20
aprile 1893).

l'area archeologica, in particolare ai tedeschi della Deutsche Orient Gesellschaft [8].

A metà dicembre i fratelli Newberry raggiunsero Carter a Napoli e il 23 arrivarono al Cairo dove li attendeva Buckman. Percy Newberry dovette far fronte ai soliti intralci di natura burocratica. Il dipartimento alle Antichità era affidato alle cure di Herr Brugsch in assenza del direttore generale de Morgan il quale, a detta di Petrie, era un inglese che aveva adottato dai francesi nazionalità e forma del nome. Dapprima Newberry chiese il permesso di fare i rilievi topografici delle tombe e di riprodurre i disegni murali che si trovavano a oriente di Tell el-Amarna, ma gli fu detto che non era consentito eseguire lavori di copia senza l'autorizzazione di Monsieur de Morgan e che, essendo questi andato ad Assuan, non era possibile contare di ottenere il permesso prima di dieci giorni. Di conseguenza il gruppo inglese decise di riprendere il lavoro a Beni Hasan, per il quale era già autorizzato. Arrivarono sul posto il 3 gennaio 1893 per via fluviale dopo aver trascorso un deprimente Natale al Cairo.

Nel complesso, si trattava di una forma di cameratismo che raramente capita di incontrare; la pensavamo in modo totalmente diverso, su ogni argomento concepibile, ma in genere eravamo tolleranti su tutta la linea. Quando si fa vita da campo, è particolarmente auspicabile la collaborazione di tutti i membri della comunità. Come in precedenza, piantammo le tende nella camera priva di iscrizioni scavata nella roccia [9].

I tre artisti lavoravano con affiatamento e discutevano ferocemente, spartendosi le incombenze domestiche con pari inettitudine. Dominando dall'alto la pianura, Beni Hasan era un luogo salubre. «Non conosco un posto più sano e più bello», scrisse Carter nel suo quaderno degli appunti [10]. «Dalla piattaforma rocciosa si vede la natura nella sua grandezza... Il panorama, nel punto in cui la terra presenta colori attenuati e freddi, in antitesi con il riverbero dorato del tramonto nel cielo vespertino, è un'immagine autentica della "Terra Promessa".» Ma lui e i suoi colleghi non avevano fatto i conti con la straordinaria inondazione della stagione delle piogge. Ben presto la loro camera scavata nella roccia si allagò e furono costretti a chiudere l'ingresso per non annegare. Al cessare delle piogge, apparve uno sciame di locuste simile a un'immensa nube che impiegò diciotto ore per andarsene. L'esercito di insetti si spostò da est a ovest, oscurando il cielo e distruggendo ogni traccia di vita vegetale al suo passag-

[8]  I tedeschi a Tell el-Amarna: Aldred, *op. cit.*, p. 59.
[9]  Nella citazione, tratta da Carter, «An Account», cit., pp. 49 ss., non si fa cenno alla presenza di John, il fratello di Newberry.
[10]  Taccuino di Carter: ivi, p. 49.

gio. Fu con gioia che si spostarono a monte di alcuni chilometri
fino ad Al Bersha, dove erano i sepolcri e i templi del Nomos
della Lepre e dove Carter aveva lavorato quando Petrie lo aveva
chiamato a Tell el-Amarna durante la stagione precedente.

Carter, sempre alla ricerca di sistemi più nuovi e più sicuri per
riprodurre i preziosi disegni murali, ad Al Bersha escogitò ancora
un altro metodo di ricalco, stavolta usando un calco a secco, con
carta di lino resistente e bianca, che richiedeva soltanto una leggera pressione per rivelare i contorni, in modo da poterli eviden-
ziare con una matita morbida. In tal modo era in grado di eseguire copie accurate a grandezza naturale [11].

Aveva appena messo a punto il nuovo metodo per poter lavorare con efficienza quando fu convocato in un'altra delle aree del-
l'EEF, Timai al Amdid (l'antica Mendes), a circa 650 chilometri a
nord nel Delta [12]. Newberry era tornato al Cairo il 6 febbraio per
parlare con Brugsch a proposito dell'autorizzazione per Tell el-
Amarna. C'era ad aspettarlo una lettera inviatagli da Grueber
che era a Londra, in cui gli si diceva di inviare «subito» Carter al
Cairo affinché raggiungesse «un certo Mr Rogers». Il giorno seguente Carter si mise in viaggio, unendosi a Guthrie Roger
(come poi risultò che si chiamava) [13], per intraprendere il viaggio
fino al Delta e ad al Amdid. L'anno precedente Naville aveva
scoperto da quelle parti una vasta raccolta di papiri greci bruciac-
chiati e carbonizzati. Quando alcuni dei preziosi rotoli erano arrivati a Londra, essi non erano «altro che briciole di carbone e
cenere». Un anno dopo Carter, quando arrivò per esaminare dietro suggerimento di Petrie la zona romana del terrapieno, si trovò insieme all'inesperto Roger alle prese con un compito pressoché impossibile. L'accampamento installato sul terrapieno
dove si presumeva fossero stati scoperti i papiri era infestato di
sciacalli. Nessuno sapeva con precisione dove si dovessero andare a cercare i testi bruciati. Non era stato autorizzato nessun
lavoro di scavo e i telegrammi spediti a Londra, alla sede del-
l'EEF, e al Cairo, al dipartimento alle Antichità, furono accolti
con il consueto silenzio. Misericordiosamente, un'altra inondazione risolse i loro problemi. Dopo che la zona era rimasta sotto
l'acqua per svariate settimane, la loro tenda era crollata e Guthrie Roger – definito «un tipo strano» – si era sciolto in lacrime.
Dopo aver perduto due mesi di tempo, il progetto venne accantonato [14]. Carter fece ritorno ad Al Bersha, unendosi lungo il per-

[11] Nuovo metodo di ricalco: ivi, p. 51.
[12] Tal Timai al Amdid: ivi, p. 54; e Drower, *op. cit.*, p. 282.
[13] Guthrie Roger: Drower, *op. cit.*, p. 282.
[14] Accantonamento del progetto: EES, Survey Report, 1892-3.

corso a Newberry al Cairo. Negli ambienti archeologici non si udì mai più parlare di Roger.

Prima di recarsi nella zona dei sepolcri di Al Bersha, Carter e il resto del gruppo si erano fermati brevemente in una delle aree di Tell el-Amarna, che era stata delimitata e segnalata all'attenzione del Catasto archeologico, da lui descritta come l'area delle «Tombe dei Grandi» di Tell el-Amarna, nelle colline pedemontane situate più in basso proprio a est dell'antica città. Tuttavia il dipartimento alle Antichità non aveva rilasciato la tanto sospirata autorizzazione e Carter si ammalò di disturbi allo stomaco [15]. Newberry decise di trattenersi a Tell el-Amarna un'altra settimana, per dare tempo al suo aiutante di riprendersi e per offrire a Buckman la possibilità di fare alcuni schizzi della pianura circostante. Successivamente proseguirono per raggiungere un'altra zona, Shaik Said, e le tombe dei nomarchi della Sesta Dinastia, predecessori dei «Grandi Capi» del Medio Regno seppelliti nei pressi di Al Bersha.

Di ritorno alle tombe del Nomos della Lepre di Al Bersha [16], i colleghi di Carter usavano ancora la vecchia tecnica della carta da lucidi: «Questo è il mio spauracchio duro a morire», annotò Carter. Il lavoro eseguito nei sepolcri e nei templi si protrasse fino al giugno del 1893. Una volta che fu portato a termine, risultarono preservati centinaia di rilievi e di pitture murali eseguiti con eccezionale precisione e conformità all'originale, grazie per lo più alla qualità del disegno di Carter, alla sua pertinacia nell'attenersi alla «verità» e alla grandissima cura messa nel copiare l'arte degli antichi. Ma quando alla fine furono pubblicati, l'impressione generale creata dai disegni fu che essi erano stati riprodotti su scala troppo ridotta. Nella stagione precedente Petrie aveva detto a Newberry e a Fraser di copiare *tutto ciò che vedevano*. Loro avevano obbedito all'intimazione, come aveva fatto Blackden, ma la maggior parte dei particolari andò perduta durante il lavoro di riproduzione. Solo Carter, di propria iniziativa, si era reso conto della necessità di copiare con precisione e su scala della stessa dimensione.

Nei rari momenti di riposo ad Al Bersha, ricreazione e schizzi erano tutt'uno per Carter. I suoi appunti sugli animali selvatici fornivano un materiale di immediata consultazione per i futuri disegni:

Alcuni squamosi, altri coperti di pelo come la volpe e la lepre del deserto, ma per lo più piumati. Diversi tipi di avvoltoi, uno o due falconi, poiane dalle lunghe zampe, corvi imperiali, colombi torraioli, l'ammopernice e altri uccelli

[15] Tell el-Amarna: Carter, «An Account», cit., p. 50.
[16] Al Bersha: ivi, pp. 54 ss.

più piccoli del deserto che si divertono a prolungare un'esistenza precaria in
una desolata solitudine. In alto le aquile erano solite librarsi nell'aria immobile.
E lungo l'argine del fiume nei limitati appezzamenti di palme c'erano le torto-
re [17].

A volte portava con sé uno schioppo, sperando di prendere
un'oca selvaggia da mettere in pentola, ma gli uccelli avevano
sviluppato una vista acuta nel cogliere il cacciatore, il quale raramente era in grado di uccidere il più bravo di loro. Una sola volta
riuscì à colpire uno degli uccelli, senza però finirlo del tutto. La
bestiola, mentre moriva, tenne i suoi occhi azzurri fermamente
fissi sul suo carnefice, facendogli tornare alla mente l'aquilotto di
Byron che era morto guardando intensamente gli occhi del poeta, quando questi si trovava in Italia. Come Byron, Carter si vergognò e da quel momento di rado portò un'arma da fuoco. In
ogni caso, gli uccelli preferiva disegnarli.

Ad Al Bersha fece di nuovo la sua comparsa Shaikh Ayd [18], per
mettere in evidenza il suo attaccamento verso il giovane che aveva scortato nel deserto durante la precedente stagione. L'acco-
glienza del vecchio sceicco gli ricordò l'ospitalità offerta da Abramo agli angeli, in *Genesi*, 18: «Egli mi baciò, mi abbracciò, fece
portare acqua e bocconi di pane, focacce, burro e latte e, se lo
avessimo lasciato fare, avrebbe ucciso una pecora». Alla fine
questo «Figlio del Deserto», come lo chiamava Carter, insistette
nel voler fare la guardia dormendo fuori dell'ingresso della sua
tenda quando viaggiavano insieme, accompagnato dai suoi seguaci Badu e armato di un fucile a pietra focaia e di una lunga
spada ricurva. L'inglese dovette supplicarlo affinché piantasse la
sua tenda «un po' più in là». Quando si addormentò lo sceicco
«sottolineò il fatto emettendo un insolito rumore nasale».

Newberry riteneva che il suo assistente trascorresse troppo tempo a contatto con la natura. Ma i sommari schizzi di ogni specie di
animale selvatico e l'osservazione ravvicinata della vegetazione
sarebbe tornata molto utile a Carter, caso mai avesse avuto di
nuovo bisogno di guadagnarsi la vita solo con l'arte. A diciannove
anni, ancora troppo preso dai diversi aspetti dell'archeologia e
tenuto in una certa considerazione dai suoi superiori, quando ci
pensava era legittimamente fiducioso nell'avvenire. Ma nella sua
condotta scrupolosa e nel suo comportamento spesso caparbio
c'era un segnale delle difficoltà a venire. Sia la sua capacità che la
sua fede inflessibile nella propria onestà avrebbero dato prova di
essere delle croci pesanti da portare con il trascorrere degli anni.
Per il momento, stava ancora acquistando un'esperienza prezio-

---

[17] Citazione da Carter: ivi, p. 52.
[18] Lo sceicco Ayd e l'anatra: ivi.

sa e andò avanti con il suo incarico successivo sprizzando fiducia e ottimismo.

Durante l'autunno, l'EEF lo mandò a Deir el-Bahri, dove lavorava il grosso della spedizione, a quel tempo sotto la direzione di Edouard Naville. Il nuovo dirigente era un eminente studioso che non si occupava dei lavori di scavo, in quanto i suoi interessi puntavano soprattutto sulla glottologia e l'epigrafia. Riteneva che l'archeologia fosse un mezzo per gettare luce sul documento biblico, opinione condivisa da molti uomini e donne importanti che controllavano l'EEF e il suo gemello in Palestina. Naville e Petrie avevano iniziato i loro rapporti su basi amichevoli. Petrie stesso era rimasto favorevolmente colpito dall'accademico più anziano e di grado più elevato. Ma dieci anni dopo erano ai ferri corti. «Quali tesori abbiamo forse perduto», si lamentava Naville alludendo ai papiri di Mendes, distrutti da un incendio all'epoca dei Romani. Petrie se la prese con Naville. In una lettera inviata all'Accademia scrisse che era essenziale inviare un operaio bene addestrato per ricuperare ciò che non era stato già distrutto «dallo scopritore facendo le pulizie nelle stanze della biblioteca». Naville si ritenne offeso. «Non è la prima volta che Petrie si esprime con disprezzo in merito alla mia attività.» Successivamente Petrie negò di avere usato l'espressione «fare le pulizie». Si trattava di un refuso, in luogo di «fornire chiarimenti», affermò [19]. In una lettera diretta a Poole, Naville spiegò i motivi della sua collera con dovizia di particolari. Le accuse di goffaggine e di brutalità mosse da Petrie non soltanto erano ingiuste, ma erano anche «un modo abietto di mettere in risalto la propria superiorità, di cui egli è assolutamente convinto». Il litigio proseguì, mentre Petrie cercava di obbligare il distinto Naville a dimettersi dall'EEF. Licenziarlo, pensava, sarebbe stato «inconcepibile».

La controversia aveva motivato la decisione presa dall'EEF di mandare Carter a ricuperare i papiri di Mendes nel marzo del 1893. Nel momento in cui il comitato si apprestò a esaminare l'acrimoniosa corrispondenza intercorsa tra Naville e Petrie, il primo stava tornando in Egitto per presentarsi a de Morgan e cominciare a lavorare a Deir el-Bahri. Il comitato inviò un telegramma, che lo raggiunse ad Assuan, in cui gli si chiedeva di differire la sua domanda per Deir el-Bahri e lo si consigliava di chiedere a de Morgan di essere destinato a Karnak. L'anziano e rispettato Naville era comprensibilmente infuriato. «Se il mio lavoro vale tanto poco, per non dire niente, come ritiene Mr Petrie, non intendo imporre più la mia presenza alla Society ed è

---

[19] Bisticcio tra *cleaning* (fare le pulizie) e *clearing* (fornire chiarimenti), impossibile da rendere in italiano [*N.d.T.*].

molto meglio che me ne vada.» Sfogata la rabbia, ignorò il telegramma e concordò con il direttore che avrebbe cominciato a
lavorare a Deir el-Bahri. Nondimeno Petrie convinse il comitato
che Naville avrebbe provocato danni irreparabili ai delicati rilievi
«del bel tempio delle rupi».

Il conte d'Hulst, l'aristocratico francese che lavorava con Naville, era un'altra delle bestie nere di Petrie. Era arrivato al punto di
raccomandare l'uso di «carta *bagnata*» per copiare il graffito d'i-
nestimabile valore di Maidum. Altra pecora nera era de Morgan,
«un semplice affarista». Quanto all'altro francese, Amélineau, la
sua attività era «scandalosa». Fortunatamente per il comitato,
d'Hulst risolse il problema del licenziamento di propria iniziativa. Insultò de Morgan e gli fecero fare fagotto, così il comitato
non ebbe bisogno di ostinarsi con Naville affinché si liberasse di
lui. Quanto al resto, dissero a Naville che Carter, «o qualche altro
scavatore specializzato», avrebbe dovuto accompagnarlo per garantire che non andassero perduti i piccoli reperti. Era la mancanza di interesse da parte di Naville per i «piccoli reperti» che
rendeva particolarmente furibondo Petrie. Ad ogni modo, il fatto
che il comitato dell'EEF sostenesse le credenziali di Carter in
qualità di «scavatore specializzato» nei suoi rapporti con uno dei
personaggi accademici più autorevoli a livello mondiale era un
motivo d'orgoglio per l'inglese il quale, non ancora ventenne, si
unì al professor Naville a Deir el-Bahri, dove si stava liberando il
tempio della regina Hatshepsut [20].

[20]  Petrie e suoi contrasti con Naville e altri: EES, Carteggio; e Drower, *op. cit.*, pp. 282 ss.

# CAPITOLO QUARTO

# «Didlington risale il Nilo»

Nell'intervallo di tre mesi che intercorse tra la fine del lavoro ad Al Bersha e la sua accettazione della successiva nomina a Deir el-Bahri, Carter impiegò la maggior parte del tempo a ripassare a penna con grande fatica alcuni disegni per Griffith, per una retribuzione di una sterlina a settimana, aiutato dal fratello Verney. Un caldo imprevisto e forti venti durante la precedente stagione ad Al Bersha avevano reso difficile lavorare come programmato e si accorse che era impossibile adottare la tecnica dello «sfregamento» (o dell'impronta) nel copiare un ampio fregio che rappresentava il trasporto di una statua colossale. Dovette invece ricalcarlo in modo accurato. «È un lavoro terribile», scrisse il 17 gennaio 1893 a Newberry. «Sono all'opera ormai da una settimana e non è ancora finito. Credo che lo finirò fra una settimana o dieci giorni. Ho dipinto tutte le scene più importanti, oltre a 98 modelli di geroglifici, e ce ne sono da fare ancora una ventina.»[1]

Aveva ricevuto una lettera da Grueber, del British Museum, in cui gli si chiedeva di trattenersi in modo da poter rivedere le lastre a colori per una imminente pubblicazione da approntare su due piedi, ma quasi contemporaneamente arrivò una seconda lettera da parte di Miss Paterson in cui si chiariva che il comitato non desiderava che egli rimanesse ad Al Bersha una volta finito il lavoro. Mentre l'EEF titubava, Carter aveva proposto che Verney, avendo molta esperienza in materia, avrebbe potuto essere d'aiuto per quanto riguardava le lastre, sicché fu fatto partire in tutta fretta. Un poscritto aggiunto alla lettera diretta a Newberry lasciava intendere quale fosse il problema ricorrente. «Sarei molto obbligato se potessi fare avere a mio fratello 20 sterline della mia retribuzione, dato che il maltempo di quest'ultimo inverno, avendo distrutto le sue lastre, lo ha fatto rimanere tanto in arretrato... Scusami se ti importuno, ma tu sai quanto siano imbarazzanti le questioni di denaro.»

L'incarico di Carter a Deir el-Bahri, dove arrivò nell'ottobre del 1893 con un altro giovane disegnatore, Percy Brown, consisteva

[1] Newberry e l'attività svolta a Al Bersha: EES, Survey Report, 1892-3, 4 gennaio-7 aprile; e EES, Carteggio, 1893.

nel copiare le sculture, le pitture e le iscrizioni storiche murali del tempio funerario. Lo scopo era di tenerlo occupato per sei anni di seguito. Naville gli diede carta bianca e lui, là per là, decise di abbandonare per sempre la carta da lucido e di trovare un proprio modo di affrontare il lavoro difficile e delicato della «riproduzione del facsimile». Quando si venne al dunque, modificò non solo l'impostazione ma anche la definizione.

Il procedimento, reso noto nelle istruzioni messe in circolazione dall'EEF e ribadito da Petrie, Griffith, Newberry e tutte le persone esperte con le quali aveva lavorato, era esplicito: «Si prescrive che la riproduzione dei facsimili venga eseguita con assoluta precisione e non deve trattarsi di un disegno a mano libera né di un prodotto di puro carattere artistico». Carter trascrisse questa disposizione tassativa nel suo taccuino. Registrò anche le sue obiezioni. Si trattava di un atteggiamento male indirizzato, sbagliato esattamente come se, nel fare il lucido di un bel ritratto, si perseguisse un risultato «forse accurato dal punto di vista della precisione, ma carente in ciò che ha contribuito a farne, per l'appunto, un bel ritratto». Altrettanto vero per quanto riguardava l'arte antica: «Quando si riproduce un'antica [opera d']arte, dobbiamo essere accurati a tutti i costi e servirci di ogni tipo di mezzo meccanico per conseguire quello scopo, ma dobbiamo far sì che il mezzo meccanico sia il nostro assistente, non il nostro maestro»[2].

Enunciò la propria morale: «Rispettare innanzi tutto le leggi fondamentali dell'arte egiziana; come essa tralascia le cose di secondaria importanza; copiare quell'arte in modo preciso e intelligente lavorando onestamente, a mano libera, usando una buona matita e carta adatta». A sostegno del suo punto di vista, citava la massima di Ruskin: «Nella vera arte, mano, testa e cuore dell'uomo armonizzano». Metteva poi a confronto il modo in cui al momento si affrontava il problema di riprodurre l'arte antica con uno scolaro «che tratteggia attentamente una mappa (sulla cui fabbricazione il bambino non sa nulla) per una lezione di geografia».

Qualcuno dei suoi colleghi, e la maggior parte dei membri più anziani dell'EEF, considerarono le sue teorie come un ingenuo tentativo da parte di un principiante ventenne di conferire al lavoro di copia una dignità immeritata. Era un'operazione che la maggior parte di quelli del mestiere e degli osservatori riteneva un procedimento puramente tecnico, che nulla aveva a che fare con la creatività o con l'arte. Tuttavia l'apprendista aveva ragio-

---

[2] Modo di procedere nel lavoro di calco: Carter, «An Account», cit., p. 69.

ne. Fu il primo a vedere le carenze del vecchio metodo e introdusse un'impostazione nuova, più ricca di immaginazione e certamente più viva. Con tutto ciò, sul momento, quanto sosteneva con fare sicuro e baldanzoso fu accolto con scarso entusiasmo da alcuni dei suoi colleghi di lavoro e decisamente disapprovato da altri.

Qualcuno pensò che il suo lavoro fosse «privo di anima». Quel tipico punto di vista fu espresso molti anni dopo dall'americano Thomas Hoving, del Metropolitan Museum of Art di New York, il quale assorbì il retaggio di Carter e si accingeva a scrivere la «storia segreta» della sua impresa finale. Nel descrivere la meticolosa registrazione di pitture, rilievi e iscrizioni, fatta dal giovane a Deir el-Bahri, parlò a nome di molte persone appartenenti agli ambienti dell'arte e dell'archeologia tra loro collegati:

> Howard Carter era l'uomo ideale per svolgere quella mansione. Calmo, riservato, impacciato alla presenza di chiunque sembrasse avere avuto la fortuna di avere ricevuto maggiori privilegi dalla vita, era solitario e attaccatissimo al lavoro. Proprio il fatto che i suoi acquerelli non presentassero ombra di interiorità e dimostrassero di non avere sprazzi creativi di nessuna specie, li rendeva assai adatti allo scopo cui dovevano rispondere. Fece in modo da subordinare totalmente occhi e dita all'operazione di registrare con precisione forma, profilo e colori del suo argomento. Nel settore egiziano del Metropolitan Museum sono esposti molti acquerelli di Howard Carter, che rivelano meticolosità, verosimiglianza ma totale assenza di vita [3].

Non è necessario insistere su questo discorso. La prova in contrario la si trova in parte presso lo stesso Metropolitan Museum di New York. Molto di più è contenuto nei sei volumi di opere provenienti da Deir el-Bahri, fedelmente riprodotte mediante i più accurati procedimenti di stampa, cioè in collotipia, e pubblicati dall'EEF a cura di Naville. Chiunque abbia occhi per vedere può farsene un'opinione. Alcuni suoi dipinti, che rappresentano la fauna selvatica egiziana, debbono essere allineati accanto a capolavori incontestati del disegno specializzato «dal vero», come gli studi di John James Audubon sugli uccelli americani, o gli schizzi magistrali della raccolta zoologica dell'Elettore di Sassonia eseguiti da Johann Joachim Kandler per i modelli in porcellana. La loro, come quella di Carter, era arte funzionale, ma nondimeno arte. Carter stava risvegliando le attività di 4000 anni prima con fedeltà e partecipazione emotiva. Così facendo, ha prodotto opere di una bellezza sbalorditiva che conservavano lo spirito dei prototipi, create necessariamente e compatibilmente all'esigenza di riprodurle mediante un moderno procedimento di

---

[3] Thomas Hoving, *Tutankhamun: The Untold Story*, London 1979, p. 27.

stampa. Esse dimostrano sensibilità nei riguardi del soggetto e della documentazione, nonché un disegno di raffinata fattura [4].

A un mese dall'arrivo a Deir el-Bahri per la seconda stagione, venerdì 30 novembre 1894, Naville scrisse all'EEF una relazione sull'andamento dei lavori, comunicando che ai primi di dicembre, proveniente da Creta, si era presentato insieme alla moglie David George Hogarth, sostituto di Sir Arthur Evans in qualità di Conservatore dell'Ashmolean Museum. Nel mese di ottobre Hogarth aveva partecipato con Naville a una riunione del comitato dell'EEF, nel corso della quale Naville aveva chiarito che per la stagione di imminente apertura non si doveva contare su scoperte importanti. Prima di ogni altra cosa, si doveva portare a termine lo sgombro del tempio da lui incominciato l'anno precedente.

A livello locale si era verificata una grave crisi economica determinata dal crollo del prezzo del grano coltivato nella fertile pianura del Nilo. Appena appresa la notizia della presenza di Naville, tutti gli uomini si accalcarono al tempio di Deir el-Bahri. Il primo giorno egli assunse 112 operai, affinché aiutassero a costruire e a far funzionare un prolungamento ferroviario fino all'area che si riteneva essere utile alla spedizione francese diretta da Daressy nei pressi di Medinet Habu. Il giorno seguente assunse altri cento uomini per scavare l'immenso cumulo di rifiuti che ricopriva la parte centrale dell'area del tempio [5]. Una seconda squadra si mise al lavoro di buona lena al santuario del tempio della dea Hathor, mentre altri andavano in cerca di ambienti

---

[4] A proposito del livello artistico di Carter, alcune delle sue opere migliori furono eseguite tra il 1893 e il 1899, quando prestò servizio in qualità di disegnatore nella spedizione condotta da Naville a Deir el-Bahri. Egli copiò tutte le scene allora visibili sulle pareti del tempio di Hatshepsut, ai fini della loro riproduzione mediante collotipia in H. Edouard Naville, *The Temple of Deir al Bahri*, EEF, 1895-1908, sei voll. in-folio. Carter dipinse molti facsimili ad acquerello di scene e di geroglifici tratti dalle tombe di Beni Hasan e di Al Bersha e produsse lavori destinati alla vendita e ordinati da privati, un numero esiguo dei quali si trova presso l'EES, l'Ashmolean Museum, il Victoria and Albert Museum e collezionisti privati. La maggior parte di essi è sparpagliata e non ne abbiamo un inventario completo. Dal catalogo dei disegni e dei dipinti conservati nel Victoria and Albert Museum, aggiornato all'anno 1990, risulta quanto segue: «Testa della Regina Makare Hatshepsut»: acquerello, particolare tratto dalla copia di un bassorilievo dipinto nel tempio funebre di Hatshepsut, Deir el-Bahri, «Offerta di vasi ad Ammone». Firmato Howard Carter. Datazione incerta, tra il 1893 e il 1896. Appartenente a Lady Loch, figlia del quinto marchese di Northampton. Acquistato presso Christie in data 20 maggio 1975. «Cartiglio reale della Regina Makare Hatshepsut»: acquerello e vernice coprente su cartone verde, già facente parte della montatura originale di cui sopra. Particolari e appartenenza, come il predetto. «Testa della Regina Aahmes Nefertari»: copia di bassorilievo dipinto nel tempio funebre di Hatshepsut, Deir el Bahri. Firmata e datata: Howard Carter – 1896. [Nefertari fu la moglie di Thutmosi I, il quale regnò dal 1512 al 1504 a.C., e madre di Hatshepsut.] Appartenente a Lady Loch. Acquistata presso Christie in data 20 maggio 1975. «Coppia di pellicani»: acquerello. Firmato e datato: Howard Carter, 1899. Acquistato da Caroline Smyth (presso Heathcote-Williams), febbraio 1979.

[5] EES, Naville's Report, 14 dicembre 1894 (xid 16).

inviolati. «Non è cosa facile quest'anno assumere operai», scrisse. Anche se era stato in grado di offrire un modesto impiego a oltre 200 uomini, molti di più erano quelli rimasti senza lavoro e cibo per le loro famiglie. Scoppiarono contese quando scelse un centinaio di uomini fra i sei-settecento che si erano presentati in cerca di lavoro. Mentre Naville se la vedeva con i tumulti [6], Carter e Hogarth se ne andarono a trascorrere uno o due giorni con Petrie nell'area predinastica di Naqada (o Nagada).

Naville era sicuro che il tempio sarebbe stato sgombrato entro quell'inverno. Ma per ricostruire il tempio in base al progetto ci sarebbe voluto molto più tempo. L'impresa era tale che un esperto architetto o ingegnere avrebbe richiesto più di un anno per portarla a compimento, «specie quando si deve lavorare con gli indigeni e con gli attrezzi disponibili in loco». Senza dubbio Petrie avrebbe completato l'opera «in metà del tempo». Il distinto Naville non sempre era disposto a osservare la regola del silenzio per controbattere gli attacchi del suo principale antagonista.

Il 30 dicembre Naville era già in grado di riferire a Miss Paterson che Carter aveva spedito l'ultima infornata di disegni relativi alla prima tappa del lavoro eseguito sul tempio di Deir el-Bahri [7]. Nel mese di gennaio del 1895, Hogarth comunicò [8] che i grandi cumuli di rifiuti erano stati definitivamente tolti via dal cortile settentrionale del tempio, fino a scoprirne il pavimento. «Soltanto da questo cortile sono stati rimossi a dir poco più di 42 mila metri cubi di rifiuti.» Il tempio di Hatshepsut era ormai visibile in tutto il suo splendore da Luxor, cioè dalla parte opposta del fiume. Nella relazione di Hogarth c'era un poscritto:

Riapro la presente lettera per segnalare la scoperta (dovuta a Mr H. Carter) di diversi blocchi cavi appartenenti al muro meridionale in rovina su cui è raffigurata la scena del paese di Punt. Adesso abbiamo ritrovato l'ultimo re di Punt e molta parte del paesaggio della sua terra; questo ritrovamento, tenuto conto della riconosciuta superiorità di questi particolari rilievi e dell'eccezionale interesse connesso alle immagini di abitazioni nelle paludi nell'Africa tropicale, può essere ritenuto fra i migliori risultati che abbiamo conseguito qui con il nostro lavoro.

In un secondo rapporto in data 18 marzo 1895, Naville informò il comitato di Londra che Carter e Brown sarebbero partiti nel mese di aprile da Deir el-Bahri alla volta dell'Inghilterra, portando con loro una serie di trentadue tavole a colori, «collazionate e

---

[6] Lavoro svolto nel tempio di Deir el-Bahri: ivi; e EES, Carteggio, 1 dicembre 1893-14 marzo 1894, riguardo alla ferrovia per la spedizione di Daressy. (Si trattava della cosiddetta ferrovia decauville, a scartamento ridotto, che più tardi si sarebbe rivelata molto utile per Carter nell'eseguire le operazioni di trasporto nella Valle dei Re.)
[7] Lettera di Naville a Paterson: EES, Carteggio.
[8] Hogarth e Naville: EES, Rapporti, 18 gennaio-18 marzo 1895.

pronte per essere destinate alla pubblicazione». In una nota a parte per Miss Paterson, ricordava alla segretaria che, siccome al termine della stagione sarebbe partito per la Svizzera, aveva lasciato a Carter un po' di denaro, «ma ne chiederà ancora quando partirà per l'Inghilterra». Egli «deve essere autorizzato a riscuoterlo quando vuole presso la Cook's Travel Agency». Arrivato nella sua casa in Svizzera, Naville trovò ad attenderlo una lettera in cui gli si comunicava che il comitato era talmente soddisfatto dei risultati fino a quel momento ottenuti a Deir el-Bahri da chiedersi se non fosse venuto il momento di allestire un'esposizione. «Spero tanto che il comitato decida di farne una», rispose Naville. C'era una grande quantità di materiale e ne sarebbe arrivato dell'altro, come avrebbero constatato appena Carter si fosse presentato. «Petrie ne farebbe una con molto meno» (intendendo dire, probabilmente, con molto meno materiale), «ma valeva la pena di aspettare i dipinti di Carter.» «Sapete niente del ritorno di Carter?», chiedeva. Il comitato non sapeva nulla di più di quanto ne sapesse Naville.

Il 9 maggio Naville venne a sapere che Carter era andato a Beni Hasan a fare un lavoro per Griffith. «Conta di starci tre settimane», riferì a Miss Paterson, la quale aveva approvato malvolentieri che Carter prelevasse fondi dalla Cook's per pagarsi il viaggio di rimpatrio. Il 10 giugno, Naville disse ai suoi datori di lavoro di essere lieto di apprendere che avevano deciso di procedere promuovendo una mostra da tenersi ai primi di luglio. La data andava benissimo sia per lui che per Hogarth. Quanto a Howard Carter, «per quell'epoca dovrebbe essere tornato». Oltre a portare con sé i dipinti, la sua presenza sarebbe stata molto utile specie per riparare alcuni fra gli oggetti provenienti dal tempio.

Nella stagione 1894-95 Carter era rimasto incastrato tra diversivi di carattere sociale e divagazioni archeologiche. La famiglia Amherst e i Mitford, loro parenti acquisiti, avevano deciso di invadere in massa l'Egitto per una vacanza prolungata che si estese dal dicembre 1894 fino al giugno 1895. Alicia, la figlia minore, tenne un diario intitolato *Didlington risale il Nilo*, alludendo a un'osservazione fatta nel 1860 dal suo prozio Charles Fountaine quando suo padre gli aveva chiesto se gli sarebbe piaciuto accompagnare lui e sua moglie in una escursione sul Nilo [9].

Il 20 dicembre 1894 erano a Porto Said, dove incontrarono arabi «che urlavano e pregavano». A Ismailia, venne loro incontro il dragomanno dell'ambasciata Selim Pietro, «un orientale semplicemente affascinante». Si resero conto che gli arabi del posto erano «simpatici... diversi dallo spaventoso miscuglio razziale di

[9] «Didlington up the Nile», manoscritto inedito della famiglia Amherst.

Porto Said». La «mania di fare schizzi è insopprimibile», annotò Alicia, riempiendo il diario, prima di arrivare in Egitto, di disegni attraenti per linea e carattere, relativi ad argomenti classici romani. Da quel momento in poi riempì i margini di geroglifici, per i quali diede prova di possedere una certa abilità. Ribadendo un'amicizia di lunga data, Percy Newberry e sua moglie Essie fecero da guide e da compagni per la maggior parte del viaggio, mentre Carter, che Alicia ricordava quando da piccolo veniva con il padre in visita a Didlington, nelle sue note faceva una fugace apparizione.

Nel complesso, Alicia registrò un quadro preciso di un viaggio compiuto da aristocratici in un Egitto diviso in due parti, l'una immensamente ricca e l'altra esageratamente povera, che coesistevano con molta difficoltà; un quadro di cui raramente gli archeologi si attardavano a prendere nota, anche se dovevano vederlo in tutta la sua cruda realtà accanto alla maggior parte dei loro scavi. Dopo la visita ufficiale fatta da Lord Amherst al Generale e a Lady Walker, al Sirdar (generale Kitchner) e a Lord e Lady Cromer, prima di Natale andarono a fare baldoria alle corse del Cairo (dove sparì senza lasciare traccia Ducker, il cagnolino di Alicia, affidato a uno dei domestici di Lady Walker). Alla vigilia di Natale, i Newberry li portarono a fare il giro del museo di Giza, dove c'erano «i re Ramesse, Thutmosi e Sethi sdraiati nelle casse». Secondo lei, l'esposizione era «oltremodo brutta e disorganizzata», i gioielli erano «incantevoli». Il giorno di Natale del 1894 lo trascorsero con i Newberry e «Wiffy» Bramly, direttore dello zoo di Giza e più tardi governatore militare della penisola del Sinai.

Il primo dell'anno li colse a bordo della loro *dhabiyah* mentre si recavano da un'area archeologica all'altra, trainati dal rimorchiatore *Ptah*. A Saqqara, dove videro la vecchia casa di Mariette vicino alla Piramide a gradoni, Alicia notò sulle pietre del tempio i cartigli dei re della XXII Dinastia. Bebbeh, Biba al Fashan, Al Hiba... Man mano che ogni giorno procedevano sulla terraferma, lo sposo promesso di Alicia, Lord Rockley, sparava su tutti gli animali che vedeva, comportandosi così da gentiluomo di vecchio stampo dell'epoca. Un gheppio e un saltimpalo vennero giù a capofitto dal cielo. «Il secondo è piuttosto raro», osservò la signorina, «e l'ho severamente sgridato». Gli abitanti del villaggio cercarono di vendere loro un sarcofago, ma loro ritennero che cinque sterline fossero troppe. Mentre si avvicinavano a Beni Hasan, alcuni monaci copti scesero fino all'argine del fiume a chiedere l'elemosina. «Uno ci seguì a nuoto. Gli fu data soltanto una bottiglia vuota.» Newberry mostrò loro i sepolcri scavati nella roccia a Beni Hasan. «Incantevoli», fu il giudizio. Furono avvertiti che i gatti sacri mummificati conservati nella necropoli riservata ai felini non si dovevano toccare, ma di nascosto ne vennero portati via due per la collezione di Amherst.

Il 10 gennaio erano già a Tell el-Amarna. Constatarono che la tomba di Akhenaton, situata a nord, era stata gravemente profanata ed era invasa dai pipistrelli, come l'avevano trovata quattro anni prima Petrie e Carter. Fra i rilievi che Carter aveva copiato, furono colpiti dalle rappresentazioni murali di «donne che piangono, gemono e adorano i raggi del sole "Aton", alcune delle quali disegnate veramente bene». Il viaggio sul fiume li portò fino ad Asyut, dove Newberry fece loro visitare la tomba di Khety, dicendo che si proponeva di rivedere parte del lavoro che vi aveva già svolto Griffith. In rotta verso Gezira al Dum, dove giunsero il 16 gennaio, salutarono con la bandiera l'*Ishtar*, l'imbarcazione fluviale del professor Sayce, prendendo nota del punto dell'argine in cui «il vecchio Shaikh Salem, morto di recente, sedette nudo... per 53 anni».

Senza sosta e a lenta andatura superarono Abido, toccando Dendera e di lì Naqada, dove Petrie stava portando alla luce il passato predinastico, assistito da due uomini dell'EEF, Price e Grenfell. L'ultima area assegnata al maestro, collegata in epoca arcaica all'occupazione libica, fece venire in mente ad Alicia un passo del padre della storia: «Erodito [sic] parla di una razza libica che abitualmente uccideva i genitori giunti a una certa età e li mangiava per impedire che invecchiassero troppo». Il 20 gennaio erano a Tebe e a Deir el-Bahri, dove dal tempio di Hatshepsut sbucò Carter. «Dopo la seconda colazione gli Egerton di Tatton salirono a bordo... c'era anche Howard Carter, il quale lavora con Mr Naville per mettere in ordine il tempio a Der al Bahrah» (l'ortografia era praticamente inesistente). Si sedettero insieme a contemplare il tramonto su Luxor.

Non ci fu più altro accenno a Carter fino a un mese dopo, il 23 febbraio, quando tornarono dal lungo viaggio passando per Assuan e l'isola Elefantina, fino ad Abu Simbel, a Uadi Halfa e alle cateratte del Nilo. Di ritorno nel Medio Egitto, si recarono a Deir el-Bahri, «incontrarono H. Carter e M[onsieur] Naville, e diedero una breve occhiata intorno al tempio, poi andarono a cavallo a vedere la tomba di Mr Newberry». Il giorno seguente i Newberry, Carter e Naville pranzarono con i visitatori. «Egli [Naville] è uno degli scavatori più simpatici che abbiamo conosciuto. H. Carter ha dormito a bordo.» Alicia chiamava sempre il giovanotto che conosceva fin da bambina, «H. Carter». Tutti gli altri erano «Mr» e «Monsieur». Furono invitati nella «serra a bassa temperatura» di M[onsieur] Naville a Qurna sopra la Valle, dove era al lavoro la squadra dello svizzero. «Dopo la seconda colazione abbiamo guardato i disegni di H. Carter e poi abbiamo visitato il tempio. H. Carter è venuto di nuovo a dormire a bordo.» Carter pranzò e dormì a bordo della loro imbarcazione fluviale ogni notte durante la settimana in cui furono all'ancora al largo di Luxor.

Le osservazioni di Alicia Amherst si attenevano sempre ai fatti. A differenza dei Newberry e dei Naville, nonché dei diversi turisti e cacciatori di animali da preda che incontrarono lungo il percorso, Carter veniva accolto nella loro cerchia con uno spirito di ospitalità privo di cerimonie. A Karnak si imbatterono in Maggie Benson, la figlia minore dell'arcivescovo, che si occupava di scavi al tempio di Mut. Studiosa di materie classiche, stava per farsi suora nella congregazione dell'Epifania. Ci furono svariate serate mondane, ma sembra che Carter non abbia partecipato a nessuna di esse. «Il dottor May, i Newberry e Crossley per la soirée... Lord Compton ha cantato insieme a noi in modo bellissimo.» Era l'ultima sera delle loro peregrinazioni. Partirono il primo marzo per via fluviale per intraprendere il lungo viaggio di ritorno in patria, in vista del matrimonio di Alicia con il barone Rockley.

Carter ritornò in Inghilterra verso la fine di giugno del 1895, appena in tempo per fare includere i suoi dipinti nell'esposizione allestita a Londra dall'EEF. Intitolati *Guida al Tempio di Deir el-Bahri*, attirarono i fedeli a Oxford House e accrebbero la fama di Carter fra quegli appassionati ed esperti sui quali l'arte murale egiziana esercitava un fascino particolare. Ma in genere il pubblico si rendeva conto solo marginalmente delle grandi scoperte che anno per anno venivano effettuate in Egitto. Nel 1893 a Londra e a Manchester erano state esposte le copie esatte ad acquerello di scene tratte dai sepolcri di Beni Hasan, Al Bersha e Deir al Gebrawi. Nel catalogo ufficiale si precisava che erano state «eseguite per conto dell'Egypt Exploration Fund da Mr M.W. Blackden, da Mr Howard Carter e da Mr Percy Buckman, sotto la supervisione di Mr Percy E. Newberry e la direzione di Mr F. Ll. Griffith».

Si trattava più o meno dello stesso complesso che aveva partecipato all'ultima mostra di Londra [10]. Il catalogo proseguiva spiegando ai visitatori che in senso lato avevano ancora scarse nozioni in materia d'arte egiziana che le donne erano dipinte in toni gialli e gli uomini in toni rossi «perché generalmente avevano la pelle abbronzata in quanto più esposti al sole». La presenza o l'idea dell'acqua era «indicata sia mediante linee parallele ondulate o a zigzag che con il colore». Le prove chimiche avevano

---

[10] Per le mostre organizzate dall'EES, cfr. i cataloghi del Fund.

dimostrato che il pigmento rosso usato era composto essenzialmente da solfato ferrico; il giallo derivava da ocre di ferro; le
sfumature in azzurro e verde venivano in genere da ossidi di rame
e di ferro presenti in fritte di base o impasti di vetro. Il bianco lo
ricavavano dalla calce, il nero dal nerofumo. In realtà, in 4000
anni, le materie coloranti usate dal pittore, per non parlare di
quelle usate dal vasaio, erano cambiate di poco o nulla.

Dopo l'esposizione di Londra, Carter andò a casa a Swaffham e
alla fine di agosto accettò l'invito di Lord Amherst di recarsi a
Didlington Hall per dare una mano a classificare gli oggetti di
Tell el-Amarna. Era un compito impossibile, ma si fermò nel
palazzo una settimana per dare un po' d'ordine all'accozzaglia di
materiale frammentario che era arrivato dall'Egitto in seguito
agli scavi di Petrie. Mentre si trovava là, la famiglia gli inoltrò una
cartolina postale di Miss Paterson, la quale con il suo tono energico gli chiedeva quando si sarebbe reso disponibile. Rispose
usando la carta da lettere di Amherst, con i modi bruschi che
aveva finito per adottare nel trattare con quella donna terribile:
«La vostra cartolina mi è stata recapitata. Sarò di ritorno alla fine
della settimana».

Nel mese di novembre tornò in Egitto con Naville, facendosi
precedere da due casse da imballaggio assicurate, l'una contenente materiale da disegno e fotografico, l'altra effetti personali
compresa una costosa sella di cuoio. Era deciso a risolvere il
penoso problema di viaggiare a cavallo o a dorso d'asino fra le
rocce e le dune del luogo dove lavorava.

Nel gennaio del 1896 Naville poté riferire a Grueber [11], nel suo
inglese piuttosto zoppicante, che il suo assistente, oltre a svolgere
un lavoro di ottima qualità, aveva messo a segno un colpo finanziario da maestro:

Ieri abbiamo ricevuto la visita di Mr Horniman, il quale si è fermato a desinare
con noi. Carter gli ha fatto visitare il tempio, ed egli ha dimostrato un così
grande interesse ed è rimasto talmente colpito dalla bellezza e dalle proporzioni dell'opera che ha detto subito di volerci dare gli utili di una giornata, pari a
100 sterline, nonché una sottoscrizione annua di 5 sterline. Ha subito tirato
fuori il libretto degli assegni e ne ha riempito uno che accludo... Ho il dovere di
dirvi che per quel regalo è nei confronti di Carter che la Society è obbligata. È
stato lui che ha fatto conoscere l'EEF a Mr Horniman e che ieri lo ha accompagnato a visitare il tempio [12].

Horniman, capo della famiglia arricchitasi con il tè, era rappresentante parlamentare di Falmouth.

Dopo aver descritto l'attività che Carter stava svolgendo in quel

---

[11] Rapporti tra Naville, Grueber e Carter: EES, Carteggio, 1 agosto 1895, Carter a Miss
Paterson, dal 428 di Fulham Road; 8 settembre 1895, da Didlington Hall.
[12] Horniman: EES, Carteggio, Naville a Grueber, 22 gennaio 1896.

momento, che consisteva nel vigilare il lavoro di riattamento del tempio, Naville proseguì spiegando che era stato costretto a sospendere l'opera di copia delle pitture murali. Accennò anche ai progressi compiuti da Carter durante i sei anni che aveva trascorso in Egitto.

Come ho detto, Mr Carter ha svolto il lavoro in modo ammirevole. Ha una vista molto acuta per scoprire i punti a cui appartengono le pietre; inoltre, data la sua completa padronanza dell'arabo, è in grado di dirigere e controllare gli uomini, o meglio di insegnare loro ciò che possono fare. Da escludere in modo assoluto che possa fare nello stesso tempo disegni di sorta.

Naville propose che si inviasse qualcun altro a badare al lavoro di costruzione. «Sono d'accordo con Mr Carter nel dire che sarebbe un peccato se egli fosse distolto dal disegno, perché ha dovuto occuparsi di quei soffitti.»

Le visite effettuate a casa tra le stagioni del 1896 e del 1897 furono contrassegnate da alcuni matrimoni che offrirono alla famiglia eccezionali occasioni di trovarsi insieme. Nel giugno del 1896 la sorella di Carter, Amy Joyce, sposò un direttore di giornale di Londra sud, John Walker, e nel giugno dell'anno successivo suo fratello Samuel, trentaseienne, sposò Mary Brown, figlia di un agricoltore. Dieci anni prima, il fratello maggiore William aveva sposato un'altra Walker, Julia Mary di Swaffham, figlia del pubblico ufficiale che presiedeva le elezioni per la città di Norwich.

Nella stagione 1896-97 Carter poté tornare alla sua attività di disegnatore. Si rifiutava di definirlo lavoro di copia. L'EEF incaricò Margaritis A. Crissocopolu [13], un esperto cipriota che aveva lavorato per Hogarth, di «soprintendere ai lavori di conservazione e di restauro presso il tempio di Deir el-Bahri» [14]. Il contratto era in data 12 dicembre 1897 e riguardava il completamento di «certi muri», la costruzione di colonne munite di architravi e la copertura dell'opera mediante volte a mattoni. La descrizione era precisa. L'opera sarebbe stata eseguita in parte in muratura, in parte in mattoni cotti e in parte in mattoni grezzi, le superfici dovevano essere intonacate e imbiancate a calce. L'opera doveva essere «diretta e approvata da Mr Howard Carter, Ispettore del Servizio alle Antichità», che agiva nell'interesse del comitato dell'EEF.

Le mansioni di Carter erano definite in modo ancora più completo. Le sue responsabilità comprendevano il licenziamento degli operai incapaci, l'approvazione della sistemazione della tenda del caposquadra, la rimozione del ponteggio, la paga delle mae-

[13] Crissocopolu: EES, Contratto, 12 dicembre 1897.
[14] Tempio di Deir el-Bahri: EES, Carteggio, 1896-7.

stranze, la tenuta della contabilità del materiale da costruzione, l'ordinazione di materiale extra e l'approvazione del lavoro di completamento. Per l'assunzione di quest'altro incarico gli sarebbe stata corrisposta la somma di 9 sterline. Nel contratto non si parlava della paga da soprintendente. Il 27 febbraio Naville poteva dire al comitato: «Certo è veramente eccezionale l'abilità con cui è stato eseguito quel difficile lavoro di ricostruzione». Anche se così facendo non si arricchiva, sul piano professionale Carter era in ascesa e il suo avvenire in Egitto era garantito.

Ci fu un'altra stagione a Deir el-Bahri, segnata dai danni causati da un uragano al monumento che era stato restaurato con tanta cura. Il dottor Somers Clarke, eminente membro del comitato, constatò i danni nel novembre del 1898 e scrisse a un collega, Hilton Price, il quale era in procinto di partire per l'Egitto: «Quando arriva a Luxor, voglia prestare particolare attenzione allo stato in cui si trovano le superfici murarie a Deir el-Bahri... I colori hanno cominciato a stingere. Le superfici si scrostano... Carter le farà vedere gli effetti avvilenti... Dobbiamo cominciare al più presto a coprire con un tetto la parte più preziosa». Price scrisse a Grueber dal Cairo, inviandogli copia della lettera di Clarke: «Ho appena ricevuto questa lettera da Clark [sic]... se ne trae l'impressione che siamo al culmine del disastro. Che si può fare? Parto adesso per risalire il Nilo. Mi sta aspettando la carrozza per portarmi fino al battello» [15].

Alla fine di dicembre Carter scrisse a Grueber [16] dicendogli che per coprire l'area del palazzo con un tetto di protezione sostenuto da colonne ci sarebbero volute 300 sterline. I lavori avrebbero richiesto almeno quattro o cinque mesi e tutti gli operai più bravi erano stati spinti ad andare ad Assuan e nel Sudan, dove gli americani che stavano eseguendo lavori di scavo offrivano salari migliori. Aveva già scritto a Miss Paterson comunicandole che egli desiderava recarsi ad Assuan per una settimana e chiedendole di sottoporre la sua richiesta al parere del comitato. Si augurava che l'esecuzione delle opere murarie più importanti si potesse rinviare fino alla stagione successiva, di modo che lui fosse messo in condizione di completare i disegni che stava eseguendo nelle camere. Non sembrava ritenere che il danno fosse così grave come dicevano Somers Clarke e Price, né credeva che le riparazioni fossero tanto urgenti. «Potrei chiedere se il comitato desidera che sia io a occuparmi di questo lavoro?» A dire il vero, egli si chiedeva se il comitato avrebbe avuto ancora bisogno delle sue

[15] Rapporti tra Somers Clarke e Hilton Price: EES, Carteggio, Price a Grueber, Cairo, 18 novembre 1898; Somers Clarke a Price, Luxor, 15 novembre 1898.
[16] Carter a Grueber: EES, Deir el-Bahri, 22 dicembre 1898.

prestazioni una volta portato a termine il lavoro a Deir el-Bahri nel 1899.

I disegni e le opere murarie furono terminati nella stagione seguente. Alcune pietre tolte qualche anno prima dalle mura del palazzo erano andate a finire nella collezione privata del marchese di Northampton, il quale le donò poi all'EEF affinché Carter le restituisse al loro luogo d'origine [17]. Carter aveva lavorato per sei anni a Deir el-Bahri fianco a fianco con Naville e non ebbe niente da dire, se non in senso positivo, sul conto dello svizzero gentile e profondamente religioso, che Petrie disprezzava in modo tanto palese. Il suo nuovo superiore gli aveva permesso di lavorare, per la prima volta nella sua vita, a modo suo e secondo i suoi ritmi al restauro di una parte della più bella arte decorativa del mondo antico.

Comunque, non era mai del tutto soddisfatto. Isolato nello spoglio edificio fatto di mattoni di fango che Naville aveva costruito come alloggio di fortuna per sé e per i suoi assistenti nel punto più alto della valle – ed eccezionalmente per dare asilo a qualche visitatore occasionale (nel 1896 Petrie stette con lui mentre preparava l'alloggiamento per il suo gruppo dietro al Ramesseum a Tebe) – trascorreva la maggior parte del suo tempo a disegnare e a esplorare il territorio circostante. Girovagava per molte ore lungo le rupi e in mezzo alle colline scoscese, in cui le tombe dei re erano collocate a nord e quelle delle regine a sud, e tenute separate dal Nilo dalla pianura alluvionale coltivata. I suoi quaderni di appunti cominciavano già a rispecchiare un interesse ossessivo per i sepolcri e preannunziavano un'ulteriore riflessione: se non fosse stato un archeologo, sarebbe stato un bravo investigatore. A quanto pareva la solitudine non gli pesava, anche a un'età in cui la maggior parte dei giovanotti cerca compagnia e avventure con l'altro sesso [18].

In realtà, il ragazzo malaticcio del periodo scolastico era diventato un uomo forte e riflessivo, capace di starsene solo per mesi o addirittura per anni di seguito nelle solitarie necropoli della Valle dei Re. Tuttavia molti fra gli scavatori e gli studiosi che percorrevano il suo stesso sentiero ricercavano la sua compagnia. Uno era l'epigrafista tedesco Wilhelm Spielberg, il quale stava lavorando a Tebe. La moglie di Petrie, Hilda, fu contenta dell'ospitalità che lui e Newberry, insieme a Spielberg [19], furono in grado di offrirle nel 1898 subito dopo il suo matrimonio. Carter ammise che l'area principale di Deir el-Bahri assegnata all'EEF aveva

---

[17] Marchese di Northampton: EES, Carter a Grueber, 31 dicembre 1898.
[18] Carter nel 1896: Drower, *Flinders Petrie*, cit., pp. 218 ss.
[19] Spielberg e Newberry: ivi, p. 250.

«un certo fascino», ma la trovava intollerabilmente calda, tranne che in pieno inverno.

Era felice del lavoro che Naville gli aveva assegnato [20]. Aveva copiato dipinti murali molto dettagliati, che rappresentavano scene di carattere essenzialmente commerciale, come il trasporto su nave di grandi monoliti di granito dalle cave di Assuan fino a Karnak e una spedizione marittima fino alla terra di Punt in cerca di incenso e mirra, avorio, scimmie, otarde, metalli preziosi e legni profumati. C'erano anche descrizioni della «nascita divina» della regina Hatshepsut e molte iscrizioni geroglifiche che egli rappresentava con mano sicura di sé e leggeva con sempre maggiore disinvoltura. Via via che copiava le pitture del monumento funebre metteva insieme i frammenti della storia dell'antico Egitto. Gli eucalipti aromatici descritti in fase di trasporto, probabilmente portati in Egitto dall'Arabia meridionale, venivano piantati nel santuario in onore della divinità nazionale, Ammone. Le digressioni del taccuino erano lacunose. «Effettivamente la merce portata da questa spedizione rassomiglia molto alle materie preziose trasportate dalle navi di re Salomone, provenienti da Tarshish, e fanno inoltre pensare all'usanza dei doni in oro, incenso e mirra che vengono annualmente offerti in occasione dell'Epifania dei Re nella Cappella reale di San Giacomo.» I rilievi delicatamente scolpiti, che egli aveva salvaguardato con tanto amore e tanta immaginativa, erano, osservò, «una gioia continua per la mente». A distanza di tempo scrisse: «Durante quei sei anni, sebbene dovessi lavorare a pieno ritmo, in materia di Arte egiziana e della sua calma semplicità appresi di più che in qualsiasi altro momento o luogo». Forse nel suo modo di scrivere sempre la parola «arte» con la A maiuscola c'era un significato inconscio. Si considerava sempre e anzitutto un artista e un archeologo a tempo perso.

Ciò nonostante, nella sua valutazione di sé c'era della modestia. Nei suoi taccuini riconosce ripetutamente che a insegnargli a fare lo scavatore più di qualsiasi altra persona fu Petrie. Il quale, al termine della lunga avventura di Deir el-Bahri, rese un gentile omaggio al giovanotto che lavorava accanto a lui: «Mi sono fatto aiutare da diversi colleghi; ci sono state tragedie, gelosie professionali e spesso commedie divertenti, ma sono stato fortunato. Per svariati anni ho avuto la grande fortuna di avere con me il bravo aiutante di Percy Brown, un disegnatore sincero e straordinario, il quale mi ha aiutato a guadagnarmi il salario» [21].

L'ultima sua scaramuccia con l'EEF in qualità di dirigente dei

[20] Carter e Naville: ivi, pp. 218-9, 250.
[21] Percy Brown: Carter, «An Account», cit., p. 72.

lavori di scavo eseguiti per suo conto la ebbe sulla solita questione dello stipendio. Nel marzo del 1899 egli scrisse a Miss Paterson in merito alla mancanza di scorte di cui l'EFF reclamava la proprietà. «Presumo che debbano appartenere a Monsieur Naville», disse Carter alla segretaria [22]. E con l'occasione le ricordò che il suo stipendio del secondo trimestre era quasi maturato. Forte della passata esperienza, le inviò in anticipo una ricevuta di pagamento per la somma di 68 sterline e 15 scellini [23].

Nel 1899, appena i lavori a Deir el-Bahri terminarono, Maspéro assunse per la seconda volta la carica di direttore generale alle Antichità succedendo a de Morgan. Gli «Inglesi», come venivano qualificati in oriente tutti i cittadini britannici, erano di nuovo ben visti. A differenza dei suoi compatrioti, Maspéro aveva sempre lavorato in termini di massima amicizia con i suoi interlocutori inglesi e con l'amministrazione di Cromer. Si ricordava di Carter ragazzo, che aveva fugacemente conosciuto quando aveva fatto la sua comparsa in Egitto all'età di diciassette anni. Trascorsi otto anni, all'adulto dedito al lavoro, taciturno e reduce dalla spedizione del professor Naville, il francese offrì un posto importante nel servizio alle Antichità, quello cioè di ispettore ai monumenti dell'Alto Egitto e della Nubia, con sede centrale a Luxor [24]. Carter accettò l'offerta senza esitare.

---

[22] Carter a Paterson: EES, Carteggio, 23 novembre 1898; riguardo ai disegni relativi alla terra di Punt, 29 gennaio 1899.
[23] Stipendio di Carter: EES, Carteggio, Carter a Paterson, 9 marzo 1899.
[24] Offerta del posto da ispettore: Carter, «An Account», cit., p. 72.

# CAPITOLO QUINTO

# Archeologi e vandali

Il nuovo secolo annunziò l'alba di un'era promettente per Howard Carter.

La buona sorte lo aveva salvato dall'anonimato, associandolo a un esteso e sovente rissoso gruppo di lavoro archeologico, e gli aveva dato potere e libertà sotto la guida di un superiore energico, per il quale nutriva la massima stima. Era una situazione perfetta ed egli era pronto a sfruttarla al massimo. La nuova nomina [1] entrò in vigore a partire dal primo gennaio 1900. Suo primo compito fu di preparare una relazione preliminare sulla necropoli tebana e sui suoi monumenti, nella prospettiva della creazione di un sistema per la loro futura protezione.

Grazie alle escursioni fatte durante gli anni in cui aveva lavorato con Naville, aveva preso confidenza con l'immenso cimitero che si estendeva da una parte all'altra della silenziosa terra di nessuno oltre i pascoli lussureggianti dell'argine occidentale del fiume, una terra incolta e desolata che sale inesorabilmente fino a raggiungere il suo culmine scosceso nella rupe che contraddistingue Deir el-Bahri. Ai suoi piedi si trova la Valle delle Tombe dei Re, ovvero l'Uadi Biban el-Muluk in versione araba. Più di tutti gli altri, Carter conosceva già i tortuosi sentieri che conducevano da una sporgenza all'altra, da una tomba abbandonata e vuota all'altra, segnando gli itinerari degli innumerevoli ladri e rapinatori che avevano visitato il posto nell'arco di 5000 anni e se l'erano data a gambe portando via ricchezze più grandi di quanto Creso avrebbe potuto mai immaginare.

Inizialmente i compiti furono soprattutto d'ordine pratico e da lungo tempo rimandati. Anche se da parte di Maspéro si dovevano ancora stabilire con precisione le mansioni e prescrivere le attribuzioni dell'ispettorato, Carter fu felice di occuparsi degli aspetti secondari che potessero emergere nell'ambito di qualsiasi programma amministrativo. Cominciò col dare istruzioni affinché fosse fornita l'illuminazione elettrica a sei note tombe reali della Valle, un progetto tutt'altro che modesto, dal momento che prevedeva la messa in opera di circa 900 metri di cavo, alimentato

---

[1] Nomina a ispettore: Carter, «An Account», cit., Notebook 16.

sottoterra fin dove era possibile, in modo da non sciupare la prospettiva. Una volta fornita l'illuminazione, provvide affinché le
tombe venissero sistemate e quanto più possibile protette e im-
permeabilizzate. Gli stessi sepolcri vennero allargati e si eressero
ripari per gli asini, che erano «molto richiesti». Ai sepolcri vennero inoltre applicati cancelli di ferro. Stava rendendo attraente la
stalla e cambiando le serrature diversi millenni dopo che i cavalli
erano scappati, ma tutto faceva parte della nuova linea di condotta adottata per richiamare i turisti. Dispose affinché l'elettricità arrivasse anche nel remoto sud, fino al grande tempio nubia-
no di Abu Simbel. E recitò la sua parte svolgendo quella che, per
lui, era la funzione più odiosa di tutte: guidare i turisti a visitare
tombe e templi.
   Ciò che sentiva nei riguardi di quei luoghi lo espresse in occasione della scoperta mozzafiato fatta una ventina d'anni dopo, ma le
sue parole sono da attribuire alla passione giovanile e alla previsione di avvenimenti che stavano per l'appunto cominciando a
manifestarsi:

> La Valle delle Tombe dei Re: il solo nome è pieno di atmosfera romantica e,
> fra tutte le meraviglie d'Egitto, ritengo che non ce ne sia nessuna che eserciti un
> richiamo più immediato sulla fantasia. Qui, in questa valle solitaria, lontana da
> ogni suono di vita, con il «Corno», la vetta più alta delle colline tebane, che fa la
> guardia come una piramide che si erge su di esse, giacevano trenta e più sovrani,
> fra i quali i più grandi che l'Egitto abbia mai conosciuto. Ora, probabilmente,
> non ne rimangono che due: Amenhotep [Amenophis] II – i curiosi possono
> vederne la mummia che giace nel suo sarcofago – e Tut.ankh.Amen, il quale
> rimane ancora intatto sotto il suo tabernacolo d'oro [2].

Avendo imparato un bel po' di storia, come Petrie gli aveva
raccomandato di fare quando era arrivato per la prima volta in
Egitto, perché avrebbe costituito uno strumento di importanza
vitale del suo lavoro, Carter era in grado di fornire ai visitatori
una vibrante descrizione del saccheggio che aveva sottratto alla
Valle «dimenticata da Dio» perfino i suoi morti. All'inizio della
XVIII Dinastia, nel XVI secolo a.C., Thutmosi I decise di costruire
una caverna nei dirupi di fronte a Tebe per farne il luogo del suo
estremo riposo, inaugurando così la necropoli reale della Valle.
Nessun sepolcro insigne in tutto l'Egitto era ancora sfuggito al-
l'attenzione dei rapinatori che avevano iniziato la loro infame
professione all'epoca delle prime piramidi, nel periodo arcaico
risalente al 3000 a.C. circa [3].
   Carter spiegò l'importanza del «modesto» sepolcro di Thutmosi, «trascurato con tanta facilità e di rado visitato» e «considere-

---

[2]  La citazione è tratta da Carter, *The Discovery*, cit., p. 50.
[3]  Le tombe reali: ivi, pp. 50 ss.

vole nel quadro di una nuova teoria progettuale delle tombe».
Quella inviolabilità di cui i primi sovrani erano andati in cerca fu
ottenuta erigendo sopra i loro corpi «una vera e propria montagna di pietra». Il conseguimento del benessere nell'oltretomba
comportava un largo uso di oro e di tesori per esaltare il prestigio
del viaggiatore. «Il risultato», spiegava, «era abbastanza evidente.» Oro e tesori costituiscono una tentazione irresistibile e tut-
t'al più nel giro di qualche generazione la mummia sarebbe stata
profanata e tutti i suoi tesori sarebbero stati depredati. I re – a dir
la verità anche le regine e i nobili sepolti lì vicino – cercavano di
tenere lontani gli intrusi. Tutti i passaggi furono ostruiti con immensi massi di granito, furono predisposti finti passaggi e porte
segrete, furono concepite centinaia di false piste. In ogni caso,
però, alla fine il ladro riusciva a farla in barba al costruttore di
tombe. Il monarca di quei tempi, come quello di epoca più moderna, era alla mercè di coloro che lo servivano, cioè del murato-
re e dell'architetto, dell'orafo e del carpentiere. «Una lavorazione sciatta poteva lasciare un punto pericoloso anche nei sistemi
di protezione meglio progettati e, nelle tombe private in ogni
caso, sappiamo che talvolta erano gli stessi funzionari che proget-
tavano l'opera a predisporre un accesso per i futuri saccheggiatori.» Gli sforzi per vigilare sulle tombe reali – quasi sempre costruite vicino ai loro templi funebri – erano «ugualmente inutili»,
per quanto cospicui fossero i lasciti disposti a quello scopo.

La Valle deve avere assistito a strani spettacoli; molte imprese disperate devo-
no avervi avuto luogo. È possibile immaginare il piano preparato con giorni di
anticipo, l'appuntamento segreto di notte sulla rupe, le guardie del cimitero
pagate o drogate, e poi l'accanito scavare nell'oscurità, il procedere carponi per
introdursi attraverso uno stretto pertugio nella camera sepolcrale, la febbrile
ricerca, nella luce incerta, di oggetti preziosi che fossero trasportabili e il rientro
a casa all'alba, carichi di bottino... [4]

Fu Amenhotep I che ebbe per primo l'idea di una tomba segreta
che superasse in astuzia il predatore. Costruì la sua ultima dimora a una certa distanza dal tempio funebre, nascosta sotto un
masso in cima a una collinetta. Ma Thutmosi I perfezionò l'accor-
gimento. Si staccò del tutto dalla tradizione, scegliendo una piccola tomba poco appariscente in cima alla valle. Il sepolcro non
doveva essere sormontato da nessun monumento e doveva essere
ubicato a un paio di chilometri di distanza dal tempio funebre
situato sull'altro versante della collina. Thutmosi affidò l'incarico al suo capo architetto, Ineni, il quale incise sul muro della
cappella funeraria una testimonianza riguardo alla sua opera:
«Ho sorvegliato lo scavo della tomba rupestre di Sua Maestà da

[4] Citazione, ivi, p. 54.

solo, senza nessuno che vedesse, senza nessuno che ascoltasse».
Come Carter diceva ai visitatori, Ineni tralasciò di fare qualsiasi
accenno agli operai che aveva ingaggiato o al modo in cui si era
garantito il loro silenzio. Secondo la sua personale teoria, il lavoro fu eseguito da prigionieri di guerra, i quali vennero trucidati
appena l'ebbero terminato. In ogni caso, tuttavia, il segreto non
fu probabilmente mantenuto a lungo. «Quale segreto è stato mai
conservato in Egitto?»

Quando, nel 1899, la tomba di Thutmosi fu scoperta, non ne
rimaneva altro che il disadorno sarcofago di pietra. La salma era
stata prima tolta e collocata a fianco di quella di sua figlia Hatsh-
hepsut nella tomba di costei, e più tardi nascosta con le altre
mummie reali a Deir el-Bahri. Comunque la moda era stata lan-
ciata e tutti gli altri sovrani della XVIII Dinastia e delle due successive, per un periodo di 400 anni circa, furono sepolti nella Valle
delle Tombe dei Re. Come Carter faceva notare, per alcune generazioni sotto i potenti monarchi della XVIII e della XIX Dinastia i
sepolcri dovettero essere abbastanza al sicuro. La presenza di
governanti energici voleva dire che la disciplina vigeva fra la gente comune e i funzionari. La storia cambiò sotto le persone dal
carattere debole che di tanto in tanto regnarono nel corso di
quelle Dinastie e durante tutta la XX Dinastia. In realtà, sono
pervenuti fino a noi alcuni papiri ben conservati che, a partire dal
sedicesimo anno di regno di Ramesse IX, trattano proprio l'argomento dei furti perpetrati nelle tombe: «Da questi papiri ricavia-
mo, oltre alle informazioni molto preziose relative ai sepolcri,
qualcosa di cui i documenti egiziani di regola stranamente scar-
seggiano, una storia contenente un autentico elemento umano,
di modo che siamo in grado di esaminare le intenzioni di un
gruppo di funzionari che vissero a Tebe 3000 anni fa».

La narrazione riguardava un conflitto sorto tra Khemwese, il
soprintendente di Tebe, e Paser e Pewero, alti papaveri a livello
di sindaci che controllavano rispettivamente la sponda orientale
e quella occidentale della città, durante la XX Dinastia [5]. A causa
del loro antagonismo, misto a un atteggiamento servile nei confronti del soprintendente, costoro provocarono un'indagine sullo
stato delle tombe reali. Dei dieci sepolcri reali esistenti nella
Valle, in uno c'era stata penetrazione con scasso, in altri due
erano evidenti i segni dei tentativi di effrazione. Delle tombe
delle sacerdotesse, due erano state saccheggiate e due risultavano intatte. Le tombe dei privati erano state tutte depredate. «Per
gente della nostra classe, che importanza hanno le tombe di singoli privati?», scrisse un sindaco all'altro. Nell'alterco che seguì

---

[5] Paser e Pewero: ivi, pp. 56 ss.

riguardo all'esattezza delle loro versioni, lo sventurato Paser annunciò che intendeva ignorare il soprintendente e rivolgersi direttamente al re, ragion per cui il soprintendente, sentendosi offeso, nominò una commissione d'inchiesta, dalla quale il misero Paser, giudice di quella stessa commissione, fu processato per falsa testimonianza e riconosciuto colpevole. Dalla prova risultava chiaro che tanto il soprintendente quanto i funzionari locali erano colpevoli di essersi appropriati del frutto dei furti commessi nelle tombe [6].

Ben presto le prove raccolte permisero di rintracciare altri ladri. Lo studioso americano James Breasted ha tradotto i papiri, mettendo in evidenza la confessione resa da un prigioniero il quale aveva fatto parte di una banda che aveva scavato una galleria attraverso la roccia fino a una camera sepolcrale, dove aveva trovato un re e una regina insieme nei loro sarcofaghi. Prima della confessione il prigioniero venne picchiato con una doppia verga e percosso alle mani e ai piedi (metodo a cui di solito si ricorre per rinfrescare la memoria a qualcuno):

> Abbiamo trovato la nobile mummia di questo re... Al collo aveva una gran quantità di amuleti e ornamenti; sulla testa aveva una maschera d'oro; la nobile mummia di questo re era tutta ricoperta d'oro. La lastra sepolcrale era lavorata in oro e in argento, dentro e fuori, e intarsiata di pietre preziose. Abbiamo portato via l'oro che abbiamo trovato sulla nobile mummia di questo dio, gli amuleti e gli ornamenti che aveva al collo e la lastra sepolcrale sotto cui riposava. Nello stesso modo abbiamo trovato la moglie del re; nello stesso modo l'abbiamo spogliata di tutto ciò che abbiamo trovato su di lei. Abbiamo dato fuoco ai rivestimenti. Abbiamo rubato l'arredo che li accompagnava, cioè vasi d'oro, d'argento e di bronzo. Ci siamo spartiti tutto, dividendo l'oro che abbiamo trovato su questi due numi, sulle loro mummie, e gli amuleti e gli ornamenti in otto parti [7].

Praticamente in tutte le tombe reali della XVIII e XIX Dinastia, a quanto pareva, era stata fatta irruzione. Le tombe di grandi sovrani come Amenhotep III, Sethi I e Ramesse II sono citate in particolare in atti giudiziari, in quanto erano state messe a sacco. Alla fine il tribunale cominciò a spostare le mummie reali da un sepolcro all'altro, in un disperato tentativo di frastornare i ladri. Ramesse III fu seppellito almeno tre volte. Si sapeva che altri erano stati trasferiti in altre tombe. Si diede a vedere che Ramesse il Grande fosse stato spostato nella tomba di Osiride, re Menmaatre (Sethi I), il «giorno del trasporto di Osiride» nell'Anno 17 del nuovo calendario. Più tardi un altro documento parla del padre e del figlio, Sethi I (Sethos per i Greci), e di Ramesse II,

---

[6] Traduzioni dei papiri: J.H. Breasted, *Ancient Records of Egypt: Historical Documents*, Chicago 1906, vol. IV.
[7] La citazione è tratta da Carter, *The Discovery*, cit., p. 58.

tradotti insieme nella tomba dell'ormai da lungo tempo dimenticata Regina Inhapi nella necropoli delle donne appartenenti alle famiglie reali. Si apprende quindi che Ramesse I fu tolto dalla tomba di Sethi II e collocato nella camera sepolcrale della stessa Inhapi. È possibile che al suo tempo qualche tomba abbia potuto rimanere inviolata? È possibile che simili ricchezze, magari quelle collocate in una tomba singola, abbiano potuto sopravvivere alla cupidigia di trenta secoli?

Non è ammissibile che Carter sia stato ottimista. Egli raccolse dati particolareggiati su tutte le aree sepolcrali dell'Alto Egitto per la sua relazione ispettiva, che completò e presentò nel 1903 a Maspéro[8]. Grazie a una approfondita interpretazione, rafforzò il quadro sconfortante del saccheggio avvenuto nel passato con le descrizioni dettagliate di quanto era accaduto nei diciannove secoli dell'era cristiana. Per esempio, c'era il vivace rapporto del dottor Richard Pococke, contenuto nella sua pubblicazione del 1743, *A Description of the East*, che parlava di Ozymandias (Ramesse II), del cui torso decapitato che si levava dalla sabbia di Tebe per salutare una fittissima schiera di viaggiatori Diodoro Siculo aveva scritto 2000 anni prima di Shelley. Carter constatò la straordinaria precisione con cui Pococke descrive la Valle e «i sepolcri dei Re di Tebe». Il viaggiatore del Settecento fornì le piante complete di cinque tombe – comprese quelle dei Ramesse IV, VI, XII e di Sethi II – e quelle parziali di altri sepolcri. In alcune di esse non era riuscito a entrare, in quanto erano «ostruite». La Valle, però, non era un posto in cui attardarsi e Pococke fu felice di lasciarla all'orda di fuorilegge che a quell'epoca occupavano le colline intorno a Qurna. Altri viaggiatori parlarono dei banditi che vivevano «nelle loro grotte» e «nelle tane delle montagne». Mentre leggeva i racconti di antichi testimoni e studiava per conto del servizio alle Antichità secoli di tumulti e di razzie, Carter tracciò un quadro doloroso: «Non bastò neppure il prestigio del nome di Napoleone a tenere a freno l'arroganza di quei banditi tebani, in quanto i membri della sua commissione scientifica che visitarono Tebe verso la fine del secolo [XVIII] furono molestati e addirittura fatti segno di colpi d'arma da fuoco». Ciò nonostante, gli esperti dell'imperatore furono in grado di fare un rilevamento completo di tutte le tombe note al momento e intrapresero anche degli scavi di modesta entità.

«Passiamo ora al 1815 e facciamo conoscenza di uno degli uomini più notevoli in tutta la storia dell'egittologia.» Carter si riferiva a Giovanni Belzoni, un gigantesco italiano il quale, prima di an-

---

[8] Per la sua relazione in qualità di ispettore: Howard Carter, *ASAE*, 4, 1903.

dare in Egitto, era vissuto in Inghilterra esibendo la sua tremenda forza per intrattenere il pubblico dei circhi equestri. Belzoni era stato destinato al sacerdozio, ma aveva studiato invece ingegneria. Si era poi recato in Egitto, sperando di fare fortuna introducendo in quel paese arretrato la ruota idraulica. Conobbe il viceré ottomano rinnegato, Muhammad Alì, i cui discendenti ancora regnavano adattandosi all'occupazione inglese. Comunque si rese conto che nei settori marginali dell'archeologia c'era la possibilità di fare guadagni illeciti più consistenti. Per cinque anni, la maggior parte dei quali passati al servizio del console inglese Henry Salt, asportò a poco a poco le grandi opere d'arte dell'Egitto dalle loro ultime dimore per trascinarle fino ai barconi sul Nilo, da dove venivano avviate ai musei e ai giardini aristocratici d'Inghilterra. In concorrenza con un collezionista avversario oriundo italiano, di nome Drovetti, che a quell'epoca rappresentava la Francia, fece quasi dei miracoli servendosi della sua forza bruta per sollevare e portar via le massicce sculture del passato [9].

Soffermandosi sulle gesta da Golia compiute da Belzoni, Carter le illustrava con divertenti storielle di incidenti e di avventure, come la volta in cui l'italiano aveva lasciato cadere nel Nilo un obelisco pesante diverse tonnellate e di come lo aveva ripescato. Era stato lui a portar via dall'isola di File, con prepotenza e sfacciataggine, un altro obelisco con iscrizioni in greco e caratteri geroglifici, che fu di grande aiuto nella decifrazione definitiva dell'antica scrittura egiziana. Dal Ramesseum di Tebe aveva rimosso la grande testa di Ramesse II, che Salt e lo studioso anglo-svizzero Burckhardt presentarono nel 1817 al British Museum. Attuò il primo scavo su grande scala della Valle dei Re e sgombrò alcune tombe insigni, anche se erano state tutte depredate dei loro tesori più preziosi, comprese quelle di Ramesse I e Sethi I, trovando in quest'ultima un magnifico sarcofago di alabastro acquistato poi dal Soane Museum di Londra.

Carter elogiava Belzoni per come aveva portato a termine i lavori di scavo nella Valle, pur esprimendo qualche perplessità sul modo in cui l'italiano si era comportato di fronte alle porte chiuse ermeticamente, facendosi strada a colpi di mazza. D'altro canto, non si sbilanciava a proposito del parere manifestato da Belzoni: «Nella Valle di Beban el Maluk, in seguito alle mie ultime scoperte, non ci sono più [sepolcri] di quanti attualmente ne conosciamo». Carter metteva in risalto l'esposizione dei tesori dell'italiano tenuta a Piccadilly, nell'Egyptian Hall, successivamente

[9] Tumulti e saccheggi: Carter, The Discovery, cit., pp. 59 ss. Cfr. anche Romer, Valley of the Kings, cit., per un resoconto esauriente sui furti, sui rilievi e sulla scoperta delle tombe.

al suo ritorno in Inghilterra nel 1820. Il gigante, rammentava, era morto qualche anno dopo nel corso di una spedizione a Tombouctou.

L'elenco di coloro che seguirono Belzoni e Drovetti era impressionante: Salt, Jean-Francois Champollion, James Burton, Hay, Niccolò Rosellini, Wilkinson «il quale contò le tombe», Sir Henry Rawlison, Alexander Rhind. Poi arrivò la spedizione prussiana guidata da Richard Lepsius, il quale fece un rilievo topografico completo della Valle e aprì la tomba di Ramesse II e parte della tomba di suo figlio, Merneptah. Si riteneva che la spedizione prussiana avesse esaurito ogni altra possibilità nella Valle dei Re. Fino alla fine del secolo non accadde più nulla in quella desolata regione. Tuttavia, appena fuori della Valle, sulla sommità della rupe a Deir el-Bahri, esisteva la prova di una scoperta fatta nel 1881 da Maspéro. Carter riferì per esteso il lavoro investigativo che aveva portato alla scoperta di una fossa contenente alcuni dei più importanti monarchi di tutta la lunga storia egiziana, stipati insieme esattamente nelle posizioni in cui erano stati lasciati dai sacerdoti che li avevano messi in salvo e nascosti oltre 3000 anni prima.

La relazione ufficiale sottolineò che fu la famiglia di Abdal Rasul di Qurna, dove Carter era vissuto per diversi anni mentre lavorava per Naville sulle colline sovrastanti la Valle, a scoprire la fossa nel 1875. Immettevano sul mercato pochi oggetti rubati per volta, in modo da non richiamare l'attenzione delle autorità, accrescendo così con discrezione la ricchezza di una dinastia di ladri di tombe risalente al XIII secolo a.C. Nel 1881, la polizia segreta del Cairo era sulle loro tracce e Maspéro, tramite il curatore del museo Emile Brugsch, effettuò il salvataggio dei re e di tutti gli ornamenti che avevano resistito a diverse operazioni di trasferimento. Abdal Rasul in persona fu arrestato e interrogato, ma tutto il villaggio di Qurna si radunò per testimoniare in suo favore, dichiarando che era il più onesto degli uomini, tanto che venne rilasciato per mancanza di prove. Ma uno della sua famiglia rese piena confessione alle autorità e il 5 luglio 1881 fu approvata la legge generale relativa alla salvaguardia dei beni archeologici.

Fu diciassette anni più tardi, nel 1898, mentre Carter lavorava nel tempio di Hatshepsut, che Victor Loret fece quella che si riteneva fosse la scoperta conclusiva della Valle. Loret fu direttore generale del servizio alle Antichità fra de Morgan e Maspéro, dal 1897 al 1899, e in quell'arco di tempo egli scoprì le tredici mummie che, come Carter aveva preso nota in base ai documenti papiracei tradotti da Breasted, avevano trovato asilo nella tomba di Amenophis II [Amenhotep II] durante la XXI Dinastia. Erano rimaste soltanto le mummie. Tutti i loro ornamenti erano spariti, probabilmente prima che venissero trasportate nella camera sepolcrale del re, ma era stato risparmiato loro l'ultimo oltraggio. Comunque, il corpo di Amenophis II [Amenhotep II] giaceva nel proprio sarcofago e il chedivé, dopo essersi consultato con Sir William Garstin, il consigliere inglese presso il ministero dei Lavori pubblici, decise che dovesse restare dove era. Di lì a qualche mese dei provetti ladri moderni fecero irruzione nella tomba e la mummia fu tolta dal suo sarcofago. I ladri non portarono via un gran bottino; furono rintracciati e processati, ma poi rimessi in libertà da un tribunale locale.

Da questo e da altri analoghi episodi, rifletté Carter, si doveva trarre una morale. «Coloro che hanno definito "vandali" gli archeologi, perché portano via gli oggetti dalle tombe, dovrebbero ripensarci. Trasferendo questi oggetti antichi nei musei, essi ne hanno garantito la sicurezza e la sopravvivenza.» [10]

[10] Victor Loret e citazione: Carter, «An Account», cit., p. 72.

# CAPITOLO SESTO

# Sulla soglia di una «grande scoperta»

Nel 1902 il milionario americano Theodore M. Davis ottenne una concessione di scavo nella Valle dei Re «sotto il controllo del governo». Maspéro invitò Carter a tenere d'occhio il ricco dilettante, il quale era noto agli egittologi per via delle sue escursioni annuali sul Nilo, a bordo del suo lussuoso *dhabiyah*, il *Bédouin* [1].

Ormai anche Carter era un personaggio familiare tra gli scavatori provenienti da ogni parte del mondo che lavoravano lungo le mille miglia di estensione del Nilo, dal Delta situato a nord fino alle aree nubiane oltre le cateratte nell'estremo sud. La sua conoscenza della storia e delle arti dell'antico Egitto era già profonda. Sapeva parlare bene l'arabo, con la padronanza colloquiale della consonante gutturale egiziana. Lavorando insieme all'affabile e brillante Maspéro, era diventato meno ruvido, almeno in superficie, rispetto al periodo trascorso con Petrie a Tell el-Amarna e con Naville a Deir el-Bahri. Parlava del «nuovo capo» con sincero affetto [2]. «Non si potrebbe trovare uomo dotto più eminente, un gentiluomo più affascinante, o un maestro più gentile.» In ogni pagina del taccuino riguardante questo periodo non mancò di rendergli omaggio. «L'attaccamento sincero di Maspéro per l'egittologia, nonché il suo incoraggiamento e la sua stima nei confronti delle altre persone impegnate in questo settore di ricerca – a prescindere dalla loro nazionalità – altro non erano che una manifestazione della sua indole nobile e generosa.»

Nondimeno avvertiva il bisogno di nuove sfide. La sua dedizione per la Valle era diventata assoluta. I caldi mesi estivi che si era abituato a trascorrere a Londra o a Norfolk (a volte viaggiando via terra attraverso l'Europa e passando diverse ore felici nell'assorbire le delizie offerte allo sguardo da Venezia, Siena e Firenze mentre era diretto in patria) erano sempre terminati con un desiderio intenso di fare ritorno nella spoglia necropoli dove trovava «un senso religioso» talmente profondo «da apparire permeato di vita propria».

---

[1] Per Theodore M. Davis, cfr. Romer, *Valley of the Kings*, cit., pp. 183 ss.; Howard Carter, «An Account», cit., Notebook 16, p. 129; Howard Carter, *ASAE*, 4, 1903; e 6, 1905.
[2] Carter sul conto di Maspéro: Carter, «An Account», cit., p. 92.

Si rese conto che Davis era un uomo scevro di pregiudizi e ostinato col quale lavorare. Come si espresse un cronista bene informato, in lui c'era in modo lampante più di quanto si trovasse nella maggior parte di quegli scavatori milionari «stanchi delle gradevoli avventure della vita ... che si gingillavano con le reliquie sperando di trovare un brivido che stimolasse le loro pigre fantasie». L'americano accettò di buon grado che Carter proponesse su quali aree valesse la pena di indagare e sorvegliasse il lavoro di scavo. Ben presto ne fu ripagato in seguito alla scoperta del sepolcro di Thutmosi IV della XVIII Dinastia. Immancabilmente, era stato saccheggiato. «In tutto il suo aspetto l'ipogeo rassomigliava più a una scena da baraonda che al venerato tempio dell'illustre defunto», scrisse Carter. Com'era prevedibile, il sarcofago era vuoto, ma trovarono i sontuosi resti di un cocchio e, lì accanto, il guanto d'armi del re. Furono però una sottocoppa d'alabastro, scoperta nel deposito di fondazione, e un piccolo sigillo a forma di scarabeo azzurro rinvenuto nell'adito della tomba a richiamare l'attenzione su una scoperta più importante. Entrambi gli oggetti recavano il cartiglio della regina Hatshepsut. Quanto meno Carter era convinto di essere sulle tracce della tomba vera e propria di una delle personalità più affascinanti d'Egitto, la regina che usurpò le prerogative maschili e si autoproclamò re, pretendendo fermamente che gli scultori di corte la raffigurassero abbigliata da re, con tanto di barba finta. Davis ne fu contentissimo. Hatshepsut era una delle sue «speciali favorite», osservò Carter. Ai primi di febbraio del 1903 scoprì un deposito di fondazione con i cartigli della sovrana immediatamente di fronte a una tomba già esplorata, contrassegnata con il numero 20 in base all'elenco di Carter, e a una sessantina di metri a nord rispetto alla tomba di Thutmosi IV [3].

Ci vollero svariati mesi prima di raggiungere la camera sepolcrale. Dovettero portar via mucchi di rifiuti da quattro vani e relativi passaggi, unitamente alle macerie cadute dalle rupi e cementate dall'erosione di piogge secolari. L'aria viziata li respinse più volte. Man mano che procedevano verso la camera sepolcrale, i vasi fracassati facevano pensare alla vecchia storia del vandalismo. Quando vi entrarono si resero conto che il tetto era crollato. Tutto lo spazio era intasato da materiale di scarto. Per sgombrare la sporcizia ci volle un mese, «uno dei lavori più sgradevoli che abbia mai sorvegliato». Alla fine Carter condusse Davis fino al sarcofago di Hatshepsut. Accanto c'era il canopo della regina e il sarcofago di Thutmosi I. Entrambi i sarcofaghi erano fatti di arenaria rossa. Entrambi erano vuoti.

[3] Thutmosi IV: Theodore M. Davis, *The Tomb of Thoutmosis IV*, 1906.

Davis riprese fiducia e proseguì nell'esplorazione di altre tombe, parlando dei suoi ritrovamenti in un libro intitolato *The Tomb of Hatshopsitu* [4]. Nessuna salma reale ricompensò i suoi sforzi, ma trovò qualche arredo funerario e alcune mummie di comuni mortali. Fu avanzata l'ipotesi che una cripta avesse contenuto il corpo di Akhenaton, dopo il suo trasferimento dalla città eretica di Akhetaton (Tell el-Amarna). C'erano mummie a profusione, una delle quali Davis ritenne erroneamente fosse quella dello stesso Akhenaton. Si credette che alcuni frammenti lignei appartenessero al tabernacolo della madre del re, Tiye.

L'americano era esplicitamente interessato più alla scoperta di opere d'arte che non alle piccolezze che costituivano le montagne di frammenti di vasi, scarabei e tavolette ridotte a pezzi di Petrie. Ma in ciò non era solo, come stavano a dimostrare le persistenti rimostranze di Petrie per l'indifferenza di Naville nei riguardi delle «piccole cose». Anche i più grandi archeologi, in genere, ai cocci preferivano oro, pitture e gioielli. La maggior parte di loro aveva un forte senso della pubblicità ed era perfettamente consapevole del fatto che i giornalisti preferivano gli oggetti che fossero di valore concreto e di attrazione fotografica. Davis non protestò per il bottino realizzato durante il primo anno. Il mondo non era rimasto incantato, ma i ritrovamenti erano abbastanza eccitanti da stimolare l'interesse di un uomo d'affari animato da buone intenzioni, anche se il suo modo di impostare il problema era «del tutto privo di metodo», e stesse cercando di farsi strada nel campo dell'archeologia. Avrebbero potuto ottenere risultati anche migliori se lui e Carter fossero rimasti insieme. Ma le cose non dovevano andare così.

L'attaccamento di Carter alla Valle e ai suoi abitanti doveva essere la causa della sua rovina, verso la fine di un anno trascorso proficuamente al servizio di Davis. In una serie di note contenute nei suoi quaderni degli appunti, quella contrassegnata dal numero v era intitolata «Vita d'estate e un Racconto della casa del Caffè». Era qui che parlava delle scoperte effettuate mentre lavorava per Davis. In venti pagine fittamente scritte, espose anche l'imbarazzante storia della scoperta della tomba di Nebhepetre Mentuhotep, il primo re dell'xi Dinastia (2061-2040 a.C.) [5].

Era una storia contenente un profondo ammonimento per Carter e per tutti gli archeologi che erano alla ricerca del più grande di tutti i premi che l'Egitto potesse riservare, quello rappresentato da una tomba inviolata, e provocò un'altra divergenza d'opi-

---

[4] Hatshepsut: Theodore M. Davis, *Biban el Moluk. Description and Excavation of the Tomb of Hatshopsitu*, London 1906.
[5] Scoperte effettuate da Carter, lavorando con Davis: Notebook 5, p. 112.

*Disegni di Carter, tratti da pannelli decorati del carro di guerra di re Thutmosi IV. In alto: lato destro, esterno, in cui si vede il re che tende un arco; in basso: lato sinistro, interno, in cui si vede il re, dal corpo leonino e con testa umana, che tiene i nemici sotto i piedi.*

nioni con l'EEF subito dopo che era entrato a far parte del dipartimento alle Antichità, col benestare dell'EEF stesso e con la qualifica di ispettore superiore. La storia traeva origine da un infortunio che risaliva al 1898, quando Carter stava rientrando, diretto verso la casa che Naville aveva costruito a Qurna. Il suo pony inciampò in una buca e cavallo e cavaliere furono buttati a terra. Carter esaminò la fossa e proprio sotto la superficie scoprì le tracce di un'opera muraria che sembrava un rustico a secco. Risultò essere il bordo superiore di un muro di sostegno interrato. «Secondo me si trattava probabilmente di un'apertura nel fondo della valle che andava a finire in qualche cripta o tomba sotterranea.»

Consultò Naville il quale, contrariamente al suo carattere, si prese gioco della convinzione entusiastica del giovane, che affermava di aver trovato un'importante area di sepolture regali. «Tutto quello che ottenni per i miei sforzi fu un commento un po' stizzoso, e quasi fui messo in ridicolo.» La risposta data da Maspéro due anni dopo fu molto diversa. Offrì a Carter dei fondi provenienti dalle casse del Servizio affinché eseguisse un lavoro di scavo completo. Nella seconda metà di marzo del 1900 Carter aveva già scoperto un vano di porta tagliato nella roccia sul lato occidentale di una immensa camera sotterranea, situata a 17 metri dalla superficie. Nello scavo, che comportò la rimozione di circa 3000 metri cubi di rifiuti, furono ingaggiati centinaia di operai.

La struttura era costituita da mattoni cotti al sole. Non c'erano iscrizioni che facessero supporre che fosse riservata a membri della famiglia reale. Eppure Carter sentiva istintivamente che si trovava nella tomba di un monarca dell'XI Dinastia. Maspéro lo aveva messo in guardia dall'essere «troppo ottimista» [6], ma sicuramente un vano di porta tirato su a mattoni in una camera di quelle proporzioni, probabilmente risalente al 2000 a.C. e oltre, non poteva non contenere «qualcosa di emozionante». Dopo tutto, scrisse, «tenete conto delle circostanze»; e proseguiva col parlare di un giovane scavatore, lasciato solo «con la sua squadra di operai», in procinto di fare una «magnifica scoperta». Aveva bisogno, scrisse, di tutta la sua forza di volontà per non cedere alla tentazione di abbattere il muro, dello spessore di oltre quattro metri, per scoprire lì per lì ciò che c'era dietro. Esitò un giorno prima di sferrare un attacco in piena regola all'ipogeo o camera sotterranea situata a circa 90 metri dalla superficie, in fondo a un pozzo verticale scoperto dal suo caposquadra.

Carter descrisse in toni vivaci la ricerca, protrattasi per un mese,

---

[6] Maspéro: Carter, Notebook 16, p. 109.

durante il quale si arrampicò con difficoltà sulle concrezioni stalagmitiche di sale formatesi dalle rocce e simili a gambi di sedano. Quando alla fine giunse in fondo al passaggio lungo circa 145 metri, si trovò in una camera spoglia dal soffitto alto, contenente solo una bara vuota che si addiceva a un comune cittadino e una statua reale avvolta con cura in bende di lino, alta circa un metro e mezzo e senza alcuna iscrizione che la identificasse. C'era anche qualche povera offerta, sistemata su piatti di ceramica grezza. Tuttavia la tomba che si trovava in fondo al pozzo sembrava intatta. Le entrate erano sigillate e Carter pensò di aver trovato finalmente un sepolcro incontaminato. Si fecero i preparativi per aprire con una cerimonia ufficiale l'ultima porta sigillata che immetteva nella tomba. Maspéro invitò Lord Cromer, il primo ministro Mustafà Pascià, Sir Eldon Gorst (il successore di Cromer) e alcuni amici ad assistere all'apertura del *sancta sanctorum*. «La dimensione e la lunghezza dell'ipogeo promettevano un ricco raccolto.» Carter, però, non riusciva a figurarsi come avrebbe trasportato i suoi illustri ospiti fino in fondo al pozzo. Alla fine escogitò un'intelaiatura di sostegno che li avrebbe trasportati a due alla volta senza pericolo. All'atto pratico, non ce ne fu bisogno. Così scrisse Carter nel suo taccuino:

> Avevo preparato tutto. Il momento tanto sospirato era giunto. Eravamo pronti a penetrare nel mistero che si trovava al di là dell'opera muraria. Il caposquadra e io scendemmo. Poi, con il suo aiuto, spostai i pesanti lastroni di calcare, blocco per blocco. Alla fine la porta venne aperta. Immetteva direttamente in una stanzetta parzialmente piena di frammenti di roccia, esattamente come li avevano lasciati i muratori egiziani, ma per il resto vuota, ad eccezione di alcuni vasi di ceramica per l'acqua e di qualche mobile di legno. Alla prima occhiata ebbi la sensazione che dovesse esserci un altro accesso a un'altra camera, ma a un rapido esame risultò che non c'era niente del genere. Ero veramente costernato.

Il suo disagio era al culmine. Per fortuna, c'era il sensibile Maspéro ad attendere il mortificato archeologo che riemergeva alla luce del sole per affrontare i consoli generali del suo paese, quello del momento e quello futuro. «Adesso non riesco a ricordare», scrisse Carter a distanza di molti anni dall'avvenimento, «tutte le parole cordiali ed espressive pronunciate da Maspéro, ma la sua gentilezza durante quel terribile momento mi fece capire che era veramente un amico fidato e sincero.» La statua trovata nella camera superiore, prima che scavassero giù in quella finta situata a una profondità di oltre 90 metri, era una delle più straordinarie figure *Ka* – gli *alter ego* divini dei defunti – che fosse mai stata trovata in Egitto.

Ci fu un'altra scoperta che doveva dimostrarsi preziosa nell'attribuire la tomba a Mentuhotep. Attraverso un piccolo foro nel

lungo corridoio che conduceva fino alla camera superiore indivi-
duarono un'apertura contenente una bara in miniatura, di forma
simile a quella vuota che si trovava nella camera stessa. Recava il
titolo reale «Figlio di Ra, Mentuhepte». Carter si ricordò di un
famoso documento papiraceo in cui si parlava delle ruberie nelle
tombe durante la xx Dinastia. Quel documento, che si sarebbe
dimostrato di gran valore per Carter nell'indagine che aveva cominciato a portare avanti nella Valle dei Re, accennava a un'i-
spezione condotta nelle «tombe dei re dei tempi antichi, nei sepolcri e nelle ultime dimore dei beati del tempo passato». Fra le
tombe elencate, in quanto erano state ispezionate nella valle di
«Tebe occidentale», si faceva riferimento al sepolcro del «Re
Nebhepetre. Ra, figlio di Ra. Mentuhepte», «che si trova a Zeser».

Zeser era l'antico nome di quella parte della Valle in cui Carter
era inciampato nella tomba, ora nota con il nome arabo di Qurna. L'ispettorato di quei tempi remoti aveva dichiarato che la
tomba era intatta. «Potrebbe questa tomba inviolata che ho appena aperto essere la stessa di cui si fa cenno nel Papiro Abbott?», si era chiesto mentre scavava in profondità a Qurna accanto alla casa di Naville fatta di mattoni di fango. Se la sua
supposizione era giusta, allora la tomba doveva essere stata depredata fin da quando gli ispettori della xx Dinastia avevano fatto il loro rapporto. Eppure non c'erano segni di effrazione. Forse
era stata abbandonata in conseguenza di qualche catastrofe non
registrata prima che la salma del re potesse essere inumata. Forse, più probabilmente, era un manichino concepito da uno dei
Mentuhotep dell'xi Dinastia per far perdere ai ladri le tracce del
suo vero sepolcro. «Il mistero di quell'ipogeo, lungi dall'essere
chiarito, mi sembrava più oscuro che mai.» Quale che fosse la
spiegazione, essa fu per Carter un avvertimento tempestivo a non
lasciarsi trarre in inganno da tombe inviolate o da argomentazio-
ni speciose.

La dispendiosa iniziativa all'ombra di Deir el-Bahri ebbe un seguito. Nei circoli degli egittologi la stella di Carter era in ascesa. Fin dal 1895 stava uscendo, per conto dell'EEF e a cura di Naville, la grandiosa serie di volumi intitolata *The Temple of Deir al
Bahri* [7]. Le lastre a colori di Carter raffiguranti scene d'ambiente egiziano, e specie gli studi di animali selvatici ripresi dai dipinti murali, unitamente ai contributi di suo fratello Verney e di
Percy Brown, avevano riscosso il meritato elogio fra gli inten-

[7] H. Edouard Naville, *The Temple of Deir al Bahri*, 6 voll., EES 1895-1908: I, settembre
1895; II, dicembre 1896; III, 1898; IV, 1901; V, 1906; VI, 1908. Per i giudizi espressi da
Naville, cfr. EES, Carteggio, 1895-1908.

ditori di tutto il mondo. Nelle sue introduzioni Naville aveva lodato senza riserve la bravura artistica di Carter. Nel giugno del 1900 le prestazioni di Carter, ormai all'apice della sua fama appena acquisita, erano sollecitate dall'EEF, da Naville e da Maspéro.

Sfortuna volle che i lavori di scavo a Qurna si avvicinassero alla casa dell'area assegnata all'EEF, in cui Naville e Carter avevano abitato, tanto da provocare il crollo della cucina. Messo così in allarme nei riguardi dell'attività di Carter e convinto che qualsiasi ritrovamento fatto nelle vicinanze della casa dovesse appartenere all'EEF, Grueber scrisse dal British Museum [8] a Miss Paterson chiedendole di convocare una riunione del comitato, per parlare delle «circostanze in cui Mr Carter ha proceduto all'ispezione del passaggio sotterraneo e della camera funeraria (?) a Deir el-Bahri». Il punto interrogativo era di Grueber, il quale allegava copia di una lettera che aveva scritto a Carter chiedendogli una spiegazione.

Il 30 giugno Carter rispose al tesoriere con una lunga lettera, inviata per conoscenza a Miss Paterson e accusando ricevuta a quest'ultima di un assegno relativo al lavoro da lui eseguito sulle lastre di Deir el-Bahri; nella lettera respingeva l'accusa di falsità mossagli da Grueber. «Tanto per cominciare, mi sia consentito di dire che in nessun modo mi verrebbe in mente di sottrarre all'EEF qualsiasi reperto cui esso abbia diritto. Per caso, la tomba si trovava a una certa distanza dai confini stabiliti nella concessione rilasciata all'EEF dal S[ervice] des A[ntiquités]... in caso contrario ne avrei informato subito il comitato.» Chiarì che doveva risponderne a Monsieur Maspéro e che, dopo averne informato il suo superiore, aveva ufficialmente aperto la tomba il 20 gennaio 1900. Nel corso dei lavori, ammise, «un privato ha sottoscritto una somma per contribuire alle spese, ma senza accampare alcun diritto quali che fossero i risultati». Proseguiva spiegando come nel 1898 avesse trovato per caso la tomba e come si fosse confidato con Naville quando quest'ultimo era a Deir el-Bahri. Nel fornire a Grueber i particolari della parte interna e delle poche scoperte effettuate, metteva in evidenza che lo faceva nella massima riservatezza.

Inaspettatamente, faceva rilevare di avere interrotto di lavorare sul sepolcro soltanto «per il momento», a causa di difetti riscontrati nella roccia. Aveva scavato fino a 76 metri e ancora inutilmente. «Ritengo che per ottenere risultati positivi occorra arrivare sul fondo», rassicurò i suoi vecchi datori di lavoro, forse

---

[8] Rapporti tra Grueber e l'EES: Grueber a Carter, dal British Museum, 22 giugno 1900; Grueber a Paterson, 22 giugno; Carter a Grueber, da Luxor, 30 giugno.

sperando che essi avrebbero finanziato altre opere nel caso Maspéro fosse d'accordo; sapeva però benissimo che nella camera che si trovava sul fondo non c'era niente. Disse a Grueber che quell'estate non sarebbe andato a casa, ma sperava di farlo l'anno seguente, per portare così a termine un decennio di attività svolta con l'EEF, dando un'impressione di zelo alquanto eccessivo. A quanto pare la finzione, di cui sarebbe stato accusato con l'andare del tempo, aveva trovato un fertile esordio nell'atmosfera da intrigo di Deir el-Bahri.

Il breve appunto nel taccuino si riferiva anche al fatto che erano tre anni che non faceva viaggi in Europa e in Inghilterra, da quando cioè aveva assunto la direzione dell'ispettorato alle dipendenze di Maspéro: «Con l'assunzione del mio nuovo incarico non potrei permettermi questo lusso. In realtà, sarei fortunato se riuscissi a ottenere il permesso di andarmene in ferie per tre mesi estivi in due anni». I mesi caldi passati in Egitto avevano il loro lato positivo. Subito dopo essersi ritirato dalla «Tomba di Mentuhotep» e aver lasciato che Naville si incontrasse con Maspéro, si trasferì in una nuova casa messa a disposizione dal *Service* a Medinet Habu, proprio all'esterno di Luxor. Si viveva quasi totalmente all'aperto. Dormiva addirittura sul tetto della casa. Al primo albeggiare, alle 4,30 del mattino, il dormiente si destava. Poi, tutto a un tratto, «l'amato disco solare della Casa di Akhenaton» appariva al di sopra dell'orizzonte e tutto era inondato di luce dorata. Nel diario di Carter i giorni estivi sembravano contrapporsi a una visione fuggevole del futuro.

Dopo una colazione leggera a base di caffè e yoghurt, la freschezza del primo mattino aguzzava l'ingegno e rafforzava i muscoli, ma prima di mezzogiorno l'intenso calore rendeva necessario cercare rifugio nel buio di una stanza. Dopo la seconda colazione si schiacciava un sonnellino. Poi il tè, un bagno e una passeggiata, preferibilmente nel deserto. Si faceva buio già alle 6 del pomeriggio e si cenava sotto le stelle. Carter era ancora e soprattutto un lupo solitario, incapace o contrario a stringere amicizie, a instaurare un rapporto che non fosse soltanto e per lo più casuale e pratico, impassibile di fronte all'altro sesso e alle inquietudini della maggior parte dei giovani. Ma nel suo nuovo incarico, che svolgeva in prevalenza nella Valle, non c'era possibilità di scelta e a volte moriva dalla voglia di avere un po' di compagnia. La monotonia dei giorni e dei mesi passati senza vedere nessuno lo spingevano a riconoscere che la malinconia «può a volte diventare quasi intollerabile». Era convinto che se non avesse avuto nulla con cui tenere occupata la mente, «si sarebbe lasciato andare a pensieri suicidi».

Per fortuna, Carter trovava un sacco di cose a cui pensare. C'erano migliaia di varietà di uccelli da disegnare, specie durante l'inondazione periodica. Aveva una barchetta, costruita da artigiani locali, per poter veleggiare nei bacini che si erano da poco riempiti e osservare e disegnare gli animali selvatici. Mimetizzato con la paglia e sdraiato senza muoversi sul fondo del natante, poteva osservare stormi di pellicani che pescavano e si nutrivano.

Nelle città e nei villaggi situati intorno alla Valle c'era un altro modo per passare il tempo. L'universale luogo d'incontro arabo, il *kahawah* o casa del caffè, induceva Carter a bere innumerevoli tazze della forte e nera bevanda turca, a rispondere a interminabili domande sullo stato di salute suo e di tutta la sua parentela e ad ascoltare le chiacchiere istruttive sulla situazione locale. Fu in compagnie del genere che perfezionò il suo arabo, finché alla fine riuscì a sostenere la conversazione come un nativo. Fu altresì nel *kahawah* che conseguì la sua eccezionale capacità di vedere a fondo le cause passate e presenti della profanazione delle tombe. I funzionari europei non condividevano la sua predilezione per la casa del caffè. In genere, erano dell'opinione che amalgamarsi con i nativi voleva dire incoraggiare in loro un pericoloso senso di importanza e di autonomia. «Debbo ammettere, in ogni caso, che questa pratica era aspramente criticata. Alcuni colleghi dell'amministrazione statale non la vedevano di buon occhio e la giudicavano un'abitudine brutta, anzi degradante.»

Fin dai primi anni del Novecento Carter era sicuro della sua capacità professionale e dispostissimo a infliggere punizioni fisiche ai malfattori quando andava su tutte le furie. La dimestichezza con la popolazione locale e la determinazione a far cessare il ladrocinio nelle tombe furono i fattori che sottoposero a una prova pericolosa le sue risorse fisiche e mentali.

Fu il sepolcro di Amenhotep II, dove nel 1898 Loret aveva trovato le famose tredici mummie reali, che fece scoppiare la prima bomba da quando Carter era stato nominato ispettore [9]. Quando, nonostante la presenza ininterrotta di una sentinella, il corpo mummificato del re sparì dal suo sarcofago, Carter licenziò subito il capo dei guardiani anche se al momento del furto costui non era stato presente in servizio. Fu sempre Carter che radunò gli altri sospettati, diversi dei quali conosceva bene, e li mandò sotto processo a Luxor. Il tribunale ne riconobbe l'innocenza, dopo di che i nativi, che in seguito all'azione di Carter erano stati privati della loro parte di profitto, rivolsero la loro collera contro di lui. Allo scopo di mantenere la pace, Maspéro dovette trasferire Carter presso l'ispettorato del Basso e Medio Egitto, la cui direzione generale era a Saqqara. Newberry intercedette presso il direttore

⁹ Loret: Carter, *The Discovery*, cit., p. 84.

generale per garantire il nuovo posto a Carter, altrimenti Maspéro avrebbe potuto essere costretto a destituirlo del tutto dal servizio per evitare una sollevazione nella Valle. Carter espresse la sua riconoscenza scrivendo al suo vecchio amico e collega il 28 dicembre 1903, per ringraziarlo della sua «cortesia nel raccomandarmi per questo lavoro, di cui sono certamente molto soddisfatto». Fu Charles Breasted, figlio del professor James Henry Breasted, l'illustre traduttore dei documenti dell'antichità, a riferire la storia del caso di Amenhotep II, in cui Carter si trovò coinvolto.

Fu Newberry a parlare del seguito più grave che essa ebbe a un anno di distanza. Carter, nel pubblicare la sua versione dei fatti, sorvolò alla leggera sui particolari. A Saqqara, l'immensa necropoli che domina Menfi dall'alto, i tesori più ragguardevoli si trovavano nel grande complesso del *serapeum* dove quasi esattamente cinquant'anni prima Mariette aveva scoperto le tombe dei tori sacri Apis. Un toro mummificato aveva dominato la scena per 4000 anni. Si credeva che le tombe dette *mastaba*, antesignane delle piramidi, fossero le estreme dimore dei primissimi faraoni. Una eccezionale quantità di gioielli venne rivelata al mondo. Mentre Carter lavorava nell'Alto Egitto, Petrie aveva chiesto per la terza volta concessioni a Saqqara, ma ogni volta aveva ricevuto un rifiuto col pretesto che Saqqara, al pari di Tebe, era riservata esclusivamente alle operazioni di scavo effettuate dal Museo del Cairo. Ormai Carter aveva in custodia l'area forse più prestigiosa e più ricercata di tutto l'Egitto e proteggeva il posto come fosse cosa di sua proprietà.

Un pomeriggio, secondo Newberry, il *rais* o capo delle guardie della necropoli gli riferì che un gruppo di francesi, la maggior parte dei quali si sentiva male per aver ecceduto nel bere, chiedevano di entrare nel *serapeum* pur non avendo i prescritti biglietti. Uno dei visitatori colpì una guardia e ci fu una rissa generale. Non ci volle molto prima che Carter apparisse sulla scena per un vivace scambio d'opinioni con i visitatori francesi. Ordinò alle guardie di difendersi e uno dei francesi fu gettato a terra [10]. Il gruppo tornò al Cairo e presentò formale protesta al console generale francese per il modo in cui Carter li aveva trattati. Il console pretese le scuse da Carter. Prima di riferire il resto della storia, Newberry attese fino alla morte di Carter.

Carter si rifiutò di chiedere scusa, dicendo che aveva fatto soltanto il suo dovere e come conseguenza del suo rifiuto dovette dimettersi dal posto. Maspéro fu molto dispiaciuto per via di questa faccenda e scrisse a diversi amici di

[10] Carter e i visitatori: cfr. il relativo dossier conservato nell'archivio del GI, contenente la corrispondenza tra Carter, il conte di Cromer e Maspéro, unitamente al riepilogo dell'inchiesta ufficiale e alla cronaca della stampa francese coeva.

Carter, dicendo di non sapere come avrebbe fatto il dipartimento alle Antichità senza di lui. Ci pregò inoltre di convincerlo a tornare al dipartimento. Tuttavia Carter fu inflessibile nel rifiutarsi di chiedere scusa e si ritirò a vita privata.

La versione documentata della prima grave contesa fra Carter e le autorità egiziane non fu di pubblico dominio se non a cinquantun'anni di distanza dalla sua morte. Carter, in un raro momento di esame di coscienza, scrisse successivamente in merito al suo «carattere irascibile» e a quello che i suoi avversari definivano *«un mauvais caractère»*, ostinandosi a dire che «non ci poteva fare nulla». Quanto accaduto a Saqqara aveva confermato la sua incapacità a tenere a freno il suo temperamento collerico e fu foriero di molte animate discussioni a venire [11].

L'8 gennaio 1905, Carter telegrafò al Residente, il conte Cromer:

Mylord, sono molto rammaricato doverla informare che oggi, alle ore 5 del pomeriggio, qui a Saqqara presso la casa di Mariette, ha avuto luogo una spiacevole rissa con 15 turisti francesi, i quali erano in stato di ubriachezza. La zuffa è stata provocata dalle maniere rudi con cui hanno trattato sia il mio ispettore che i gaffir. Dato che entrambe le parti sono state colpite e maltrattate, sento il dovere di informare immediatamente vostra signoria, riservandomi di fare rapporto a voi personalmente domani mattina. *Carter, Service des Antiquités*

Il giorno dopo, un Carter preoccupato inviò di nuovo un cablogramma al «Lord», spiegando che le indagini della polizia gli avevano impedito di partire per il Cairo come promesso. Da allora ci fu uno scambio di accuse e controaccuse tra Maspéro e i suoi assistenti, il capo contabile della società responsabile della distribuzione dei biglietti ai visitatori del *serapeum* e di altri monumenti compresi nel Grand Tour, il Residente inglese e quello francese, nonché il reparto privato di Carter, composto dai *gaffir* o poliziotti addetti alle tombe.

Il 10 gennaio Carter spedì un «rapporto riassuntivo» al direttore generale, rispondendo a una richiesta pervenuta da parte di Emile Brugsch, sostituto di Maspéro. Per usare le parole di Carter, si trattava del «caso contro un gruppo di visitatori recatisi a Saqqara la domenica precedente».

Fornì poi un resoconto dettagliato sulla condotta turbolenta tenuta dal gruppo di francesi e sul modo in cui essi, dopo essersi comportati scorrettamente nel vicino campeggio di Petrie, avessero dato il tocco finale nell'alloggio di Saqqara, noto come la Casa di Mariette Pascià. A quanto pareva, alcuni francesi si erano rifiutati di fare i biglietti, altri di pagare quelli che avevano preso. Quando alla fine erano arrivati al *serapeum*, i componenti

---

[11] Carattere di Carter: Nicholas Reeves, *The Complete Tutankhamun*, London 1990, p. 42.

della comitiva avevano chiesto le candele, ma i *gaffir* (o «beduini») che li accompagnavano spiegarono loro di non potergliele fornire. I visitatori francesi avevano preteso la restituzione dei loro soldi. Ne era seguita una zuffa e il controllore era stato minacciato, gli avevano strappato il *tarbush* dalla testa e glielo avevano calpestato.

Fino a quel momento Carter era rimasto a una certa distanza con il suo collega archeologo Arthur Weigall e «le ragazze» Kingsford e Hansard (due donzelle che avrebbero sposato uomini eminenti nel mondo dell'antiquariato, quali Sidney Cockerell e Cecil Firth). Messo al corrente dal suo caposquadra di quanto era accaduto, Carter si era recato sul posto, dove aveva trovato la casa occupata dai francesi, che avevano chiuso fuori i *gaffir*, mentre lo sfortunato controllore era stato attaccato con l'ingiunzione di consegnare i soldi. Alla richiesta di fornire spiegazioni, uno della comitiva si era espresso ad alta voce in inglese. «Mi si è rivolto in modo estremamente villano», riferì Carter. Carter aveva protestato con i visitatori e chiesto loro di uscire dall'edificio, cosa che essi si rifiutarono di fare. Non vollero dargli i loro nomi. Uno di loro si rivoltò contro un *gaffir* e lo colpì con un pugno in faccia e contro Carter che si intrometteva «lo stesso uomo ha alzato la mano e ha minacciato di colpirmi». Carter, il quale in quel periodo della sua vita era molto forte e in forma, proseguì: «Gli ho bloccato il braccio mentre cercava di colpirmi e l'ho messo in guardia». Carter disse al rais Khalifa e ai *gaffir* di chiamare aiuto. Mentre alcuni di loro fecero per uscire dalla stanza, i francesi li attaccarono a colpi di sedia e con tutto ciò che capitava loro nelle mani. Allora Carter ordinò di contrattaccare. «Nella zuffa», scrisse Carter, «qualcuno del gruppo è stato colpito e qualcun altro messo a terra.» Il resto corse a cercare riparo. Un francese tornò per dare a Carter il suo biglietto da visita. Altri presero a sassate Carter e i suoi uomini. Alla fine arrivò la polizia, che fece il verbale riempiendo trentacinque fogli protocollo. «Desidero encomiare i *gaffir* per il comportamento da loro tenuto durante tutto il tafferuglio», concludeva il rapporto.

Trapelò che, su ordine di Carter, i suoi uomini avevano usato i *nabut* (manganelli) sui francesi che avevano opposto resistenza. Il giorno 19 Maspéro, che era sempre stato dalla parte di Carter, si preoccupava: «Ritengo che tu abbia buone carte: non ci sarebbe niente da dire contro di noi e l'esito sarebbe a nostro favore, se i tuoi uomini non avessero usato i manganelli». L'accorto direttore generale aveva colto in pieno nel segno. «Questa è la parte sgradevole della faccenda: i poliziotti possono essere picchiati, ma loro non possono farlo se non in casi estremi.» In Egitto la questione era diventata notizia da prima pagina e si era stabilito di tenere il processo presso la locale corte d'appello. Il tribunale si riunì per dichiarare il non luogo a procedere. «Non ero affatto contento dell'atmosfera generale, anche se mi sentivo sicuro di essere ritenuto dalla parte della ragione», disse in seguito Carter a Sir William Garstin, consigliere britannico presso il ministero dei Lavori pubblici egiziano.

L'articolo apparso su *L'Egypte* del 12 gennaio aveva fornito tutt'altra versione. Vi si parlava dell'attacco non provocato da parte dei *bédouins* di Carter, del precipitoso tentativo dei francesi di proteggere «le donne e i bambini» dal pericolo e degli uomini sulla terrazza assaliti da guardie armate di manganelli, mentre ciottoli e pezzi di roccia venivano scagliati contro di loro. Avevano rotto la testa al capo contabile della società del gas, il quale era caduto a terra coperto di sangue. Monsieur Baudry, decoratore presso uno dei palazzi reali, era stato abbattuto da un colpo di *nabut* alla schiena. Secondo il giornale, soltanto a diverse ore dall'aggressione era stato mandato a chiamare un medico.

All'inchiesta, tenuta il 25 gennaio, cinque francesi fecero una dichiarazione in cui confermavano le lesioni subite e sostenevano fermamente che tutti gli adulti si erano muniti di biglietto e che soltanto i bambini avevano trascurato di farlo su istruzione dei loro genitori. Comunque, quando fu richiesto loro di esibire tutti i biglietti, non furono in grado di farlo. Carter notò che molti fra i visitatori capivano e parlavano l'arabo, cosa che stava chiaramente a indicare che essi non erano i sempliciotti che fingevano di essere.

Il 3 febbraio Maspéro scrisse una lunga lettera a Carter, in cui gli diceva che aveva parlato con Cromer e Garstin, i quali avevano disposto che «domani tra le nove e le dieci dovrai venire con me a far visita a Monsieur de la Boulinière, al quale esprimeremo il nostro rincrescimento per le gravi conseguenze che l'ordine dato da te ha provocato». Maspéro implorava Carter di non ritenersi offeso e di non opporsi alla linea di condotta che era stata concordata al massimo livello. Il funzionario del consolato francese incaricato di occuparsi del caso, de la Boulinière, era ben disposto e solidale. Una tranquilla riunione avrebbe appianato le cose. Lui stesso, Maspéro, avrebbe condiviso le responsabilità con Carter. Questi rispose rifiutandosi di partecipare alla riunione o di chiedere scusa in qualsivoglia modo, a meno che i francesi non si scusassero loro per primi con Maspéro. Anche a quell'ora tarda, Cromer, Garstin e Maspéro non tennero conto dell'atteggiamento intransigente di Carter, presentando le scuse al funzionario francese a proprio nome e congiuntamente e impegnandosi a rivolgere a Carter un «severo rimprovero». Maspéro cercò di evitare ulteriori disagi dicendo al suo amico ingle-

se che, a prescindere totalmente dalla storia di Saqqara, egli aveva avuto comunque intenzione di riordinare l'ispettorato, as-
segnando a Quibell il distretto di Giza con residenza a Saqqara,
mentre lui, Carter, avrebbe prestato servizio a Tanta nel Delta,
assumendo così una funzione ausiliaria rispetto a quella di Quibell [12]. «Mi auguro che tu prenda la proposta nello spirito in cui
la faccio», scrisse Maspéro il 17 febbraio, più speranzoso che
convinto. «Tu sai che, per quanto mi riguarda, non ti apprezzerò
meno né ti sarò meno amico di quanto io lo sia stato fino a ora.»
Al suo vecchio e caro amico, all'uomo nei riguardi del quale poco
tempo prima aveva scritto un inno di lode, Carter rispose così:

> Signore,
> in risposta alla sua lettera del 17 febbraio 1905, con cui vengo destituito a causa
> del comportamento ultimamente da me tenuto riguardo alla questione di Saq-
> qara, prego che mi sia consentito, prima che la pratica segua il suo corso, di
> potere avere copia dei risultati emersi dall'inchiesta svoltasi sul predetto argo-
> mento, che fino a questo momento non mi sono pervenuti. Mi creda, sincera-
> mente suo Howard Carter [13].

Costretto in angolo, Carter decise di chiedere tre mesi e mezzo
di ferie, a partire dal 14 marzo 1905. Maspéro accolse la sua
richiesta e, nel frattempo, Carter trovò da solo a Tanta una sistemazione temporanea, «adatta per servire da ufficio e da alloggio per l'ispettore capo del Basso Egitto». L'«umiliazione», che
secondo lui la decisione di Maspéro gli aveva inflitto passava per
il momento in seconda linea grazie a un avanzamento di qualifica
e di condizione sociale che era maturato da sé. La finzione non
durò a lungo. Carter non era contento del nuovo ufficio e ben
presto le sue minacciate dimissioni divennero realtà.

Quando per la prima volta Carter fu assegnato all'ispettorato, il
suo collega e connazionale James Quibell, con il quale condivideva il vantaggio di un tirocinio fatto con Petrie, lavorava già presso
il dipartimento alle Antichità in qualità di ispettore generale. I
due funzionari continuarono a fare il gioco delle sedie. Quando
Carter fu nominato per le regioni settentrionali e centrali, Quibell divenne ispettore per quelle meridionali. Quando Carter
voltò le spalle al dipartimento alle Antichità e si separò totalmente dalla corrente principale dell'esplorazione egiziana, Quibell
lavorava con Theodore Davis nella Valle. Quibell aveva molte
cose in comune con Carter, non esclusa una forza fisica che gli
permetteva di amministrare una forma di giustizia sommaria fra i
ladri che invadevano le sue aree di scavo.

Davis avrebbe mantenuto la concessione nella Valle per altri

---

[12] Quibell e Carter: Drower, *Flinders Petrie*, cit., p. 261.
[13] Carter a Maspéro: GI, lettera in data 21 febbraio 1905, n. 240.

nove anni, fino allo scoppio della prima guerra mondiale, e avrebbe fatto molte scoperte importanti sotto la guida di Quibell. Tuttavia si dispiacque per l'esilio forzato di Carter il quale, per i primi tre anni di quel periodo, fino al 1905, cadde in disgrazia e scontò la pena per il suo caparbio rifiuto di aiutare Maspéro a trarsi d'impaccio dalla scomoda situazione in cui egli aveva cacciato il suo superiore [14].

Carter si trasferì di nuovo a Luxor [15] dove, secondo Charles Breasted, nessuno gli offrì ospitalità tranne il capo delle guardie che egli aveva ritenuto responsabile della rapina perpetrata alla tomba di Amenhotep e che, di conseguenza, aveva licenziato. Il guardiano aveva ancora rispetto per Carter e, nonostante il modo in cui era stato trattato, fornì alloggio e vitto al suo ex superiore disoccupato. In tal modo diede a Carter la possibilità di riprendere a dipingere per guadagnarsi la vita. Per tre anni Carter lavorò come aveva fatto suo padre prima di lui, osservando esseri umani e animali e rappresentandoli in acquerelli che offriva in vendita a ricchi turisti ospiti del Winter Palace Hotel a Luxor. Molti fra i dipinti di quel periodo mescolano l'arte decorativa delle sue aree di scavo con soggetti naturali, come un'upupa dai colori vivaci che emerge dalla crepa di un muro graffito e decorato. Era un modo incerto per guadagnarsi la sopravvivenza, ma Carter era tanto adattabile quanto intrattabile. Evidentemente non aveva rimorsi. I vecchi amici dell'EEF non lo dimenticarono. Petrie lo incaricò diverse volte di eseguire disegni da includere nei cataloghi d'esposizione. Tutto sommato, però, non fu un periodo felice. L'offerta di lavoro fattagli da Davis, il quale voleva che fosse il suo disegnatore esterno, aveva un sapore amaro.

Fu nel febbraio del 1906 che Theodore Davis, consigliato da Quibell, fece la più spettacolare e imprevista scoperta della Valle. Riviste inglesi e americane ne parlarono ampiamente. In Inghilterra l'*Illustrated London News* pubblicò un supplemento speciale con questo titolone: *Raccolta di reperti del più ricco tesoro d'Egitto: scoperte meravigliose nella Valle dei Re*.

L'operazione di scavo... ai primi di febbraio rivelò una rampa di gradini tagliati nella roccia, seminascosti dalle macerie provenienti dai vicini sepolcri di Ramesse III e Ramesse XII. Già nel pomeriggio del 12 il fianco sporgente della collina era stato asportato di modo che si potessero scendere i gradini senza correre rischi fino a un muro ostruente l'accesso a un corridoio che immetteva in una tomba sconosciuta.

Alle nove del mattino seguente Davis era arrivato a bordo del

[14] Rifiuto di Carter: necrologio redatto da Newberry per il n. 25 del *JEA*, 1939.
[15] Ritorno di Carter a Luxor: Charles Breasted, *Pioneer to the Past*, London 1948, pp. 155 ss.

suo *dhabiyah*, ma Maspéro e Quibell giunsero in ritardo. Alla fine, Maspéro si unì a Davis per fare l'entrata protocollare.

Facendosi strada schiacciati tra il muro e il soffitto di roccia, Monsieur Maspéro e Mr Davis si trovarono presto nel cuore di un tale guazzabuglio di arredi funebri, al bagliore delle loro candele, che il primo effetto fu una sensazione di smarrimento. Comunque, a poco a poco, nella massa scintillante gli oggetti risaltarono l'uno dopo l'altro, attraverso l'aria fredda, esente da polvere e rifulgente d'oro.

Nel suo stile sicuro di sé il cronista, che lavorava su materiale fornito da Davis, riferì che essi erano penetrati nella tomba di Yuya e Tuya, genitori di Tiye, la madre di Akhenaton, il re eretico della XVIII Dinastia, e bisnonni della ragazza che sarebbe diventata regina a fianco del re fanciullo Tutankhamun [16]. L'arredo trovato da Davis era riccamente decorato e «quasi nello stile di Luigi XVI», anche se qualche pezzo aveva una certa aria da «Impero». «Eppure l'alabastro e la foglia d'oro – anche il tessuto e la stoffa per veli – erano quasi completamente intatti. Il grazioso alabastro, tre letti, tre sedie, le casse contenenti le mummie, emersero alla luce del giorno splendendo, scintillando e sfolgorando.» C'erano i canopi di alabastro contenenti i visceri dei defunti, piccole garitte ciascuna delle quali racchiudeva la statuetta di un *ushebti* (immagine di un servo del defunto), mummie di anatre, zampe di montone, settantadue vasi di frutta. Mentre si esaminava una brocca, da qualche parte arrivò ronzando una vespa per suggere il miele che vi era stato versato 3000 anni prima per soddisfare la golosità di Yuya e Tuya nella vita ultraterrena. Si trattava della scoperta più grandiosa fatta fino ad allora nella Valle dei Re e delle Regine. Costoro però non erano dominatori assoluti. Erano semplicemente i genitori di una regina. Quali meraviglie erano forse scomparse per sempre dalla Valle? Quali ricchezze avrebbero ancora compensato il lavoro di ricerca paziente e tenace? Per Carter questi interrogativi avevano un significato ancora insospettato.

Nel settembre del 1907, Carter stava di nuovo lavorando per Davis in qualità di disegnatore. Così scrisse a Newberry: «Davis si è comportato ultimamente con me come un orso...» [17].

In quel periodo era stato presentato a un nobile che avrebbe modificato il corso della sua vita.

[16] Tomba di Yuya e Tuya: «Illustrated London News», supplemento al numero del 17 marzo 1906.
[17] Carter a Newberry: GI, lettera datata «settembre 1907».

# CAPITOLO SETTIMO

# Un «autentico ex studente di Eton» a Tebe

Fu Winifred, cioè Lady Burghclere, la sorella maggiore di sua signoria, a innalzare uno sfacciato inno di lode scrivendo il profilo postumo di «Porchy», il quinto conte di Carnarvon: «Una scuola privata e Eton sono le tappe obbligate che preparano automaticamente a una futura carriera un ragazzo che si trovi nelle condizioni di Porchester. Nella scelta della scuola privata non ebbe fortuna. Essa si sosteneva sulla sua precedente reputazione e né il vitto né l'istruzione andavano bene» [1].

Tutt'altra cosa fu Eton:

Fino alla fine, Eton conservò ai suoi occhi quel fascino che contraddistingue il vero studente di Eton, un sentimento condiviso dal suo tutore, Mr Marindin. Tuttavia era un po' una sfortuna il fatto che la scuola non facesse nulla per la formazione di abitudini metodiche in un ragazzo dotato di una memoria di qualità eccezionalmente superiore e di una straordinaria prontezza. Per esempio, sarebbe stata una benedizione se un'istruzione costosa gli avesse insegnato a rispondere alle lettere che riceveva.

George Edward Molyneux Stanhope Herbert, Lord Porchester [2], era nato nel 1866, essendo così di otto anni maggiore di Carter. A prescindere dall'età, è pressoché impossibile immaginare due personalità più contrastanti. Eppure avrebbero costituito un perfetto sodalizio. Citiamo ancora una volta Winifred: «Per i successivi sedici anni i due uomini lavorarono insieme con alterna fortuna, ma più che mai uniti non solo dal loro comune progetto, ma anche nella reciproca stima e nell'affetto».

Porchy, come sempre lo conobbero i suoi amici, era il figlio maggiore del quarto conte, nato dalla sua prima moglie, Lady Evelyn Stanhope, figlia del sesto conte di Chesterfield. Suo padre era stato un eminente studioso di antichità classiche il quale, prima di andare a Eton, leggeva Omero, Virgilio, Orazio e Erodoto e scriveva in modo precoce al proprio padre: «Mi esercito in quattro distinti tipi di versi, elegiaci, saffici, alcaici e giambici, tra

---

[1] Lady Burghclere: Carter, *The Discovery*, cit., Introduzione, p. 9.
[2] Precedenti della famiglia di Carnarvon: Margaret Fitzherbert, *The Man Who Was Greenmantle*, London 1983, pp. 6 ss. Sono inoltre grato per il permesso concessomi di servirmi della ricerca effettuata da Henrietta McCall (cap. 3 della sua tesi di laurea inedita, cit.).

cui il saffico è quello che preferisco». Ottenne a Oxford il massimo dei voti all'esame finale per il baccalaureato ed ebbe l'incarico di ministro per le Colonie nei governi sia di Derby che di Disraeli, dimettendosi in entrambe le occasioni per questioni di principio. In seguito esercitò la funzione di viceré in Irlanda sotto il primo ministro Salisbury, aiutò Parnell, si guadagnò le simpatie del popolo irlandese e rassegnò le dimissioni quando il governo conservatore bocciò la sua politica pacificatrice.

Del modo erudito e impegnativo con cui il padre affrontava la vita, ben poco era rimasto al figlio. L'*English Dictionary of National Biography* qualifica il quinto conte di Carnarvon «egittologo». Sicuramente non lo fu. A Cambridge frequentava più sovente le corse che le lezioni. All'età di ventun anni fece il giro del mondo via mare. Il suo bell'aspetto e il suo modo di fare alquanto insicuro – a volte lo prendevano per un prototipo di Bertie Wooster, il personaggio creato da Wodehouse – lo rendevano simpatico a ogni categoria di persone ovunque andasse. In un certo senso era vittima della disillusione dei genitori. Suo padre si era interessato poco di lui, preferendogli il fratellastro Aubrey Herbert, nato dal secondo matrimonio con una cugina, Elsie Howard. Porchy ereditò la contea nel 1889 all'età di ventitré anni. Al compimento dei ventinove sposò Almina Victoria Maria Wombwell. Per combinazione, il padre di Lady Carnarvon non era Sir Frederick Wombwell, bensì il barone Alfred de Rothschild, il quale assegnò alla coppia come dono di nozze la somma di 250.000 sterline (pari a un milione di dollari dell'epoca). Il quinto conte era un appassionato giocatore d'azzardo e fu il suo istinto di giocatore a portarlo in Egitto.

La sua generosità, dimostrata allo stesso modo ad amici, parenti e domestici, era leggendaria. Anche se prima e dopo il suo matrimonio aveva condotto la vita di un aristocratico playboy, i figli e un incidente stradale contribuirono a modificare il suo modo di vivere. Il suo unico figlio maschio, Henry Lord Porchester, nacque nel 1898. Nel 1901 gli nacque una figlia, Lady Evelyn Leonora Almina Herbert, la quale fu la pupilla dei suoi occhi. Le corse equestri furono la principale delle sue tante ed estese passioni, tanto che alla fine costruì un celebre allevamento di cavalli e si iscrisse al Jockey Club. Diventò anche esperto fotografo e ottimo giocatore di golf. Viaggiò per un bel pezzo insieme ad amici come il principe Victor Duleep Singh, diventò pioniere dell'automobilismo, proprietario di automobili in Francia prima che fossero consentite in Inghilterra, e godette di una crescente fama di persona sconsiderata.

Con tutto ciò, nel suo carattere c'era una vena di scrupolosità. A Cambridge aveva collezionato porcellane cinesi Ming di colore bianco e azzurro, seguendo l'esempio di Oscar Wilde, e spesso accarezzava l'idea di mettersi a scavare alla ricerca di antichi tesori. Ironia volle che fosse un viaggio in automobile in Germania a decidere del suo avvenire. Nel 1903, lui e il suo autista Edward Trotman, il quale stava al suo fianco da ventotto anni, viaggiavano a rotta di collo lungo una strada forestale diretti a Schwalbach, dove li attendeva Lady Carnarvon. Un improvviso avvallamento della strada impedì loro di vedere due carri trainati da buoi che si erano fermati più avanti. Guidava Carnarvon. Andò a sbattere contro il margine erboso, colpì un mucchio di sassi, due gomme scoppiarono e l'automobile scoperta fece una capriola atterrando sul suo conducente e scaraventando fuori Trotman. Questi trasse d'impaccio il suo padrone e gli schizzò acqua fredda in faccia per rianimargli il cuore che aveva cessato di battere. Le conseguenze dell'incidente gli avrebbero lasciato un segno per tutto il resto della vita. La convalescenza fu lunga e i dottori gli consigliarono di passare l'inverno fuori dell'Inghilterra. Questo fu il motivo per cui nell'inverno del 1903 andò in Egitto.

Secondo la propria testimonianza, in un articolo non finito scritto poco prima della sua morte, fu immediatamente attratto dagli scavi. «È stato sempre mio desiderio e ho avuto sempre intenzione, addirittura fin dal 1889, di cominciare i lavori di scavo, ma per un motivo o per l'altro non ero mai stato in grado di farlo», scrisse [3]. In realtà, non fu se non nel 1906 che gli si presentò l'occasione. L'esperto e autorevole consigliere inglese presso il ministero dei Lavori pubblici, Sir William Garstin, parlò con Maspéro, e Carnarvon ottenne il permesso di scavare a Tebe.

Fu un'ottima decisione. Un uomo dal temperamento di Carnarvon avrebbe potuto benissimo essere attratto dal Cairo di Cromer, con i suoi balli settimanali alla Residenza e in alberghi eleganti, l'opera, il polo e gli incontri di tirassegno. Tali ben note attività furono messe da parte da Porchy nell'eccitazione di un interesse da poco scoperto. Scappò a Luxor per la stagione 1907, pieno della fiducia del novizio: «Posso dire che a quell'epoca non conoscevo assolutamente niente in fatto di scavi. Sicché, credo sia per farmi stare lontano dai guai, sia per tenermi occupato, mi fu assegnata un'area in cima allo Shaikh Abdel Gurna». Quell'area era l'altopiano sovrastante la Valle, dove Carter aveva vissuto mentre lavorava per Naville nei pressi di Deir el-Bahri e dove in quel momento stava progettando di costruire una nuova residenza con i mattoni forniti dalla fornace di Carnarvon in In-

---

[3] In merito alla passione di Carnarvon per gli scavi, di cui parla Lady Burghclere: Carter, *The Discovery*, cit., p. 29.

ghilterra. «Mi ero messo all'opera neppure da ventiquattr'ore quando andammo a sbattere contro qualcosa che sembrava essere una fossa funebre inesplorata», scrisse Carnarvon [4].

Nel dipartimento alle Antichità la cosa suscitò grande fermento, che ben presto si placò quando ci rendemmo conto che la fossa era incompiuta. Per sei settimane, avvolto da nuvole di polvere, ci lavorai sodo senza tregua. Oltre a scoprire un grande gatto mummificato nella sua custodia, che attualmente adorna il museo del Cairo, niente di nessun genere compensò i miei tentativi energici e assolutamente ignorati. Tuttavia questo totale fallimento, anziché demoralizzarmi, ebbe l'effetto di entusiasmarmi più che mai.

Questo schietto autoapprezzamento deve avere messo in allarme Maspéro. Dopo avere osservato i metodi dell'aristocratico inglese, il francese ritenne prudente consigliarlo di cercarsi un esperto scavatore. Il direttore generale fece il nome di Carter. Dopo il suo lungo ostracismo, non avrebbe potuto esserci migliore occasione per l'ancora giovanile e ambizioso archeologo. Aveva trovato il mecenate e l'amico, di cui aveva tanto palesemente bisogno.

Davis aveva ancora la sua concessione nella Valle. Maspéro, attento a non creare un conflitto di interessi, suggerì a Carnarvon di scegliere le aree tebane occidentali vicino a Deir el-Bahri. Nel suo taccuino Porchy registrò i suoi primi sforzi sotto il controllo di Carter [5]. Il primo risultato positivo fu la scoperta della tomba di Tetaky, un principe della XVIII Dinastia. Consisteva di due ambienti ornati di dipinti, contenenti pochi oggetti, comprese alcune statuette *ushebti* collocate in bare e sarcofagi di legno su scala ridotta [6]. Queste statuette rappresentavano gli *shabti*, che erano gli schiavi nella vita dell'aldilà. A volte apparivano in gruppi, in quanto rappresentavano formazioni militari, personale addetto alla cucina, fabbricanti di birra, artigiani, e di solito erano fatte di terracotta o ceramica, a volte di pietra o di legno.

Si spostarono alla svelta a Deir el-Bahri stessa. La prima scoper-

[4] La casa di Carter: fin dal suo primo incontro con Carnarvon, Carter iniziò a costruire una casa vicino a quella di Qurna, fatta di mattoni di fango e abbandonata, appartenente all'EEF. La sua costruzione fu terminata nel 1910. I mattoni furono spediti dai fornitori di Carnarvon e recavano questa scritta: «Fatto a Bretby Inghilterra per conto di Howard Carter Tebe A[nno] D[omini] 1910». (Segnalato da Nicholas Reeves all'autore, il 9 ottobre 1990.)

[5] Rapporti tra Carnarvon e Carter nel 1907: Carter, *The Discovery*, cit.; e George E.S.M. Herbert, quinto conte di Carnarvon-Howard Carter, *Five Years' Exploration at Thebes*, London 1912, Introduzione del conte di Carnarvon.

[6] A proposito degli scavi condotti da Davis nel 1906-07 e della scoperta di oggetti risalenti all'epoca di Tutankhamun: Romer, *op.cit.*, capp. XIX-XXI. Drower, *op. cit.*, p. 311, osserva che nel 1908 Petrie cominciò a esplorare la Valle in cerca di aree da scavare. Arthur Weigall, il quale era subentrato a Carter nelle funzioni di ispettore, e sua moglie furono molto ospitali. Carter lavorava nei paraggi per conto di Davis, insieme all'ecclesiastico e artista Norman de Garis Davies e a sua moglie.

ta che vi fecero fu una tomba senza contrassegni della XVII Dinastia. Carnarvon scrisse: «Dopo una diecina di giorni di lavoro a Deir el-Bahri, ci siamo imbattuti in quello che si è rivelato un sepolcro integro. Non dimenticherò mai la prima volta che l'ho visto». Carter, abituato a queste scoperte di minore importanza, nel suo diario mantenne un atteggiamento più pratico. Il suo protettore era eccitato dall'età e dalla freschezza del ritrovamento: «C'era in esso qualcosa di straordinariamente moderno. Nella tomba c'erano diverse bare, ma la prima che attrasse la nostra attenzione fu una bara dipinta di un bianco brillante, coperta da un drappo funebre e con un mazzo di fiori posato proprio ai suoi piedi. Queste bare erano rimaste là intatte e dimenticate per 2500 anni». In realtà, la tomba aveva almeno 3500 anni. L'assenza però di arredi funerari faceva pensare che i proprietari fossero persone povere. La famiglia aveva riversato tutte le sue risorse in una tomba comune, destinando la maggior parte del denaro all'acquisto di bare decorative. Carnarvon ne donò una al Newbury Museum in Inghilterra.

A circa 400 metri dal tempio che si trovava a Deir el-Bahri scoprirono un'altra tomba, apparentemente senza segni di riconoscimento. «Al mattino uscii a cavallo e, non appena vidi la faccia di Carter, mi resi conto che era accaduto qualcosa di sgradevole e di imprevisto», scrisse Carnarvon. «Ahimè! Ciò che il giorno prima era apparso promettente era risultato essere semplicemente una specie di stalla cinta da un muro dove l'antico caposquadra aveva legato il suo asino e tenuto la sua contabilità.» Carnarvon la prese con filosofia. In Egitto, osservò, la delusione era un fatto normale. Nel lavoro di scavo, disse, «generalmente quello che accade è l'imprevisto e quasi sempre l'imprevisto è spiacevole».

Disponendo di una mano d'opera che spesso raggiungeva un effettivo di 270 operai, fra il 1907 e il 1912 essi seguitarono a scavare lungo le cime rupestri al di là della sponda sinistra del fiume. Nella stessa area Mariette, Petrie, Naville e altri avevano lavorato instancabilmente prima di loro, ragion per cui rimaneva ben poco per i nuovi arrivati. Nondimeno, finirono per fare una scoperta importante, rappresentata da una tavoletta con una iscrizione a inchiostro che si riferiva a uno degli avvenimenti più remoti della storia egiziana: la cacciata, attuata da Kamose, degli odiati Hyksos, dominatori semitici dell'Egitto dalla XVI alla XVIII Dinastia (fra il 1640 e il 1532 a.C.). Sarebbe diventata nota come la «Tavoletta di Carnarvon», segnando così il primo autentico successo del loro sodalizio.

Nel 1907 Carnarvon, sotto la guida di Carter, cominciò a mettere insieme la sua grande collezione egiziana [7]. «Mio precipuo scopo era allora, ed è tuttora, non semplicemente quello di comprare un oggetto perché è raro, ma per la sua bellezza, più che per il suo puro valore storico. Si capisce che quando bellezza e interesse storico si presentano uniti nello stesso oggetto, l'interesse e la gioia di possederlo sono più che raddoppiati.» La maggior parte del merito per la bella collezione di Carnarvon, nonché per la sua competenza nell'apprezzare e trattare i manufatti dell'antichità, spettava a Carter il quale, durante gli anni di isolamento a Luxor e nei suoi dintorni, aveva garantito la propria sopravvivenza arrivando a conoscere i ladri, i vagabondi e i commercianti autorizzati che a quanto pareva godevano di un rifornimento inesauribile di manufatti e ne valutavano il valore di mercato. Già all'epoca in cui Carnarvon entrò in scena, il suo assistente-consigliere era diventato un provetto commerciante, stimato sia dagli illustri archeologi in cui si imbatteva, sia dagli ambigui personaggi del *suq*. L'attenzione del mondo si appuntò però sull'elemento aristocratico della coppia. Sir Wallis Budge, successore di Birch alla direzione del settore per l'Oriente del British Museum, che a quell'epoca comprendeva l'Egitto e l'Asia occidentale, rese il proprio omaggio a Carnarvon:

Si preoccupava soltanto di ottenere il meglio, e niente altro che il meglio lo avrebbe soddisfatto, e avendo ottenuto il meglio ha perseverato nel credere che da qualche parte dovesse esserci qualcosa migliore del meglio. La sua ricerca del bello nel disegno egiziano, nella forma e nel colore divenne in anni recenti il culto della sua vita. Il suo gusto era impeccabile e il suo istinto per la verità e l'autenticità era ineguagliabile. Quando si imbatteva in un bell'oggetto «antico», per lui il denaro non aveva valore e con Sir Henry Rawlison soleva dire: «È più facile fare soldi che procurarsi cose antiche».

Il mecenate aveva già raccolto fama e merito. Carter non era ancora adatto per le luci della ribalta e aveva scarso sentore dell'importanza della pubblicità per la sua attività. In ogni caso, per il momento si accontentava di vivere all'ombra del ricco e affascinante socio che aveva conosciuto per caso e con l'appoggio del quale aveva iniziato il periodo più creativo della sua vita.

I loro primi cinque anni di tentativi [8] non furono, nel complesso, incoraggianti. Carnarvon, preso dalla disperazione, avrebbe scritto a proposito di «tombe per mummie aperte e semivuote, di mucchi di rifiuti, di grandi cumuli di frammenti di roccia, in mezzo ai quali c'erano qua e là rottami di bare e brandelli di bende di

---

[7] Sulla collezione egiziana di Carnarvon: Carter, *The Discovery*, cit., p. 32. La citazione è tratta da E.A. Wallis Budge, *Tut.ankh.Amen, Anemism, Atem[n]ism, and Egyptian Monotheism*, s.l., 1923.

[8] Primo quinquennio di collaborazione tra Carnarvon e Carter: Herbert-Carter, *Five Years's*, cit., Introduzione.

lino per l'imbalsamazione della mummia, che sporgono dalla sabbia».

Mentre i due uomini scavavano, ottenendo magri risultati, in diversi punti lungo il tratto di otto chilometri su cui si estendeva la necropoli di Tebe, Davis, l'ex mecenate di Carter, seguitava a lavorare nella Valle sotto di loro. Ai già importanti reperti trovati quando erano ispettori Carter e Quibell ne aggiunse ben presto degli altri. Nel 1906 scoprì sotto una grossa roccia un piccolo calice di ceramica dalla forma squisita [9]. Aveva un cartiglio con i geroglifici di Nebkheprure, il nome che aveva Tutankhamun al momento dell'incoronazione. C'erano altri reperti di gran valore riguardanti quel sovrano della XVIII Dinastia del quale tanto poco si sapeva. Nella stagione 1907-08 si ebbero segnali inequivocabili della presenza di una tomba sommersa. In una stanza piena di fango secco fin quasi al soffitto trovarono una cassetta rotta contenente una lamina d'oro su cui erano impressi i nomi dello stesso re e di sua moglie Ankhesenpaaten (o Ankhesenamun, come si chiamò quando la religione del predecessore di suo marito fu abrogata per sempre e la corte ritornò a Tebe). La lamina d'oro, una volta ricomposta, rivelò una scena in cui Tutankhamun va a caccia sulla sua biga, un'altra in cui trucida un prigioniero di guerra, spronato dalla regina. La didascalia in carattere geroglifico dice: «Ogni protezione della vita è dietro di lui, come il sole».

Appena fatta quella scoperta, Davis trovò una fossa non contrassegnata proprio sopra la tomba, già esaminata, di Sethi II e a una distanza di un centinaio di metri da quella di Ramesse VI. Sotto il materiale di scarto accumulatosi da secoli rintracciò svariati vasi di ceramica grezza pieni di filo di lino, suppellettili di argilla, ossa d'animali, corone floreali, due piccole scope, sacchetti contenenti una sostanza in polvere e, in un altro vaso, una maschera funeraria in miniatura decorata con una tinta di un giallo brillante. Un altro vaso ancora era stato aperto rompendolo e poi riavvolto in un panno su cui era il nome di Tutankhamun. Davis non diede particolare peso ai reperti. Anzi, li ritenne «deludenti».

Il sodalizio dei due inglesi così diversi tra loro, i quali scavavano lungo le sommità delle rupi al di sopra dell'anonima fossa funeraria di Davis, per un pelo non finì bruscamente nell'estate del 1909 in seguito a un altro incidente automobilistico capitato a Carnarvon. Questi aveva deciso di fare il viaggio di ritorno in patria attraverso l'Europa, passando per Costantinopoli, e il 26 agosto era arrivato in Germania meridionale, quando slittò fuori strada

---

[9] La scoperta del calice di ceramica azzurra fu attribuita da Davis a Edward Ayrton, altro pupillo di Petrie (Romer, *op. cit.*, p. 210).

e andò a sbattere contro un albero. Stette una settimana in ospedale prima di essere dimesso e di riprendere il viaggio alla volta di Highclere, dove trascorse un periodo di riposo prima di tornare in Egitto per la stagione invernale [10].

Ritenendo che l'incidente di sua signoria avesse lasciato Carter nei guai, l'EEF decise di offrirgli un posto ad Abido, un'area importante a circa 160 chilometri a nord di Tebe, che Petrie aveva abbandonato tre anni prima [11]. Grueber gli scrisse il 25 settembre, offrendogli la sua prima più importante area di scavo. Ancora addolorato per le accuse di doppiezza mossegli nel 1900 durante i lavori di scavo a Deir el-Bahri, e memore del modo in cui nel 1903 era stato abbandonato a se stesso quando era stato destituito dall'ufficio alle Antichità, Carter non fu niente affatto riconoscente. Il 7 ottobre 1909, da Luxor, così rispose a Grueber:

> Con riferimento alla vostra richiesta, riguardo alla mia eventuale disponibilità a proseguire i lavori di scavo ad Abido nell'interesse dell'EEF, sono spiacente di dovervi comunicare che non potrei assolutamente intraprendere un lavoro del genere, in quanto non me lo consentirebbe la mia attività professionale. Inoltre, l'onorario che sarei costretto a chiedere sarebbe troppo eccessivo e proibitivo. Con distinti saluti, ecc. Howard Carter.

Carnarvon tornò prima che l'anno volgesse al termine. Mentre seguitava a scavare lungo la scarpata pietrosa nei pressi di Deir el-Bahri durante l'inverno 1909-10, Davis ricevette la visita di un americano veramente straordinario del Metropolitan Museum of Art di New York: Herbert E. Winlock [12]. Thomas Hoving lo ha descritto in modo caustico: «Basso di statura, dal fisico un po' grassottello, corto di gambe e con i piedi volti all'infuori, Winlock dava l'impressione di un bambolotto adulto che sta perdendo i capelli» [13]. Nonostante queste caratteristiche tutt'altro che attraenti, il visitatore era universalmente benvoluto, rispettato per la sua intelligenza aperta e per il suo vivace umorismo, nonché per il suo modo di fare cortese e benevolo nei riguardi dei colleghi. Nondimeno, poteva essere corrosivo. Una volta punì il più eminente archeologo americano in servizio attivo, George Reisner, il quale di fronte alle splendide possibilità della Valle privilegiava le deprimenti tombe di Giza, chiamandolo «scopritore di tombe cuscitiche che sembrano fatte di asfalto e cemento!». Winlock andò a esplorare la rocciosa area rupestre dove Carnarvon e Carter avevano lavorato in mezzo ai templi mortuari della Valle, ma con lo stesso scarso successo conseguito dai due inglesi. Allo-

---

[10] Incidente occorso a Carnarvon il 26 agosto: *The Times*, 1 settembre 1909.
[11] Offerta del posto di Abido: EES, Carteggio, Carter a Grueber, Luxor, 7 ottobre 1909.
[12] Winlock: Thomas Hoving, *Tutankhamun. The Untold Story*, London 1979, cap. IV.
[13] Citazione: ivi, p. 51.

ra, dopo aver fatto visita al suo collega e connazionale milionario, Davis, si incontrò con Carnarvon e Carter, i quali avevano appena dissotterrato i depositi di fondazione del tempio della Valle dedicato a Hatshepsut. Lui e Carter furono attratti l'uno all'altro con la forza dei poli magnetici contrari. Cominciarono a visitare le reciproche aree e a sviluppare un mutuo rispetto che era imprevedibile e nello stesso tempo genuino. Successivamente il reticente Carter avrebbe affermato che il loquace americano, pur dopo che avevano litigato, era rimasto il suo «unico vero amico».

Nel 1911, Carnarvon e Carter scoprirono il colonnato e il deposito di fondazione del tempio della Valle dedicato a Ramesse IV [14]. Era vicino al tempio di Hatshepsut, una circostanza che può avere spiegato perché il tempio della regina fosse stato demolito in modo così completo. Gli antichi re d'Egitto erano tra i più colpevoli saccheggiatori di relitti di tombe e templi, sempre pronti a rovistare nel monumento di un predecessore al fine di procurarsi blocchi da costruzione per fare il proprio. Ma sotto al tempio di Hatshepsut trovarono tombe tagliate nella roccia, datate tra la XII Dinastia (1991-1783 a.C.) e il secondo periodo intermedio (1640-1532 a.C.). Tutte le tombe erano state saccheggiate in età antica, ma Carter registrò quanto restava del loro contenuto, sebbene fosse di scarso valore, con la sua solita cura meticolosa.

Era tempo di fare una visita a casa. Da cinque anni Carter sopportava il peso di una attività che non gli dava tregua e dell'insonnia provocata dagli eccessi del clima egiziano. Carnarvon, avendo gravi responsabilità a Highclere, fra una stagione e l'altra doveva immancabilmente tornare in patria, a volte lasciando Carter a sbrigarsela da solo durante i mesi intermedi – che di solito andavano da ottobre a marzo all'incirca – quando il tempo è più mite e la maggior parte dell'opera è compiuta.

Il rapporto creatosi tra Carnarvon e il suo alacre assistente si era fatto abbastanza solido in cinque anni di grandi aspettative e di magri risultati. Sua signoria, però, quasi certamente si era aspettato di più. Forse fu quello uno dei motivi per cui, quando nell'estate del 1911 tornò in patria, si mise in contatto con Hogarth, rappresentante di tutta la cultura orientale a Oxford, per vedere se ci fossero altri giovani egittologi eventualmente ben disposti a lavorare con lui. È impossibile affermare se avesse in mente di sostituire Carter, o semplicemente di trovare qualcuno che collaborasse con Carter e forse lo guidasse lungo percorsi più proficui. Quasi certamente fu Hogarth a fare il nome di Leonard-Woolley, un archeologo trentenne che fino a poco prima era sta-

[14] Tempio di Ramesse IV: Herbert-Carter, *Five Years's*, cit., pp. 8 ss.

to con l'angloamericano MacIver nelle aree del Sudan e dell'Etiopia e di lì a poco avrebbe dovuto assumere la direzione dell'area concessa a Hogarth a Carchemish in Siria, con T.E. Lawrence in qualità di suo assistente [15]. Nel frattempo Woolley aveva lavorato per l'esploratore dell'Asia centrale Aurel Stein, facendo un inventario dei reperti da lui trovati, che si trovavano nel British Museum. Nel mese di giugno scrisse a Stein per comunicargli di aver mantenuto l'impegno assunto e di avere intenzione di ricoverarsi in ospedale per una piccola operazione, dopo di che si sarebbe fermato a Highclere su invito di Lord Carnarvon. Stein apprezzava molto l'attività di Woolley e voleva che diventasse suo assistente. La stessa cosa che, a quanto pare, voleva Carnarvon. Il 20 luglio Stein scrisse «con riferimento a quanto mi avete recentemente detto in merito ai vostri progetti», proseguendo per chiedere se egli, Woolley, potesse eventualmente aiutarlo a preparare alcune fotografie di oggetti («con la vostra particolare esperienza sono certo che il vostro aiuto sarà molto utile»). E aggiunse: «Spero che trascorriate a Highclere un periodo piacevole e proficuo».

Il 23 luglio Woolley rispose che gli sarebbe piaciuto collaborare, ma che «l'esitazione era dovuta soltanto alla possibilità di lavorare con Lord Carnarvon nel mese di agosto». Riteneva improbabile raggiungere un accordo con Carnarvon, ma si trattava di qualcosa che doveva tener presente al momento di assumere altri incarichi. Tre giorni dopo, Stein scrisse dicendo che aveva «sondato l'India Office», probabilmente in merito alla possibilità che Woolley lo raggiungesse in Turkestan, dove al momento egli stava lavorando, e che riteneva che non sarebbero sorte gravi difficoltà «nel caso che la sua attività con Lord Carnarvon non la tenga impegnata oltre il periodo previsto». Alla fine di agosto, Woolley era partito da Highclere completamente ristabilito e in buoni rapporti con Carnarvon, ma aveva accettato un'offerta da parte di Hogarth di prendersi cura delle opere di scavo in corso a Carchemish per conto del British Museum. Carnarvon tornò in Egitto dove Carter lo aspettava.

Nel 1912 toccò a Carter andare in vacanza. Fu l'anno della pubblicazione di *Five Years' Exploration*, l'opera con la quale i due autori parlarono all'ambiente dell'archeologia degli sforzi da loro compiuti ai margini della Valle. Nel mese di maggio, mentre erano in viaggio per l'Inghilterra, il *Times Literary Supplement* riportò l'unica consistente recensione [16] sulla pubblicazione, pro-

---

[15] Woolley: H.V.F. Winstone, *Woolley of Ur*, London 1990, pp. 24-37.
[16] Recensione di Herbert-Carter, *Five Years's*, cit., in *Times Literary Supplement*, 23 maggio 1912, p. 216.

babilmente dovuta alla collaborazione di Newberry, in cui si richiamava l'attenzione sul fatto che Lord Carnarvon si era forse avvantaggiato «di informazioni speciali che probabilmente ha raccolto Mr Carter, quando risiedeva a Luxor in qualità di Ispettore ai Monumenti dell'Alto Egitto». L'autore rilevava inoltre che, «senza conoscere alcunché di ciò che è noto, normalmente, ai *fellahin* di Gournah [Qurna] e, in via eccezionale, alla polizia, novantanove scavatori su cento vi perderebbero tempo e denaro». Ma Lord Carnarvon non stava scavando completamente al buio.

«Lordy», come la comunità americana in Egitto soprannominava il conte invece di chiamarlo con il vezzeggiativo Porchy usato da tutti gli inglesi, propose che Carter, dopo aver fatto visita ai suoi, lo accompagnasse in un viaggio in Europa. Nel mese di agosto i due uomini partirono insieme diretti a Parigi, Torino e Firenze. Sebbene la loro amicizia crescesse fino a diventare autentica, essi sarebbero stati sempre molto distanti tra loro per educazione e ambiente, tanto che Carter sembra sia stato soddisfatto del ruolo di compagno inseparabile bene informato, pronto a dare consigli e a intervenire nei momenti in cui fossero necessarie la sua competenza, la sua conoscenza della storia dell'antico Egitto e i suoi punti di vista in materia di arte e di architettura. In genere si teneva silenziosamente in disparte, mentre il suo raffinato mecenate e compagno affascinava tutti i settori della società con discreta liberalità e quella affabilità spontanea che Lady Burghclere avrebbe senza dubbio attribuito in buona parte a Eton. Come nei giorni in cui viaggiava da solo attraverso il continente in occasione delle sue rare visite a casa, Carter era felicissimo quando poteva tranquillamente ammirare e assorbire la campagna o i tesori artistici locali. In compagnia era impacciato e non si abituò mai al pecorume dei suoi connazionali più socievoli.

Compiuto il *grand tour*, Carnarvon decise di mettersi a scavare nel Delta del Nilo. Maspéro lo autorizzò senza indugio a farlo a Sakha [17]. Carter ricordava che il direttore generale in persona vi aveva trovato, agli inizi degli anni Ottanta, un'iscrizione romana che la identificava con l'antica Xois [Chois], un tempo città capitale dei re degli Hyksos. Purtroppo non c'erano documenti storici che ne parlassero. Petrie aveva studiato a fondo l'area nel 1884, ma senza eseguirvi scavi. Forse ne fu dissuaso dalla stessa cosa che trattenne Carter e Carnarvon: un'invasione di cobra. In ogni

---

[17] Sakha: Drower, *op. cit.*, pp. 72 ss. Vedi inoltre Reeves, *op. cit.*, p. 46: «L'anno seguente [1913], essendo falliti i loro tentativi di scavare a Dashur, Carnarvon e Carter volsero la loro attenzione a un'altra area del Delta, a Tell el-Balamun. Non c'erano serpenti ma, come era avvenuto a Sakha, il risultato fu deludente».

modo, la vista dei grossi serpenti che si muovevano a frotte era troppo terrificante per gli ultimi scavatori. Dopo un paio di settimane se ne andarono e Carter convinse il suo capo a chiedere un'altra volta l'autorizzazione a fare scavi nella Valle [18].

Davis era deluso. Riteneva che il dispendio di energia e di denaro da lui sostenuto fosse stato scarsamente rimunerato, ragion per cui decise di rinunciare alla concessione poco prima che Carnarvon la richiedesse nel mese di novembre, appena iniziata la stagione 1913-14 [19]. Finalmente, ai primi del 1914, la richiesta di concessione fu accolta per dieci anni a partire dalla stagione 1914-15. In realtà l'autorizzazione fu firmata solo nel 1915 da George Daressy, facente funzione di direttore generale, in sostituzione di Maspéro. Quest'ultimo, esibendo orgogliosamente la decorazione del cavalierato conferitogli nel 1909 su proposta di Eldon Gorst, il successore di Cromer, disse a Carter che secondo lui non valeva la pena seguitare a faticare in opere di scavo nella Valle. I reperti che fossero riusciti a raccogliere non avrebbero compensato il costo dei lavori.

Prima che la questione potesse essere risolta, ci fu la dichiarazione di guerra tra la triplice Intesa e gli Imperi centrali. Carnarvon si precipitò in patria per assumersi gli obblighi inerenti ai suoi possedimenti e ai suoi numerosi dipendenti. Con suo grande rammarico, il suo cattivo stato di salute gli impedì di partecipare attivamente al conflitto. Quanto a Carter, idoneo e appena quarantenne, fu tutt'altra cosa. Tornò in Egitto nel settembre del 1913 sapendo che la zia Fanny, che insieme alla zia Kate lo aveva tirato su nella casetta di famiglia a Sporle Road, era morente.

Quattro anni prima, all'inizio del 1909, un altro decesso – quello di Lord Amherst – aveva significato la fine dell'età giovanile, interrompendo in modo definitivo gli anni di subordinazione economica che avevano lasciato inevitabilmente il loro segno. Amherst e sua moglie avevano fatto del bene alla famiglia Carter e in modo particolare a Howard il quale, senza il loro aiuto e incoraggiamento, non sarebbe mai andato in Egitto e non avrebbe mai messo piede in quell'ambiente accademico gelosamente difeso. Ma la scomparsa di un collezionista intelligente e di larghe vedute, di un antiquario molto ammirato, colpì più Newberry e Griffith, i quali gli furono autentici amici su un piano di parità sociale, che Carter, il quale mostrava il normale risentimento di coloro che dipendono dal mecenatismo. Il successivo smembra-

---

[18] Spostamenti di Carter tra il 1912 e il 1913: Carter, Notebook 16; e McCall, «Howard Carter, Egyptologist», cit., pp. 19-21.
[19] Concessione: «... veramente ottenne la tanto sospirata concessione» nel mese di giugno del 1914, ma in realtà il relativo accordo fu perfezionato in data 18 aprile 1915 (Carter, *The Discovery*, cit., p. 76; vedi anche Newberry, *Necrologio*, cit., *JEA*, n. 25, 1939).

mento del complesso patrimoniale degli Amherst e la dispersione della grandiosa biblioteca e delle raccolte di Didlington Hall, in conseguenza di consigli legali sbagliati al momento della stesura del testamento, costituirono una tragedia cui parteciparono gli studiosi di tutto il mondo.

Quando ritornò in Egitto nel 1913, Carter era ancora condizionato dal mecenatismo aristocratico, ma non più di quanto lo sarebbe stato se avesse lavorato per conto di una delle università o musei che patrocinavano le grandi opere di scavo in Medio Oriente. Le sue capacità di commerciante in oggetti di antiquariato e di consigliere di Carnarvon e di altri ricchi ricercatori gli avevano dato un notevole livello di indipendenza economica e di prestigio, ma l'amarezza della «differenza» di classe, che aveva seguito Carter dalla nascita fino in Egitto, aveva lasciato in lui un marchio profondo. Quasi inevitabile che nel Carter adulto si imprimesse un senso inconscio di risentimento. Al momento in cui in Egitto giunse la notizia della morte di zia Fanny, avvenuta nel mese di dicembre, stava nondimeno lavorando faticosamente nella Valle dei Re ed era più o meno in armonia con il mondo [20].

I diversi manufatti che Davis aveva fatto vedere a Winlock [21] nel 1909 furono dati dal loro scopritore al Metropolitan Museum [22], ma per Winlock e il museo essi non erano più importanti di quanto lo fossero per Davis, sebbene quest'ultimo avesse in seguito arguito che la camera in cui aveva trovato il nascondiglio della lamina d'oro con il nome di Tutankhamun fosse la tomba del re. Carter giudicò l'idea «ridicola». La fossa era troppo piccola e insignificante per una mummia reale del genere. Ciò nonostante, era convinto che la Valle non fosse esaurita, ma che da qualche parte in mezzo ai sepolcri reali ce ne fosse uno ancora intatto. Affrontò quattro anni di forzata inattività, durante i quali meditò sull'argomento.

[20] Fanny Carter si spense il 19 dicembre 1913.
[21] Descrizione dei manufatti: Theodore M. Davis, *Theodore M. Davis's Excavations, The Tomb of Iouiya and Touiyou*, London 1907, illustrato da Howard Carter.
[22] Donazione al Metropolitan Museum: McCall, *op. cit.*, p. 23.

# CAPITOLO OTTAVO

# Messaggero del Re

La dichiarazione di guerra in Europa nell'agosto del 1914 suscitò poca emozione al Cairo. Kitchner, che nel 1911 era subentrato a Sir Eldon Gorst in qualità di Residente e Console generale, avrebbe voluto rimanere, ma il primo ministro Asquith volle assolutamente che facesse parte del governo a capo del dicastero della guerra. I Giovani Turchi avevano promesso la loro fedeltà alla Germania del Kaiser, nonostante ci fossero delle riserve sul fatto di combattere a fianco del vecchio nemico, l'impero austroungarico. Per il momento, tuttavia, l'Oriente rimase a guardare, in attesa che il potere ottomano prendesse una decisione. Due incrociatori da battaglia della marina da guerra tedesca, il *Goeben* e il *Breslau*, intrappolati nell'Egeo all'inizio delle ostilità, giocarono a rimpiattino con l'intera flotta mediterranea della Royal Navy e fecero fare una meschina figura al loro potente avversario, aprendosi un varco nello stretto dei Dardanelli ed entrando nel Mar di Marmara il 10 agosto 1914. Si era allestita così la messinscena per il bombardamento di Odessa da parte dei turchi e per la dichiarazione di guerra del 4 novembre da parte degli alleati.

Mentre questi avvenimenti alimentavano la cronaca di tutto il mondo, alla fine l'Inghilterra fece una mossa concreta nei confronti del suo cripto-dominion costituito dall'Egitto e annetté il paese, sebbene il ministro degli Esteri, Sir Edward Grey, parlasse di «protettorato» [1]. Nello stesso tempo si diceva che il chedivè Abbas II Hilmi, il quale aveva governato fin dal 1892 ai sensi del firmano del sultano di Turchia che concedeva alla sua famiglia l'ereditarietà del titolo vicereale, dovesse abdicare e accettare l'esilio, in quanto suo zio Kamil al-Husain lo avrebbe detronizzato, avrebbe ricevuto il titolo di sultano e sarebbe stato chiamato «Maestà». Comunque restava inteso che per l'avvenire i principi dell'entourage del chedivè dovessero per prima cosa presentarsi agli inviati diplomatici della Gran Bretagna. A Kamil al-Husain tremarono le labbra quando il sostituto Residente, Sir Milne Cheetham, gli portò la notizia.

---

[1] Guerra con la Turchia e annessione dell'Egitto: H.V.F. Winstone, *The Illicit Adventure*, London 1982, pp. 124 ss.

Una volta rimpatriato in Francia Maspéro, – stanco, sofferente e, si diceva, tornato a Parigi per morire, – la Residenza della Gran Bretagna, affidata in via temporanea a Cheetham e a Ronald Storrs, assunse la responsabilità per quanto riguardava l'archeologia e altro ancora.

Carter fu in grado di assistere allo svolgersi del dramma dal comodo osservatorio del Grand Continental Hotel. Ogni qual volta poteva giustificare un pernottamento al Cairo, di solito andava allo Shepheard, ma per via dell'andirivieni di uomini d'affari, di soldati e di inviati diplomatici quel celebre complesso era al completo. L'albergo preferito di Carnarvon, il Continental, teneva sempre un posto a disposizione per le persone della sua cerchia. Carter era pienamente capace di sopportare la vita disordinata da campeggiatore, o la malinconica austerità di una casa rurale fatta di mattoni di fango, ma non faceva finta che l'una o l'altra situazione fosse di suo gradimento. Alla passione per il lusso, che ammetteva di avere ereditato dalla madre, univa l'esigente preoccupazione per l'abbigliamento e per l'aspetto esteriore, ispirandosi molto all'esempio di Carnarvon. Ostentava lo «stile» di Porchy perfino nella mezza sigaretta tenuta in un elegante bocchino, nel nodo della cravatta e nel cappello, nel suo caso una serissima lobbia, che portava, alquanto incongruamente, in pieno deserto. I suoi vestiti alla moda e le maniere acquisite passavano inosservati negli alberghi di Luxor e del Cairo, dove spesso sostava con i Carnarvon e il loro seguito, mentre al tavolino da caffè paesano a Qurna gli conferivano un'insolita aria di rispettabilità derivante da un'eleganza semplice e raffinata.

Facendo l'inventario durante i mesi di stasi militare, deve essere stato colpito dal fatto del mancato progresso nella sua professione e della sua relativa ignoranza riguardo al mondo in genere. Fra i suoi colleghi egittologhi era apertamente rispettato sia come lo scavatore più scrupoloso e diligente, sia per essere giudicato all'unanimità il pittore e disegnatore più bravo della categoria. Veniva considerato anche un collega scontroso e taciturno, il cui comportamento introverso non faceva nulla per sollevare gli animi dei suoi compagni di lavoro in ambienti solitari e ostili. Lavorava in Egitto ormai da ventitré anni, scavando e copiando nel più portentoso degli antichi forzieri. Tuttavia, in un mondo in cui gli archeologi della vecchia guardia dominavano il palcoscenico come prime donne, svelando le meraviglie dell'Egitto e della Mesopotamia, della Grecia micenea e minoica, fuori dell'ambiente dei colleghi addetti ai lavori di scavo egli non aveva conseguito né fama né riconoscimento.

Mentre faceva sondaggi nella Valle del Nilo sotto gli auspici di Amherst, Davis e Carnarvon, in cerca del colpo fortunato che gli sfuggiva sempre, i francesi in Persia, i gruppi di lavoro tedeschi diretti da Koldewey in Babilonia e da Andrae a Assur avevano scoperto intere città, splendidi manufatti e grandi biblioteche, chiarendo periodi e avvenimenti storici che si estendono dall'impero del legislatore Hammurabi all'inizio del secondo millennio a.C. fino alla cattività babilonese degli israeliti e alle conquiste persiane del VI secolo a.C. [2] Leonard Woolley, coetaneo di Carter, avendo assunto il comando da Hogarth a Carchemish dopo aver declinato l'offerta fattagli da Carnarvon di un impiego in Egitto, aveva conquistato la fantasia popolare pubblicando articoli sui giornali che, pur non parlando di scoperte più importanti, rievocavano quanto meno gli aspetti della dominazione ittita nella Siria settentrionale e delle celebri battaglie combattute nelle vicinanze da Egitto, Assiria, Babilonia e Persia. In Grecia e a Creta, Evans e Hogarth, Federico Halbherr dell'Università di Roma e la bostoniana Harriet Boyd avevano richiamato l'attenzione di tutto il mondo nel primo decennio del XX secolo, come aveva fatto Aurel Stein nel Turkestan cinese. A poca distanza da casa, gli scavi a Glastonbury e la scoperta dell'uomo preistorico di Piltdown in Inghilterra avevano temporaneamente sottratto alla pubblica curiosità perfino l'Egitto, la Babilonia e la Grecia. E mentre sopraggiungeva la guerra, le tombe dei re scitici in Russia, descritte in tutto il loro sfarzoso splendore da Erodoto, cedettero i loro tesori d'oro, argento, bronzo e legno alla squadra del professor Wesselowsky. In modo molto rilevante dal punto di vista di Carter, gli archeologi tedeschi che lavorarono sotto Ludwig Borchardt a Tell el-Amarna tra il 1907 e il 1914 avevano scoperto un complesso di case e laboratori monolocali appartenenti al «favorito del re», lo scultore Dhjutmose, dove rinvennero modelli in gesso e busti parzialmente finiti che, al primo sguardo, gettavano nuova e intensa luce sull'arte egiziana [3]. In mezzo ai reperti si trovava un busto di legno dipinto, a grandezza naturale, della regina di Akhenaton, Nefertiti, eseguito da uno scultore di corte perché servisse da modello ad artisti di minor valore, che è la straordinaria rappresentazione di una testa di una bellezza stupefacente.

Con tutto ciò, a dir la verità, la concorrenza e la fama degli altri non costituì per Carter motivo di effettiva preoccupazione. Non

[2] Archeologi coevi e loro attività: Seton Lloyd, *Foundations in the Dust*, Oxford 1907; cfr. anche H.V.F. Winstone, *Uncovering the Ancient World*, London 1985.

[3] Presenza dei tedeschi a Tell el-Amarna: Cyril Aldred, *Akhenaten and Nefertiti*, London 1973, p. 59 e le illustrazioni 16 e 17.

cercava di accrescere il suo prestigio personale. Altri fornivano regolarmente informazioni per le colonne dei giornali e delle riviste più noiose, ma fino ad allora le sue parole erano rimaste rintanate nei suoi taccuini. Era uno scrittore indubbiamente bravo. Il suo modo di scrivere aveva sempre posseduto una naturale semplicità, anche se i suoi primi quaderni di appunti spesso tradivano la mancanza di una disciplina elementare: era evidente un impiego bizzarro dell'iniziale maiuscola e a volte adottava la parola sbagliata, producendo un effetto sconcertante. Le sue frasi di quando in quando ingenue, spesso commoventi, davano intensità a osservazioni che erano destinate a suo uso e consumo. Ma gli stessi taccuini, contenenti considerazioni attente e dettagliate su ogni tomba nota e su ogni scoperta, sui luoghi in cui si trovava ogni membro della famiglia reale o persona di elevata condizione sociale la cui mummia o ultima dimora era stata rintracciata, dimostravano che l'ambizione non gli faceva difetto e che il tesoro che più agognava si trovava nella regione che conosceva come il dorso della sua mano, cioè nella Valle delle Tombe dei Re.

Mentre il resto del mondo concentrava la sua attenzione sull'orrore delle prime battaglie dei principali fronti di guerra, Carter ritornò nella Valle, nell'ottobre del 1914, come se stesse preparandosi per dare inizio a una stagione perfettamente normale[4]. Si presentò alle autorità del Cairo, ma né il potere militare né quello civile sembravano interessati alle sue prestazioni, nonostante fosse uno dei pochi inglesi in Egitto che parlasse arabo con la scorrevolezza di un nativo. Il nucleo militare che aveva rilevato il Savoy Hotel come quartier generale dello stato maggiore, trovando nello stesso tempo un alloggio di lusso nel Grand Continental porta a porta, avrebbe potuto accorgersi del raro vantaggio della sua capacità di parlare diversi dialetti arabi e di discorrere con i Badawi, gli arabi del deserto, come fosse uno di loro. Ma per il momento il ministero della guerra egiziano era bloccato dagli sforzi disperati che si facevano per neutralizzare l'impero turco. Nessuno sapeva esattamente se, quando e dove avrebbero potuto aver luogo le battaglie sul fronte orientale. Carter fu utilizzato dal comando dell'esercito in modo saltuario, per radunare giovani nei pressi di Qurna e del Cairo per il reclutamento nel servizio di leva egiziano, ma nel complesso venne apertamente ignorato dalle autorità e incoraggiato a proseguire i lavori di scavo.

Insieme ad alcuni operai assunti con i fondi affidatigli da Carnarvon, scoprì rapidamente un sepolcro che, secondo lui, doveva

---

[4] Carter nel 1914: Carter, *The Discovery*, cit., pp. 75 ss.

essere quello di Amenhotep I [5]. Il Papiro di Amherst, ricordava Carter, conteneva alcuni dettagli provenienti dal regno di Ramesse XI, il quale salì al trono 400 anni dopo Amenhotep I, relativi a un'ispezione della tomba di quest'ultimo re fatta «nell'Anno 13, terzo mese di *ahet*, giorno 18». Quanto all'«eterno orizzonte» del re, il papiro diceva: «Ispezionato alla luce del giorno; si è constatato che non è stato profanato dai ladri». Comunque, a cinquant'anni da quell'ispezione, i ladri erano entrati e, di conseguenza, la sepoltura era stata «rimessa a nuovo». Prima che i ladri facessero di nuovo irruzione, passarono altri trent'anni. Poi, in un momento imprecisato poco dopo la svolta del millennio, nel 980 a.C. circa, la mummia venne trasferita per decreto reale in un posto più sicuro. Nel 1881 venne trovata nel famoso nascondiglio reale, che Maspéro e la polizia rintracciarono a Deir el-Bahri.

Ciò che Carter aveva scoperto era un sepolcro vuoto, consistente in due gallerie e una camera funeraria, con transiti di collegamento e fossa d'ingresso. Altri, compreso Winlock, furono d'accordo con Carter nel dire che era la tomba di Amenhotep I, ma più tardi venne affacciata l'ipotesi che probabilmente fosse la camera funeraria della madre del re, Ahmose-Nofretari. Come spesso era accaduto in precedenza, si trattava di un ritrovamento promettente piuttosto che di vantaggi sicuri.

Nella prosa stringata e spesso ossessionante che caratterizzò un successivo capolavoro letterario, Carter avrebbe parlato della decadenza e del definitivo sminuimento della Valle, nonché della civiltà egiziana che era durata tre millenni, dei «cunicoli ricchi di grotte saccheggiate e vuote», rifugio della volpe del deserto, della civetta e delle numerose colonie di pipistrelli, anche se molte tombe vennero usate successivamente, durante il regno di Osorkon I (900 a.C. circa), per la sepoltura delle sacerdotesse:

Un'ultima immagine, prima che la nebbia del medio evo scenda sulla Valle e la nasconda alla nostra vista. C'è qualcosa nell'atmosfera dell'Egitto – molti, credo, l'hanno provato – che concilia la mente con la solitudine e che probabilmente è uno dei motivi per cui, dopo la conversione del paese al cristianesimo, tanti dei suoi abitanti hanno abbracciato con entusiasmo la vita eremitica. Il paese stesso, con il suo clima costante, la sua stretta striscia di terra coltivabile e le sue colline desertiche su entrambi i lati, crivellate di grotte naturali e artificiali, era perfettamente adatto a uno scopo del genere... Nei primi secoli dell'era cristiana, dovettero essere migliaia coloro che rinunciarono al mondo e scelsero la vita contemplativa, tanto è vero che nei sepolcri scavati nella roccia sulle colline del deserto troviamo dappertutto le loro tracce... e nei secoli dal II al IV d.C. ci imbattiamo in una colonia di anacoreti nel pieno possesso delle tombe aperte

---

[5] Tomba di Amenhotep I (o di Ahmose-Nofretari): Howard Carter, *Report on the Tomb of Zeserka-Ra Amen-hetep I, Discovered by the Earl of Carnarvon in 1914*, in *JEA*, 3, 1916, pp. 147-54. In realtà la scoperta fu effettuata da Carter, dato che Carnarvon era in Inghilterra.

che vengono usate come celle, una delle quali trasformata in una chiesa... Lo splendore e l'orgoglio regali sono stati sostituiti dall'umile povertà. La «preziosa dimora» del re si è ridotta fino a diventare la cella di un eremita [6].

Per quel che Carter poteva constatare, era quello l'aspetto in cui la Valle si presentava: un nido d'api abbandonato, costituito da celle eremitiche, mentre egli lasciava un'ennesima tomba vuota e tornava al Cairo in tempo per il Natale, in un mondo lacerato dalla guerra.

L'amministrazione che lo attendeva al Cairo era formata da un insieme di gente eterogenea, che si godeva le comodità offerte da una città ancora non sfiorata dalla guerra, insicura della sua funzione e ancora priva di una precisa organizzazione dello stato maggiore nonostante l'ingresso della Turchia nel conflitto. Per quel che riguardava Carter, però, essa aveva il merito di essere sotto il comando di un uomo con la passione per l'archeologia, uno dei primi membri dell'EEF, il generale Sir John Maxwell. Altrettanto fortunata fu la comparsa alla fine dell'anno dell'ufficiale di stato maggiore anziano del generale, il colonnello Neill Malcom, le cui campagne si erano estese dalla frontiera nord-occidentale fino al Sudafrica e i cui precedenti di coraggio nel corso di innumerevoli scontri erano uguagliati da una mentalità retta e comprensiva, che includeva una particolare predilezione per l'archeologia e per i professionisti di tale disciplina [7].

Diversi coetanei di Carter sedevano comodamente a tavola con i capi militari e si cacciavano con convinzione in discorsi sulla prosecuzione della guerra, sulla necessità di separare gli arabi dai loro dominatori turchi e sulle proprie imprese nello sbrogliare la matassa della storia antica. Ma non così Carter il quale, solitario e taciturno come sempre, si teneva del tutto in disparte mentre l'avventura dei Dardanelli maturava e le truppe australiane trasportate dai treni merci cominciavano a riversarsi nella città del Cairo.

In mezzo alla comitiva brillante e polemica di accademici inglesi che arrivò al Cairo più o meno contemporaneamente a Carter, per la maggior parte agli ordini del capitano «Blinker» Hall, capo del servizio informazioni dell'ammiragliato, forse i più loquaci erano i tenenti T.E. Lawrence e Aubrey Herbert, fratellastro di Carnarvon. Il primo arrivò con Woolley, suo superiore a Carchemish, con il quale aveva fatto il suo tirocinio nel campo sia dell'archeologia che del servizio informazioni. Ai primi del 1914 i due uomini avevano portato a termine una «esercitazione» attra-

[6] Citazione: Carter, *The Discovery*, cit., pp. 60 ss.
[7] Guerra in Egitto: Winstone, *Illicit Adventure*, cit., pp. 173 ss.

verso il Sinai e lungo la strada ferrata di Hijaz sotto il comando del tenente colonnello Stewart Newcombe.

Aubrey Herbert, il figlio prediletto del quarto conte di Carnarvon, era miope, intelligente e meravigliosamente stravagante. Spesso, quando viaggiava su un mezzo di trasporto pubblico, veniva scambiato per un vagabondo e una volta gli fu ordinato di lasciare il suo posto in prima classe finché non fu in grado di esibire il suo biglietto ridotto a brandelli. Carter lo aveva conosciuto a Highclere nel 1911, andando a far visita a Carnarvon. Lawrence e Herbert, ciascuno nella sua peculiare maniera, avrebbero tracciato la rotta degli eventi in Egitto che portarono alla creazione di una organizzazione del servizio segreto denominata Arab Bureau. Quest'ultimo fu creato principalmente per mandare in porto il progetto di Kitchner di stringere un'alleanza tra Gran Bretagna e arabi, attraverso un negoziato con al-Husain ibn Alì, lo sceriffo della Mecca e guardiano dei luoghi santi islamici sotto il califfato del sultano della Turchia.

Il tenente colonnello «Bertie» Clayton era stato capo del servizio informazioni civile e militare sotto il regime d'anteguerra di Kitchner e aveva la responsabilità di giorno in giorno degli «estremisti», come li aveva soprannominati Lawrence, al Savoy Hotel, anche se in base all'ordine di anzianità del Foreign Office, il «primo» fra loro era Ronald Storrs. Altri, come Gertrude Bell, George Lloyd, Mark Sykes e Hogarth, il «nostro padre confessore», arrivarono più tardi. Lawrence li avrebbe descritti tutti molto bene: «Skinface» Newcombe, Herbert – «un tipo ameno ma molto simpatico» – il nipote di Kitchner, il colonnello Parker, Robert e Philip Graves (quest'ultimo inviato del *Times* nella Cairo d'anteguerra), «tutti dalla parte dei credenti».

Aubrey Herbert, il quale si accompagnava con Lloyd, Woolley, Edwin Lutyens e William Nicholson in una «interminabile bisboccia», integrò l'ottima descrizione di Lawrence. Egli detestava Newcombe, il superiore diretto. «Newcombe, capitano e capo, individuo presuntuoso, ambizioso e incapace di esprimersi; Leonard Woolley, persona dabbene, archeologo.» Quanto a Lawrence, lo descriveva come «uno strano gnomo, un po' villano, con un tocco di genio». Clayton era «paterno e astuto». Herbert giudicava Maxwell «un uomo onesto e forte», niente affatto il più debole per il fatto che gli piacesse il porto e il *paté de foie gras*. In quella accolta di chiacchieroni nessuno, a quanto pare, parlava con Carter o lui con loro, né questi veniva invitato a unirsi a loro al bar di una struttura che Herbert paragonava a una stazione ferroviaria orientale. Pochi dei nuovi arrivati sapevano che esistesse. La loro era una confraternita di Oxford e Cambridge qua-

si fino all'ultimo uomo e l'assistente di Carnarvon non era neanche per sogno uno di loro.

Il patriottismo totale provocato dallo stato di guerra era una
forza esigente nel campo dell'archeologia come in qualsiasi altro
settore sociale. Miss Paterson lo aveva messo in rilievo nel modo
più energico possibile in una tipica lettera diretta a un giovane,
Louis Olza, il quale aveva fatto domanda di assunzione all'EEF
nell'ottobre del 1915: «Sono stata incaricata di informarla che
l'Egypt Exploration Fund non dispone nel suo organico di un
posto per un giovane di 23 anni, il quale conosce diverse lingue,
sa dirigere gli operai e ovviamente, se è in grado di affrontare i
disagi delle operazioni di scavo, è anche idoneo a prestare il servizio militare» [8].

Quasi certamente Miss Paterson non avrebbe approvato il fatto
che Carter, nei primi mesi di pericolo, scavasse a Tebe e com-
prasse e vendesse oggetti antichi, anche se egli aveva la stessa
scusa di molti uomini validi del momento, compreso senza dubbio lo sfortunato Mr Olza, nel senso cioè che nessuno mostrava il
minimo interesse per le loro prestazioni. In realtà, nonostante si
fosse rivolto sia alle autorità militari che a quelle civili, Carter
dovette aspettare fino a marzo del 1915 prima che gli venisse
dato un qualsiasi incarico di guerra. Nel frattempo seguitò a
scavare.

Nel febbraio del 1915 si recò fino al limitare occidentale della
Valle dei Re per sgombrare la tomba di Amenhotep III, uno dei
massimi sovrani dell'antichità [9]. Fu un gesto di impazienza, ma
sotto il profilo archeologico si rivelò importante. Alcuni membri
della spedizione napoleonica avevano esplorato superficialmente il sepolcro nel 1798 e molti begli oggetti erano finiti al Louvre.
Rimanevano, tuttavia altri importanti manufatti, compresi alcuni
frammenti di calcite appartenenti a statuette *ushebti*, che raffiguravano in parte il volto del re magistralmente modellato e un cartiglio con il prenome di Nebmaatre. L'interesse di Carter e del suo
mecenate era stato suscitato in precedenza dall'acquisto a Luxor di tre magnifici braccialetti di corniola intarsiati che, secondo Carter, avevano adornato la mummia del re Amenhotep III.

All'ingresso della tomba furono riportati alla luce sei depositi di
fondazione, la maggior parte con gli utensili intatti, vasi e offerte
di cibo. All'interno, il sepolcro era quasi spoglio, essendo stato
violato dai ladri durante o subito dopo il regno di Ramesse II

[8] Paterson a Olza: EES, Carteggio, 7 ottobre 1915 (dalla nuova sede degli uffici del
Fund, 37 Great Russell St).
[9] Tomba di Amenhotep III: Nicholas Reeves, [?], «British Museum Society Bulletin», n.
61, estate 1989, pp. 28 ss.

(1304-1237 a.C.), mentre la salma era stata trasferita più di un secolo dopo nella tomba di Amenhotep II, insieme ad altri sarcofagi reali.

Dopo poco più di un mese di proficuo lavoro svolto nella Valle, Carter fu richiamato al Cairo dal successore di Kitchner, Sir Henry McMahon, un uomo affabile il quale, fino al suo arrivo al Cairo in qualità di alto commissario per il «Protettorato», era stato ministro degli esteri del governo dell'India. Suo primo compito fu di occuparsi dei negoziati segreti con gli esponenti politici arabi, che Kitchner aveva iniziato prima della guerra e che miravano a convincere lo sceriffo della Mecca e, attraverso lui, le comunità musulmane a livello mondiale, a mettersi a fianco degli alleati. Era una politica inattuabile, ma si pretendeva che Carter, al pari dello stesso McMahon, facesse la sua parte con lealtà, se non con vera gioia.

Quando gli si chiedeva conto dell'attività da lui svolta in tempo di guerra, Carter rispondeva sempre che aveva prestato servizio come Messaggero del Re. In un certo senso era vero. Nel 1915, che fu un anno di importanza vitale, egli recapitò dispacci segreti per Sir Henry McMahon sotto il sigillo del Foreign Office, portò messaggi verbali e fece il traduttore nel corso degli scambi clandestini che avvenivano tra funzionari britannici e francesi e i loro contatti arabi. Non era un agente segreto o un ufficiale del servizio informazioni, sebbene fosse inevitabile il suo coinvolgimento nelle attività dei servizi informativi dello stato maggiore. A rigor di termini, non poteva neanche sostenere di essere un autentico membro di quel gruppo selezionato denominato dei Messaggeri del Re [10], il cui distintivo è il blasone reale con pendente d'argento che raffigura un levriere e le cui origini risalgono alla guerra civile inglese. A dire il vero, Carter era un messaggero *sui generis*, ma la sua attività era nondimeno estremamente importante. L'appellativo di Messaggero del Re avrebbe finito per avere un significato più appropriato e, fino a quel momento, imprevisto.

Carter, come molti altri appartenenti alla comunità inglese i quali avevano prestato servizio al Cairo fin dall'occupazione britannica, era venuto a sapere dell'esistenza del Corpo reale dei Messaggeri tramite uno dei suoi più insigni funzionari statali, il tenente Harry King «Bimbashi» Stewart degli Highlanders di Gordon. Stewart era un mito nell'esercito inglese, essendosi distinto nella campagna del 1882 e due anni più tardi con Redvers Buller nel Sudan. Fu il primo ufficiale inglese a essere insignito

---

[10] Messaggeri del Re: Foreign Office Establishment Records, FO Library; FO Lists. Vedi inoltre V. Wheeler-Holohan, *The History of the King's Messengers*, London 1935; e George P. Antrobus, *King's Messenger 1918-1940*, London 1941.

del grado di bimbashi, o maggiore, nell'esercito egiziano, ma le ferite e il cattivo stato di salute lo costrinsero a ritirarsi. Al Cairo fu un personaggio di spicco e nel 1895 Lord Salisbury, in qualità di ministro degli esteri, lo nominò Messaggero della Regina. Si trattava di un titolo e di un ruolo che il quarantenne Carter sarebbe stato orgoglioso di assumere nel Cairo del tempo di guerra, anche a rischio di essere strappato dalla Valle dei Re. Ma prima che la campagna dei Dardanelli volgesse al termine e un'armata inglese in Mesopotamia cadesse in una trappola ben predisposta a Kut el-Amara, ritornò nella Valle, avendo litigato con l'esercito e con l'alto commissariato al Cairo.

Quanto avvenne di preciso non fu mai rivelato né da Carter né da documenti ufficiali, ma è probabile che il suo carattere poco socievole e i suoi modi grossolani nel rivolgersi alle autorità gli abbiano creato nemici fra i superiori civili e militari. Oltre a ciò, nel recapitare importanti messaggi da e per i rivoluzionari e i disertori arabi, faceva da interprete agli ufficiali dell'esercito e della marina che interrogavano le «reclute» arabe. Forse fu contrario all'intero piano dei cospiratori del Cairo, che si basava in gran parte sulla supposizione di Kitchner, secondo cui il califfato si sarebbe trasferito da Costantinopoli alla Mecca allo scopo di impedire che il suo controllo cadesse nelle mani degli alleati russi. Se le cose stavano così, egli era in buona compagnia, in quanto metà del governo britannico, il viceré e gran parte dello stato maggiore imperiale avevano fatto le stesse obiezioni. Quale che fosse l'effettiva causa del disaccordo, come sempre Carter mantenne il suo punto di vista, affermò che tutti gli altri, da Sir Henry McMahon fino al più modesto segretario, avevano torto mentre lui aveva ragione, e quindi nell'ottobre del 1915 fu destituito dal servizio della corona. Le autorità avrebbero potuto risparmiarsi il fiato. Carter si trovava già a Tebe, a progettare i lavori di scavo che avrebbero portato alla scoperta della tomba rupestre della regina Hatshepsut.

La parte da messaggero svolta nell'amministrazione egiziana in tempo di guerra nell'ambito di un puerile schema politico era stata niente altro che una fastidiosa interruzione nel perseguimento del suo fine principale. Appena si destava, ogni suo pensiero andava alla Valle e a ciò che riteneva fosse la concreta possibilità di trovare una sola tomba reale inviolata, nascosta con tanta abilità da sottrarla alle attenzioni dei ladri più esperti.

Durante l'inverno 1915-16, negli strascichi del disastro dei Dardanelli e dell'assedio di Kut el-Amara, nonostante le dicerie e i maneggi che circolavano in ogni bar d'albergo del Cairo, Carter si recò ancora una volta a Luxor, apparentemente per prendersi qualche giorno di riposo. «In modo del tutto imprevisto mi trovai coinvolto in tutt'altra attività», scrisse. In seguito all'assenza dei funzionari che erano andati tutti ad arruolarsi, la regione era di nuovo in balia di cricche concorrenti di rapinatori [11]. Ovunque si davano da fare squadre di ricerca. Carter aveva stabilito la sua residenza al villaggio di Qurna, si era munito di una grande mappa della Valle che aveva disegnato in modo accurato durante il suo esilio al Cairo e progettato per essere certo di non avere tralasciato un centimetro delle pendici rocciose sulle quali si sarebbe potuta nascondere una sepoltura reale.

Un pomeriggio un abitante del villaggio arrivò senza fiato per dirgli che era stato effettuato un ritrovamento in una zona solitaria sul fianco occidentale dei pendii che sovrastavano la Valle. Prima che Carter potesse prepararsi a fronteggiare la minaccia dello scavo abusivo, saltò fuori una squadra concorrente di scavatori bene armati e ne derivò uno scontro vivace. La squadra regolarmente autorizzata si allontanò per leccarsi le ferite e per meditare vendetta. A Carter fu chiesto di intervenire per impedire un ulteriore spargimento di sangue. In tutta fretta radunò una squadra di operai che si erano sottratti al reclutamento nell'esercito egiziano e si diresse verso il luogo dell'azione, arrampicandosi sulle colline al di sopra di Qurna fino a un'altezza di oltre 600 metri al chiaro di luna e calando poi dall'altra parte fino al ciglio di un precipizio.

Quando arrivò era mezzanotte e una guida gli indicò una corda che penzolava sulla parete a picco. Sporgendosi dal margine della rupe riuscì a sentire i ladri all'opera. Tagliò la corda, precludendo così la loro via di fuga, poi ne fissò un'altra per sé e si calò, per dirla con lui, «lasciandomi scivolare giù lungo una corda a mezzanotte, per andare a cadere in mezzo a un covo di abili predatori di tombe». Ridimensionando considerevolmente la situazione, aggiunse che un diversivo del genere «perlomeno non manca di risvegliare una certa eccitazione». Erano all'opera otto uomini, i quali rimasero talmente impressionati dalla miracolosa apparizione dell'inglese che fecero la loro uscita di scena servendosi della sua corda.

Il resto della notte lo trascorse in modo scomodo e senza dormire in attesa dell'alba. Allo spuntare del giorno fu in grado di fare un esame accurato. Scoprì che l'ingresso era sul fondo di un crepaccio naturale, cancellato dal perpetuo logorio del vento e dell'acqua, a 40 metri dalla sommità della rupe da cui lui stesso si era calato e a una settantina dal fondo della valle. La cavità guardava verso occidente e il sole nascente splendeva abbastanza da illu-

---

[11] Inverno 1916: Charles Breasted, *Pioneer to the Past*, London 1948, p. 309; avventura a Qurna: Carter, *The Discovery*, cit., pp. 79 ss.

minare l'apertura poco appariscente, celata in modo tanto astuto
che «né dalla cima né dal fondo era possibile coglierne il minimo
indizio». Di lato, un passaggio di 17 metri si fondeva con la parete
della rupe e procedeva ad angoli retti. Il breve varco, inoltrandosi
nell'interno del dirupo, si trasformava in un transito in brusca
pendenza che scendeva in una camera di circa sei metri quadrati.
Il posto era pieno di materiale di scarto, ma la prima squadra di
ladri era riuscita a scavare un tunnel lungo 27 metri, che partiva
dalla camera e che Carter fu appena in grado di percorrere avanzando carponi. Avendo accertato la disposizione del sepolcro,
fece scendere i suoi operai, che lavorarono per ventotto giorni e
ventotto notti a turno, per togliere via i rifiuti. Dapprima salivano
e scendevano con la corda, a forza di gambe e di braccia, per
assicurarsi l'accesso e il ritorno dopo i loro duri periodi di lavoro.
Comunque, di lì a qualche giorno, fu montato un paranco scorrevole, sicché potettero calarsi giù in fondo alla valle o tirarsi su
come volevano. Carter si fece fare una rete, in modo da poter
essere calato dalla sommità del dirupo con una certa sicurezza.
     La grande eccitazione provocata dal ritrovamento si tramutò
presto in una delusione. Senza dubbio, una tomba così bene dis-
simulata doveva contenere un tesoro meraviglioso. Ma il vuoto
spettrale che li attendeva fece svanire quella speranza. Il sepolcro non era stato terminato né occupato. Tuttavia esso conteneva
un grande sarcofago di pietra arenaria, anch'esso incompiuto,
con una iscrizione che stava a indicare che si trattava di un'altra
tomba destinata alla regina Hatshepsut. Probabilmente, disse
Carter, quella «dispotica» gentildonna aveva dato disposizioni
affinché fosse costruita per lei quella tomba in quanto moglie di
Thutmosi II. Quando più tardi si impadronì del trono e governò
come fosse un re, fu fondamentale che dovesse avere un sepolcro
proprio nella Valle (la tomba che Carter stesso aveva scoperto
nel 1903). La tomba in cima alle rupi era stata abbandonata e,
come quelle di tutti gli altri re, la tomba nella Valle aveva subìto
l'oltraggio della violazione dopo la sua morte. Come disse Carter, sarebbe stato meglio se l'avessero consigliata di attenersi al
suo progetto iniziale: «In questo luogo segreto la sua mummia
avrebbe avuto una certa probabilità di evitare di essere mole-
stata: nella Valle non ne ha avuto nessuna. Ha voluto essere un re
e del destino di un re è stata partecipe».
     Avendo fatto fiasco ancora una volta, Carter trascorse il Natale
del 1916 a Luxor. Quando alla fine dell'anno tornò al Cairo, molte cose erano cambiate. Il generale che aveva assunto il comando
congiuntamente con Maxwell ai primi del 1916, Archibald Murray, il quale era stato capo dello stato maggiore imperiale, stava
preparando un'offensiva finale lungo l'antica strada costiera ro-

mana del Sinai in un tentativo di conquistare Gerusalemme.
Woolley si era imbarcato da Porto Said in missione di spionaggio
sullo yacht di Lord Rosebery, che era stato requisito, ed era stato
fatto prigioniero dai turchi. Lawrence era scappato per raggiungere l'obiettivo dei suoi desideri, cioè la regione centrale desertica dell'Islam, dove raggiunse il campo di Faisal figlio dello sceriffo. I turchi rimasero trincerati nel Sinai e presso Medina, la città
del Profeta. Malcom era ancora capo dello stato maggiore. Hogarth dirigeva l'Arab Bureau. Clayton era stato sostituito dal
maggiore Holdich in qualità di direttore del servizio militare di
informazioni.

Il personale del Savoy Hotel aveva quasi del tutto cambiato
aspetto. La guerra non stava andando bene e Carter si sentì mo-
ralmente obbligato a offrire spontaneamente i suoi servigi, ma
erano poche le probabilità che potesse utilmente giovare al caotico sforzo degli alleati. Era ancora il sognatore solitario, un uomo
appartato, taciturno, che si gingillava con i geroglifici, che disegnava il tracciato delle tombe in base a quanto ricordava del
papiro di Amherst e di altri, oppure studiava la sua grande mappa disegnata a matita che rappresentava la Valle delle Tombe dei
Re, il posto che tutti gli esperti, compreso lo stesso Maspéro,
avevano deprezzato come una necropoli vuota, esaurita e priva
di valore.

Seguirono nove mesi di avvenimenti che sconvolsero tutto il
mondo e che, secondo le apparenze, lo lasciarono indifferente [12].
Nel marzo del 1917, mentre Murray al quartier generale di Ismailia faceva marciare il suo esercito da Arish a Gaza, come prima
fase della sua adesione all'ordine emanato da Londra di attaccare con maggiore energia e di «espugnare Gerusalemme», il suo
collega in Mesopotamia (Iraq), Sir Stanley Maude, entrava a
Baghdad e proclamava l'indipendenza del paese. Il telegramma
dell'agenzia Reuter completò quella notizia riferendo che il governo provvisorio di Kerenskij aveva assunto il controllo di Pie-
trogrado e che lo zar aveva abdicato. Il 20 aprile si rinunciò all'e-
sitante avanzata di Murray su Gaza. Mancando un numero sufficiente di soldati, almeno altre due divisioni, il General Officer
Commanding britannico ritenne l'impresa inattuabile. A maggio,
fu comunicato a Murray che sarebbe stato sostituito dal generale
Sir Edmund Allenby, detto «Toro», appena reduce da una campagna incerta ad Arras sul fronte occidentale. Lloyd George aveva voluto che ad assumere l'incarico fosse Jan Smuts, ma questi
aveva rifiutato. La decisione di mandare Allenby fu un altro di
quei colpi del destino che a quanto pare sono capitati a Carter in

[12] Cairo e Baghdad nel 1917: Winstone, *The Illicit Adventure*, cit., pp. 240 ss.

ogni momento critico della sua vita. Negli anni seguenti sarebbe stato molto a contatto con il nuovo comandante dell'esercito. Per il momento, Allenby si fece un'opinione favorevole della situazione imbarazzante in cui si trovava Carter: non aveva niente da fare e aveva fama di essere una persona praticamente inabile al lavoro. In fin dei conti, era stato licenziato alla fine del 1915. Nel settembre del 1917, gli fu detto che poteva prendersi un permesso illimitato e, per così dire, proseguire l'attività di scavo a volontà.

«Nell'autunno del 1917», scrisse Carter, «si inaugurò effettivamente la nostra campagna nella Valle [13].» «La difficoltà», aggiunse, «consisteva nel sapere da dove incominciare.» Il materiale di scarto tirato fuori da precedenti scavatori copriva tutta la Valle e Carter osservò che «non si era mai tenuto nota delle aree che erano state completamente esplorate e di quelle che non lo erano state affatto» [14]. Questa era la verità sostanziale, ma l'autore americano Thomas Hoving, fra gli altri, l'avrebbe definita una «strana dichiarazione», sostenendo che da certi appunti non meglio identificati nell'archivio del Metropolitan Museum di New York «risulta molto chiaramente che Carter aveva effettuato un'indagine accurata dei luoghi dove erano andati i primi esploratori e che aveva un'idea assai precisa di quelli in cui avrebbe trovato un territorio vergine». Questo era anche vero, ma niente affatto riprovevole. Un successivo soprintendente di quel famoso settore per il Medio Oriente del museo americano, Charles Wilkinson [15], si spinse più oltre: «Carter non volle mai che qualcuno venisse a conoscenza della sua tecnica; infatti, badate, stava sempre progettando... di mettersi a cercare la leggendaria tomba di Alessandro Magno e, suppongo, volle tenere per sé tutti i suoi metodi, anche quelli basati sui risultati di una logica deduttiva – e anche in ciò si dimostrava geniale». Era in grado, affermò Wilkinson, di trarre indicazioni dalle pietre della Valle sparpagliate a caso, «che esprimevano un linguaggio in cui nessun altro sarebbe lontanamente riuscito a raccapezzarsi». Quale che fosse la verità di questa congettura – e bisogna ammettere che, se Carter parlò con Wilkinson degli scavi eseguiti in Egitto per cercare la «tomba» di Alessandro, almeno fino a quel momento non ne fece cenno con nessun'altra persona né affidò ai suoi diari questa sua strana aspirazione – bisogna riconoscere che il centro della sua attenzione non si spostò mai di molto dalla Valle dei Re fin dal momento in cui aveva messo piede in Egitto.

---

[13] Citazione: Carter, *The Discovery*, cit., p. 82.
[14] Lavori di scavo nel 1917: ivi; e Romer, *Valley of the Kings*, cit., pp. 245 ss.
[15] Wilkinson: Thomas Hoving, *Tutankhamun: The Untold Story*, London 1979, p. 58.

Alla fine del 1917 scrisse a Carnarvon, prospettando che avrebbe dovuto prendere come punto di riferimento il triangolo di base «costituito dalle tombe di Ramesse II, Merneptah e Ramesse IV». Non c'era alcun segreto riguardo al suo progetto o alla sua convinzione secondo cui si trattava di un'area «in cui speravamo di poter trovare la tomba di Tutankhamun».

Se le sue annotazioni particolareggiate gli dicevano esattamente che cosa era stato studiato a fondo e ciò che non lo era stato nel corso di un secolo e mezzo di scavi sistematici e di millenni di saccheggi, il saperlo non gli era stato di nessun giovamento nel passato. E poco lo avrebbe avvantaggiato nei mesi che seguirono.

Convinto che i mucchi di rifiuti che circondavano le tombe nascondessero un terreno incontaminato, iniziò la sua nuova campagna nell'assoluta certezza che avrebbe scoperto un sepolcro. Durante l'attività svolta nella prima stagione, dal novembre 1917 al marzo 1918, fu spostato un immenso cumulo di rifiuti e si arrivò fino alle fondazioni della tomba di Ramesse VI. Nel suo già citato resoconto di quello scavo troviamo una frase dal valore profetico: «Qui ci siamo imbattuti in una serie di baracche per gli operai, costruite su ammassi di ciottoli di silice, e di solito nella Valle questi ultimi stanno a indicare che si è nelle immediate vicinanze di una tomba». Decise che per ampliare lo sgombro avrebbe chiuso ogni accesso alla tomba dei Ramesse, noto punto di ritrovo dei visitatori. Alla fine, l'attività stagionale non produsse altro che qualche *ostracon* (frammenti di vasi e scaglie di calcare su cui nell'antichità si scriveva e si disegnava). «Interessante ma non entusiasmante», annotò. Le ultime battaglie della grande guerra infuriavano mentre chiudeva l'area della Valle e tornava al Cairo per sopportarvi l'ultima calda estate di inattività.

La sua era stata una guerra ingloriosa. Molti colleghi archeologi avevano ricevuto il loro *Distinguished Service Order* o la loro *croix de guerre* su raccomandazione di Allenby o di politici inglesi e francesi e avevano proseguito per la loro strada. Lo stesso Allenby tornò al Cairo per assumere il grado di alto commissario, mentre lo sfortunato McMahon fu biasimato a causa delle conseguenze politiche dell'avventura con lo sceriffo della Mecca e Lawrence tornò in patria a crogiolarsi al transitorio calore degli stessi avvenimenti glorificati dai resoconti gonfiati di propagandisti di mestiere.

Carter, ossessionato dalla Valle che era diventata la sua casa, impassibile fino all'ultimo di fronte a una guerra che aveva lasciato mutilate l'Europa e gran parte dell'Asia Minore, non si preoccupò di tornare in patria quando ci fu l'armistizio, anche se aveva avuto notizia della grave malattia di suo fratello Verney, che era stato contagiato dall'influenza epidemica scoppiata nell'immediato dopoguerra. Verney e sua moglie Audrey si erano trasferiti dalla casa paterna situata in Fulham Road a Bowerdean Street, nel vicino quartiere di Chelsea. E fu lì che si spense Verney, le cui superbe incisioni avevano completato l'arte di Carter nel volume contenente il lavoro di copia eseguito a Deir el-Bahri e pubblicato da Naville nel 1895.

Carnarvon non vedeva l'ora di riprendere l'attività bruscamente interrotta nel 1914 e scrisse che sarebbe tornato in Egitto, insieme a Lady Carnarvon, verso la fine della primavera del 1919. Le risorse finanziarie necessarie per assumere una numerosa mano d'opera, allo scopo di effettuare un accurato rilievo topografico del suo «triangolo», per il momento erano garantite. Carter tornò nella Valle nell'ottobre del 1918, deciso a liberare completamente il triangolo delimitato sulla sua grande mappa reticolata dell'intera necropoli reale.

La prima cosa da fare consistette nel rendere disponibile un'area vicino ai lavori di scavo da poter usare come luogo di scarico dei rifiuti. Fu nel corso delle operazioni di sgombro del terreno scelto, nei pressi della tomba di Ramesse IV, che trovò qualche frammento che poteva risalire all'epoca del regno di quel re. Lavorava da quasi sei mesi, ripulendo il terreno con una forza di lavoro composta da oltre cinquanta operai, quando i Carnarvon arrivarono puntualmente nel marzo del 1919, proprio in tempo per assistere alla scoperta di un piccolo deposito segreto contenente tredici vasi di alabastro recanti i nomi di Ramesse II e di suo figlio Merneptah. Secondo Carter, probabilmente provenivano dalla tomba di quest'ultimo. «Poiché questo rassomigliava moltissimo a un vero e proprio ritrovamento», commentò, «che avevamo già effettuato nella Valle, era naturale che fossimo un po' eccitati e Lady Carnarvon, mi ricordo, volle per forza dissotterrare quei vasi, che erano dei magnifici esemplari, con le proprie mani.»

Carter, anche se non voleva ammetterlo, specie in presenza del suo mecenate, era sull'orlo della disperazione. Consultava frequentemente la sua mappa reticolata, la studiava attentamente notte dopo notte, persuadendosi che da qualche parte all'interno del triangolo in cui aveva deciso di scavare c'era un sepolcro sconosciuto. La sua era una prova indiziaria, non convincente. Riassunse così la situazione: «Fatta eccezione per il terreno occupato dalle baracche degli operai, avevamo ormai sviscerato tutta quanta la nostra area triangolare e non avevamo trovato nessuna tomba. Ero ancora speranzoso, ma decidemmo di lasciare questo particolare settore finché non potessimo ultimarlo, iniziando molto presto in autunno, senza causare fastidi ai visitatori». Carter non amava i visitatori. Per quanto lo riguardava, erano

134        ALLA SCOPERTA DELLA TOMBA DI TUTANKHAMUN

un male necessario per l'Egitto, ma fornivano una buona scusa quando era costretto a riconoscere la sconfitta in una zona e a trasferirsi in un'altra.

Nel 1919, all'inizio dell'autunno, essi fornirono un motivo abbastanza valido per il trasferimento nella piccola valle laterale dove era stata localizzata la tomba vuota di Thutmosi III, scoperta da Loret nel 1898. Ai piedi della rupe che una volta aveva ospitato il sarcofago di Thutmosi scoprirono i depositi di fondazione di un sepolcro incompiuto, probabilmente progettato per lo stesso re.

I Carnarvon tornarono in patria, delusi ma con un residuo di speranza [16]. Porchy condivideva ancora la convinzione di Carter, chiaramente superstiziosa, secondo cui nell'angolo della Valle su cui avevano puntato la loro attenzione un giorno sarebbe stato trovato un re che si era disperso. Fecero ritorno per le due stagioni seguenti, che non fruttarono niente se non un interessante *ostracon* su cui era dipinto un tacchino selvatico, che secondo Carter era la più antica immagine conosciuta del galletto domestico. Era stato trovato tra la tomba di Ramesse IX e una camera sepolcrale non identificata della XVIII Dinastia. Carter concluse che doveva essere datato tra il 1425 e il 1123 a.C. e che rappresentava il genere se non il pollo vero e proprio, a cui si faceva riferimento negli annali di Thutmosi III, in quanto faceva parte del tributo portato a quel grande sovrano dai vassalli siriani e babilonesi. Si trattava di un ritrovamento importante, dal punto di vista archeologico, ma non ripagava Carnarvon della spesa di 50 mila sterline (una somma pari a quasi 2 milioni o, diciamo, a 3 milioni di dollari del giorno d'oggi) sostenuta nel corso di quindici anni di scavi all'interno e nei dintorni della Valle.

L'infruttuosa ricerca si protrasse fino alla stagione 1920-21 inoltrata. Nell'inverno di quell'anno Mrs Carter, ottantaquattrenne e gravemente malata, fu colpita da bronchite nella casa di cura di Chelsea in cui era stata ricoverata in modo da essere vicina ai figli Samuel e William, che abitavano in Fulham Road. Howard, come spesso accadeva in momenti di crisi familiare, stava scavando nella Valle quando giunse la notizia della morte della madre, dichiarata pazza in conseguenza del decadimento senile. Non sembra che Howard sia stato eccessivamente colpito dalla notizia. Non era stato mai particolarmente vicino a sua madre e, in ogni caso, lei aveva avuto un'esistenza lunga e abbastanza soddisfacente.

Se aveva intenzione di mantenere un interesse in Egitto, avrebbe dovuto trovare un argomento migliore di quello che fino ad

---

[16] Stagione 1919-20: Thomas Hoving, *Tutankhamun*, cit.; Carter, *The Discovery*, cit., pp. 81 ss.; McCall, *op. cit.*, p. 21.

allora era stato in grado di sostenere. All'interno del triangolo, ai piedi della tomba di Ramesse VI, rimaneva l'area di ciottoli di silice e delle antiche baracche per gli operai. Benché nel 1919 Carnarvon e Carter ci fossero andati vicini, la situazione non era stata studiata a fondo. Carter riteneva che la stratificazione dei materiali di scarto in quella regione alimentasse la speranza che da qualche parte, là sotto, ci fosse un sepolcro, ma nell'autunno del 1921 scavarono inutilmente. Carnarvon si era ormai abituato alla fiducia ottimistica di Carter, secondo il quale in mezzo alla desolazione della Valle era rimasta una tomba inviolata, ma la sua pazienza e le sue disponibilità erano sul punto di esaurirsi [17]. Alla fine, nell'aprile del 1922, l'uomo ricco e il suo assistente partirono alla volta dell'Inghilterra per rivedere i loro futuri progetti.

---

[17] Spese sostenute per il mantenimento di Carnarvon e del suo seguito: secondo il dottor Reeves, curatore onorario della collezione e dell'archivio Carnarvon di Highclere, il gruppo da lui costituito nel 1912 comprendeva il suo medico personale, dottor Johnson, la cameriera di Lady Carnarvon e un cuoco, oltre a Newberry e a Carter. Da notare che lo stipendio di Carter era salito da 400 sterline all'anno nel 1907 a 200 sterline al mese nel 1911 (Reeves, op. cit., p. 46; e McCall, op. cit., pp. 21 ss.).

# CAPITOLO NONO

# «La tomba dell'uccello»

L'immensa tenuta di Carnarvon, di quasi 15 mila ettari, comportava responsabilità e oneri a cui, per tutti i trent'anni o giù di lì trascorsi da che aveva ereditato il titolo da suo padre, egli aveva fatto fronte con spirito cortese e civile. Comunque, anche con il suo tenore di vita, il calo commerciale del dopoguerra imponeva la necessità di essere cauti. L'inflazione crescente e la riduzione delle entrate derivanti dalla tenuta rappresentavano degli sviluppi inquietanti. L'Egitto, l'altro termine di una equazione sconfortante, era diventato la causa di emorragia finanziaria. Carnarvon non aveva nessuna voglia di prestare ascolto ad altre teorie che promettessero mari e monti riguardo alla Valle dei Re, quando nel giugno del 1922 Carter giunse a Highclere, ansioso di avere l'occasione di srotolare la sua mappa reticolata e di guidare sua signoria attraverso il mare delle aree «tratteggiate» dove erano andati inutilmente perduti tanto denaro e tanta fatica [1].

Quanto affermavano tutti gli altri esperti, compreso lo scomparso Gaston Maspéro, e cioè che la Valle fosse esaurita, a Carnarvon pareva ormai vero senza ombra di dubbio [2]. L'anfitrione era poco incline a parlare ancora dell'argomento. Aveva deciso di farla finita con l'Egitto. Fare diversamente avrebbe voluto dire sprecare denaro. Ligio alle formalità, invitò l'ospite a unirsi a lui e alla figlia Lady Evelyn Herbert per le corse che si disputavano durante la settimana di Newbury. Deve esserci voluta tutta la capacità di recitazione, tutt'altro che irrilevante, di Carter per fingere di divertirsi e passare un giorno dopo l'altro fra i ricchi e i prodighi che scialavano sfrenatamente, mentre lui cercava un'altra sola occasione per offrire al suo magnanimo mecenate il massimo dei trofei. Non aveva mai assistito di buon grado a gare sportive di nessun genere e avrebbe preferito mille volte cavalcare un asino nella sua amata Valle che un campione del Derby a Epsom. Cionondimeno, attese pazientemente che l'eccitazione dell'ippodromo si spegnesse.

Giunto il momento, Carter mostrò d'essere un esperto negozia-

---

[1] Le decisioni di Carnarvon: Reeves, *The Complete Tutankhamun*, cit., p. 50.
[2] Punto di vista di Maspéro: Carter, *The Discovery*, cit., p. 76.

tore. Srotolò la sua mappa [3] e indicò l'area relativamente piccola che si doveva ancora finire di esplorare accanto alla tomba di Ramesse vi, con le baracche delle maestranze erette sui ciottoli. Carnarvon era al corrente del fatto che Carter aveva scavato là nel 1917 prima di chiudere la tomba a causa dei «visitatori» in attesa di «un'altra occasione» e che, dopo il suo arrivo nel 1919, l'ulteriore lavoro di scavo non aveva rivelato niente di importante. La cosa lo lasciava imperturbato. Era venuto il momento di fermarsi. Allora, forse facendo leva sulla nota debolezza del padrone di casa per le scommesse, Carter dichiarò di essere deciso a fare un ultimo sforzo per trovare la tomba, che secondo lui non era stata ancora manomessa e, se necessario, di essere disposto a finanziare personalmente la ricerca. L'offerta colse Carnarvon di sorpresa [4]. Egli sapeva che Carter aveva guadagnato del denaro grazie alla sua abilità di commerciante in oggetti antichi e che i collezionisti, compreso lui stesso, avevano cercato e pagato i suoi consigli (le registrazioni nell'agenda di quell'anno parlano della vendita di anelli d'oro, di ceramiche e di una testa bronzea per diverse centinaia di sterline e dell'acquisto di articoli analoghi; c'era inoltre una nota relativa a un pacchetto azionario del valore di circa 4000 sterline), ma i suoi emolumenti e i suoi risparmi non erano sufficienti per intraprendere una piena attività di scavo in Egitto [5]. Forse il Metropolitan Museum di New York sarebbe stato disposto a rilevare la concessione. Herbert Winlock aveva avuto modo di recente di esaminare al museo le brocche, le tazze e le bende di lino che Theodore Davis gli aveva permesso di portare in America nel 1909. Poi Winlock aveva scritto a Carter [6] per comunicargli la sua tardiva scoperta: sugli articoli d'argilla non c'era soltanto il sigillo di Tutankhamun ma anche quello della necropoli reale, il che stava a dimostrare senza ombra di dubbio che il giovane re era stato sepolto tra defunti rispettabili e non, come era capitato al suo predecessore e presunto suocero Akhenaton, in una tomba da eretico.

Sembra che Winlock si sia spinto oltre nelle sue deduzioni. Tho-

[3] Mappa della Valle predisposta da Carter: Charles Breasted, *Pioneer*, cit., pp. 300 ss.
[4] Colloquio tra Carter e Carnarvon: ivi. Vedi, inoltre, Leonard Cottrell, *The Lost Pharaos*, London 1950, pp. 149 ss.
[5] Disponibilità economiche di Carter: Reeves, *op. cit.*, p. 47, per conoscere i particolari della corrispondenza tra Carnarvon e Wallis Budge del British Museum, inerente all'acquisto di oggetti antichi con la mediazione di Carter. Per esempio, ecco quanto Budge scrive a Carnarvon: «Morgan aveva comprato il manoscritto copto che voi rifiutaste per 80.000 sterline [300.000 dollari circa]», una cifra che C[arter] «non avrebbe certamente potuto accreditare».
[6] Winlock: Thomas Hoving, *Tutankhamun: The Untold Story*, London 1979, pp. 61 ss. Vedi inoltre McCall, *op. cit.*, pp. 22 ss., la quale avanza l'ipotesi che le conclusioni cui era giunto Winlock potrebbero spiegare «perché il Metropolitan Museum era disposto a rilevare la concessione».

mas Hoving, il funzionario del Metropolitan Museum il quale era
in grado di intervistare molte delle persone che conobbero sia
Carter che Winlock quando erano in vita, e che studiò nei particolari la corrispondenza del Metropolitan Museum allo scopo di
fornire una propria spiegazione controversa dell'argomento,
scrisse quanto segue:

Tuttavia Winlock dedusse molto di più di quanto l'evidenza consentisse. Alla
fine fu in grado di dimostrare che parte del materiale riguardava la cerimonia
vera e propria della mummificazione di Tutankhamun. Gli altri oggetti erano
utensili usati per il convito finale tenuto secondo il rituale funerario all'interno
del sepolcro, poco prima che esso venisse sigillato per l'ultima volta. Winlock
aveva dedotto che la sostanza essiccata nei sacchetti di lino era il natron, che si
usava nell'imbalsamazione. Mettendo poi insieme tutte le prove, era risalito
non solo alla qualità del banchetto rituale, ma anche al suo menu, al numero dei
convitati e in parte agli abiti che essi avevano indossato. Otto persone, che
portavano ghirlande di fiori e foglie e fasce fermacapelli di lino, una delle quali
marcata con l'ultima data nota di Tutankhamun – il sesto anno del suo regno –
si erano spartite cinque anatre, un paio di pivieri e una coscia di montone,
mandati giù con birra e vino, e avevano reverentemente e accortamente spazza-
to con due piccole scope prima di andarsene. Al termine della cerimonia gli otto
sacerdoti o funzionari della necropoli – perché non si sa con precisione chi
fossero – avevano raccolto piatti, tazze e vasi di ceramica, riempiendo questi
ultimi con gli avanzi, e li avevano sepolti tutti in una buca appositamente scavata. Lasciare quei rimasugli in un sepolcro che simbolizzava le più pure manifestazioni della vita dell'aldilà avrebbe voluto dire insozzarlo.

L'avere arguito tutto questo dai resti di alcuni vasi, tazze e brandelli di lino risalenti a più di 3000 anni prima non era cosa da
poco. Hoving, diffidando dei motivi di Carter, disse che egli «aveva trattato in modo inadeguato la scoperta di Winlock», ritenendo che l'americano avesse stimato il vero significato del contenuto della buca appena lo aveva visto nel cortile del quartier generale di Davis. In realtà, il rapporto di Carter pubblicato nel suo
libro The Tomb of Tut.ankh.Amen riassumeva in modo preciso le
conclusioni tratte da Winlock: «Tutto questo, a quanto pare,
rappresenta il materiale che è stato usato durante le cerimonie
funebri in onore di Tut'ankhmanon e in seguito raccolto insieme
e messo via dentro i vasi». Carter chiariva che, poiché Davis non
intendeva prendere in considerazione i vasi, Winlock, che «ne
riconobbe immediatamente l'importanza», aveva sollecitato dallo stesso Davis il permesso di farli spedire al Metropolitan. Se
Carter non rese nota la versione di Winlock in merito al convito
funebre usando altrettante parole, può darsi che ciò sia dovuto al
fatto che egli non era del tutto convinto della sua veridicità sul
piano scientifico. In ogni modo, l'interpretazione storica di Winlock, così com'era stata enunciata nel 1922, esattamente quindici
anni dopo che i vasi e gli altri pezzi erano stati messi in salvo,
capitò per Carter al momento opportuno.

Carter era ormai fortemente impegnato nella compravendita di oggetti antichi per conto di facoltosi clienti. In realtà, era stato incaricato, su provvigione, di agire come negoziatore congiunto per il Metropolitan e per Carnarvon. La maggior parte dei tesori emersi dagli scavi di Davis e di Carnarvon, nonché molti di quelli donati generosamente e acquistati da Carter sul mercato privato, andarono a finire a New York, in quanto il British Museum era stato messo fuori combattimento dalla scarsità di fondi del periodo postbellico. L'esperienza di Carter nel trattare con i trafficanti di Luxor era ineguagliabile e le sue prestazioni erano ampiamente richieste. Ma il legame con il Metropolitan ebbe per lui un peso più decisivo di quanto facesse pensare la sua funzione di fornitore di antichità, dato che nella sua corrispondenza con Winlock c'è un'allusione implicita al fatto che il Museum aveva manifestato interesse a rilevare il contratto di Carnarvon.

Carter fece cenno a tale eventualità a Carnarvon durante il loro incontro? E, in caso affermativo, la presentò come una velata minaccia o semplicemente come un dato di fatto? Non esiste nessuna prova che Carter abbia parlato dell'argomento con il suo protettore. Tuttavia non c'è motivo per cui il soggetto non dovesse presentarsi per discuterne. In ogni caso c'erano altri motivi ugualmente convincenti per continuare ancora per un anno, non ultimo la dichiarazione del nuovo direttore generale Lacau riguardo alla sua proposta di modificare le norme relative all'indennizzo da riservare agli «scavatori stranieri»; cosicché, dal punto di vista finanziario, quello era il momento di intervenire. Quale che fosse il succo della discussione, Carter ottenne una tregua. Carnarvon acconsentì a proseguire ancora per una stagione.

In merito alla ferma volontà di Carter di insistere a scavare nella Valle, nonostante la predominante atmosfera di pessimismo, abbiamo un'altra testimonianza coeva. Durante la stagione 1920-21, dopo che Carnarvon aveva constatato di persona il lavoro svolto con entusiasmo da Carter e dalle sue squadre, mentre trainavano la loro ferrovia portatile – la chiamavano ferrovia «Decauville» – da una parte all'altra di quel triangolo cruciale [7] e scoprivano il nascondiglio dei vasi d'alabastro sopra la tomba di Merneptah, arrivò l'archeologa Gertrude Caton Thompson [8]. Costei trovò Carter che stava scavando con determinazione a fianco della tomba di Ramesse ix e contemplava ciò che secondo lui era il più antico disegno raffigurante un galletto domestico. Carter, il quale subodorava di essere in procinto di fare una

---

[7] Ferrovia decauville: John Romer, *Valley of the Kings*, London 1981, pp. 250-4.
[8] Gertrude Caton Thompson, *Mixed Memoirs*, [...], 1983, p. 83.

scoperta di fondamentale importanza, le disse «tutto avvilito che quello era l'ultimo anno in cui facevano ricerche infruttuose e che Lord Carnarvon, per conto del quale lui lavorava con una ottantina di operai, non poteva resistere molto più a lungo».

Alla luce di quanto accadde successivamente, e delle diverse interpretazioni date a quegli avvenimenti [9], è importante riconoscere il valore dell'eccezionale intesa instauratasi per caso tra Carnarvon e Carter. È improbabile che Carter tenesse nascosto al suo datore di lavoro qualche particolare significativo dei suoi colloqui e della sua corrispondenza con Winlock. I due uomini provavano piacere da un rapporto straordinariamente onesto e diretto, tenuto conto delle loro origini e delle loro personalità assolutamente dissimili. Prima della guerra, Carter aveva trascorso molti weekend a Highclere nelle pause delle operazioni di scavo e lui e Carnarvon erano in grado di parlare agevolmente e senza inibizioni del loro obiettivo comune. Per entrambi, l'ambizione trascendeva la soddisfazione finanziaria o la fama: la scoperta di quella tomba in mezzo a tutte le tombe reali della Valle, di una sola tomba, solamente una, era diventata un'ossessione.

Forse Carnarvon non è stato lo studioso di archeologia che i sostenitori della sua famiglia amano descrivere, ma non era neanche uno sciocco. Era generoso e pronto d'ingegno. Anche il realistico Carter era capace di snocciolare storielle divertenti tutto d'un fiato quando tutti e due gironzolavano insieme per i magnifici campi di Highclere o se ne stavano comodamente sdraiati in uno dei tanti salotti del castello. Era arrivato a conoscere Lady Carnarvon nello stesso modo privo di formalità e disteso. Inoltre egli senza dubbio sapeva, come lo sapevano molti dei suoi colleghi archeologi, che era stata l'immensa ricchezza assegnatale dal padre naturale, Sir Alfred Rothschild, a consentire a suo marito addirittura di mettere in bilancio, un anno dopo l'altro, il costo continuamente crescente del mantenimento dei suoi vasti possedimenti e delle operazioni di scavo in Egitto. Carter, poi, provava piacere delle attenzioni dell'attraente e svenevole figlia del suo protettore, Lady Evelyn Herbert. Il diario di Carter rivelava un'intimità che certamente faceva pensare a qualcosa di più di un rapporto formale. Subito dopo essere arrivato in Egitto all'inizio della stagione del 1922 aveva trascorso alcuni giorni al Cairo, durante i quali si era incontrato un paio di volte con Lord Northcliffe, il proprietario del *Times*, e gli aveva fatto visitare il museo del Cairo, prima di precipitarsi a casa sua a Qurna per prepararsi all'arrivo di «Evelyn», attesa per il 17 febbraio.

[9] Sulle diverse interpretazioni date agli avvenimenti: Hoving, *op. cit.*, pp. 72 ss.

Successivamente Carter parlò con James e Charles Breasted del suo incontro ad Highclere. Nell'ottobre del 1922 James Breasted andò a Oxford per ricevere una laurea *ad honorem*. Di lì a circa un mese avrebbe offerto a Carter i suoi servizi eccezionalmente preziosi di epigrafista di primo piano a livello mondiale. Secondo quanto riferì il professore, Carnarvon aveva espresso il suo apprezzamento nei riguardi di Carter, ma aveva dichiarato, con rammarico, che questi avrebbe dovuto abbandonare l'infruttuosa impresa:

Perciò egli [Carter] aveva intenzione di chiedere a Carnarvon che lo autorizzasse ad assumere l'impegno dei lavori ancora per un'altra stagione a sue proprie – di Carter – spese, usando la concessione di Carnarvon e gli stessi operai e la stessa attrezzatura di cui si serviva da anni; inoltre, se al termine di tale stagione conclusiva non avesse trovato niente, senza esitare e con la coscienza pulita avrebbe ammesso la necessità di andarsene dalla Valle. Se, però, d'altro canto, avesse scoperto qualcosa, essa sarebbe appartenuta a Carnarvon, come stabiliva il loro accordo in vigore da molto tempo.

Secondo Breasted, fu quella proposta estremamente corretta a stimolare l'istinto sportivo di Carnarvon e gli fece cambiare idea: «sue spese, e non a spese di Carter». Il 5 ottobre 1922 Carter partì da Londra diretto a Marsiglia, dove si imbarcò sulla motonave *China*. Il 28 ottobre era a Luxor [10].

Prima di lasciare Londra, dove aveva preso la residenza in un nuovo e lussuoso appartamento al numero 11 di King Street, nel quartiere di St James, aveva passato un po' di tempo con Newberry e Quibell. Disse loro che era stanco di vivere solo in Egitto e che cercava compagnia. Pensarono che, dopo lunga attesa, dovesse aver conosciuto una donna e che intendesse sposarla. I due uomini incontrarono i Breasted a Londra, mentre erano diretti in Egitto, e parlarono con loro dell'imminente «lieto evento», rivelato in confidenza da Carter. Ma gli americani, quando arrivarono a Luxor una o due settimane dopo, appresero che Carter stava parlando non di una moglie ma di un canarino. Il piccolo compagno dal colore giallo accompagnò in gabbia Carter dall'Inghilterra e ben presto il suo allegro canto all'esterno della casa di Qurna richiamò da ogni parte la gente del luogo. Nella loro regione agricola non esistevano uccelli canterini e non avevano udito niente di simile prima di allora. «L'uccello porterà fortuna», dissero dopo avere ascoltato i suoi trilli musicali.

Con una mano d'opera formata da quasi cento operai e da tre capisquadra, Carter cominciò a lavorare il primo novembre, concentrandosi su una piccola sezione di terreno che egli aveva con-

---

[10] Ritorno di Carter: Carter, *The Discovery*, cit., cap. v. Versione di Breasted: Charles Breasted, *Pioneer to the Past*, cit., pp. 323 ss.

trassegnato per effettuare il suo ultimo tentativo, esattamente a nord-est della tomba di Ramesse vi [11]. I neri dirupi a picco e le alte colline si ergevano sullo sfondo come a disapprovare quel modo di procedere, facendo apparire le tombe dissotterrate della Valle cose prive di senso. Carter cominciò a scavare verso sud. Allo scopo di spianare la strada, i suoi braccianti dovettero portare alla luce le baracche degli operai che erano state costruite nel xii secolo a.C., suppergiù all'epoca dell'esodo, per alloggiarvi i braccianti adibiti alla tomba dei Ramesse. Risultò che esse facevano parte di una proprietà degli operai, che si allungava a sud in direzione del progettato scavo di Carter, unendosi alla fine a un altro gruppo di baracche sull'altro lato della Valle, scoperto da Davis dieci anni prima quando lavorava alla cripta di Akhenaton. La sera del 3 novembre, essi avevano fatto abbastanza pulizia intorno alle baracche in modo da scavare il terreno sottostante a una profondità di circa un metro.

È importante seguire le mosse di Carter come lui stesso le ha registrate. Quando quel sabato mattina arrivò nella zona, c'era un insolito silenzio. Carter avvertì istintivamente che qualcosa di eccezionale era accaduto. Un caposquadra dichiarò che al di sotto della prima delle baracche che essi avevano demolito era stato scoperto un gradino tagliato nella roccia. Sembrava troppo bello per essere vero. Carter ordinò agli uomini di continuare a scavare. Un'ulteriore rimozione ben presto rivelò che effettivamente si trovavano nell'adito di un sepolcro costituito da un ripido taglio nella roccia, a una quarantina di metri sotto l'ingresso della tomba dei Ramesse e leggermente spostato a destra rispetto al punto da cui si osservavano le entrate. Secondo Carter, si trattava di un taglio di forma nota che spesso nella Valle denunciava la presenza di una scala d'accesso a incasso. «Mi arrischiai quasi a sperare che alla fine avessimo scoperto la nostra tomba», avrebbe scritto in un momento di calma riflessiva. All'atto della scoperta la calma non c'era.

Diversi anni dopo, mentre era impegnato in un giro di conferenze negli Stati Uniti, Carter avrebbe fornito al dirigente dell'ufficio che curava l'agenda dei suoi appuntamenti una versione un po' diversa in merito alla scoperta, spiegando che era stato l'operoso acquaiolo, il quale scavava nella sabbia con un bastone come facevano i suoi antenati, a colpire per primo la dura superficie di un gradino di pietra e poi, mettendosi a correre «a tutta velocità finché le gambe lo avessero retto», a portare la sensazionale notizia. Carter chiarì inoltre che la scoperta da parte del «membro meno importante della squadra» *non* era stata fatta sotto la ba-

---

[11] Periodo 28 ottobre-6 novembre 1922: Carter, *The Discovery*, cit., pp. 86 ss.

racca come detto nel suo libro, «ma un po' fuori dell'area», nel punto in cui la sera avanti Carter aveva detto al suo caposquadra di cominciare.

Quale che fosse la versione più precisa, il gradino di calcare stava a convalidare la scoperta fortuita più memorabile di tutta la storia dell'archeologia. Carter non fu né il primo né l'ultimo archeologo a modificare la sua esposizione dei fatti sulla stampa o nel corso di un giro di conferenze, allo scopo di dare più rilievo alla sua impresa. Vale la pena di ricordare che quando la buona stella di Carter brillava, Leonard Woolley – il quale nel 1915 era in rapporto con lui al Cairo e aveva di recente riportato alla luce la città degli operai presso la vecchia area di Petrie a Tell el-Amarna – stava al momento cercando Ur dei Caldei in Mesopotamia (l'attuale Iraq), dove mostrava orgogliosamente le antiche dimore, dicendo ai suoi visitatori incantati: «È qui che abitarono Abramo e la sua famiglia».

Si continuò a lavorare febbrilmente, mentre per tutta la mattina del 5 novembre Carter esortò i suoi uomini a compiere il massimo sforzo. Nel pomeriggio vennero rimossi gli ultimi materiali di scarto che coprivano il varco nella roccia. Fu possibile fare emergere i bordi superiori di una scala su tutti i suoi quattro lati. «Era ormai chiaro e fuori discussione che ci trovavamo di fronte all'accesso a un sepolcro, ma continuavano a insinuarsi i dubbi nati da precedenti delusioni.» Si trattava forse di un altro falso allarme? Era questa un'altra delle tombe come quella di Thutmosi III, si chiedeva, incompleta e vuota? Ammesso che fosse stata portata a termine, possibile che solo questa tomba fosse stata risparmiata dai saccheggiatori?

Man mano che gli operai sgombravano i gradini uno alla volta, il dubbio si mescolava all'eccitazione. Il varco retrocedeva sul lato occidentale sotto l'inclinazione della roccia fino a diventare un passaggio coperto, alto tre metri e largo quasi due. All'altezza del dodicesimo gradino, si offrì alla vista la parte superiore di un vano di porta. Era bloccato da ciottoli, intonacato e sigillato. Al colmo dell'agitazione, Carter esaminò le impronte dei sigilli sulla porta, sperando di scoprire l'identità dell'occupante. Ma non riuscì a trovare nessun nome. Si potevano decifrare soltanto i noti sigilli della necropoli, su cui erano impressi Anubi, lo sciacallo sacro, e nove schiavi. Come minimo, questo particolare dimostrava l'esistenza di una connessione con la famiglia reale. Ma, ciò nonostante, era un altro sepolcro «fasullo», o semplicemente quello appartenente a un nobile che vi era stato sepolto con il consenso del re, oppure si trattava dell'estrema dimora del re a cui da tanti anni aveva dato la caccia? Gli interrogativi si accavallavano. Anche se si fosse trattato della tomba del re il cui nome

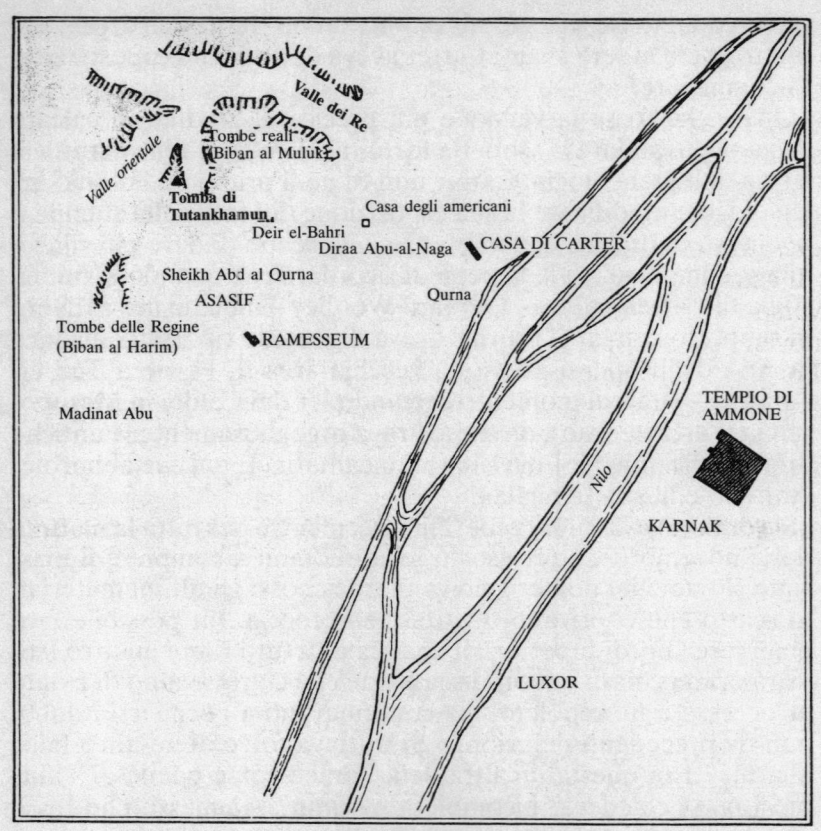

*La Valle dei Re, in cui sono visibili la casa di Carter, la casa degli americani e l'area delle Tombe delle Regine.*

non si azzardava neanche a pronunciare, in fin dei conti era un sovrano di secondaria importanza, molto probabilmente un semplice cittadino per nascita, quasi certamente giunto al trono grazie al matrimonio con una figlia del detestato Akhenaton. Se si fosse realizzata la sua speranza più ottimistica, il contenuto della tomba avrebbe giustificato la fatica e le spese sostenute fino a quel momento?

Ci volle tutta la sua forza di autocontrollo per non fare abbattere la porta. Al di là di essa poteva esserci qualsiasi cosa, nel vero senso della parola. Praticò uno spioncino, grande abbastanza per infilarci una torcia elettrica e lasciare una crepa attraverso la quale fosse possibile gettare lo sguardo. Riuscì a vedere soltanto pietre e detriti, che ostruivano il passaggio dall'altra parte da terra al soffitto. Ancora una volta cercò un sigillo, ma inutilmente. Se solo lo avesse saputo, a pochi centimetri sotto i rifiuti che rimanevano la porta presentava un'impronta nettissima del sigillo di Tutankhamun. Ma era tardi e la luce si affievoliva. Coprì lo spioncino, scelse i suoi operai più fidati perché facessero la guardia per tutta la notte e andò a casa a cavallo sotto il chiaro della luna. Mai in tutta la sua vita aveva provato una simile sensazione di euforia.

Il canarino cinguettava allegramente mentre Carter si dirigeva verso l'ufficio dell'Eastern Telegraph di Luxor il mattino del 6 novembre, per spedire il suo famoso telegramma a Carnarvon. Poi tornò al sepolcro che i suoi operai, che non dimenticavano mai di dare importanza a un talismano, avevano battezzato la «Tomba dell'Uccello». Ordinò loro di riempire l'accesso con pietre e materiale di scarto fino al livello di superficie e di coprirlo con i ciottoli di silice che già c'erano. Il sepolcro scomparve alla vista. «A volte mi accorgevo che era difficile convincere me stesso che l'intero episodio non fosse stato un sogno», scrisse.

# CAPITOLO DECIMO

# «Sì, sono cose meravigliose»

Per quasi tre settimane regnò una relativa calma, poi le porte delle chiuse si aprirono.

Prima di riprendere a lavorare il primo di novembre, Carter si era reso conto di non poter procedere nella sua impresa da solo, ragion per cui si era messo in contatto con un uomo col quale aveva lavorato nei primi tempi in cui era alle dipendenze dell'EEF, Arthur «Pecky» Callender, chiedendogli se poteva piantare in asso qualsiasi cosa stesse facendo e andare fino alla Valle. Callender approvava il modo accurato e sistematico con cui Carter impostava il suo lavoro. Il giorno seguente si mise in viaggio con Carter alla volta di Luxor, partendo dalla zona di Armant dove stava lavorando. Calmo, incrollabile e dotato di una eccezionale versatilità, sarebbe diventato il più fedele assistente di Carter.

Le minuziose annotazioni finanziarie di Carter fin dal suo arrivo dall'Inghilterra rivelavano che egli non era assillato dall'idea di penetrare nel sepolcro appena scoperto al punto da trascurare gli aspetti pratici della situazione. Annotò «retribuzioni a tutt'oggi 9 sterline» (per circa settanta operai), la vendita di articoli come un porcospino di ceramica per 45 sterline, l'acquisto di statuette di bronzo e di una bottiglia di vetro per 60 sterline, nonché investimenti in obbligazioni e azioni ordinarie per un totale di 6145 sterline.

I resoconti relativi al succedersi degli avvenimenti [1] nei giorni critici che seguirono l'arrivo di Callender, di cui è fatto cenno nel diario di Carter e nella sua pubblicazione posteriore *The Tomb of Tut.ankh.Amen*, presentano delle incongruenze. Ma le differenze non sono così importanti, e certamente non così sospette, come hanno indotto a pensare successivi studi in cui si parla di cospirazione.

La «brutta copia» del diario personale è avara di particolari, ma quanto registra in merito agli avvenimenti è estremamente importante in vista di tutto ciò che sarebbe accaduto in seguito.

---

[1] GI, agenda di Carter, 1922; e Carter, *The Discovery*, cit., pp. 88 ss. Sui particolari della tomba e sull'ordine in cui si procedette alla scoperta degli oggetti, cfr. Christiane Desroches-Noblecourt, *Tutankhamen: The Life and Death of a Pharaoh*, London 1963.

Nel primo volume della sua citata pubblicazione, Carter dichiarò di avere ricevuto due messaggi da Lord Carnarvon in risposta al suo cablogramma, nel primo dei quali si diceva: «Arrivo appena possibile»; e nell'altro: «Intendo arrivare Alessandria venti corrente». Sicché, secondo questa versione, Carter si recò al Cairo il 18 novembre, sostandovi tre giorni, per andare a prendere un po' di provviste e per ricevere il suo capo. Aggiunse: «Il 23 è arrivato a Luxor Lord Carnarvon con sua figlia Lady Evelyn Herbert, che lo ha accompagnato fedelmente in tutta la sua attività in Egitto. Ogni cosa era sotto controllo per dare inizio al secondo capitolo della scoperta della tomba». Il giorno 23 Callender aveva lavorato tutto il giorno a sgombrare lo strato superiore di rifiuti. Inoltre nel diario era annotato che Lady Evelyn era arrivata a Luxor insieme a Engelbach, un inglese che era ispettore capo ai monumenti dell'Alto Egitto.

Si procedette rapidamente. «Nel pomeriggio del giorno 24 la scala era tutta sgombra, sedici gradini in tutto, e potemmo fare un esame accurato del vano di porta sigillato.» Le impronte dei sigilli sulla parte inferiore della porta erano perfettamente riconoscibili e molte recavano il nome «Tutankhamun». Carter era sicuro di essere in procinto di entrare nel sepolcro di quel «monarca dai contorni indistinti, la cui permanenza sul trono coincideva con uno dei periodi più interessanti di tutta la storia d'Egitto». Eppure c'erano chiari segni di danneggiamenti perpetrati nel passato che avrebbero potuto ridurre a zero le speranze del presente. La porta rivelava di essere stata aperta e chiusa diverse volte e i sigilli che egli aveva scoperto in un primo momento, e che ritraevano il dio sciacallo con nove prigionieri, erano stati applicati al settore che era stato chiuso di nuovo, mentre quelli con il nome del giovane re coprivano la parte inviolata del vano di porta ed erano sicuramente quelli che in origine avevano difeso il sepolcro. In epoca imprecisata del passato, «non più tardi del regno di Ramesse vi», la tomba era stata profanata. La speranza, tuttavia, era sorretta dal fatto che il vano della porta era stato sigillato di nuovo. Forse i ladri non avevano portato via tutto ciò che conteneva.

Mentre si toglievano gli ultimi residui di rifiuti dalla scala di accesso, si fece una scoperta ancora più sconvolgente. Pezzi di vasi e cassette recavano i nomi di diversi re: Akhenaton, Smenkhkare, Thutmosi iii e Amenhotep iii, come pure quello di Tutankhamun. Perché questa mescolanza di nomi?, si chiese Carter. Stavano per scoprire un'altra di quelle miscellanee cimiteriali di oggetti della xviii Dinastia, ben note in quanto provenienti da altre tombe all'interno e attorno alla Valle, portate forse da Tell el-Amarna e lì depositate per motivi di sicurezza?

La testimonianza era inquietante. Il rapporto retrospettivo di Carter faceva pensare a una crescente preoccupazione. «Così stavano le cose la sera del 24», scrisse. Nel suo libro non menzionò il fatto di aver dormito quella notte nella tomba. L'appunto nel suo diario, relativo allo stesso giorno, così terminava: «Dormito stanotte nella tomba».

Carnarvon e sua figlia erano arrivati nella Valle dei Re pressappoco diciotto giorni dopo che Carter aveva spedito il suo telegramma in cui garantiva di avere effettuato una «scoperta meravigliosa», e il 25 novembre essi, Carter, Callender e un funzionario dell'ispettorato egiziano si fermarono al limitare della scoperta: davanti a loro stava il primo e unico sepolcro inviolato di un re dell'antico Egitto.

Quel giorno le impronte dei sigilli nell'intonaco della porta di pietra erano state fotografate e la porta stessa era stata rimossa. Callender aveva messo al lavoro i carpentieri affinché costruissero una grata di legno con cui sostituirla. Mentre si stava ultimando lo sgombro del ciarpame, Engelbach comunicò di avere ricevuto istruzioni da Pierre Lacau (il gesuita che nel 1913 era succeduto a Maspéro in qualità di direttore generale nel dipartimento alle Antichità) [2] di rimanere sul posto mentre si effettuava un'ispezione preliminare. Egli poté vedere il varco ostruito da ciottoli e detriti, come tre settimane prima lo aveva intravisto Carter attraverso il foro che aveva praticato nella porta esterna. C'erano indizi che confermavano la precedente rifinitura di una perforazione irregolare nella pietra originale di bloccaggio, che «coincideva con le riaperture e successive chiusure rilevate sulla porta sigillata». Al calar della notte avevano liberato buona parte del passaggio, ma non erano ancora riusciti a trovare nessun secondo vano di porta o camera. C'erano sparpagliati molti frammenti, ghirbe, vasi di alabastro fracassati e vasi decorati, che all'occhio esperto di Carter rivelavano la loro appartenenza a «qualche sepoltura messa a soqquadro».

Callender era alloggiato con Carter nella casa che si trovava nell'area di Qurna e che era diventata la sede permanente di quest'ultimo in Egitto, nota dappertutto col nome di Kasr Carter (cioè Castello di Carter). La notte del 25 rincasarono insieme per prepararsi al solenne ingresso nel *sancta sanctorum*, in cui sarebbero stati accompagnati, naturalmente, da Carnarvon e da Lady Evelyn. Non fu se non «verso la metà del pomeriggio» di domenica 26, disse Carter, che alla fine si scoprì una seconda porta. Gli operai avevano tolto di mezzo la rifinitura che mimetizza-

---

[2] Lacau: secondo Drower, *Flinders Petrie*, cit., p. 348, nell'ambiente archeologico lo chiamavano irriverentemente «Dio Padre».

va l'ingresso e Carter e i suoi compagni oltrepassarono la prima porta di legno e sgombrarono il varco pieno di rifiuti che conduceva a una seconda porta. «L'accesso e il passaggio rassomigliavano entrambi, quanto a pianta e a linea... alla tomba che conteneva il deposito segreto di Akhenaton scoperto da Davis nelle immediate vicinanze, il che sembrava confermare la nostra prima congettura, secondo cui avevamo scoperto un nascondiglio.» Quel giorno di fine novembre si sarebbe dimostrato «il giorno per eccellenza, il più meraviglioso che abbia mai vissuto pienamente e di sicuro quello di cui non potrò mai sperare di vedere una volta ancora l'uguale».

Ai fini di una precisa testimonianza e per cogliere lo spirito del momento, occorre tornare ai quaderni degli appunti.

*domenica 26 novembre*
Abbiamo tolto di mezzo febbrilmente gli ultimi rimasugli di spazzatura dal pavimento del passaggio davanti alla porta... su cui, dopo aver preso alcuni appunti preliminari, abbiamo fatto un buco molto piccolo nell'angolo in alto a sinistra... Il buio e il sondaggio fatto con una bacchetta di ferro ci hanno rivelato l'esistenza di uno spazio vuoto... Ci hanno dato delle candele... Ho allargato il foro e... ho guardato dentro... C'è voluto un po' di tempo prima di riuscire a vedere qualcosa. L'aria calda che usciva ha fatto vacillare la fiamma della candela, ma appena l'occhio si è assuefatto a quella luce incerta, a poco a poco l'interno della camera si è profilato indistintamente... con la sua strana e meravigliosa accozzaglia di oggetti di una straordinaria bellezza. Lord Carnarvon mi ha detto: «Riesci a vedere qualcosa?». «Sì, è meraviglioso», gli ho risposto. Poi, con precauzione, ho allargato il buco affinché potessimo vedere entrambi. Alla luce di una torcia elettrica e di una candela abbiamo guardato dentro. È difficile descrivere le nostre sensazioni e il nostro stupore... Le prime impressioni hanno fatto venire in mente il magazzino di attrezzi teatrali di un'opera lirica appartenente a una civiltà scomparsa. Abbiamo chiuso il buco, abbiamo chiuso a chiave la grata di legno che è stata applicata al primo vano di porta. Abbiamo inforcato i nostri asini e siamo tornati a casa, riflettendo su quanto avevamo visto.

L'ulteriore versione relativa alla scoperta della tomba rivela la capacità di Carter di ricostruire l'avvenimento con una prosa che sorprende per la sua perfetta armonia.

I particolari della stanza interna emersero lentamente dalla nebbia, rivelando strani animali, statue e oro, ovunque il luccichio dell'oro. Sul momento – agli altri deve essere sembrato di stare a guardare per un'eternità – rimasi ammutolito dalla meraviglia e quando Lord Carnarvon, incapace di sopportare più a lungo di essere tenuto sulla corda, chiese con ansia «Riesci a vedere niente?», tutto ciò che potei fare fu pronunciare le parole «Sì, cose meravigliose». Allora, allargando il buco un po' di più, in modo che potessimo vedere tutti e due, inserimmo una torcia elettrica.

Sembra che Engelbach non fosse presente quando la comitiva dei Carnarvon intravide di sfuggita i tesori del sepolcro. Carter non registra l'esatto viavai dei funzionari. Non c'è una tabella di marcia degli avvenimenti, tranne un appunto che dice che l'ispettore era stato «informato». Queste erano le precise parole del

diario: «Informato l'ispettore capo del dipartimento alle Antichità, il quale era con noi quando si è iniziato ad aprire la prima
porta, e gli ho chiesto di venire al più presto possibile, preferibilmente nel pomeriggio, per consentirci di predisporre un'installazione elettrica con cui ispezionare questa straordinaria e affascinante scoperta». Sicché, sebbene non ci fosse nessun testimone obiettivo dell'avvenimento, cosa che non era affatto inconsueta, al momento cruciale Carter aveva fatto tutto ciò che
era necessario sotto il profilo burocratico. Poche scoperte archeologiche nella storia sono state registrate meglio o più accuratamente di quella di Carter, nonostante le sue inevitabili lacune.
Raramente chi effettua lo scavo è sicuro di ciò che lo attende
dietro l'angolo e quasi mai invita la burocrazia a intervenire finché non è certo del fatto suo.

Nelle successive relazioni, Carter si dilungò su quanto registrato
nel suo taccuino in data 26 novembre. Due anni dopo l'avvenimento, in merito alle sue prime reazioni scrisse con sensibilità e
franchezza:

> Tremila, forse quattromila anni sono passati e scomparsi, da quando piedi
> umani hanno per l'ultima volta calpestato il pavimento su cui vi appoggiate, ma
> poiché notate le tracce di vita recente intorno a voi – la ciotola semipiena di
> malta per la porta, la lampada annerita, l'impronta digitale sulla superficie
> verniciata di fresco, la ghirlanda d'addio lasciata cadere sulla soglia – avete la
> sensazione che potrebbe essere accaduto appena ieri... Il tempo è annullato da
> piccoli particolari personali come questo, e voi vi sentite degli intrusi.

Seguiva poi il riconoscimento di emozioni, come mai in precedenza si era riscontrato nelle lettere o nei diari di Carter, rese in
una prosa semplice e diretta che non consente doppiezze: a proposito delle sensazioni ricordate, «la gioia per la scoperta, la febbre dello stato d'attesa, l'impulso quasi travolgente, nato dalla
curiosità, di spezzare i sigilli e di scoperchiare le cassette, l'idea –
gioia pura per l'investigatore – che siete in procinto di aggiungere
una pagina alla storia o di risolvere alcuni problemi della ricerca,
la forzata aspettativa – perché non riconoscerlo? – del cercatore
di tesori». Pensieri del genere attraversavano realmente la loro
mente? Oppure Carter se li era immaginati? Le sue domande
erano retoriche. «Non posso dirlo.» La sua memoria, disse, era
uno spazio bianco. Ciò nonostante, facendo un esame retrospettivo, fu in grado di elencare il contenuto della prima camera della
tomba prima di andare a letto, così disse, per «dormire tutti
quanti, quella notte, assai poco».

Secondo la testimonianza di uno dei suoi assistenti di professione, che intervennero dopo l'avvenimento, trascurò di dire che
dopo il rientro di Carnarvon e della sua comitiva a Luxor quella

notte a dorso d'asino, per concedersi il lusso di una dormita, si ristorarono e tornarono di nascosto al sepolcro.

Nel suo libro Carter descrisse la scena come se la osservasse a lume di fiaccola attraverso il piccolo foro praticato nella porta. Il particolare è emerso dall'eccezionale riassunto contenuto nell'annotazione dell'agenda del giorno 26.

Bestie misteriose quanto basta per attirare lo sguardo in qualsiasi momento: viste come le vedemmo noi, con le loro splendenti superfici dorate individuate nel buio grazie alla nostra torcia elettrica, come sotto la luce di un riflettore, e le teste che gettavano ombre fantastiche e deformate sulla parete dietro di loro, erano quasi terrificanti. Accanto, a destra, due statue attirarono e fermarono la nostra attenzione: si trattava di due figure a grandezza naturale di un re tutto nero, che si fronteggiavano come sentinelle, indossavano kilt d'oro e sandali d'oro ed erano armate di mazza e bastone, la fronte sormontata dal cobra sacro protettivo.

Egli descrive gli innumerevoli vasi, strani reliquiari neri, da uno dei quali faceva capolino un serpente dorato, mazzi di fiori e fusti di letto, un trono intarsiato d'oro, una catasta di scatole bianche a forma d'uovo, una tazza di alabastro traslucido a forma di loto, un mucchio indistinto di bighe capovolte, il ritratto di un re, ma sopra ogni cosa le statue che fungevano da sentinelle e che, a quanto pareva, montavano la guardia a entrambi i lati di una terza porta che occupava quasi l'intera parte terminale dell'anticamera orientata a nord. Le statue *ka* verniciate di nero erano a grandezza naturale, con su scritto «il *ka* reale di Harakhti, l'Osiride-Tutankhamun». Ma non c'era nessun re, nessuna bara né la minima traccia di una mummia.

Carter cominciò a intravedere la verità. La scoperta era appena cominciata. «Ciò che vedevamo era semplicemente un'anticamera.» Ormai era sicuro che dietro la porta sorvegliata, oltre le sentinelle del mondo degli inferi, ci fossero altre camere, esattamente come asserito nel Papiro di Amherst, «forse un susseguirsi di esse, [dove] senza la minima ombra di dubbio, avremmo trovato il faraone sepolto in tutta la sua sontuosa pompa funebre». Il primo ad avanzare l'ipotesi che la tomba avesse un altro ingresso segreto fu un componente della squadra di Carter, Alfred Lucas, in una modesta digressione scritta nel 1942, a venti anni dai fatti [3]. In un articolo pubblicato in un periodico di cultura scrisse: «È assodato che Lord Carnarvon, sua figlia e Mr Carter entrarono, prima dell'apertura ufficiale, nella camera sepolcrale e anche nella camera che fungeva da magazzino e che era priva di porta». L'americano Thomas Hoving, già direttore del Metropolitan

[3] Lucas: Alfred Lucas, *Notes on Some of the Objects from the Tomb of Tutankhamun*, *ASAE*, n. 41, 1942, pp. 135-47.

Museum di New York, in un ricorso presentato più tardi [4], avrebbe dato agli avvenimenti di quella notte la peggiore interpretazione possibile, avanzando cioè la presunzione del furto. In un articolo inedito di Carnarvon, trovato fra i documenti non inventariati del Metropolitan, si parlava di come Carter avesse effettuato un'apertura nella porta interna del passaggio, abbastanza larga da permettere l'accesso alla comitiva, «con difficoltà», fino all'anticamera e di come, nel silenzio della notte, festeggiassero la scoperta entrando in altre camere non ancora messe a verbale in atti ufficiali e non ancora notificate alle autorità egiziane. Hoving, drammatizzando il realistico articolo di Lucas e l'ammissione di Carnarvon, descrisse come Lady Evelyn, la più piccola della compagnia, entrasse per prima. «Appena proiettò la luce intorno a sé, restò di sasso di fronte a una miriade di vasi d'alabastro color bianco giallognolo che stavano in posizione verticale. Ben presto la seguirono gli altri.» Lucas non accennò al fatto che «Pecky» Callender era presente. L'articolo di Carnarvon e le ricerche effettuate da Hoving negli archivi del Metropolitan Museum fanno pensare che lo fosse. In una relazione descrittiva furono resi noti il contenuto dell'anticamera e le reazioni della comitiva di Carnarvon mentre effettuava la sua invasione notturna. La scena di cui parla Hoving è quella che Carter ricordò quando lo salutò il giorno seguente, il 27 (si capisce che la data sarebbe stata la stessa sia che l'ispezione avesse avuto luogo nelle ore piccole o in pieno giorno):

Dopo gli anni deprimenti di «fatiche inutili», avere avuto la fortuna di fare la più grandiosa ed eccezionale scoperta di tutta la storia dell'archeologia egiziana fu esaltante... È possibile immaginare la scena. Una cameretta buia, ossessionante... Centinaia e centinaia di oggetti, ciascuno dei quali meritevole da solo di un'intera stagione di scavo – sette mesi completi – ... un forziere di cose sontuose, arredi e opere d'arte... Il disagio, si può dire, di essere essi stessi degli intrusi tormentava il gruppo... un periodo lunghissimo era trascorso da quando un altro essere umano si era trovato dove loro si trovavano. Eppure sembrava fosse soltanto ieri...

La descrizione fatta da Carter dei tesori contenuti nell'anticamera ha il vantaggio di essere una nota illustrativa di prima mano. Il mattino seguente (il 27), scrisse, erano nell'area di buon'ora, nonostante non avessero dormito. L'intraprendente Callender installò i fili elettrici e si collegò con l'impianto di illuminazione di Carter che si trovava nella Valle. Carnarvon, fotografo appassionato ed esperto, fece delle istantanee della nuova porta (della porta, cioè, per la quale erano presumibilmente penetrati durante la notte) come avevano fatto per la prima, mentre Carter esaminava le impronte dei sigilli. La pietra coperta di in-

---

[4] Hoving: Hoving, *op. cit.*, capitolo IX.

tonaco che bloccava la porta venne quindi rimossa. A mezzogiorno era tutto pronto. In risposta alla nota del giorno precedente, Engelbach, a quanto pare richiamato altrove, mandò in sua vece il suo ispettore locale, Ibrahim Effendi. Munito di una derivazione provvisoria di luce elettrica, Ibrahim si unì alla comitiva di Carnarvon per «accedere in forma ufficiale» nell'anticamera. Carter, però, si preoccupava già dell'altra camera, quella situata al di là della parete settentrionale, intravista il giorno prima tra le statue a grandezza naturale. Ecco la sua relazione: «Con l'aiuto delle nostre potenti lampade elettriche molte cose che il giorno precedente erano rimaste al buio divennero chiare, sicché fummo in grado di procedere a una valutazione più precisa dell'entità della nostra scoperta. Nostro primo obiettivo fu naturalmente la porta sigillata visibile fra le statue. Ma qui ci attendeva una delusione».

L'osservazione affrettata del giorno prima aveva dato l'idea che il bloccaggio della porta fosse intatto. Esaminandolo, si scoprì che presentava un pertugio vicino alla base, appena sufficiente per permettere il passaggio di un ragazzino. «Allora non dovevamo essere i primi.» I peggiori timori di Carter di essere stati preceduti dai ladri di oggetti antichi sembravano sul punto di prendere corpo. Resistette all'impulso naturale di abbattere la porta e constatare come stessero le cose al più presto possibile. Con riluttanza, decise di soprassedere all'apertura della porta interna sigillata finché l'anticamera non fosse stata sgombrata, per garantire così che niente venisse danneggiato durante la delicata operazione di rimozione della porta di bloccaggio.

A distanza di cinquantasei anni Hoving, basandosi sulla testimonianza dell'articolo inedito di Carnarvon, prospetta l'idea che Carter già conoscesse ciò che stava oltre la porta interna, che la notte precedente egli avesse rimosso alcuni dei blocchi irregolari di pietra che denunciavano una precedente intrusione e fosse entrato con i piedi in avanti, seguito dagli altri componenti del gruppo.

La descrizione fatta da Carter della stanza più piccola oltre l'anticamera, registrata nei suoi taccuini e riportata poco dopo nel suo libro, ha il merito dell'immediatezza:

Lo stato in cui si trova questa camera interna (d'ora in avanti chiamata la *Dépendence*) è semplicemente indescrivibile. Nell'Anticamera si era cercato in certo qual modo di rimettere tutto a posto dopo la visita dei predatori, ma qui era tutto in disordine, esattamente come lo avevano lasciato... Non rimane libero neanche un centimetro di spazio del pavimento e, quando verrà il momento di sgomberare, sarà un problema assai difficile sapere da che parte cominciare. Finora non abbiamo fatto nessun tentativo di entrare nella camera, ma ci siamo accontentati di fare l'inventario dall'esterno... Essa contiene anche cose belle, più piccole di quelle contenute per la maggior parte nell'Anticamera, ma molte delle quali di squisita fattura... Credo che la scoperta di questa seconda camera, con il suo contenuto affastellato, avesse su di noi un effetto un po' calmante. L'eccitazione ci aveva fino a quel momento afferrato, senza concederci tregua per pensare, ma ora per la prima volta cominciavamo a renderci conto di quale compito portentoso avessimo di fronte a noi e di quanta responsabilità esso comportava... Per di più, le dimensioni della nostra scoperta ci avevano colto di sorpresa e noi non eravamo assolutamente all'altezza di occuparci della gran quantità di oggetti che ci stava davanti... Era chiaro che la prima cosa da fare fosse quella di mettere in salvo il sepolcro dal pericolo dei furti... All'ingresso del passaggio avevamo la nostra grata di legno... Dovemmo ancora una volta sobbarcarci la fatica di coprire la tomba.

Secondo Hoving, durante la «lunga notte» dell'intrusione, come lui la chiamava, Carter si era reso perfettamente conto che stava «invadendo» non solo la *dépendence*, cui si accedeva facilmente, bensì la stessa camera sepolcrale, dall'altra parte della massiccia porta murata che si trovava all'estremità settentrionale dell'anticamera. Callender, di complessione robusta, non poté infilarsi nel foro che Carter aveva fatto spostando con una leva una pietra che si era staccata, ragion per cui i tre membri più snelli del gruppo in grado di introdurvisi a forza penetrarono senza fiato nel sacro recinto. Servendosi generosamente di quanto successivamente riferì Carter, Hoving descrisse come, in una atmosfera carica di cospirazione, i chiavistelli d'ebano della grande porta murata vennero allentati per rivelare le porte di un tabernacolo interno al di là di uno schermo di «finissimo tessuto» di lino, «talmente diafano che sembrava fatto proprio con i granellini di polvere che popolano l'aria». Lo schermo di lino era ornato di fiori d'oro, uno dei quali cadde in mano a Carter. La porta del tabernacolo interno era sontuosamente coperta d'oro e di geroglifici. Al centro del tabernacolo c'era una corda arrotolata e intrecciata, bollata con il sigillo della necropoli reale. Carter viene raffigurato *flagranti crimine*, mentre faceva osservare ai suoi compagni «con voce soffocata» che la quiete del re non era stata turbata. Fra i tabernacoli si trovava un oggetto a forma di scatola, che Carter appurò essere d'oro massiccio, decorato con immagini di un Tutankhamun accovacciato, intarsiate di lapislazzuli, corniola e ossidiana, ciascuna delle quali aveva un ricciolo di lucenti capelli neri ricadente su un lato della testa. Carter riteneva che si trattasse di un «pezzo unico nell'arte egiziana». Si dice che se lo fosse messo in tasca per esaminarlo con comodo. Gli intrusi proseguirono verso nord, lungo quello che secondo Carter era un corridoio. Guardando alla sua destra, posò per caso lo sguardo su una visione sbalorditiva: nove remi di legno, sistemati in modo da servire al re durante il suo viaggio nell'eternità. Sulle pareti della camera, una serie di pitture ritraeva i rituali della preparazione della mummia, compresa una tradizionale «pesatura del cuore», una solenne rivendicazione finale di fronte agli dèi del vero valore del re in sembianza terrena. Ma Carter, secondo la sua personale versione fornita più tardi, fu deluso dalle pitture del sepolcro, in quanto «banali» per una struttura «eccezionale», sfortunatamente in contrasto con «i grandi, splendidi e imponenti edifici» tagliati faticosamente nelle rocce della Valle per famosi monarchi come Sethi I e Ramesse il Grande.

All'altezza dell'angolo nord-orientale della camera, guardando a oriente, c'era una porta aperta non sigillata. Proiettandovi la luce, scoprì un'altra stanza, di pianta quasi quadrata. Più tardi l'avrebbe chiamata stanza del «tesoro» o ripostiglio. Al centro di essa stava una grande scultura in legno di Anubis, il dio sciacallo, su un alto piedistallo sopraelevato, «di una bellezza tale da lasciare sbigottiti». Carter riteneva che fosse una delle più impressionanti opere d'arte che «avesse mai visto in vita sua». Carnarvon e la figlia gli si erano accodati. Callender, il quale non fece parola in merito a quei due primi giorni della scoperta, rimase presumibilmente nell'anticamera. C'era ben altro di cui occuparsi in quella che deve essere stata una delle più strabilianti avventure della storia dell'archeologia. C'era una testa di vacca a grandezza naturale, che rappresentava la dea Hathor, con tanto di corna d'oro. Dietro di essa, si imbatterono in un oggetto che fece «gridare Carter dalla meraviglia e dall'ammirazione». Si trattava di una cassa alta circa due metri e mezzo, sovraccarica d'oro e sormontata da una cornice scolpita con figure di cobra. Era circondata da statue in posizione eretta di quattro dee, ognuna delle quali era alta circa un metro. Le statue che erano di fronte e di dietro guardavano fisso in direzione della cassa a forma di tabernacolo, altre due guardavano al di sopra delle loro spalle, verso l'ingresso, come se facessero la guardia. In seguito Carter, scrivendo in merito alla scoperta, non si vergognò di dire che essa gli fece venire un nodo alla gola. Era il canopo, uno dei pezzi più famosi contenuti nel sepolcro.

Secondo Hoving, nella notte del 26 (c'è da supporre che le lancette dell'orologio avessero ormai superato la mezzanotte e che si fosse già al giorno successivo) continuarono a fare scoperte: altre due bighe d'oro, trenta scrigni, soltanto due dei quali erano stati aperti dai ladri, gioielli d'oro a profusione, compresa una magnifica collana con l'«avvoltoio», statuette d'oro di Tutankhamun, in piedi sulla schiena di leopardi neri e avvolte in lenzuola di lino.

Al termine di quella notte eccezionale, sulla soglia dell'anticamera, mentre si accingevano a uscire dalla tomba, si dice che Carter abbia gettato lo sguardo su una tazza di alabastro di una sottigliezza eccezionale, con una iscrizione in caratteri geroglifici che egli tradusse così : «Augurando al re di poter godere per milioni di anni i freschi venticelli che vengono dal nord e ai suoi occhi di vedere la felicità». Si dice che abbia messo in tasca la coppa, abbia richiuso il foro nella porta e sia tornato giù nella Valle insieme agli altri, «stranamente silenzioso e depresso».

Fu soltanto tre mesi dopo, il 17 febbraio 1923, che Carter registrò ufficialmente l'abbattimento della porta murata fra l'anticamera e la camera sepolcrale.

Tuttavia, ci fu un altro resoconto retrospettivo di quella movimentata giornata, fornito da un uomo il quale sosteneva di essere stato presente fin dall'inizio delle operazioni di scavo. Secondo la versione non avvalorata di questa stessa persona, Carnarvon designò un agente della polizia militare, il sergente Richard Adamson, come sua guardia personale addetta alla tomba [5]. Adamson era stato presente all'esecuzione di uno dei membri egiziani del partito wafdista, riconosciuto colpevole di avere tentato di assassinare il Sirdar dell'esercito, Lee Stack, e fu assegnato a Carnarvon affinché lo tenesse lontano dalla curiosità del pubblico. Adamson sostenne che alla fine del 1922 era stato incaricato di sorvegliare il sepolcro di notte e che, fino ai primi del 1923, dormì «sotto una tenda» vicino alla tomba e non all'interno di essa. Raccontò la sua storia cinquant'anni dopo all'autore di un libro pubblicato nel 1972, in cui si descrivono gli avvenimenti del 26 novembre più o meno come li ha riferiti Carter nel suo libro. Nel 1981 un giornalista che lavorava per conto di una rivista appartenente a una società petrolifera lo riportò sul posto della tomba a cui si diceva che avesse fatto la guardia. All'ormai ottantenne Adamson fu richiesto di esprimere un giudizio sulla faccenda dell'intrusione. «Impossibile», rispose. «Non avrebbero potuto passare tutta la notte nella tomba senza che io me ne accorgessi. Io ho dormito in cima ai gradini per tutta la notte. Chiunque fosse entrato o uscito avrebbe dovuto scavalcarmi.» Quanto all'entrare nella camera sepolcrale, «... non avrebbero mai potuto raggiungerla senza prima togliere di mezzo le centinaia di oggetti stipati nell'anticamera. Là dentro non sarebbe stato possibile muovere un passo».

Mentre il gruppo di Carnarvon partiva dalla Valle il giorno 26, si dice che Carter, rivolgendosi a Adamson, abbia detto: «Richard, questo è soltanto l'inizio. Dovrai rimanere di guardia ancora stanotte. Domani farò in modo di ottenere la protezione della polizia».

La testimonianza di Adamson ha tutta l'aria di derivare da un

[5] Adamson: John Lawton, *ARAMCO World*, vol. 32, n. 6, 1981.

ricordo chiaro e veritiero. Egli raccontò la sua storia davanti a platee straniere su e giù per la Gran Bretagna. Si dice anche che della sua avventura egiziana abbia fatto un resoconto personale al principe Carlo. Non si deve tuttavia accettare che la sua versione soppianti quella di Carter. Essa attende di essere avvalorata e deve essere ulteriormente riesaminata alla luce della prova successivamente fornita dalla rimozione degli oggetti dalla tomba.

Le affermazioni fatte a tanta distanza di tempo dalla scoperta della tomba hanno dimostrato, in ogni caso, che si trattava un po' di una tempesta in un bicchiere d'acqua. L'11 dicembre, a qualche settimana dalla cosiddetta «intrusione», il *Times* pubblicò un articolo in cui Lord Carnarvon riconosceva che lo «spioncino» praticato nella seconda porta era stato allargato il giorno 26, affinché Carter, seguito da Lady Evelyn e da lui stesso, potesse infilarsi nell'anticamera, ma aggiunse che essi resistettero alla tentazione di buttare giù «l'allettante parete» che li divideva dalla camera sepolcrale.

Il 29 fu il giorno prescelto per l'apertura ufficiale [6]. Per l'alto commissario britannico era un brutto momento. Lord Allenby si stava occupando di un'ondata di assassinii di cittadini britannici, che erano seguiti alla dichiarazione unilaterale di indipendenza fatta a febbraio, alla proclamazione della regalità conferita a Fuad nel mese seguente, nonché alla successiva imposizione da parte della Gran Bretagna della legge marziale e dell'esilio del presuntuoso capo carismatico nazionalista Saad Zaghlul Pascià. L'alto commissario era stato talmente preso nel corso dell'anno da non poter tornare in patria per assistere ai funerali della madre novantaduenne. Il biografo di Allenby, Lord Wavell, riteneva che il suo personaggio «fosse uno di quei pochi privilegiati presenti all'apertura della tomba e quindi uno dei primi a vedere il tesoro meraviglioso che vi era depositato». In realtà, Lady Allenby dovette andare da sola a Luxor, dove si unì ai Carnarvon per la grande occasione.

Carnarvon diramò inviti anche a Lacau presso il dipartimento alle Antichità, al governatore provinciale e al capo della polizia del distretto, al consigliere britannico presso il ministero dei Lavori pubblici e al corrispondente del *Times*. Data la situazione, fu una celebrazione in sordina. Da parte egiziana, intervennero soltanto il governatore, Abdal Aziz Bey Yahia, e il capo della polizia, Muhammad Bey Fahmy, insieme all'inviato del *Times* Arthur Merton, per unirsi a Lady Allenby, a Carnarvon e a sua figlia,

---

[6] Inaugurazione ufficiale: agenda di Carter; *The Times*, 30 novembre 1922; e ivi, 4-11 dicembre 1922, con le prime fotografie. In effetti, l'apertura ufficiale ebbe luogo in due fasi, la prima delle quali il 27 novembre, alla presenza dell'ispettore di zona Ibrahim Effendi.

nonché a qualche notabile locale in occasione della visita turistica guidata da Carter. Dopo la cerimonia ufficiale, Lady Evelyn funse da padrona di casa per un rinfresco all'aperto vicino alla tomba di Ramesse vi. Lacau e il suo assistente inglese, Paul Tottenham, arrivarono il giorno dopo per eseguire la loro ispezione.

All'invito mandato a Merton del *Times* [7], Carter aveva avuto il buon senso di accludere un resoconto manoscritto sulla scoperta e sui precedenti in generale riguardanti Tutankhamun e la xviii Dinastia. Era essenziale garantire che il giornale esponesse la maggior parte della storia. L'ammaestramento di altri archeologi in cerca di finanziamenti e di un riconoscimento ufficiale non era sfuggito all'attenzione di Carter nel suo enclave egiziano.

Il 30 novembre il *Times* sparò la prima salva in quella che si sarebbe dimostrata la saga della più lunga corsa alla notizia dei tempi moderni, offuscando qualsiasi avvenimento registrato in guerra e in pace nella sua lunga esistenza al servizio del pubblico e superando soprattutto se stesso nella polemica. «Un tesoro egiziano: grande ritrovamento a Tebe: la lunga ricerca di Lord Carnarvon», dicevano i titoli. L'articolo del «nostro inviato speciale» era datato Valle dei Re (e inoltrato a Luxor tramite fattorino), 29 novembre, e occupava due pagine:

Questo pomeriggio Lord Carnarvon e Mr Howard Carter hanno rivelato a un numeroso gruppo di persone ciò che promette di essere la più sensazionale scoperta del secolo nel campo dell'egittologia. Il ritrovamento è costituito, tra l'altro, dall'apparato funebre del re egiziano Tutankhamun, uno dei famosi re eretici della xviii Dinastia, il quale ripristinò il culto di Ammone. Poco si sa dei re successivi, compreso Tutankhamun, e la scoperta dovrebbe accrescere inestimabilmente la nostra conoscenza di questo periodo e della grande città di Tell el-Amarna, che fu fondata nel xv secolo a.C. da Amenhotep iv [Akhenaton], il primo dei re eretici.

Un sommario dell'episodio di Tell el-Amarna nel quadro della storia egiziana era seguito da quello relativo alla «diligente» ricerca effettuata nella Valle per sedici anni da Carnarvon e da Carter, fino al momento storico in cui Carter, «grazie alla sua ostinata perseveranza, alla sua accuratezza e soprattutto al suo *acume*», era stato compensato dalla scoperta fatta proprio sotto la tomba di Ramesse vi. «Mr Carter ha ricoperto il posto e ha telegrafato a Lord Carnarvon, il quale è arrivato subito dall'Inghilterra.»

In tre giorni di affrettate indagini, si catalogarono i tesori:

... magnifici divani di lusso, tutti indorati con un lavoro di intaglio di rara bellezza... letti, magnificamente intagliati, dorati, intarsiati d'avorio e di pietre semipreziose... innumerevoli casse di rara fattura, [una delle quali]... era intarsiata d'ebano e d'avorio, con iscrizioni dorate, un'altra conteneva simboli degli Inferi, una terza conteneva abiti reali, elegantemente ricamati, pietre preziose e

[7] Merton e *The Times*: News International plc, *The Times*, corrispondenza interna.

sandali d'oro... Sotto uno dei divani c'era il lussuoso trono di Tutankhamun, probabilmente uno degli oggetti d'arte più belli finora scoperto... C'era inoltre un seggio tutto dorato con i ritratti del Re e della Regina, interamente ricoperto di turchesi, corniole, lapislazzuli e altre pietre semipreziose.

Da tutta la relazione emerge la prova che l'inviato fece assegnamento sulla testimonianza scritta di Carter e su quanto gli fu detto mentre lui e gli altri venivano guidati, attraverso il varco sgombrato in tutta fretta, nell'anticamera e nella *dépendence*. Forse Merton, non avendo dimestichezza con gli oggetti o con la storia della dinastia, aveva avuto una pallida idea dell'importanza delle cose che gli venivano mostrate. Il «messo» di Luxor deve aver preso con sé quello che sostanzialmente era il comunicato stampa di Carter. Nondimeno, questo bastò per stimolare al massimo la passione dei lettori del *Times* e per far sì che proprietari e direttori dei giornali di tutto il mondo inviassero i loro migliori scrittori e fotografi per trattare esaurientemente un argomento che era decisamente di sommo interesse.

Carter aveva trascorso molte ore con Merton, il quale era stato incluso nel novero dei suoi occasionali conoscenti fin da quando l'aspirante giornalista era arrivato al Cairo nel 1902 come impiegato della Banca d'Egitto, sicché il loro saggio fatto in collaborazione fornì ai lettori dei giornali un clima impressionante:

La chiusura e il bloccaggio delle porte e dei varchi che sono stati finora aperti fanno pensare che i ladri di metalli preziosi avevano attaccato queste camere e che gli ispettori di Ramesse IX ebbero motivo di entrare e di richiuderle. Dal famoso papiro Abbott e da altri si apprende che questi sepolcri reali furono danneggiati per opera dei ladri. Ma qualsivoglia cosa abbiano contenuto in origine le camere, ciò che contengono al giorno d'oggi è sufficiente a suscitare emozione negli ambienti dell'egittologia.

L'articolo conteneva un accenno storico importante per gli archeologi. Fra i tanti aspetti del governo della XVIII Dinastia non ancora del tutto chiariti, c'era quello della connessione tra Akhenaton, presunto suocero di Tutankhamun, e del suo probabile co-reggente Smenkhkare [8]. Oggetti sepolcrali trovati nella tomba, diceva l'articolo, recavano il nome di entrambi i monarchi, indicando che forse Smenkhkare fosse morto o avesse ceduto il trono contemporaneamente ad Akhenaton. L'articolo così terminava:

Ciò che accresce l'interesse nei riguardi della scoperta consiste nel fatto che

[8] Cronologia della XVIII Dinastia e schiatta di Tutankhamun: mi sono basato per lo più su Donald F. Redford, *History and Chronology of the Eighteenth Dynasty of Egypt: seven studies*, Toronto 1967; John Baines-Jaromir Malek, *Atlas of Ancient Egypt*, Oxford 1978, «Dynasty 18», pp. 44 ss.; nonché sulla più recente discussione, pubblicata dalla rivista «Antiquity», fra gli egittologi H.W. Fairman e John Ray. Per un dibattito ancora più dettagliato, riguardante l'esame anatomico e sierologico di resti umani risalenti a 3500 anni fa, cfr. «Nature», n. 224, pp. 325-6.

c'è ancora una terza camera sigillata, significativamente sorvegliata dalle due statue del re, di cui si è già parlato, che forse potrebbe finire per essere la tomba del re Tutankhamun, con i membri della famiglia dell'eretico sepolti insieme a lui. Finché l'immensa quantità di materiale che si trova nelle altre camere non sarà stata del tutto rimossa, sarà impossibile accertare il contenuto di questa terza camera.

Seguiva una lunga nota di apprezzamento da parte di Petrie [9]:

Il professor Flinders Petrie, il famoso egittologo, col quale Mr Carter andò per la prima volta in Egitto in relazione al lavoro di esplorazione svolto nel 1892, informato ieri sera da un rappresentante del *Times* della scoperta effettuata nella Valle dei Re, si è espresso con molto compiacimento per il successo che ha coronato gli sforzi di Mr Carter.

«Nulla di simile è mai stato trovato prima», affermò Petrie, illustrando ancora una volta la storia dell'eresia di Tell el-Amarna e facendo previsioni sulle cose di rilievo che sarebbero accadute. Qualche tempo dopo, in una lettera diretta a Newberry, Petrie dichiarò di avere la fortuna «di non aver dovuto essere coinvolto nei litigi indecorosi e nelle gelosie meschine che hanno ostacolato il lavoro di sgombro nei mesi successivi».

All'inizio di dicembre, i grandi dell'archeologia si mettevano in coda per dare il loro piccolo contributo al dramma che si stava svolgendo. Il primo giorno del mese, Sir Wallis Budge, curatore delle antichità egiziane e assire presso il British Museum, offrì ai lettori del *Times* un abborracciato sguardo d'insieme delle scoperte egiziane, a partire dai pionieri come Wilkinson, Salt, Belzoni, Maspéro, Grébaut e Davis, fino ad arrivare all'ostinato Carter.

L'agenzia Reuters e la stampa egiziana fornirono la loro versione della storia [10]. La stampa divulgativa ne tenne conto e tutto a un tratto centinaia di inviati e di fotografi si misero in viaggio per l'Egitto a bordo di navi affollate di ricchi turisti, di antiquari, di aspiranti produttori cinematografici e di speculatori di ogni tipo.

Il 3 dicembre, di fronte all'attacco furioso di personaggi celebri e di giornalisti in visita e al diffondersi delle dicerie– «cronache straordinarie e fantasiose» – Carter prese il tipo di iniziativa autoritaria grazie alla quale si era già creato una fama nella Valle. Coprì con pesanti tavole di legno l'ingresso al sepolcro, lo riempì di detriti fino al livello del terreno e liquidò i suoi operai [11]. Le operazioni furono sospese. Carnarvon partì il giorno dopo per il Cairo, per tornare in Inghilterra, inseguito dalla stampa di tutto il mondo. Lady Evelyn rimase un paio di giorni a Luxor.

Il 6 dicembre Carter annotò di aver dato 4 sterline in prestito a

[9]  Petrie: *The Times*, 30 novembre 1922. Per la lettera a Newberry del 17 gennaio 1923, cfr. Drower, *Flinders Petrie*, cit., p. 355.
[10]  Reuters: Valentine Williams, *The World of Action*, London 1938, p. 357.
[11]  Chiusura della tomba: Carter, *The Discovery*, cit., p. 106.

«Eve». Lady Evelyn lo accompagnò al Cairo, dove raggiunse il padre. Carter andò a fare compere. Il suo acquisto più importante fu una porta d'acciaio a protezione dell'ingresso della tomba. Munito di un pagherò cambiario di Carnarvon, ordinò anche una automobile Ford, materiali fotografici, i prodotti chimici occorrenti per il lavoro di pulizia e di conservazione degli oggetti, trentadue balle di calicò, una gran quantità di ovatta e bende. Questa non era se non una piccola parte dell'elenco delle spese occorrenti per svolgere il lavoro che lui e Carnarvon avevano concordato. Occorreva anche un'assistenza specializzata. Ma dove andare a cercare gli esperti scientifici e i tecnici necessari?

Per fortuna, al momento in cui stava per partire per Il Cairo, ricevette un telegramma di congratulazioni da parte del sovrintendente del settore egiziano del Metropolitan Museum di New York, Albert Lythgoe, le cui squadre stavano lavorando a Lisht e a Deir el-Bahri, vicino allo scavo di Carnarvon, sia pure separate da una catena di colline [12]. Carter rispose immediatamente: «Grazie per messaggio. Scoperta colossale. Occorre ogni tipo assistenza. Prego esaminare possibilità prestare Burton momentaneamente per lavoro registrazione. Spese a nostro carico. Grato per immediata risposta. Distinti saluti. Carter». Lythgoe rispose: «Lietissimo aiutarvi in ogni modo possibile. Vogliate rivolgervi a Burton e a qualsiasi altro membro del nostro personale. Informo Burton per cablogramma in tal senso».

Carter propose che quella risposta servisse come esempio di «collaborazione scientifica disinteressata». La generosa replica di Lythgoe diede origine alla collaborazione di Carnarvon e del suo assistente con il famoso museo americano, che doveva protrarsi per diversi anni e fare del Metropolitan il centro principale fuori dell'Egitto dei documenti e degli oggetti collegati con la tomba di Tutankhamun.

Il primo contatto di Carter con il Metropolitan Museum, Herbert Winlock, l'uomo che fu indirettamente responsabile della continuazione dei lavori di scavo che portarono alla scoperta del sepolcro, fu il maggiore perdente in seguito alle nuove disposizioni, in quanto nella sua qualità di direttore dei lavori di scavo degli americani fu privato degli assistenti anziani, i quali andarono ad aiutare Carter con la piena approvazione degli aministratori e dei dirigenti del Metropolitan Museum. Ben presto Lindslay Hall e Walter Hauser, esperti disegnatori, raggiunsero Burton nell'accampamento di Carter. In seguito offrì i suoi servigi Arthur C. Mace, il tranquillo inglese incaricato degli scavi a Lisht per conto del museo. La squadra americana era alloggiata nella

---

[12] Personale del Metropolitan Museum: ivi, p. 108; e Reeves, *op. cit.*, p. 56.

casa della propria area (uno stabile molto più imponente di quello che Carter aveva costruito nell'area della casa dell'EES), che era stata eretta nel 1912, quando s'era iniziato il lavoro nell'area della Valle assegnata al Metropolitan Museum, nota come l'Asasif. La maggior parte vi si trasferì con le mogli, le quali dimostrarono di essere una continua fonte di attrito e di divertimento. Ai primi di dicembre del 1923, Mace si installò nell'American House, a sud-ovest di Kasr Carter e a est di Deir el-Bahri. Poco dopo arrivarono sua moglie Winifred e la figlia Margaret, tirandosi dietro il pianoforte a coda appartenente alla prima ben legato sulla schiena di un cammello.

Prima di partire dal Cairo, Carter incontrò Alfred Lucas, direttore del settore chimico del ministero dei Lavori pubblici egiziano, l'uomo che molti anni dopo avrebbe sollevato la questione dell'ingresso «abusivo» dello scavatore nella tomba [13]. Lucas era in procinto di andare in permesso per tre mesi prima di essere collocato a riposo e offrì il suo aiuto nell'espletamento delle delicate e complesse operazioni per la conservazione degli oggetti più preziosi del mondo. Il dottor Alan Gardiner e il professor Breasted erano a disposizione per prestare il loro aiuto nella decifrazione delle iscrizioni e delle impronte dei sigilli [14]. Callender, l'uomo di tutte le stagioni, si trovava ancora presso il sepolcro, di cui aveva la responsabilità durante l'assenza di Carter. Fu messa insieme una squadra di tutto rispetto e il 13 dicembre 1922 Carter ritornò col cuore leggero a Luxor, portandosi dietro la sua porta d'acciaio, ristorato da qualche giorno di vita sfarzosa allo Shepheard Hotel. Il giorno 11 aveva visto Carnarvon e sua figlia partire da Alessandria.

Ritornò per riaprire temporaneamente la tomba, a beneficio dei giornalisti provenienti da ogni parte del mondo, per fare in modo che i suoi nuovi collaboratori si aggiornassero sui progressi compiuti fino a quel momento e per installare il magazzino e le attrezzature da laboratorio.

A quell'epoca Carnarvon, in sedici anni di attività, aveva speso circa 40 mila sterline, una somma enorme per quell'epoca, senza ottenere nessuna contropartita. Indubbiamente il suo impegno finanziario sarebbe aumentato ancora. È partendo da questo

[13] Lucas: Carter, *The Discovery*, cit., p. 106. La prova di cui parla Hoving, relativa all'apertura e alla susseguente chiusura del foro praticato nella porta della camera sepolcrale, in base alla dichiarazione pubblicata da Lucas, è credibile. Ma quanto asserito dallo stesso Lucas, nel senso di aver visto in casa di Carter, prima dell'inaugurazione ufficiale del 29 novembre, «il magnifico astuccio portaprofumi» che Carter aveva trovato tra il primo e il secondo tabernacolo, è meno convincente. Lucas non si unì a Carter se non ai primi di dicembre, quando quest'ultimo si recò al Cairo (Carter, *The Discovery*, cit., p. 107; e diario di Carter, 9 dicembre 1922).

[14] Carter al Cairo: appunto nel diario di Carter, alla data del 7 dicembre 1922.

presupposto che vanno esaminate le accuse di furto e di frode lanciate sia contro Carnarvon che contro Carter molto tempo dopo la loro morte.

Secondo Hoving, perfino la data per l'apertura ufficiale del sepolcro era stata scelta in malafede. «Per soffocare le chiacchiere fastidiose secondo cui gli scavatori avevano fatto irruzione e rubato alcuni oggetti preziosi, Lord Carnarvon e Carter organizzarono l'apertura ufficiale della tomba per il 29 novembre, senza chiedere il permesso al competente servizio alle Antichità. Gli inviti li diramarono per loro conto.» Forse, dopo qualche decennio, la cosa sarà sembrata strana a Mr Hoving, ma in realtà non era prassi normale predisporre una cerimonia ufficiale. Poche operazioni di scavo avevano meritato nel passato di essere celebrate e Carter, nell'unica occasione in cui aveva ritenuto necessario procedere a una «inaugurazione» formale, si era trovato in difficoltà di fronte all'esistenza di una camera «fasulla».

Effettivamente, di chiacchiere fantasiose ce ne furono. Hoving ne cita diverse, tra cui quella dei tre aeroplani che erano atterrati nella Valle ed erano decollati di nuovo caricando il tesoro. La notizia, come Carter osservò, «si espande in Egitto come un violento incendio». Altrettanto avvenne per le dicerie.

Il sepolcro di Tutankhamun fu, ed è tuttora, una scoperta unica. Fino ad allora in tutte le quaranta tombe o poco più esistenti nella Valle era stata fatta irruzione e, tranne che per le loro pitture murali e caratteristiche intrinseche, per nessuna c'era voluto un permesso speciale o più di una ispezione sbrigativa. Non si era a conoscenza che in precedenza il dipartimento alle Antichità fosse stato consultato in merito a questioni come l'apertura di una tomba. Anche per quanto riguardava le scoperte in superficie, come i pavimenti decorati di Tell el-Amarna o le pitture murali a Deir el-Bahri, era consuetudine che il direttore venisse invitato soltanto dopo l'evento e, anche in tal caso, più per cortesia che per obbligo. È molto improbabile che Petrie abbia mai invitato un funzionario nelle aree di sua competenza, a meno che e fino al punto in cui egli non avesse ritenuto necessaria un'ispezione. Naturalmente, invitare il direttore a un'apertura ufficiale, come Carnarvon e Carter giudicarono opportuno, era una questione di forma. Hoving si sbagliava. Lacau fu invitato contemporaneamente agli altri ospiti, ma scelse di presentarsi il giorno dopo [15].

Lacau era perfettamente in grado di dettare legge. Il direttore gesuita era intelligente e autoritario, non era un uomo da pren-

---

[15] Lacau: Foreign Office, carteggio relativo alla legge sulle antichità, FO 371/8981, gennaio 1923.

dere alla leggera. Quasi certamente si sarebbe lamentato se avesse pensato di essere stato trascurato, ma non esiste nessuna prova al riguardo. Decise di intervenire quando gli fece comodo e lì
finì la cosa. Il fatto che gli amici di Carnarvon tornassero alla
tomba nottetempo, incapaci di trattenere la curiosità, è possibile
e comprensibile, ma in effetti non è stato né confermato né ammesso. L'allusione al fatto che egli e i suoi compagni ritornarono
per forza spinti dalla cupidigia durante la notte tra il 26 e il 27
novembre non può essere convalidata. Lucas, che accennandovi
superficialmente in un dotto articolo richiamò l'attenzione sul-
l'argomento, non era presente nel momento determinante e la
memoria di coloro dai quali aveva ottenuto la sua informazione
potrebbe benissimo essere stata tradita. Nondimeno, egli era un
osservatore responsabile, non incline al sensazionalismo o alle
storie inventate, ragion per cui è possibile che sia stato Carter in
persona a narrare i fatti della «lunga notte». Allo stesso modo, è
possibile che l' «intrusione» fosse cosa notoria fra gli assistenti di
Carter. Fra gli operai addetti a un'area archeologica, l'avvenimento non avrebbe avuto assolutamente niente di eccezionale.
Nel pubblicizzare la storia, sarebbe stato più facile e più comprensibile condensare le scoperte effettuate nelle camere interne
alle prime ore del giorno 27 con quanto risulta sia avvenuto la
«mattina dopo». Carter, dato che non precisò l'ora ma disse semplicemente «Arrivammo sul posto di buon'ora», non si allontanò
troppo dalla verità. La mancata annotazione nel suo diario di
quanto era esattamente accaduto il giorno seguente, cioè il 27, è
un altro paio di maniche. A dire il vero, la registrazione particolareggiata di questo periodo fondamentale termina nella «minuta»
del suo diario con il lungo appunto relativo al 26 novembre. Il
giorno dopo torna a occuparsi delle annotazioni abbreviate di
precedenti periodi da controllare. Ma queste abitudini e omissio-
ni sono talmente normali in archeologia che, se si parte dall'i-
potesi del complotto, si incriminerebbero quasi tutti coloro che
hanno diretto uno scavo. Anzi, gli accusatori di Carter si sono
lasciati sfuggire un'altra possibilità. Se avesse occultato un po' di
reperti piccoli ma di valore a vantaggio del suo mecenate, e forse
di se stesso, non avrebbe potuto trovarli nel corridoio d'ingresso,
insieme a tanti altri pezzi messi in salvo, la notte del 24, quando,
per sua propria ammissione, dormì da solo nella tomba?

Alcune modifiche apportate alla legislazione sulle antichità erano state promulgate da Lacau e dal ministero dei Lavori pubblici
egiziano proprio sei settimane prima che Carter scoprisse il sepolcro. Al posto della disposizione concordata nel 1912, in base
alla quale gli scavatori potevano trattenere «metà del valore» dei
loro ritrovamenti, si proponeva che da quel momento lo scavato-

re dovesse ritenersi soddisfatto della notorietà accademica. Al museo del Cairo, annunciò Lacau, sarebbe spettato tutto. Una nota del Foreign Office osservò che si trattava di un «terribile colpo inferto agli scavatori, alle società e ai musei», e chiese che la Commissione archeologica paritetica sotto la presidenza di Frederic Kenyon del British Museum preparasse un promemoria, corredato delle sue proprie controproposte, da presentare a Allenby e al consiglio dei ministri egiziano. La Società degli antiquari con sede a Londra presentò una protesta formale direttamente a Lacau. L'Associazione britannica chiese al Foreign Office di prendere un'iniziativa. Comunque, al momento, Whitehall aveva abbastanza problemi con l'Egitto e dovette ricordare a tutti gli interessati, Lord Carnarvon compreso, che l'Egitto era ormai uno Stato sovrano indipendente, in quanto la forma del «Protettorato» era stata ufficialmente abbandonata «il 28 febbraio ultimo scorso», mentre la squadra di Carnarvon si avvicinava al punto culminante della sua scoperta.

Non esiste una prova conclusiva del fatto che Carnarvon o Carter si siano appropriati direttamente di qualche manufatto – quantunque ci sia la prova irrefutabile che essi entrarono in possesso di pezzi preziosi che successivamente trovarono la loro collocazione nelle raccolte museali – ma i peccati di cui si sono resi colpevoli, quali che siano, furono commessi contro ciò che era alla base dell'atteggiamento arrogante e intransigente di Lacau. Appena la questione dei diritti degli scavatori venne alla ribalta, la stampa egiziana, istigata da Lacau, cominciò a reclamare la restituzione da parte del Museo di Berlino della famosa «testa» di Nefertiti.

Alla luce di quanto era avvenuto in passato, non era possibile che in quella fase Carnarvon e Carter venissero accusati di aver tenuto un comportamento scorretto qualora si fossero appropriati di «metà del valore» del loro ritrovamento. In fin dei conti, i musei francesi, americani e tedeschi scricchiolavano sotto il peso degli oggetti antichi egiziani, babilonesi, ittiti e assiri che venivano semplicemente presi dalle aree in cui si trovavano. È vero che, a partire dal 1918, fu prassi comune consultare la nazione ospite e dividersi le spoglie in maniera leale e civile. Ma le regole o, addirittura, le convenzioni erano scarse.

Le scoperte effettuate da Leonard Woolley a Ur in Mesopotamia, che nel 1922-23 si disputavano con Tutankhamun i titoli sui giornali e avrebbero continuato a farlo per i successivi otto anni, fornirono un interessante parallelo. Neanche la formidabile Gertrude Bell, direttrice alle Antichità dell'Irak, si azzardava a dire a Woolley quando doveva o non doveva entrare in un sepolcro, o chi egli poteva invitare alle cerimonie ufficiali insieme ai re e alle regine, ai milionari e agli scrittori e artisti celebri che si accalcavano per vedere il presunto luogo di nascita del patriarca Abramo. Nella grande fossa della morte nella necropoli reale, dove tanto materiale sensazionale fu trovato a conferma del rito sumerico del sacrificio umano, si scavava e si entrava unicamente a discrezione di Woolley. Né i funzionari venivano informati, né si prendevano speciali annotazioni riguardo al momento o al metodo di registrazione. Woolley scrisse molti e svariati resoconti del suo lavoro e spesso fu accusato di «inventare» racconti sulla vita di Abramo a Ur allo scopo di farsi pubblicità. Molti visitatori di Ur fecero ritorno con un piccolo oggetto ricordo. Il regime anglo-americano di Woolley era ammirato sia dai colleghi archeologi che dai visitatori e non fu mai ritenuto ingannevole o contestabile.

Da un punto di vista storico, le accuse mosse a Carnarvon e a Carter sono irrilevanti. Se sono stati accusati di frode nel tornare nel sepolcro che avevano scoperto dopo tante delusioni e falsi allarmi e di avere condensato gli avvenimenti della notte con quelli dell'indomani nel rapporto di un unico giorno, che cosa si dovrebbe dire, per esempio, della famosa operazione di scavo eseguita a Troia da Schliemann? Senza neanche consultarsi con nessuno, e con disprezzo quasi assoluto per le disposizioni di legge ottomane, Schliemann penetrò nella Troade e a Micene come un imprenditore edile impazzito, spostando centinaia di tonnellate di terra senza prendere nota dei livelli a cui stava scavando, di modo che un secolo dopo tra gli studiosi ancora si protraevano accese discussioni in merito ai luoghi e ai livelli in cui i «gioielli di Priamo» e altri tesori erano stati effettivamente trovati. Fotografie di Sophia Schliemann che indossava i famosi gioielli come fossero suoi furono pubblicate sui giornali di tutto il mondo. Nella casa di Schliemann, ad Atene, si erano accumulati tesori indiscriminatamente portati alla luce in Grecia e in Turchia. A Micene si diceva che lo scavatore tedesco, il quale poté rivendicare il proprio diritto al più ricco ritrovamento della storia prima di quello di Carter, avesse trattato l'illustre soprintendente greco agli scavi come «un semplice impiegato statale». Di fronte a un tale esempio non vale neppure la pena di parlare di presunte violazioni commesse a danno della tomba di Tutankhamun.

Alcuni tesori, piccoli ma deliziosi dal punto di vista artistico, che si diceva provenissero dal sepolcro, finirono per approdare al Metropolitan e in altri musei, per lo più attraverso acquisti successivi d'origine segreta. Se la loro provenienza dovesse alla fine ricondurci a Carter o al suo mecenate, molti sosterrebbero che è stata una circostanza fortunata per l'America il fatto che essi eludessero la decisione autocratica di Lacau di «prendere tutto

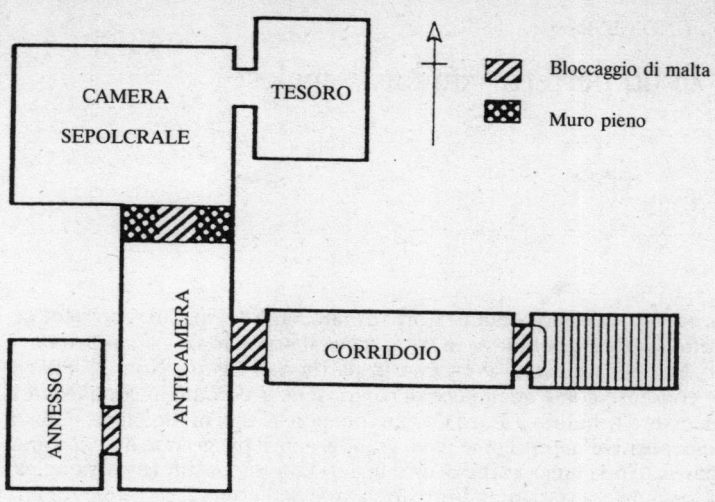

*Progetto della tomba di Tutankhamun.*

ciò che desiderava, senza ammettere discussioni», affinché fossero conservati dall'Egitto. Un altro appunto nell'archivio del ministero degli esteri a Londra rilevava: «Probabilmente l'Egitto indipendente non darà carta bianca al suo dipartimento alle Antichità». Una normativa superiore e un aumento nell'assegnazione di fondi a favore dell'ispettorato alle Antichità e del Museo del Cairo erano stati sollecitati da Lord Milner, quando nel 1921 la sua commissione redasse un rapporto sull'Egitto. David Hogarth dell'Ashmolean Museum aveva approfittato di Milner, raccomandando che al posto di direttore generale alle Antichità si dovesse designare un inglese. Lacau era deciso a far sentire il peso della sua autorità – e quello della Francia – nell'assegnare l'incarico. Carnarvon e Carter furono coinvolti inaspettatamente nel tiro incrociato che ne derivò e si trovarono irretiti nell'orbita delle loro personalità contrastanti.

# CAPITOLO UNDICESIMO

# Morte di un perfetto «milord» inglese

Lord Carnarvon, l'ultimo conquistatore tornato dall'Oriente, lo scopritore celebre in tutto il mondo del luogo in cui si trova il sepolcro di Tutankhamun, è sbarcato a Marsiglia durante il ritorno in patria dall'Egitto. Non c'è motivo perché un consenso come quello che di solito viene accordato ai conquistatori non debba essere tributato a Lord Carnarvon, poiché egli mette piede su terra francese incontestabilmente come il più grande, anzi il più grande da molti anni a questa parte, di una lunga stirpe di lord inglesi famosi per la loro passione per l'antichità e per essere stati intenditori nel campo dell'arte... Il carattere romantico della storia di Lord Carnarvon aumenta man mano che veniamo a conoscenza di ogni nuovo particolare.

*The Times*, Editoriale del 18 dicembre 1922

Arthur Sidney Merton, inviato del *Times* al Cairo, nel fare la cronaca della scoperta della tomba e dei suoi strascichi mozzafiato, era in una posizione privilegiata [1]. Il suo giornale aveva, a differenza di tutti gli altri, la fiducia degli archeologi per aver dimostrato il suo impegno nel difendere le loro cause. Sin dall'invasione napoleonica dell'Egitto, che aveva effettivamente dato il primo impulso all'indagine scientifica del passato, il *Times* aveva aperto le sue colonne per ospitare articoli di cronaca e servizi speciali, grazie ai quali il pubblico colto era stato in grado di seguire tutte le mosse delle grandi personalità del settore e di ammirare attraverso le parole e le fotografie il primato da loro conseguito nelle più lontane regioni del mondo. Nel momento in cui Carter informava il suo capo in merito all'ultimissima scoperta e si confidava con Merton, l'elenco dei caduti in guerra si estendeva da una parte all'altra del mondo accademico e i nomi di tutti i più illustri scavatori con la storia di tutte le scoperte importanti dalla Grecia all'Asia centrale e al Sudamerica risultavano registrati da ben oltre un secolo nelle pagine del «Thunderer» [il «Tonante», come veniva familiarmente chiamato il *Times*]. Carter stesso non aveva ancora un posto di primo piano in mezzo ai giusti e ai valorosi citati nelle sacre colonne del giornale. Ovvio che Carnarvon venisse inseguito da Highclere a Luxor e

[1] Merton: News International Archive, file 1, «Tutankhamen's tomb» ; e corrispondenza del Foreign Office con Wingate (Cairo) e Dawson, *The Times*, FO 371/3203, file 171985. Cfr. inoltre Hoving, *op. cit.*, pp. 147 ss.

*A sinistra*: «Coppia di pellicani», acquerello di Carter, ripreso dalle pitture murali di Beni Hasan (Victoria and Albert Museum).
*A destra*: «La regina Hatshepsut», acquerello di Carter, dal tempio a Deir el-Bahri (Victoria and Albert Museum).

Carter guida un gruppo di funzionari governativi in visita alla tomba (Griffith Institute).

Un'ultima veduta dell'ingresso della tomba, circondata dagli scavi condotti da Carter in quelle contigue di Merneptah e di Ramesse II, prima che il fondo della Valle venisse riadattato per fornire i servizi in vista della grande affluenza di turisti (Griffith Institute).

Anubi davanti agli sportelli del tabernacolo d'oro (Griffith Institute).

*A sinistra*: Carter e Callender aprono lo sportello del tabernacolo interno per portare alla luce il sarcofago (Griffith Institute).
*A destra*: L'operazione di sfasciatura della mummia di Tutankhamun contenuta nella bara più interna d'oro massiccio, dopo la rimozione delle bare esterne (novembre 1925). Da sinistra a destra: Pierre Lacau, Carter, il dottor Derry e il dottor Saleh Bey Hamdi (Mansell Collection).

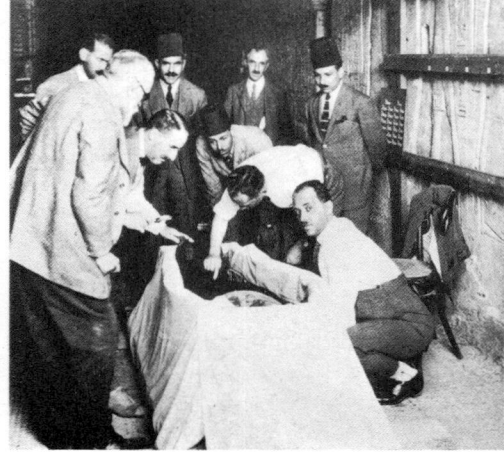

Carter e un assistente intenti a staccare la mummia dalle pareti della bara, a cui si era incollata per via degli olii resinosi che erano stati versati sulle bare interne per la consacrazione (Mansell Collection).

Le statue delle sentinelle a grandezza naturale, riprese dalla parete nord dell'anticamera, messe a protezione dell'ingresso sigillato della camera sepolcrale (Griffith Institute).

Raffigurazioni rituali del re che escono fuori dal loro stipo di legno (Griffith Institute).

Trasporto della bara reale al Museo del Cairo, effettuato nel 1926. Fotografia eseguita dal Rev. E.M. Bickersteth (Bodleian Library).

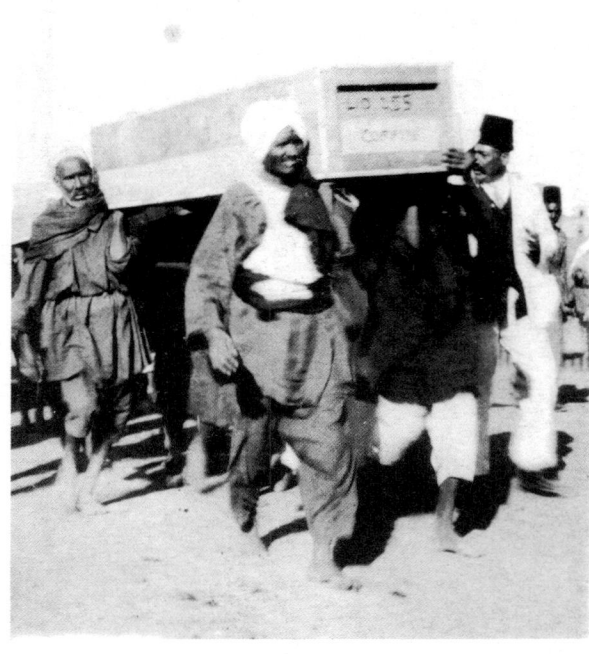

Modello della barca del re, proveniente dal Tesoro (Griffith Institute).

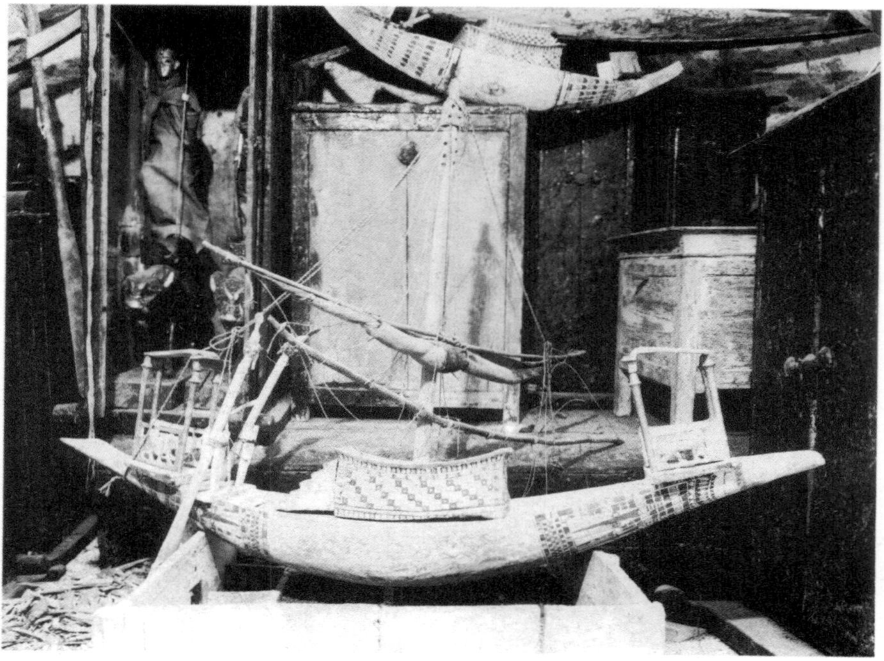

Sono passati cinquant'anni: Lady Beauchamp guarda la maschera d'oro del re esibita alla mostra allestita in occasione dell'anniversario presso il British Museum (1972) (*The Times*).

Carter al lavoro sulla maschera dorata contenuta nella seconda bara (Griffith Institute).

Particolare del trono dorato, in cui sono visibili il re e la sua giovane regina, Ankhesen-paaten [Ankhesenamun], sotto i raggi del sacro disco solare (Mansell Collection).

*A sinistra*: Carter, e a destra Mace, nella camera sepolcrale durante la rimozione della parete divisoria (Mansell Collection).
*A destra*: Carter, vestito di tutto punto e con il bocchino alla «Carnarvon», presso la tomba (1924) (*The Times*).

Il professor Percy Newberry e sua moglie intenti al lavoro nella tomba (Griffith Institute).

*A sinistra*: Edward S. Harkness, presidente del consiglio d'amministrazione del Metropolitan Museum, Mrs Harkness e Albert M. Lythgoe (*The Times*).
*A destra*: Carter nella sua casa della Valle (*The Times*).

Carter, in casco coloniale, accompagna una spedizione diretta al Museo del Cairo (Griffith Institute).

*A sinistra*: Lucas all'opera nella tomba adibita a laboratorio (*The Times*).
*A destra*: Harry Burton all'ingresso della tomba, con la macchina fotografica «orizzontale» usata per la ripresa di piccoli oggetti (gennaio 1923) (*The Times*).

*A sinistra*: Carnarvon in posa nel portico antistante al «Castello di Carter» (Griffith Institute).
*A destra*: Funzionari del Metropolitan Museum, le loro mogli e alcuni visitatori vicino ai gradini della tomba (Popperfoto).

La folla si accalca nei pressi della tomba (febbraio 1923) (Griffith Institute).

Colazione nella tomba di Ramesse XI, adibita a mensa aziendale, fotografata da Lord Carnarvon. *Da sinistra a destra*: Breasted, Burton, Lucas, Callender (a capotavola), Mace, Carter e Gardiner (Griffith Institute).

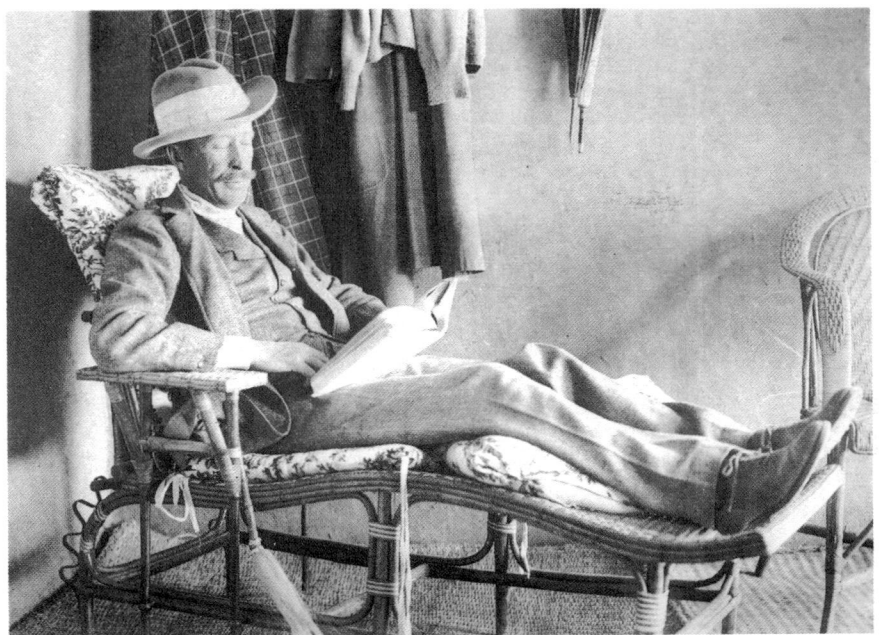

Carnarvon a casa di Carter nella Valle dei Re (Griffith Institute).

La Valle dei Re: in primo piano a destra è visibile l'ingresso alla tomba di Tutankhamun (Mansell Collection).

In lobbia e tweed, Carter arriva nella Valle a dorso d'asino (*The Times*).

Colazione ufficiale all'aperto offerta da Lady Evelyn nel deserto, dopo l'apertura della tomba nel febbraio del 1923 (*Illustrated London News*).

La rimozione dei detriti in prossimità delle tombe di Merneptah [Merenptah] e di Rames-se II all'inizio della stagione del 1920, eseguita con l'aiuto della ferrovia decauville a scartamento ridotto, che più tardi Carter usò per trasportare materiale archeologico dalla tomba di Tutankhamun fino al Nilo, distante otto chilometri (Griffith Institute).

*A sinistra*: Ritratto di Carnarvon, eseguito da William Carter, circa nel 1920 (Swaffham Museum).
*A destra*: Carter da giovane (da un dipinto – forse di suo padre o di uno dei suoi fratelli – trovato a Highclere) (Swaffham Museum).

Ritratto di Howard Carter, all'età di circa 48 anni, eseguito dal fratello William (Griffith Institute).

viceversa ogni volta che andava in Egitto. Ma ciò aveva a che fare più con il fatto che egli era il pittoresco quinto conte di Carnarvon che con il genere di attività da lui svolta nella Valle. Fino al momento della rivelazione, l'anonimato di Carter fu assicurato dal ruolo solitario, tutt'altro che seducente, che egli aveva scelto di assumere in mezzo alle rovine abbandonate dei cimiteri reali di Tebe. Il sopraggiungere della fama lo colse alla sprovvista. Trovandosi tutto a un tratto di fronte a torme di inviati e di fotografi, che pendevano da ogni sua parola, che lo aspettavano al varco per sottoporlo alle loro domande, per incastrarlo col fargli fare ammissioni sensazionali, che cercavano di stringere patti segreti per eseguire fotografie «esclusive», che lo bombardavano di richieste e di proposte, si rivolse a Merton in cerca di aiuto.

Merton, ormai quarantenne, era in Egitto un personaggio discutibile. Da giovane, essendo fresco di studi compiuti in Francia e in Germania, aveva ottenuto il suo primo incarico di inviato con la *Pall Mall Gazette*. A una promettente carriera giornalistica si oppose tuttavia una più vasta ambizione ed egli fece domanda per essere assunto nel servizio civile egiziano, alle dipendenze della Banca d'Egitto e poi del ministero dell'Agricoltura al Cairo. Pur essendo al servizio di questi istituti, continuò ad assumere incarichi da giornalista indipendente per l'*Observer* e per il *Daily Telegraph*. Nel 1912 Lord Northcliffe lo assegnò al personale del *Times* su parere di Ronald Storrs, segretario di Kitchner per l'Oriente. Nel 1918, il corrispondente della Reuters al Cairo avanzò formale protesta al direttore del *Times*, Geoffrey Dawson, per il fatto che Merton, pur lavorando per conto di quel giornale, continuava ad essere un funzionario del governo egiziano, il che costituiva una irregolarità che poneva gli altri colleghi in netto svantaggio. Dawson sottopose il caso al Foreign Office, esprimendo la speranza di trovare un giorno «un uomo più importante cui affidare l'incarico». Merton spiegò a Reginald Wingate, il predecessore di Allenby nella carica di alto commissario, che la sua nomina nel 1912 era stata di carattere «politico». Dieci anni dopo, in qualità di corrispondente al Cairo dello stesso giornale, alle dipendenze del suo nuovo proprietario colonnello J.J. Astor, e con Dawson che aveva ancora la carica di direttore, Merton assunse il ruolo di consigliere di Carnarvon e di Carter in aggiunta alle sue mansioni in campo giornalistico [2]. A quanto pare, l'ambivalenza della sua posizione non lo aveva preoccupato all'inizio di quella che si sarebbe rivelata una delle storie più duratu-

---

[2] Diritto di esclusiva per *The Times*: News International Archive, file 1, gennaio-febbraio 1923.

re e più sensazionali della sua carriera o di quella di qualsiasi altro giornalista. Era un ruolo che probabilmente la stampa d'opposizione non avrebbe giudicato con serenità d'animo.

Il primo di dicembre, in un editoriale del *Times* si leggeva:

A chi importa, tranne che a egittologi e archeologi, il fatto che LORD CARNARVON e MR HOWARD CARTER abbiano scoperto in Egitto la tomba del RE TUTANKHAMUN, il quale regnò e morì più di milletrecento anni prima dell'era cristiana? A che serve questa nuova prova secondo cui, in tempi così remoti, la corda d'argento si era sciolta, la ciotola d'oro si era rotta, o la brocca era stata fatta a pezzi presso la fontana?

E in risposta alla propria domanda, l'articolo esortava a seguire l'esempio di Carnarvon e di Carter:

L'ammirazione verso gli uomini che hanno realizzato attivamente grandi cose, o le hanno subite passivamente, è diretta ancora di più allo sforzo che hanno compiuto che al risultato che hanno conseguito. L'esatta risposta da dare a coloro che ci esortano a mangiare e bere, perché domani moriremo, è questa: «Diamoci la mano e lavoriamo, dal momento che viviamo insieme...». Salme di re nei loro sepolcri, civiltà del passato e relativi documenti, per quanto possano illuminarci sulla storia del genere umano, sono di per sé meno importanti dell'attività che conduce alla loro scoperta.

Fotografie e articoli inviati in esclusiva al *Times* poterono così trovare la loro collocazione in quel giornale man mano che la storia si sviluppava. Per il momento era l'unico giornale che pubblicasse fotografie, la maggior parte delle quali mostravano Carnarvon ripreso all'esterno della tomba. Prendere istantanee al suo interno, sia pure con il lampo al magnesio, si era rivelato impossibile.

Il 2 dicembre giunse notizia in merito a «un caloroso messaggio di apprezzamento» da parte di re Fuad, monarca d'Egitto appena incoronato [3]. Carter era stato sommerso sia da lettere e telegrammi congratulatori, sia dai visitatori. Ripensando a quei momenti, scrisse:

Si deve ritenere che al momento in cui fu fatta la scoperta il grosso pubblico si trovasse in uno stato di profondo tedio, per via di notizie inerenti a riparazioni di guerra, a conferenze e mandati e provasse un ardente desiderio di qualcosa di nuovo... Inoltre, l'idea di un tesoro nascosto è una di quelle che attirano la maggior parte di noi. Quale che sia il motivo, o un insieme di motivi, è assolutamente certo che, una volta che il dispaccio iniziale del *Times* fu pubblicato, nessuna forza al mondo avrebbe potuto proteggerci dalla luce della pubblicità... Eravamo indifesi e dovemmo fare buon viso a cattivo gioco [4].

---

[3] Fuad: *The Times*, 2 dicembre 1922; il giornale aggiunge: «si tratta di oggetti talmente preziosi, che Carnarvon e Carter hanno deciso di sospendere le operazioni, in attesa che si provveda a predisporre le opportune misure per la loro protezione».
[4] Carter, *The Discovery*, cit., p. 141.

Di fronte all'affluenza di gente e di messaggi, nonché alla necessità di difendere il prezioso patrimonio della tomba, Carter aveva sospeso ogni operazione finché non fossero state prese opportune misure per la sua salvaguardia.

Il 4 dicembre, Alan Gardiner offrì ai lettori una sintesi storica dell'eresia di Tell el-Amarna; in seconda pagina il giornale riportò la prima fotografia dell'ingresso della tomba, fiancheggiata da altre di Carnarvon e di Carter [5]. Noto ai lettori della stampa mondana e «di qualità», con i capelli ricci, con il lungo bocchino e il bell'aspetto da divo del cinema, il primo era già un personaggio ben noto. Carter, dagli occhi scuri e penetranti, dai grossi baffi neri e dalla cravatta a farfalla impeccabilmente annodata, fu un po' una sorpresa. Era la prima volta che la sua immagine appariva in un giornale a tiratura nazionale e sembrava portare i suoi quarantanove anni con disinvoltura: un tipo dall'aria matura, forte di complessione e di carattere, un uomo di mondo.

Mentre Carnarvon era in viaggio per rimpatriare, Carter faceva acquisti al Cairo e la schiera dei giornalisti d'Europa e d'America avanzava sull'Egitto, il *Times* teneva informato un pubblico impaziente. Quando Merton era andato a trovare Carter [6] e Carnarvon nella Valle, qualche giorno dopo la scoperta, nella «pittoresca casa simile a una moschea» del primo, questi gli aveva parlato della costruzione dei sepolcri come era mostrata con esempi nel papiro reale di Torino risalente a Ramesse IV, nonché delle confessioni rese dai ladri durante il regno di Ramesse IX contenute nei papiri di Abbott, Meyer e Amherst. Il «sepolcro del re» era «sontuoso», fu in grado di garantire ai lettori. L'11 e il 12 dicembre furono prese altre fotografie, stavolta con gli ospiti presenti all'apertura ufficiale e al rinfresco offerto da Lady Evelyn, che si conclusero con la muratura dell'ingresso della «Casa del Tesoro» in attesa dell'installazione della porta d'acciaio acquistata da Carter. Una nota precisava che le fotografie erano state prese «dal nostro corrispondente al Cairo *». L'asterisco voleva dire che egli era l'unico giornalista autorizzato a fare fotografie. Per qualche giorno ci fu calma totale.

Poco prima che Carnarvon arrivasse in Inghilterra, il 19 dicembre, Percy Newberry tenne una conferenza [7] all'Egypt Exploration Society (nel 1917 il «Fund» si era trasformato in «Society») presso la sede centrale della Royal Society a Burlington House. Fu orgoglioso di leggere ad alta voce una lettera mandata da Carnarvon, membro del consiglio dell'EES, che sottolineava il

---

[5] Gardiner: *The Times*, 4 dicembre 1922.
[6] Merton a casa di Carter: ivi, in cui si dice che l'edificio «è stato costruito su progetto di Carter».
[7] Conferenza di Newberry: *The Times*, 20 dicembre 1922.

fatto che la scoperta del sepolcro di Tutankhamun altro non era che la continuazione del dramma dell'esperimento di Tell el-Amarna e dell'arte rivoluzionaria che lo accompagnava, scoperta da Petrie con l'aiuto di Carter, nel 1892. «Caro Newberry... È meraviglioso che si possa rimpiangere soltanto che la prosecuzione dei lavori di scavo a Tell el-Amarna è stata impedita dalla nostra mancanza di fondi.» Newberry riferì al suo uditorio di avere risposto a sua signoria: «Tebe supera qualsiasi cosa in cui gli archeologi avessero sperato». Il giorno seguente il *Times*, accanto al resoconto della conferenza di Newberry, pubblicò una lettera di Sir John Maxwell, presidente dell'EES, in cui si chiedeva uno stanziamento di fondi. L'interesse per l'archeologia da passivo si era fatto attivo, sicché nell'ufficio londinese della Society cominciò ad affluire denaro.

Il 22 dicembre fu un giorno importante per Carter in Egitto e per Carnarvon a Londra. Quando Carter fece ritorno a Luxor le schiere dei giornalisti si erano radunate in gran numero e lo assalirono con la richiesta di aprire la tomba. Egli rispose al clamore accondiscendendo a far fare alla stampa una visita guidata. Colse l'occasione per invitare «un certo numero di notabili nativi di Luxor, i quali erano rimasti male per non avere ricevuto l'invito a partecipare all'inaugurazione ufficiale». Merton era sul posto per conto del *Times* e fu in grado di riferire con malcelata soddisfazione che il resto della stampa internazionale, «su cortese assenso di Mr Howard Carter», poté vedere per la prima volta quei tesori che il suo giornale aveva rivelato al mondo il 30 novembre. Lo stesso inviato, in un articolo a parte [8], parlò anche di una «campagna di stampa in stile locale», ispirata da un comunicato stampa del ministero dei Lavori pubblici, che metteva in dubbio la capacità degli addetti agli scavi nel proteggere e conservare il patrimonio dell'Egitto. Si poteva quasi contare sull'ostilità della stampa egiziana e americana [9], che erano state tenute lontane dalla tomba per tre settimane, mentre Merton traeva il massimo vantaggio dalla sua posizione privilegiata. Il *Daily News* cercò di snobbare il foglio concorrente annunciando che il suo corrispondente sarebbe rimasto «presso il sepolcro di Tutankhamun... nel corso dei lavori di rimozione del tesoro». Quando si venne al dunque, l'inviato dovette riconoscere che, insieme ad altri giornalisti, «era stato costretto ad accontentarsi di una rapida occhiata dalla staccionata collocata davanti alla camera d'in-

---

[8] Campagna di stampa in stile locale: *The Times*, dicembre 1922.
[9] Ostilità della stampa: Hoving, *op. cit.*, pp. 152 ss. Hoving parla erroneamente del *Morning Post*, il giornale che capeggiò la campagna contro il *Times*, come di «un foglio in lingua inglese pubblicato al Cairo».

gresso» [10]. Carter, assolutamente ignaro di certe faccende, non si accorse del pericolo insito nel fatto di favorire un solo giornale, per quanto potente e bene accetto esso potesse essere nell'ambiente accademico.

Mentre le luci del sepolcro venivano temporaneamente accese e Carter guidava gli attoniti inviati e i dignitari locali all'interno dell'anticamera e nella *dépendence* splendidamente decorate, mostrando loro i tesori che vi erano, Carnarvon era a Buckingham Palace [11]. In testa alla cronaca quotidiana recapitata «a Luxor tramite corriere», il *Times* dava risalto all'udienza reale:

> Il Re ha ricevuto Lord Carnarvon... e ha ascoltato con vivo interesse una descrizione delle importanti scoperte fatte recentemente da lui e da Mr Carter al culmine delle operazioni di scavo che essi hanno effettuato per quasi sedici anni. Lord Carnarvon ha assicurato il Re di essere fiducioso di trovare ancora altri oggetti molto importanti quando sarà aperta la terza camera sigillata, che si ritiene sia proprio la tomba del Re Tutankhamun.

L'arrivo di Arthur Mace per unirsi alle squadre il giorno di Natale del 1922 permise a Carter di pianificare la sua campagna per la rimozione e la conservazione dei tesori contenuti nella tomba. Arthur Cruttenden Mace [12], vice conservatore dell'arte egiziana presso il Metropolitan Museum, era un tasmaniano di nascita. Coetaneo di Carter, aveva trascorso buona parte della sua giovinezza affidato alle cure di parenti ecclesiastici nelle parrocchie di Hackney e di Bethnal Green a Londra, prima di seguire i corsi della Chiesa Alta presso la St Edward's School e il Keble College a Oxford. Con l'Oxford Movement esisteva uno stretto legame di famiglia e quella della chiesa era giudicata la strada più logica che Arthur potesse imboccare per fare carriera. Comunque, il giovane Mace andò a lavorare per suo cugino Flinders Petrie, che rappresentava il punto di partenza per quasi tutti gli aspiranti egittologi del momento. Raggiunse Reisner a Giza e nell'antica necropoli di Nag'ed Der e poi, nel 1906, si unì al personale del Metropolitan Museum e andò a scavare a Lisht con Herbert Willock. Quando fu pronto a raggiungere Carter su invito di Lythgoe, era un eccellente e versatile archeologo, un uomo riservato e in particolare un esperto nel trattamento di materiali fragili. Lui e Alfred Lucas, il chimico del governo egiziano, furono responsabili dell'installazione di un laboratorio di fortuna [13] nella vicina

---

[10] Visita della stampa, 22 dicembre: *The Times*, 23 dicembre 1922. La visita era stata richiesta da Lacau e Allenby (GI, agenda di Carter, 1922-23).

[11] Carnarvon ricevuto a Buckingham Palace: *The Times*, 23 dicembre 1922.

[12] Mace: Christopher C. Lee,... *the grand piano came by camel, The Story of Arthur C. Mace*, Lochwinnoch Community Museum, Department of Arts and Libraries, Renfrew 1989.

[13] Laboratorio: Carter, *The Discovery*, cit., p. 129.

tomba abbandonata di Sethi II, che Engelbach aveva acconsentito con riluttanza a fare usare da Carter come centro di restauro. Winlock avrebbe osservato che «la Banca d'Inghilterra non era meglio protetta, a parte il fatto che ci sarebbe voluto più tempo per entrarci». Due giorni dopo, il 27 dicembre, i primi oggetti furono fotografati da Harry Burton e con delicatezza trasportati fino al loro rifugio sbarrato, sprangato e chiuso con un lucchetto.

Appena tornato a Luxor dal Cairo, prima di Natale, Carter era andato a trovare i Breasted, che abitavano a bordo della loro *dhabiyah* sul Nilo. Gli americani avevano mancato per un pelo di essere presenti alla cerimonia di apertura svoltasi nel mese di novembre, poiché avevano navigato lungo il fiume fino ad Assuan ai piedi della prima cateratta, dove James Breasted aveva trovato ad attenderlo un biglietto di Carnarvon, in cui questi esprimeva il suo rammarico per il fatto che un messaggero inviatogli il giorno 26 di quel mese non era riuscito per poco a intercettarlo a Luxor. Il professore e suo figlio erano tornati da una visita fatta al sepolcro quando Carter li aveva raggiunti il 15 dicembre. Charles Breasted così descrisse il viaggio:

Il giorno prima del ritorno di Carter visitammo la Valle dei Re... a cui ci avvicinammo per la solita strada che vi si immette dalla piana alluvionale del fiume. Mentre ci accostavamo all'imboccatura della Valle, oltrepassammo sulla destra la casa a un solo piano in cui Carter aveva abitato per tutti gli anni della sua ricerca infruttuosa. Ripensai alle visite che facevo da ragazzo in questo strano cimitero di antichi re e alla prima volta che lo incontrai, il giorno in cui gli operai di Davis avevano portato alla luce un altro sepolcro reale, che come tutti gli altri era stato depredato in età antica. Ma almeno ora Carter si era evidentemente guadagnato la sua ricompensa. Immediatamente al di sotto e leggermente a destra dell'ingresso alla tomba di Ramesse VI, ci imbattemmo in una fossa scavata di fresco che era stata sostenuta su tre lati da muri ricavati da materiale di scarto senza malta. Nel mezzo di questa fossa c'era un mucchio di rottami coperto da un rudimentale lastrone di calcare su cui era stato frettolosamente disegnato con vernice nera lo stemma del casato dei Carnarvon. A guardia di questo mucchio di rottami era seduto un certo Mr Callender, uno degli assistenti di Carter, con un fucile carico sulle ginocchia. Tre carpentieri indigeni di fiducia stavano laboriosamente costruendo una baracca in cui alloggiare i sorveglianti, l'attrezzatura di protezione e via dicendo; mentre lungo i muri di sostegno, a intervalli, stavano alcuni soldati indigeni, anch'essi a guardia del posto con i fucili carichi. Un turista che passasse per caso avrebbe gettato uno sguardo superficiale nella fossa e, al bagliore infocato del sole, avrebbe notato più che altro le grosse gocce di sudore che imperlavano la testa nuda e pelata di Mr Callender [14].

In una descrizione al tempo stesso più vivace e precisa di quanto Merton e altri giornalisti fossero riusciti a ricavare da una breve

---

[14] Charles Breasted, *Pioneer to the Past*, cit., pp. 316 ss.

visita alla tomba di Tutankhamun, Breasted trasmise in modo perfetto l'atmosfera di quello che egli definiva un «particolare momento di calma che precedeva un diluvio di pubblicità a livello mondiale senza precedenti». E in quel «particolare momento» James e Charles Breasted si resero conto che lo scenario della scoperta di Carter era «stranamente anonimo».

Quando Carter andò a trovarli nella loro casa galleggiante sul Nilo, i Breasted ascoltarono col fiato sospeso la sua storia, esposta in due ore «che volarono in un baleno». In seguito, Breasted concluse che, stando a ciò che gli era stato riferito, Carter aveva trovato non un sepolcro ma un altro deposito segreto, un posto in cui il tesoro del re era stato precipitosamente nascosto in momenti di agitazioni politiche, e che forse la sepoltura aveva avuto luogo altrove. Carter invitò i suoi ospiti a raggiungerlo di lì a tre giorni, il 18 dicembre, un po' prima della visita della stampa. Avrebbero evitato occhi indiscreti. «Il terzo giorno a partire da oggi, per favore, attraversate il fiume come se voleste fare una normale visita ai monumenti di Tebe, salite sul monte come se voleste godervi il panorama e poi scendete nella Valle.» Avrebbero dovuto cercare di raggiungerlo alle 15, portandosi un cambio di indumenti, in quanto la temperatura all'interno della tomba era tale che dopo un po' il visitatore usciva grondante di sudore. La nuova squadra, peraltro nota a Breasted, si mise in riga per riceverlo: c'erano Carter, Callender, Mace, Burton, Winlock, nonché la moglie e la figlia di quest'ultimo. Nei pochi giorni trascorsi dalla loro ultima visita, c'erano stati grandi cambiamenti. «Tutto aveva un'aria importante ed efficiente... gli uomini si tolsero la giacca», scrisse Breasted. «Allora Carter si mosse verso la cima della scala e disse: "Siamo pronti? Prego, venite". Poi si girò e cominciò a discendere i pochi gradini.»

Charles Breasted, l'affezionato figlio, descrisse la scena come se fosse suo padre a parlare:

> ... una visione incredibile, una scena irreale tratta da un racconto delle fate, un deposito incantato di materiale scenico appartenente al teatro lirico sognato da un grande compositore... le ricchezze ammassate da un faraone che era morto da circa 3250 anni, prima che Creta avesse toccato il suo apice, prima che la Grecia fosse nata o Roma fosse pensabile, o prima che si fosse svolta più della metà della storia della civiltà. Alla splendente luce del sole, contro il candore del muro intonacato, i colori di tutte quelle cose erano palpitanti ancorché delicati: un miscuglio di marrone, giallo, azzurro, ambra, oro, ruggine e nero.

Si trovavano soltanto nell'andito dell'ingresso. Carter aprì con la chiave quattro grosse serrature Yale e spalancò la porta d'acciaio munita di sbarre. Gli altri attendevano esitanti. «Non volete entrare?», domandò Carter. Gli uomini avevano le lacrime agli occhi. Non riuscivano a parlare. Per la seconda volta, Charles

Breasted mise per iscritto le parole di suo padre, il più illustre degli egittologi:

Riuscii soltanto a emettere esclamazioni di stupore una dietro l'altra, poi a voltarmi di nuovo e a stringere la mano a Carter... L'emozione lottava con l'abitudine acquisita da anni di osservare e di capire, una lotta in cui le mie facoltà critiche lì per lì furono completamente annientate. Tutto ciò che ci circondava rivelava un aspetto della vita degli antichi del tutto nuovo, che superava qualsiasi cosa avessimo conosciuto in precedenza. Ecco lo sfarzo che soltanto le ricchezze e lo splendore dell'Età imperiale in Egitto nel xIv secolo a.C. avrebbero potuto produrre o concepire e – come a prima vista sembrava – con ogni cosa che stava ancora dove era stata collocata nel momento in cui il sepolcro era stato definitivamente chiuso. In tutta la storia delle scoperte archeologiche non c'è stato mai niente di tanto esaltante quanto questa prima visione di ciò che sicuramente doveva essere la tomba di Tutankhamun... Non una magnificenza volgare e pomposa, bensì l'opulenza di un'arte maturata e perfezionata costituiva l'ambiente quotidiano di questi grandi sovrani del Nilo... Giocherellavo senza scopo con il taccuino e la matita. Di quale utilità erano gli appunti presi in quello stato d'animo, con una miriade di particolari e con l'affollarsi di idee turbinose da registrare tutte e subito?

I Breasted esaminarono allora i luccicanti tesori: vasi d'alabastro, «come non se ne erano visti prima»; uno scrigno di gioielli; uno splendido bastone da gentiluomo di corte con l'impugnatura d'oro lucente, il cui lavoro in filigrana e i caprioli erano sostenuti da un foglio d'oro massiccio; l'arredo della *dépendence* degno di un re. I visitatori, mentre Carter illuminava i loro passi con la torcia elettrica, entrarono a stento, timorosi di toccare qualche oggetto per paura di danneggiarlo. Poi le statue del re, le rose, i bastoni e i bordoni, sontuosamente coperti d'oro. Il caldo nella tomba li costrinse a fare marcia indietro, ma ben presto tornarono, «non rendendosi conto di essere stanchi morti». James Breasted esaminò le impronte dei sigilli nell'intonaco che aveva coperto le prime due porte d'accesso al sepolcro, a conferma di quanto sosteneva Carter sulle visite dei predatori durante il regno di Ramesse IX.

Nel giro di pochi giorni Breasted copiò 150 impronte di sigilli. Per tutto il tempo che rimase poté udire degli scricchiolii emessi dagli oggetti all'interno, che lo avvertivano che l'irrompere dell'aria stava provocando modifiche di natura chimica e fisica nelle camere del sepolcro. Era indispensabile fare alla svelta nel mettere in salvo e curare i preziosi reperti. Si doveva tuttavia evitare di fare le cose troppo in fretta. Ogni articolo doveva essere disegnato o fotografato in loco, numerato o contrassegnato con lettere, e poi trasferito con cautela nel laboratorio (sistemato nella tomba numero 15, situata nell'area del sepolcro vuoto di Sethi II), in cui lo si poteva trattare e preparare per trasportarlo fino al

Museo del Cairo. Carter paragonò l'operazione a «un gigantesco gioco fatto con i bastoncini dello sciangai» [15].

Breasted, esprimendo un giudizio definitivo in merito al problema dell'irruzione, riteneva «inconcepibile che i ladri di quel famigerato periodo avessero abbandonato tante ricchezze». Carter rispose che non si sapeva se nel cimitero reale ci fossero stati furti prima che «l'impero volgesse al termine», cioè nel periodo che si è soliti definire del Nuovo Regno, iniziato con la xviii Dinastia nel 1540 a.C. circa e terminato con l'ultimo dei re Ramessidi nel 1070 a.C. Breasted precisò che il sigillo che Carter aveva letto come appartenente a Ramesse ix (della xx Dinastia) in realtà era il sigillo di Tutankhamun. Entrambi i vani di porta sigillati erano coperti da impronte che recavano esclusivamente il nome di Tutankhamun e degli amministratori del cimitero. Inoltre Breasted ricordò a Carter che la tomba di Thutmosi iv, che lo stesso Carter aveva portato alla luce, era stata restaurata da Haremhab, il quale era succeduto quasi immediatamente a Tutankhamun e aveva lasciato sul muro del sepolcro una testimonianza della sua azione pietosa. «Se un'altra sepoltura reale era stata depredata subito dopo la morte di Tutankhamun», disse Breasted, «non potrebbe darsi che gli stessi ladri siano entrati nella *sua* tomba?»

«Dio mio, non ci ho mai pensato!», esclamò Carter. Breasted gli ricordò che le baracche degli operai che costruirono il sepolcro di Ramesse vi avevano tenuto celato l'accesso alla tomba di Tutankhamun molto tempo prima del regno di Ramesse ix e dei ladri della stessa epoca di quest'ultimo. «Mio Dio», ripeté Carter, «questo non mi è mai venuto in mente.» La teoria a sostegno dell'incursione nella tomba, pubblicata sul *Times* del 5 dicembre in base alla prima intervista di Merton, era già messa in dubbio. Tuttavia le dispute accademiche in materia di cronologia e di ruberie di pezzi d'antiquariato stavano per cedere il passo ad avvenimenti di ben più vasta risonanza.

Breasted, mentre era intento a eseguire le copie dei sigilli sullo strato di intonaco della porta [16], guardò con la coda dell'occhio una delle statue del re messe a guardia della porta che dava nella *dépendence*. Gli faceva l'occhiolino. L'allarmato epigrafista si rese presto conto che una minuscola lamella di pigmento scuro usato nella coloritura delle statue aveva captato la luce proveniente dall'ingresso aperto, dando la sensazione di un movimen-

---

[15] Gioco dello sciangai: Carter, *The Discovery*, cit., p. 123.
[16] Calchi di sigilli: Charles Breasted, *Pioneer to the Past*, cit. N.B. Le osservazioni del professor Breasted si riferiscono continuamente al periodo «imperiale» e «post-imperiale» dell'Egitto. Attualmente il concetto di Egitto imperiale viene minimizzato dagli studiosi e l'espressione «Nuovo Regno» sta a indicare il periodo dei potenti sovrani compresi tra la xviii e la xx Dinastia.

to ammiccante. Era cosa da poco, il tipo di falsa impressione agevolmente ricevuta e con altrettanta facilità esagerata da chi la riceve, nella luce penetrante dell'Egitto, in cui il movimento viene intensificato in un modo che non conoscono coloro i quali trascorrono la loro vita sotto cieli nuvolosi. Tuttavia, la circostanza fece ricordare a Breasted un incidente avvenuto pochi giorni prima, quando Carter aveva mandato un assistente a casa sua per una commissione. L'uomo, mentre si avvicinava alla casa di Carter, «aveva udito un debole grido quasi umano». Raggiunta la casa, aveva guardato la gabbia dell'uccellino appesa all'ingresso. All'interno di essa stava attorcigliato un cobra, il simbolo della monarchia egiziana, che teneva in bocca il canarino di Carter. Ben presto la notizia della scoperta si diffuse a Luxor e per tutta la Valle. Il cobra del defunto re aveva scaricato la sua ira perché il segreto della tomba del suo signore era stato tradito. «Adesso accadrà qualcosa di terribile», dicevano [17].

Avvenimenti che avrebbero indotto a fantasticare sulla «maledizione dei faraoni» avevano cominciato a imporsi all'attenzione dei contadini egiziani, istillando ben presto in un ambiente superstizioso presentimenti funesti. Fra i nativi ci furono altre reazioni. Un bello spirito del Cairo, un certo dottor Athanasius, scrisse al giornale *Al Mukattum* chiedendo che non si togliesse niente dal sepolcro, dato che intendeva presentare istanza legale riguardo a quanto vi era contenuto nella sua qualità di «discendente in linea diretta di Tutankhamun».

Breasted ne dedusse che per quanti furti potessero essere stati commessi in tempi lontani, essi risalivano a non più tardi della XIX Dinastia, che durò fino al XII secolo a.C. inoltrato. In ogni caso, «il foro praticato dai ladri in fondo a questo vano di porta era ovviamente troppo piccolo per non consentire la rimozione di null'altro che di oggetti molto piccoli». Pertanto, concluse, «il corpo dell'unico faraone dell'impero che forse è sfuggito alla distruzione provocata dai tumulti e dalla illegalità postimperiali giace dietro questa porta».

Dopo aver fatto la dichiarazione che in fin dei conti distruggeva la teoria di Carter, basata su un cauto ragionamento, a sostegno di un'incursione avvenuta durante la XX Dinastia, Breasted andò al Museo del Cairo per lavorare sui testi già portati via dal sepolcro. Per due settimane attese al suo compito di studioso nella lunga galleria coperta da un lucernario prima che giungesse un altro invito, stavolta da parte di Carnarvon, di ritornare alla tomba. L'anticamera era stata sgombrata e già il 15 febbraio 1923, il

---

[17] Episodio dell'uccellino: Charles Breasted, *Pioneer to the Past*, cit., p. 316; e Hoving, *op. cit.*, pp. 123 ss.

giorno dopo l'arrivo dell'americano, Carter era pronto ad aprire la camera sepolcrale.

Mentre si trovava a Londra, Carnarvon aveva concluso l'intesa *de facto* con il *Times*. L'accordo venne firmato da William Lint Smith, amministratore del giornale, e da Lord Carnarvon, per essere reso noto il 10 gennaio 1923, «con il caloroso assenso di Mr Howard Carter» [18]. Da allora in poi, ogni notizia sarebbe stata comunicata al resto della stampa di tutto il mondo dall'ufficio del *Times* ubicato in Printing House Square. Una settimana dopo il giornale dichiarò che «esso non avrebbe consentito che si pubblicassero riproduzioni parziali emesse da questa agenzia di stampa se non previa intesa in tal senso». La reazione del resto della stampa a livello mondiale fu di dire ai suoi inviati in Egitto di usare ogni mezzo, leale o disonesto, per procacciarsi particolari e fotografie allo scopo di spezzare la stretta mortale del *Times* [19]. Nel corso delle discussioni svoltesi a Luxor, sia Carter che Carnarvon avevano promesso a Merton che nessuno dei due avrebbe firmato un contratto con altre agenzie di stampa se non d'accordo con il *Times*. Anche se la prova documentaria al riguardo è inconsistente, non possono esserci dubbi sul fatto che anch'essi abbiano convenuto tra di loro che l'inaspettata sovvenzione derivante dall'interesse della stampa internazionale avrebbe giovato ai fondi destinati alle opere di scavo e risarcito in parte Carnarvon delle ingenti spese da lui sostenute nei sedici anni precedenti.

Carter oscillava tra l'entusiamo per un affare concluso con il suo amico Merton, un uomo che riteneva all'altezza di fare correttamente la cronaca di un'importante scoperta archeologica, e la preoccupazione per gli interessi del suo mecenate. Le trattative vennero complicate da una simultanea offerta della Goldwyn Limited americana per il diritto di filmare gli arredi del sepolcro mentre venivano rimossi e preparati per la spedizione. Carter era inoltre in ansia per il suo diritto personale a usare le fotografie una volta che si fosse sancito un accordo esclusivo con i datori di lavoro di Merton.

In una lettera diretta a Carter, in data 24 dicembre 1922 da Highclere, Carnarvon avanzò l'idea che avrebbero dovuto assumere un agente pubblicitario. Contemporaneamente, spiegava di aver visto il giorno precedente Geoffrey Dawson (direttore del *Times*) e di avergli chiesto di «fare un'offerta», quantunque in

[18] Accordo con *The Times*: annunciato con un editoriale il 17 gennaio 1923. News International Archive, registrato da Lint Smith, direttore generale; FO 371/8982, 9 febbraio 1923. Vedi inoltre Hoving, *op. cit.*, pp. 150 ss. Hoving cita la lettera inviata da Merton a Sir Campbell [?Stuart, direttore del *Times*], del 24 dicembre 1922.
[19] Reazione della stampa: vedi Williams, *op. cit.*, pp. 359 ss.

realtà avesse detto a Dawson di non poter concedere la priorità al suo giornale alle condizioni proposte. Dawson andò via per riflettere sulla sua posizione e nel frattempo Carnarvon consultò Alan Gardiner. L'illustre Gardiner ritenne l'accordo con il *Times* soddisfacente da tutti i punti di vista; in particolare perché avrebbe garantito un accurato servizio di cronaca.

Sempre nella sua lettera del 24, Carnarvon disse a Carter che Charles Pathé e altra gente di cinema avevano chiesto di ottenere i «diritti» e che lui aveva sollecitato precise offerte finanziarie. Porchy si trovava sempre a suo agio con i titani del cinema e con i progetti pubblicitari, sebbene avesse scarsa perspicacia nel trattare affari e spesso, nel corso delle trattative, fosse propenso a fare recriminazioni. L'idea di fare un film lo attirava molto e, a beneficio del suo assistente, espose le sue idee per realizzare una pellicola che abbracciasse tutta l'attività da loro svolta insieme nella Valle, che cominciasse con una panoramica dell'ossessionante scenario tebano e terminasse con un finale «vigoroso e incoraggiante». Proseguiva occupandosi di libri e dei diritti a usare le fotografie di loro proprietà, della eventualità di predisporre una descrizione in quattro volumi della tomba e dei suoi tesori, con una edizione popolare e una tiratura di ventimila copie, che doveva essere scritta da Carter e Gardiner. «Voi due potete farcela», diceva Carnarvon. Pensando al vantaggio economico di Carter, proponeva che il migliore oggetto uscito dal sepolcro dovesse essere riservato per un dipinto a colori, che avrebbe dovuto fruttare «un sacco di soldi».

Prima di decidere in merito all'offerta del *Times*, Carnarvon si recò presso la Royal Geographical Society a Londra, per informarsi sul modo in cui si era comportata con la stampa a proposito della spedizione sul monte Everest [20]. Gli dissero che la Society aveva ceduto i diritti al *Times* su pagamento di mille sterline, per la spedizione di quindici cablogrammi. A quanto pare, l'accordo aveva suscitato «molti mugugni». Ma quanto avveniva nella Valle stava forzando Carnarvon a prendere una decisione. Mentre parlava e mercanteggiava, il *Daily Telegraph* riferiva scene di caos che risvegliavano «ricordi da giorno del derby». La strada che conduceva al sepolcro era intasata di veicoli, animali e pedoni di tutti i tipi.

Nel frattempo Carter si dichiarò d'accordo con il punto di vista di Gardiner e alla fine si firmò il contratto con il *Times*. Esso prevedeva il pagamento in contanti di 5000 sterline, oltre al 75

---

[20] Atteggiamento indeciso: Hoving, *op. cit.*, pp. 239 ss. Quanto alla presunta ostilità di Carter nei riguardi dell'accordo stipulato da Carnarvon, vedi Carter, *The Discovery*, cit., p. 143: «In Egitto fummo contenti nell'apprendere la decisione presa da Lord Carnarvon...».

per cento di tutti i profitti derivanti dalla diffusione tramite un'agenzia di stampa di articoli destinati ad altri giornali e periodici. «Temo che tu abbia passato momenti molto brutti con la stampa», disse Porchy a Carter. «Avrei dovuto sistemare prima le cose, ma volevo consultarmi con te.» Faceva inoltre osservare che non c'era da preoccuparsi molto di Geoffrey Dawson, il direttore col quale avrebbe avuto a che fare da quel momento in poi e che, in definitiva, era «un gentiluomo tutto d'un pezzo». All'atto pratico, la firma del contratto teneva in serbo per Carter problemi che erano di gran lunga superiori agli svantaggi del ritardo.

Entro qualche giorno dalla firma dell'accordo, Geoffrey Dawson disse a Lint Smith: «In base al nuovo accordo, Merton non dovrebbe essere considerato il principale canale di informazione»[21]. Egli disse inoltre al direttore amministrativo che Carnarvon avrebbe dovuto precisare al governo egiziano che il *Times* sarebbe stato responsabile della distribuzione del materiale alla «stampa di tutto il mondo, Egitto compreso». Il 12 febbraio, l'agenzia di stampa Exchange Telegraph si fece portavoce di un ultimatum del governo che esigeva «rigorosa imparzialità». Nel sepolcro sarebbero stati fatti entrare o «tutti gli inviati, o nessuno». Intanto Lacau, con grande sorpresa di Carter, tenne fede all'accordo e si rifiutò di concedere interviste, sostenendo che la cosa «riguardava Carnarvon».

Carter, sulle cui spalle ricadeva il peso dell'accordo relativo alla «notizia in esclusiva», stava attraversando momenti difficili nella Valle per conto proprio. I turisti sbucavano da tutte le parti. Quando, il 12 gennaio, fece sapere che si aveva la prova di un deposito reale segreto nella terza camera ancora chiusa, la diga cedette. «Carter nega di avere l'intenzione di escludere il pubblico come si dice in lungo e in largo», intitolò il *Times* il giorno 13. Il 17 fu autorizzata la diffusione di fotografie dei piroscafi in servizio sul Nilo, che seguitavano a sbarcare passeggeri a Luxor. Si diceva che un bastimento trasportasse tre ex ministri del governo egiziano con «le loro famiglie e signore». Si diceva che, dopo la visita al sepolcro guidata da Carter, rimanevano tutti «estasiati». Piacesse o meno, il resto della stampa fu costretto a usare le fotografie del *Times*[22] in cui si vedevano folle di turisti sempre

---

[21] Dawson-Gardiner: Hoving, *op. cit.*, pp. 149 ss. Hoving chiama in causa il professor I.E.S. Edwards, *Curator Emeritus* del British Museum.

[22] Diritti di riproduzione fotografica, ecc.: ivi. Hoving cita il telegramma di Carter a Carnarvon, del 22 dicembre 1922, e la lettera di Carnarvon a Carter, del 10 gennaio 1923, in cui si avanza la proposta di «mettere all'asta i diritti di stampa». Ambedue i documenti sono conservati nell'archivio del Metropolitan Museum. Non sono stato in grado di confermare nessuna testimonianza del museo di New York.

più numerose, Carter alle prese con «tesori sempre più stupendi», la Ford Model-T ordinata da Carter mentre veniva fatta salire a spinte da alcuni volenterosi sull'argine del Nilo e l'archeologo col cappello floscio mentre la prendeva in consegna dall'imponente altezza del suo asino [23].

Non mancava in ciò un pizzico di demagogia, come quando Merton descrisse il tragitto quotidiano fino alla tomba durante la stagione della canna da zucchero: «Lungo la via ci attardiamo a osservare i fellahin che tagliano le canne». Ma tutti i giorni le prime pagine parlavano per lo più dei prodigi della scoperta [24]: un altro seggio con accessori e rinforzi d'oro, le ruote della biga del faraone, il guanto di Tutankhamun «di ottimo tessuto», il divano del re, il «sontuoso» fusto del letto, e sempre «moltissimi spettatori», con Carter al centro di tutto. Ecco uno dei bollettini di Merton:

> Stamattina eravamo tutti in agitazione, poiché si sapeva che Mr Howard Carter era pronto a trasferire alcuni degli articoli più grandi... C'è stata una breve pausa e poi si è udito il suono di ordini impartiti in tono smorzato e di passi strascicati, come se si stesse spostando qualcosa di pesante o che opponeva resistenza... Di lì a poco è apparsa una magnifica testa di «Hathor», che scintillava alla luce del sole, sormontata da lunghe corna e dal disco solare, dalle lunghe zampe e dal grande corpo.

D'un tratto, tutti sapevano riconoscere «Hathor» e, cosa più importante, tutti sapevano chi fosse Carter: questi e il suo aristocratico mecenate erano diventati gli uomini più famosi del mondo. Quando Carter partì da Luxor il 26 gennaio per andare incontro a Carnarvon al Cairo [25], l'avvenimento venne strombazzato dalla stampa mondiale. Quando Newberry, alla fine del mese, tenne una conferenza [26] sulla scoperta al Victoria and Albert Museum, si dovette limitare il numero dei biglietti da distribuire al pubblico per impedire disordini.

L'*Illustrated London News*, diretto da Bruce Ingram, avido collezionista il quale avrebbe concepito un profondo attaccamento per Carter, concluse un affare con Carnarvon [27] consistente nel ricevere una parte delle cronache «in esclusiva» inviate al *Times* da Carter (non quelle di stretta competenza dell'inviato del giornale), mentre usufruiva dell'«esclusiva nazionale» per quanto riguardava le illustrazioni a colori. Di conseguenza, come un derivato della contagiosa voga che sarebbe dilagata col nome di «Tutmania», la rivista di Ingram diventò un'istituzione nazionale,

[23] Turisti, favore popolare: *The Times*, 15-18 gennaio 1923.
[24] Ancora cose meravigliose: ivi, 19-26 gennaio 1923.
[25] Viaggio al Cairo: ivi, 27 gennaio 1923.
[26] Annuncio della conferenza di Newberry: ivi, 30 gennaio 1923.
[27] *Illustrated London News*: 6, 13, 20, 27 gennaio 1923.

conseguendo l'eccezionale risultato di costituire un vasto e diffuso pubblico di lettori e di conferire agli archeologi un prestigio che spesso, sul piano della rinomanza popolare, rasentava quello dei divi del cinema. Da quel momento in poi, articoli a firma di illustri accademici avevano titoli come «L'Egitto dell'età antica americana» (in cui si descrivevano le rovine maya) e «Micene al tempo di Tutankhamun» (in cui Alan Wace parlava del lavoro compiuto nella fortezza di Micene).

L'inchiostro del contratto fra Carnarvon e il *Times* non si era neanche asciugato quando esplose la rabbia fremente dell'opposizione nei confronti del giornale. L'immediata reazione di Carter in seguito all'accordo era consistita nell'invitare Merton a unirsi al personale della spedizione. Merton – il quale faceva ufficialmente parte del gruppo dei giornalisti del *Times* messo frettolosamente insieme sotto la direzione del capo dei corrispondenti esteri del giornale Sir Harry Perry Robinson – fu pronto ad accettare l'offerta [28]. Confermò che avrebbe rappresentato gli interessi di Carter nella Valle «in tutte le questioni attinenti alla pubblicità relativa al lavoro svolto nella tomba di Tutankhamun». In merito a tutte le notizie e dati, si sarebbe attenuto totalmente ai desideri del suo superiore.

Lythgoe, del Metropolitan Museum, ormai profondamente coinvolto nell'impresa in quanto aveva messo a disposizione di Carter il suo personale più esperto, scrisse al direttore del museo, Edward Robinson, informandolo in merito al contratto stipulato tra Carnarvon e il *Times* e mettendolo in guardia contro qualsiasi dichiarazione fatta dagli americani che potesse pervenire alla stampa. «Anche se per quanto riguarda il lavoro svolto nella tomba noi ci prendiamo la parte del leone, la tomba è di Carnarvon e di Carter e, quindi, il diritto di parlarne in pubblico in modo *circostanziato* appartiene esclusivamente a loro, almeno per ora.»

Il corrispondente della Reuters, Valentine Williams, mandò nella Valle sua moglie, chiedendo astutamente a Merton di accompagnarla a casa, mentre lui, Williams, cercava di poter entrare nella tomba [29]. Il *Daily Express* di Londra, urtato per via del complotto Carnarvon-*Times*, inviò a Luxor il celebre scrittore di viaggi H.V. Morton [30] affinché iniziasse un'aspra campagna a favore degli egiziani, consigliandoli di tenersi in patria i loro re e relativi tesori. Osservazioni di questo tipo nella stampa inglese tiravano acqua al mulino di Lacau, il quale aveva sempre meno tempo da dedicare a Carter e, sin dalla sua nomina, avvenuta

---

[28] Perry Robinson: News International Archive, file 1.
[29] Williams: Hoving, *op. cit.*, p. 156.
[30] *Daily Express* - H.V. Morton: ivi.

dieci anni prima, aveva cercato di incrementare la quota di reperti archeologici spettante al Museo del Cairo.

A.H. Bradstreet, l'irascibile inviato del *New York Times* e dell'inglese *Morning Post* [31], decise di afferrare il toro per le corna. Fin dall'inizio era andato in collera a causa del favoritismo riservato a Merton e al suo giornale e, alcuni giorni dopo l'annuncio dell'accordo riguardante l'«esclusiva», andò da Lacau per avere informazioni. Il direttore in modo inaspettato, se si considera l'attrito esistente tra lui e Carter, si rifiutò di venir meno all'impegno del silenzio. Comunque egli e il suo ispettore sapevano soltanto ciò che Carter aveva mostrato loro. Bradstreet scrisse un messaggio in cui affermava che Lacau non avrebbe rivelato niente neanche se glielo avesse ordinato direttamente il governo egiziano: si trattava di una «notizia aggiuntiva a chiarimento del fatto che un funzionario francese in servizio nel governo egiziano vuole e può ignorare un ordine emanato da quello stesso governo». L'opposizione si incontrò nell'appartamento che Morton occupava nell'albergo di Luxor [32] per costituire un gruppo contrario al *Times*, fra cui spiccava Mrs Williams, la quale si comportava da padrona di casa nei dispendiosi ricevimenti da cui Merton veniva apertamente escluso e bersagliava di proteste Lacau [33].

Appena era apparsa la prima cronaca del *Times*, Valentine Williams era stato assegnato all'Egitto dal suo redattore capo, il quale guarda caso era suo fratello, Douglas Williams. Era la persona adatta alla bisogna, in quanto aveva prestato servizio nel corpo delle Guardie irlandesi con il fratellastro di Porchy, Aubrey, conosceva bene l'altro fratellastro Mervyn e intratteneva rapporti di stretta amicizia con molti membri della famiglia Herbert, anche se non aveva mai conosciuto il conte personalmente. Nel gennaio del 1923, avendo appreso che Carnarvon era in viaggio per l'Egitto a bordo della motonave *Adriatic*, Williams diede prova del suo intuito giornalistico recandosi con sua moglie a Montecarlo per imbarcarsi lì sulla nave. Quando arrivarono ad Alessandria entro il mese, era in grande familiarità con Carnarvon e in rapporti molto amichevoli con Lady Evelyn.

«Mi fu proposto di andare a Luxor e di fare quanto potevo per organizzare un'agenzia di stampa senza tener conto del *Times*. Non sarei stato solo: anche il *Morning Post*, il *Daily Mail* e il *Daily Express* si sarebbero battuti contro il monopolio...» Erano tutti dalla parte dell'Egitto, «perché re Tut aveva giustamente resa

---

[31] Bradstreet: ivi, pp. 109-86.
[32] Riunione con Morton: ivi, p. 156.
[33] Quanto alla Williams, vedi Williams, *op. cit.*, pp. 359 ss.

famosa Luxor». La conversazione a bordo della nave era scorrevole e distesa. Carnarvon era «l'autentica reincarnazione di un certo tipo di nobile del Settecento». Con i suoi modi privi di affettazione e dal tenore di vita improntato a semplicità, egli aveva nondimeno «tutta l'alterigia della sua classe nell'accostarsi ai suoi simili, in particolare agli egiziani, che disprezzava apertamente e non si dava gran pena per nasconderlo». Williams si rese conto che era «molto istruito» e che aveva «la mentalità indagatrice del dilettante». Il giornalista osservò che sua signoria era molto interessato allo spiritualismo. Mentre era seduto con Porchy e Lady Evelyn nella sala per fumatori dell'*Adriatic*, Williams si accorse che a cena il suo ospite indossava un vecchio cardigan scuro sul panciotto da sera per difendersi dalle correnti d'aria e che tra padre e figlia c'era una «tenera amicizia», un'amicizia «molto piacevole a vedersi». Nonostante i loro rapporti, Carnarvon disse all'inviato della Reuters che stava perdendo il suo tempo. Egli non intendeva essere perseguitato dalla stampa. «Le informazioni le aveva il *Times*, perciò gli altri giornali, se le volevano, potevano rivolgersi al *Times*.»

Mentre infuriava la polemica della stampa, Carter lavorava febbrilmente nel sepolcro. Le prime fotografie della parte interna, scattate da Harry Burton al suo ritorno da Londra e pubblicate il 30 gennaio «come stabilito», avevano fatto sussultare il mondo [34] con i particolari costituiti dai divani da cerimonia che poggiavano su sostegni a forma di «leone» e di «hathor», dai *ka* a grandezza naturale, cioè le statue messe a guardia dell'ingresso al *sancta sanctorum*, dai vasi di alabastro per unguenti e dalle scatole contenenti cibo essiccato, decorate con i cartigli reali, intarsiate e ricoperte d'oro. Si trattava però semplicemente dell'attrezzatura presente nell'anticamera.

Man mano che il lavoro progrediva, una controversia politica scoppiò in molte capitali mondiali. A Londra, il Foreign Office soppesò il contenuto di un telegramma in data 9 febbraio, pervenuto da Luxor e precisamente da Williams per il sottosegretario anziano Sir William Tyrrell. L'inviato della Reuters aveva molte conoscenze anche nel Foreign Office e non esitò a risalire al responsabile amministrativo. Chiese che si doveva fare «l'impossibile per garantire ai corrispondenti che non fossero rappresentanti del *Times* opportune agevolazioni affinché ottenessero notizie di prima mano al momento in cui il sepolcro di Tutankhamun sarà aperto». Intendeva dire l'apertura del sarcofago, o bara, in merito alla quale era stato messo sul chi vive dopo aver

---

[34] La stampa del 30 gennaio 1923: servizio del *Times* tramite un'agenzia di stampa.

sottoposto a uno scaltro interrogatorio un funzionario dell'ispettorato alle Antichità.

Nell'agenda del Foreign Office, Tyrrell [35] annotò: «Non vedo in qual modo possiamo interferire tra Lord Carnarvon e il *Times*, come desidera Mr Williams». Aveva l'impressione che la faccenda potesse essere tranquillamente affidata a Lord Allenby. Un vice sottosegretario scrisse: «Nessuna azione». Un altro suo collega aggiunse: «È importante l'aspetto politico». L'illustre Sir Eyre Crowe annotò: «Certamente io non mi intrometterei». Un altro appunto siglato rilevava che l'apertura della camera interna non andava annunciata in anticipo, «per consentire al *Times* di partire in vantaggio». E poi, significativamente: «Si dice che il fattore denaro sia talmente smisurato che io esito a riferirne l'entità. Non me la prendo con Lord Carnarvon. L'impresa gli è costata un prezzo enorme e senza dubbio egli è tutt'altro che sicuro su quanto ricaverà continuando a occuparsi di cose antiche». In modo enigmatico Eyre Crowe annotò: «Io sì».

Il 10 febbraio pervenne un messaggio da Allenby: «Lord Carnarvon è pienamente disposto a concedere ogni giusta agevolazione compatibilmente con i termini del contratto da lui stipulato con il *Times*».

James Breasted, appena tornato al sepolcro il 14 febbraio 1923 [36], si mise di nuovo a esaminare le impronte dei sigilli sulle porte dell'anticamera. Il 16 avrebbe assistito all'apertura della camera sepolcrale del re alla presenza di Lacau e di diversi funzionari del governo insieme ai loro «consiglieri» inglesi. Due giorni dopo, il 18, avrebbe avuto luogo l'apertura ufficiale [37] alla presenza della regina del Belgio, dell'alto commissario e di una schiera di principi, uomini politici, diplomatici e accademici su

[35] Foreign Office: FO 371/8982, telegramma del 9 febbraio 1923.

[36] Breasted, 14 febbraio 1923: GI, agenda di Carter, 1923.

[37] Apertura della camera sepolcrale: ivi, 16-18 febbraio 1923. L'elenco degli ospiti redatto da Carter è incompleto. Quello di Winlock, conservato nel Metropolitan Museum, è riportato da Hoving, *op. cit.*, p. 193: Lord e Lady Allenby, le Loro Altezze Reali i principi Kamal ad-Din, Omar Tuson e Yusef Kamal, i rappresentanti della Francia, del Belgio e degli Stati Uniti, le Loro Eccellenze Adly Jegen Pascià, Tufiq Nassim Pascià, Husain Rushdi Pascià, Abdal Khaleq Sawat Pascià, Muhammad Said Pascià, Ismail Sidky Pascià e Ismail Sirry Pascià, Lord Carnarvon, Lady Evelyn Herbert, Sir Charles Cust, Sir William Garstin, Sir John Maxwell, l'onorevole Richard Bethell, Sir Alan Gardiner, il Governatore della provincia di Q[K]ena, Sua Eccellenza Abdal Halin Pascià Suleman, Carter, Mace, Lythgoe, Winlock, Burton, Callender, Lucas, Merton, Lacau, Engelbach, James e Charles Breasted, nonché diversi rappresentanti non identificati del governo e dell'ufficio stampa. Carter include anche il ministro dei Lavori pubblici, Abdal Hamid Pascià Sule[i]man e l'ispettore del servizio alle Antichità, Ibrahim Effendi. L'elenco a parte delle persone molto importanti, compilato da Lord Carnarvon e dal ciambellano di corte, comprendeva Sua Maestà il re Fuad (il quale, pur essendo amico personale di Carnarvon, declinò l'invito), Sua Maestà la regina Elisabetta del Belgio, il principe ereditario Leopoldo, Lord Leigh, Lord e Lady Swaythling, Lady Somerleyton, Sir Philip Sassoon, Sir Louis Malet, Lady Juliet Trevor, il ragià di Pune.

richiesta del nuovo ministro dei Lavori pubblici, Abdal Hamid Sulaiman Pascià. Infine, dal 19 al 25 del mese la tomba sarebbe stata aperta al pubblico e alla stampa. Carter sperava ardentemente che un uso così generoso ed esteso delle pubbliche relazioni avrebbe soddisfatto i curiosi una volta per tutte, consentendogli di dedicarsi agli ardui compiti che lo attendevano.

Breasted, il quale prima che Carnarvon firmasse l'accordo con il *Times* aveva collaborato con giornali inglesi e americani come inviato «speciale», descrisse il primo avvenimento in un'intervista che egli e l'archeologo belga, il professor Jean Capart, concessero alle agenzie di stampa tramite lo stesso *Times*. Il giorno 23 il *Manchester Guardian* la mise in particolare risalto:

Il pomeriggio del giorno dopo, il 16 febbraio, alla presenza di Lord Carnarvon e di Lady Evelyn Herbert, di diversi alti funzionari del governo egiziano e di svariati eminenti rappresentanti d'Inghilterra, Francia e Stati Uniti, Carter, assistito da Mr Mace, ha aperto l'ultima porta sigillata. Per tre ore l'esiguo gruppo è rimasto seduto completamente affascinato, mentre gli uomini toglievano metodicamente una pietra dopo l'altra, finché hanno rivelato un grande catafalco o tabernacolo fatto di legno coperto di lamina d'oro e guarnito di placche di ceramica azzurra. Si tratta della parte più esterna di una serie di tabernacoli entro l'ultimo dei quali giace sepolto il re.

Si ebbe immediatamente conferma della teoria di Breasted, secondo cui i ladri non erano mai penetrati nel *sancta sanctorum*. Il sigillo sul coperchio del tabernacolo successivo era intatto. La prova dei sigilli del coperchio esterno era convalidata. «Ho sempre davanti a me una visione incancellabile... Finalmente una grande civiltà in una terra che fu la sede più antica di una raffinata cultura mai prodotta dall'uomo ci viene sufficientemente rivelata attraverso opere di suprema bellezza e vigore», scrisse Carter nei suoi appunti. Egli scrisse anche che c'erano «molte altre cose nella camera», ma che sul momento incontrava difficoltà a prenderne atto.

Il commento della stampa e la descrizione accademica si sfrenarono allo stesso modo. Il tono lo diede il *Times*, da cui tutti gli altri, ormai, avrebbero presumibilmente tratto le loro cronache, rese più gradevoli dai resoconti diretti degli inviati che avevano la possibilità di stare a guardare soltanto da lontano. «I segreti in procinto di essere rivelati», annunciati giovedì 15 febbraio, vennero debitamente comunicati il venerdì e riportati dai giornali del sabato. Ma non fu se non lunedì 19 che si potettero fornire le descrizioni complete degli oggetti, trasmesse a Merton da Carter ma attribuite a Carnarvon. Quest'ultimo era al seguito della visita della regina belga, dell'alto commissario e di altri personaggi celebri.

Il giorno 18, esattamente alle ore 14,15, con un treno speciale proveniente da Alessandria, era arrivata la regina del Belgio accompagnata dal Mudir, il governatore della provincia. La regina aveva viaggiato in incognito con Leopoldo – sotto il nome di conte e contessa de Rethy – e poi avevano proseguito separatamente dal Cairo a Luxor. In «una magnifica giornata di sole», la regina e gli Allenby, i principi, gli uomini politici e i governatori furono portati da un corteo di automobili lungo l'itinerario di una diecina di chilometri dal fiume alla Valle, scortati per tutto il percorso dai *gaffir* in uniforme azzurra, che erano disposti a intervalli di una quarantina di metri e sfoggiavano fez «resi sontuosi da strisce di colore rosso, verde e magenta e da una lucida placca d'ottone sul davanti». Al passaggio di ciascun personaggio, che procedeva in fila al seguito della regina, le guardie salutavano agitando elegantemente i loro *nabut*. Gli spazi intermedi erano occupati da poliziotti su cavalli, asini e muli, mentre la carreggiata era pattugliata dalle famose truppe cammellate del deserto.

Scortata da Lord Carnarvon, da Carter e da Lacau, l'augusta visitatrice, riferì il *Times*, entrò direttamente nel sepolcro. Subito dopo «arrivò il principe Leopoldo ed entrò accompagnato dal dottor Capart, imitato da Lord e Lady Allenby, seguiti a loro volta da Monsieur Gaillard e dal conte de Lalaing della legazione belga». La regina riapparve alle ore 15 e intanto gli ospiti di minore importanza si erano messi in coda, «accingendosi a scendere». Successivamente, al Winter Palace Hotel, la regina espresse alla stampa la sua «profonda emozione».

Ricordando quei momenti, Carter avrebbe scritto: «Alle due e un quarto eravamo scesi in fila nella tomba e quando, tre ore dopo, accaldati, coperti di polvere e in disordine uscimmo ancora una volta alla luce del sole, tutta la Valle sembrava essersi trasformata per noi e avere assunto un aspetto più personale. Ci era stata data la Libertà».

Da lontano, si apprendeva che l'America era «ossessionata» [38]: «(*Dal nostro inviato speciale.*) New York, 18 febbraio. Nelle abitazioni private, negli alberghi, nelle metropolitane, nei treni periferici, nei teatri e a Wall Street, ovunque si va si ode parlare continuamente del grande faraone, dei suoi tesori e della luce che sta per essere gettata su un mistero della storia».

Il mistero della storia in procinto di essere svelato, in aggiunta a tutte le sciocchezze che scaturivano dalla superstizione e da commenti disinformati che facevano scoppiare Carter di rabbia e di

---

[38] Reazioni americane: *The Times*, 19 febbraio 1923, riporta i commenti della stampa americana.

frustrazione, consisteva nel fatto che il faraone che riposava nel-
l'ultima camera altri non era che «il faraone i cui eserciti mori-
rono nel Mar Rosso, quando era all'inseguimento degli israeliti».
Comunque, il corpo del re doveva ancora comparire. Carter e la
sua squadra ci lavoravano, con metodo e con cautela, mentre il
mondo ammirava ogni nuovo manufatto e faceva congetture. La
gente che ogni giorno si accalcava intorno al sepolcro e si metteva
in fila lungo il percorso all'andata e al ritorno divenne opprimente. A Carter non erano state risparmiate le attenzioni di centinaia
di visitatori, molti dei quali sventolavano lettere di presentazione
da parte di ministri del governo, o di giornalisti che si ritenevano
esclusi in seguito all'accordo fatto con il *Times*. Merton cercò di
trattare con la folla che spingeva e gridava, mentre fotografi dilettanti e professionisti occupavano ogni posizione vantaggiosa.
Nessuno però poteva tener testa alle celebrità, che spesso com-
parivano inaspettatamente, portando lettere di presentazione a
Carter e interrompendo il fitto programma di lavoro. Il caratteraccio di Carter, facilmente infiammabile, ne era pericolosamente turbato.

La micidiale guerra della carta stampata si fuse con il sentimento antibritannico che in Egitto era generale, mettendo in circolazione dicerie e motivi di conflitto. A pochi giorni dall'apertura
ufficiale e dalla rivelazione della camera sepolcrale del re, nella
Valle dei Re fermentò una crisi che alla fine sarebbe approdata
in tribunale e avrebbe dato luogo a una controversia internazionale.

Il 23 febbraio Merton inoltrò a Londra un articolo che indicava
chiaramente quale fosse il clima a Luxor.

IL CORPO DEL RE NON SARÀ TRASFERITO
I metodi privi di scrupoli di coloro che, per motivi di interesse, stanno cercando di screditare l'accordo tra Lord Carnarvon e il *Times*, si spiegano in modo
perfetto con i tentativi che si stanno facendo per suscitare risentimento contro
di lui a causa della sua presunta intenzione di portare il corpo di Tutankhamun
in Inghilterra o altrove... Ciò sarebbe ridicolo se non fosse usato per fomentare
sentimenti antibritannici fra i maomettani. Lo si sta usando in particolare per
aizzare la rabbia dei turchi riguardo alle tombe di Gallipoli. È assurdo che, a
quanto pare, nessuno abbia pensato che valesse la pena di chiedere a Lord
Carnarvon quali siano i suoi punti di vista o le sue reali intenzioni [...] Egli si
augura che il corpo di Tutankhamun sia trattato col massimo rispetto e lasciato
nel sarcofago senza spostarlo dal luogo in cui giace da 3000 anni.

Carnarvon e il suo assistente si erano alienati la stampa di tutto
il mondo, il che era molto pericoloso. Una lettera di Carnarvon
apparsa nello stesso numero del *Times* confermava l'opinione di
sua signoria nel senso che il corpo dovesse rimanere in Egitto.
Ma le voci che parlavano di slealtà non si fermarono a quel pun-

to. Il tormento di Carter di fronte alle falsità che circondavano la più grande scoperta archeologica di ogni tempo cominciò a manifestarsi nello scambio di parole forti con il suo aristocratico benefattore e amico. Il suo stato d'animo non migliorò neanche all'arrivo dalla Mesopotamia della voce secondo cui gli scavi condotti da Woolley a Ur dei Caldei stavano spingendo fuori di scena il sepolcro di Tutankhamun. Proprio nell'edizione del *Times* che si dilungava sulle discussioni scatenatesi al Cairo e a Luxor, il giornale riservava il posto d'onore a un servizio proveniente da Baghdad intitolato: «Gli antichi templi di Ur. Mura di mattoni costruite nel 3600 a.C. Scoperti i gioielli di Nabucodonosor». La storia si faceva avvincente a causa della inverosimile teoria avanzata dal professor Flinders Petrie, secondo cui i tesori scoperti nella tomba di Tutankhamun «forse erano stati trasferiti in Egitto dall'Eufrate» [39].

Il 19 febbraio il *Morning Post* pubblicò un dispaccio inviato da Bradstreet il quale, secondo Hoving, aveva detto ad alcuni amici che avrebbe «fatto ammattire C[arnarvon] e C[arter] per aver venduto un pezzo di storia antica del mondo al *Times* di Londra». L'articolo di Bradstreet conteneva le seguenti parole:

> Ci sarà tra poco in America una veemente protesta, perché un gruppo di energici inviati sta dicendo a questi americani che, mentre il personale del Met[ropolitan] è stato prestato a Carnarvon nell'interesse dell'archeologia, Carnarvon sta traendo vantaggio dai cervelli di quegli esperti a Londra, dove ha venduto informazioni e fotografie riguardanti il sepolcro, che di lì saranno distribuite agli acquirenti di tutto il mondo.

Il 25 febbraio, A.C. Mace rispose per le rime inviando una lettera al direttore del *Morning Post*, in cui diceva [40] che il personale del Metropolitan Museum non era assolutamente tenuto ad inviare informazioni ai giornali americani e che «i nostri rapporti con Lord Carnarvon e Mr Carter sono estremamente cordiali sotto tutti i punti di vista». Oltre a ciò, lui e i suoi colleghi si erano risentiti per essere stati «sfruttati da irresponsabili seminatori di discordia». Il *Morning Post* si rifiutò di pubblicare la lettera. Il 14 marzo essa apparve per intero sul *Times*, in quanto inoltrata dal personale del Metropolitan Museum of Arts che faceva parte

---

[39] Petrie e i gioielli provenienti dalla regione dell'Eufrate: forse in quel momento la teoria non era poi così strampalata. Fu Breasted a coniare la locuzione «Mezzaluna fertile» e a dare per scontata la tesi, ancora sostenuta in ambienti autorevoli, secondo cui le valli del Tigri, dell'Eufrate e del Nilo costituivano in origine «un'unica entità culturale». Cfr. Henry Field, *The Track of Man*, p. 41.

[40] *Morning Post*: *The Times*, 14 marzo 1923; Hoving, *op. cit.*, pp. 181, 182 (in cui si parla della «spregevole campagna di Bradstreet»), 210 e altrove (sulla «sfrenata cattiveria della campagna») riporta la lettera riservata, inviata da Quinbell a Carter (senza data), proveniente dal servizio alle Antichità: «Sia Bradstreet che Valentine Williams sono venuti a trovarmi...».

della spedizione in Egitto, e firmata da Mace in qualità di «conservatore aggregato» del museo, unitamente a un duro articolo di fondo derivante da nuovi motivi di lamentela a proposito della riservatezza degli assistenti di laboratorio di Carter, che lavoravano sotto la direzione di Lucas e di Mace nel sepolcro di Sethi II:

Il pubblico dovrebbe imparare a tenere a freno la curiosità finché lo scavatore non reputa opportuno annunciare, scegliendo il momento e i modi in cui poterlo fare, i risultati della sua indagine... Lasciamo in pace Mr Carter e i suoi assistenti affinché portino a termine il compito di salvare per noi tutte quelle meraviglie, e rispettiamo il modo in cui hanno deciso di far conoscere al pubblico i risultati delle loro scoperte. Non diciamo che è quanto spetta loro legittimamente: diciamo che è un loro incontestabile diritto.

La protesta arrivò troppo tardi. Il 22 febbraio i giornali di tutto il mondo [41] avevano pubblicato i più recenti «servizi speciali» di Carnarvon, scritti per conto suo da Merton, in cui il conte descriveva la «visione sbalorditiva» della camera interna del sepolcro reale: «Per essere sicuro che non sognavo, dovetti guardare insistentemente l'incredibile spettacolo che si offriva ai miei occhi».

Il 26 febbraio Carter chiuse il sepolcro [42], in seguito a un acceso litigio con Carnarvon [43]. Merton scrisse un comunicato d'addio, mentre Carter assisteva personalmente al bloccaggio del vano della porta. «È impossibile non essere commossi nel fare una visita di commiato alla tomba.» Il 28 riferì che la porta sarebbe rimasta sigillata «per diversi mesi». Veramente era un falso allarme, anche se le contrarietà con Carnarvon erano abbastanza reali. Carter riprese l'attività una settimana dopo, ma una tragedia imprevista lo avrebbe costretto a sospenderla di nuovo di lì a pochi giorni.

James Breasted – al quale Carnarvon aveva chiesto «di svolgere tutto il lavoro di ricerca storica che la scoperta comportava» – era più vicino di chiunque altro alle parti in causa nella controversia, ragion per cui la sua relazione equilibrata e tollerante su quanto accadde tra febbraio e marzo del 1923 deve, per la maggior parte, essere considerata degna di fede.

La notorietà che la scoperta diede «quasi improvvisamente» a Carter e a Carnarvon portò con sé, disse Breasted, «un'infinità di problemi insoliti ed eccezionalmente gravosi». Carter, messo di fronte a un compito di cui in archeologia non esisteva l'uguale e a una grande quantità di visitatori quale l'Egitto non aveva conosciuto «sin dall'epoca dell'invasione dei Persiani», teneva salda-

---

[41] Giornali di tutto il mondo: articolo d'agenzia «Luxor 22 febbraio», pubblicato dal *Times*.

[42] Chiusura della tomba: GI, agenda di Carter, 28 febbraio-1 marzo («gli operai sono stati pagati»).

[43] Carter e Carnarvon: Charles Breasted, *Pioneer to the Past*, cit., p. 324.

mente in pugno la situazione del sepolcro, ma cominciava a perdere l'autocontrollo:

Il volume stagionale della corrispondenza presso l'ufficio postale di Luxor si era duplicato e triplicato. L'ufficio telegrafico della stazione era completamente sepolto sotto una valanga di dispacci giornalistici. I negozi per turisti esaurirono rapidamente le loro scorte di macchine fotografiche, di pellicole e di libri di storia sull'Egitto. I due alberghi di prima categoria di Luxor piantarono delle tende nei loro giardini, sotto le quali molti clienti ebbero la fortuna di essere sistemati per una sola notte su brande militari. Ogni giorno, torme di turisti sciamavano da una parte all'altra del fiume per infilarsi nella Valle, dove si radunavano attorno alla fossa e all'apertura che conduceva al sepolcro di Tutankhamun e si allineavano sul sentiero lungo il quale, una volta incominciato il lavoro di rimozione, il contenuto veniva trasportato fino a una tomba incompleta preparata a parte come officina e laboratorio di preparazione.

Breasted passò molti giorni e molte notti nella casa di Carter e assistette all'andirivieni di personaggi famosi e potenti via via che andavano a trovare il grande uomo. Osservò il carattere «nervoso e teso» di Carter messo sotto pressione. Gli ospiti, per lo più artisti della cui compagnia, in tempi normali, Carter avrebbe provato piacere, venivano fatti uscire in modo sbrigativo [44]. Carnarvon, il cui comportamento cortese e la cui disinvoltura «d'alto ceto» Carter cercava di imitare, si teneva comodamente alla larga dalle sofferenze e dalle fatiche giornaliere, come di solito fanno i finanziatori di imprese. L'irritazione sfociò in aperto antagonismo. Breasted ebbe la sensazione che «nel loro sforzo per migliorare una situazione eccezionale per la loro esperienza, entrambi commettevano errori di giudizio, le cui conseguenze si sarebbero estese ben oltre la stessa scoperta».

I problemi derivavano dall'accordo che Carnarvon aveva stipulato con il *Times*. Quell'accordo era stato accolto in modo ambiguo da Carter, il quale capiva e difendeva i vantaggi di avere a che fare con un solo giornalista, ma si accorgeva altresì che i profitti per sé e per la spedizione venivano messi in pericolo [45]. Breasted disse che per quanto riguardava l'accordo con il *Times* Carter «dissentiva completamente» da Carnarvon. Questo non era vero. Carter metteva in discussione i meriti del progetto, ma era stato lui, per mezzo dei suoi contatti con Merton, a dare fin dall'inizio la precedenza al *Times*. La causa più immediata di lite fra quei due uomini che avevano goduto di un rapporto tanto stretto e reciprocamente vantaggioso fu la questione riguardante la sistemazione dei manufatti contenuti nel sepolcro.

I tentativi per aggiornare le intese su cui si basava la concessio-

---

[44] Trattamento degli ospiti: ivi; e McCall, *op. cit.*, note.
[45] Intese relative alla concessione: Hoving, *op. cit.*, pp. 64 ss. Vedi anche Charles Breasted, *Pioneer to the Past*, cit., p. 326.

ne vennero scombussolati dal clima politico vigente in Egitto. I patti in base ai quali Carter e altri archeologi stavano svolgendo per il momento la loro attività stabilivano che tutte le mummie di re, di principi e di alti funzionari dell'antichità erano di proprietà dello Stato e che le tombe scoperte intatte con tutto ciò che contenevano dovevano essere consegnate al Museo del Cairo senza procedere a divisioni. Accanto a queste norme contrattuali c'erano, naturalmente, delle clausole supplementari. Nel caso di sepolcri che fossero stati già «perlustrati» (un termine che probabilmente voleva dire «depredati in età antica»), si sarebbero ancora osservate le predette norme e tutti gli oggetti di «primaria importanza» sarebbero appartenuti allo Stato, ma ciò che avanzava sarebbe stato condiviso con «l'avente diritto». C'era inoltre una clausola che stabiliva che «la parte spettante all'avente diritto risarcirà quest'ultimo in misura sufficiente degli sforzi e della fatica dell'iniziativa».

Come succede con tutti i contratti del genere, l'interpretazione dipendeva in massima parte dai punti di vista. L'opinione di Carnarvon era che il dipartimento alle Antichità fosse tenuto in base al contratto a spartire con lui gran parte dei manufatti trovati nelle tombe. Breasted, da parte sua, sosteneva che Carter era esplicitamente del parere che il suo mecenate dovesse «rinunciare incondizionatamente a qualsiasi diritto o rivendicazione». In realtà, Carter aveva avuto degli scontri sia con Pierre Lacau che con Carnarvon a proposito dei diritti degli scavatori, non ultimo se stesso, a un'equa spartizione dei loro ritrovamenti. A distanza di anni sarebbe emersa la prova che, per quanto riguarda certi articoli provenienti dalla tomba, Carter aveva trattato il caso a modo suo.

Già a metà febbraio c'era una inequivocabile atmosfera di amarezza che rischiava di degenerare in una contesa. Il giorno 21 di quel mese Carnarvon andò a trovare Carter [46] a casa sua per cercare di appianare i loro malintesi. Lungi dal raggiungere lo scopo, i temperamenti irascibili si infiammarono al punto da arrivare quasi a una completa rottura del loro rapporto. Carnarvon, dall'aspetto ormai estenuato e malato in conseguenza dei problemi derivanti dall'impresa entusiasmante di qualche mese prima, cercò di fare ammenda. Il 23 febbraio scrisse a Carter una lettera, con la quale proponeva di porre immediatamente fine al conflitto e chiedeva lealmente scusa.

Caro Carter, oggi mi sono sentito molto infelice... Non sapevo che pensare o

---

[46] Spostamenti tra febbraio e marzo 1923: dall'agenda di Carter risulta che a quell'epoca, mentre lui era occupato a chiudere la tomba, Lord Carnarvon e Mace partirono per Assuan il 28 febbraio e tornarono il 6 marzo, al momento della ripresa dei lavori.

fare e quando ho visto Eve, lei mi ha detto tutto. Non dubito di aver fatto tante cose insensate e sono molto spiacente... ma c'è una sola cosa che voglio dirti e che spero ricorderai sempre: quali che siano i tuoi sentimenti nei miei riguardi ora e in futuro, sappi che il mio affetto per te non cambierà mai.

Erano parole commoventi. La risposta di Carter, se una ce ne fu, manca dalla documentazione. Quanto successivamente prospettato, che cioè le parole di Carnarvon dimostravano che il litigio era stato provocato soprattutto dall'incoraggiamento da parte di Carter degli approcci amorosi di Evelyn, non è affatto comprovato. Non esiste nessuna prova valida di per se stessa che la rivelazione della figlia riguardasse un rapporto personale, ma anche se così fosse la lettera sarebbe ancora più toccante nel punto in cui allude all'affetto non corrisposto di una figlia adorata piuttosto che nell'insolito modo di Carnarvon di sottovalutarsi. Carnarvon proseguiva: «Io sono un uomo che ha pochi amici e qualunque cosa accada nulla modificherà i miei sentimenti nei tuoi riguardi. C'è sempre tanto rumore o mancanza di silenzio e di riserbo nella Valle, che credevo che non avrei mai potuto incontrarti a tu per tu, anche se lo vorrei in sommo grado, per fare una bella chiacchierata. A causa di ciò non riuscivo a riposare, finché non ti avessi scritto».

Naturalmente è possibile che Evelyn, che aveva la metà degli anni di Carter, sentisse un'attrazione, forse anche l'infatuazione di una ragazza per l'uomo più anziano [47]. È più probabile che agisse semplicemente da paciera nell'infelice litigio scoppiato tra il suo adorato padre e l'archeologo di cui aveva una certa soggezione. Può darsi benissimo che Carter si sia sentito lusingato dall'attenzione e dall'approvazione di una giovane donna di particolare bellezza e di nobili natali, quando era giunto all'apice del plauso mondiale e dopo tanti anni di servizio senza retribuzione e senza lode; ma non era uomo da permettere che un rapporto complicato o tale da causare sprechi di tempo lo distogliesse dalla sua attività. Il romanzo d'amore si fermò di colpo di fronte all'arte e all'archeologia. Si dice che in anni più inoltrati Carter abbia avuto qualche incontro sbrigativo e puramente sessuale mentre era in licenza a Londra, ma non dimostrò mai un interesse più che passeggero per qualsiasi donna. Dal momento in cui era arrivato per la prima volta in Egitto da giovane inesperto, in pratica era sempre rimasto solo.

Se Lady Evelyn gli avesse dato un segno qualsiasi dei suoi sentimenti al di là di un allegro amoretto, si sarebbe potuto contare

---

[47] Atteggiamento di Lady Evelyn: Mrs Patricia Leatham, sua figlia, durante una conversazione telefonica tenuta con me il 17 marzo 1990, mi ha detto: «Quando, da grande, le chiesi conto di Carter, lei mi rispose: "Dapprima ne avevo soggezione. In seguito mi incuteva una certa paura"».

sul fatto che Carter li avrebbe ignorati. Con lei era garbato, perfino affascinante, ma è molto improbabile che egli le desse il minimo incoraggiamento. Allo stesso modo, non è dimostrata l'ipotesi che suo padre facesse le proprie rimostranze a Carter nella convinzione che tra lui e Evelyn ci fosse una insuperabile «barriera costituita dalla nascita». È improbabile che Carnarvon abbia accettato la prospettiva che la sua unica figlia stabilisse un legame con Carter, ma se intervennero le inevitabili barriere sociali esistenti fra inglesi di diversa estrazione, sicuramente essi si comportarono osservando il silenzio discreto che nella società inglese coniuga il pregiudizio alla realtà. In ogni caso è certo che la profonda stima per Carter rivelata nella sua lettera non avrebbe certo consentito l'insulto finale della ricusa. Sapeva con quanta facilità ne avrebbe risentito la suscettibilità di Carter.

Mentre le ferite personali si acuivano, i contrasti con il dipartimento alle Antichità in merito al collocamento dei reperti si fecero più forti. Carnarvon andò ad Assuan con Mace per parlare con gli americani che erano sul posto su come comportarsi con il francese, e poi al Cairo per calmare Lacau, ma questi era malato di influenza e non riuscirono a vederlo. Alan Gardiner e Breasted parlarono con Carnarvon, insieme e separatamente, cercando di placare le acque. Così facendo, si tirarono addosso la collera di Carter. Porchy, tornato a Luxor con Evelyn durante la prima settimana di marzo, andò di nuovo a trovare Carter. Furono scambiate parole più dure e Carter ordinò al suo superiore e amico di un tempo di uscire di casa, dicendogli di non tornare mai più.

Forse l'invidia accumulatasi negli anni, di certo l'intensa frustrazione del momento, spinse stavolta Carter a pronunciare parole e a commettere azioni talmente ciniche che il loro ricordo lo avrebbe perseguitato fino alla tomba. Breasted era propenso a scusarlo. Nel suo diario, alla data del 12 marzo, scrisse: «Una completa rottura sembra inevitabile». E aggiunse: «L'uomo non è affatto da biasimare del tutto. Ciò che ha dovuto sopportare lo ha distrutto» [48].

Carter e il suo superiore avevano perso la calma in seguito agli avvenimenti delle ultime settimane. Nessuno dei due si era comportato con troppa discrezione o elevatezza d'animo, ma fu Carnarvon che sembrò soffrire di più sia sul piano mentale che su quello fisico. Mentre Porchy andava cercando l'aiuto degli americani e di Lacau per inquadrare l'attività di scavo in un rapporto

---

[48] Breasted, 12 marzo: cfr. *Pioneer to the Past*, cit. È degno di nota che l'annotazione nell'agenda di Carter per lo stesso giorno riguardi semplicemente l'arrivo dei Maxwell. In data 13, Carter annotò: «Presi accordi con Lord C. per portare a termine l'attività stagionale».

più tollerabile e cordiale, Carter era tutto preso nel trattare l'acquisto di un papiro per conto del Metropolitan Museum, nell'andare a desinare con qualcuno dei suoi amiconi trafficanti, nell'intrattenere i Maxwell e nel prendere il tè con la regina del Belgio e Lady Evelyn.

Il 6 marzo, dopo il loro acceso e definitivo litigio a Qurna, Carnarvon fu punto al volto da un insetto, probabilmente una zanzara. Mentre si radeva nel suo appartamento al Winter Palace Hotel di Luxor asportò la piccola pustola che si era formata. Invece di applicare sulla ferita un disinfettante, la lasciò sanguinare e – secondo la versione di Breasted – una mosca (una mosca egiziana «indicibilmente sporca») si posò sulla piaga e la infettò ancora di più. Fu chiamato un medico, che ordinò a Carnarvon di mettersi a letto, sia per il suo aspetto stanco e teso, sia per la puntura infetta.

Il 18 marzo, Evelyn scrisse a Carter – con il quale era stata regolarmente in rapporto epistolare fin da quando erano incominciati i litigi con Carnarvon – per dirgli che suo padre era costretto a letto e quasi incapace a muoversi. Aveva febbre alta e le ghiandole del collo ingrossate. I medici avevano prescritto una dieta rigorosa e proibito l'alcol, ma il paziente aveva ignorato il loro parere, ordinando per la cena una bottiglia di vino che era stata spedita dalle cantine di Highclere. Il 20 marzo, Lythgoe scrisse a Carter dal Cairo, dove Carnarvon era stato portato per via dell'aria meno opprimente. Carter si era calmato prima che il suo vecchio amico partisse ed era andato a trovarlo in albergo. Si strinsero la mano e si riconciliarono. Lythgoe scrisse a quel punto per dire a Carter quale «momento d'ansia fosse per tutti». Lady Evelyn aveva la sensazione che in qualche modo il pericolo non fosse ancora passato. Inoltre, egli continuava, «volevo farti sapere qualcosa sullo stato delle sue condizioni. Lady Evelyn ha sopportato magnificamente lo sforzo, ma negli ultimi due giorni ha certamente sostenuto un pesante fardello di preoccupazioni». Il 26 marzo una lettera di Richard Bethell, figlio di Lord Westbury, il quale aveva fatto da segretario a Carnarvon [49], recò notizie ancora più preoccupanti: «Sono spiacente di comunicarvi che Lord C. è gravemente malato. Eve non vuole che si sappia quanto sia sofferente, ma il veleno di quella puntura gli si è diffuso in tutta la persona e ha contratto un avvelenamento del sangue... Eve ha telegrafato a Lady C. Suppongo che arriverà la prossima settimana».

Il giorno in cui era stato punto, il 6 marzo, Porchy aveva scritto

---

[49] Lettera di Bethell: Hoving, *op. cit.*, p. 224.

da Luxor al fratellastro Aubrey Herbert [50], richiamando la sua attenzione sulle caotiche condizioni in cui si trovava l'Egitto sotto la vacillante tutela di Allenby:

Ho passato qui dei momenti alquanto spiacevoli. I giornali sono assolutamente pieni di astio, ma non me ne do pensiero. Ciò che attualmente mi infastidisce è la situazione dell'Egitto. L'intera faccenda è stata lasciata andare alla deriva e l'unica cosa da fare è liberarsi di Allenby. Questo è il primo passo... È un debole nel vero senso della parola, è malconsigliato e mi spiace di dire che beve. Quest'ultima dichiarazione è confidenziale, ma sicuramente un giorno si saprà... Sono molto addolorato per lui, è molto schietto, ma lento e piuttosto stupido. Niente di buono accadrà finché non si dirà in modo netto a re Fuad come deve comportarsi oppure di andarsene. Ma Allenby non è in grado di farlo.

Fu un grandioso scoppio finale da parte dell'aristocratico milord che non poteva stare a guardare con indifferenza il vilipendio della bandiera britannica e lo scarso appoggio che aveva ricevuto dai funzionari di Allenby mentre era in trattative con gli egiziani decisi ad affermare la loro sovranità nazionale. Entro un mese da quando aveva scritto quella lettera, Porchy disse a un amico: «Ho udito l'appello, mi sto preparando». Visse abbastanza per apprendere che il ministero dei Lavori pubblici e il dipartimento alle Antichità avevano accantonato qualsiasi modifica da apportare alla legge che si occupava della materia, almeno fino al 1924. Sarebbe proseguita la discussione riguardo al diritto di proprietà e alla ricompensa.

Il generale Sir John Maxwell, in qualità di presidente dell'EES, scrisse sul *Times* del 20 marzo una vigorosa difesa di Carnarvon, respingendo sdegnosamente i continui attacchi della stampa che sosteneva che egli si rifiutava di obbedire agli ordini del governo egiziano, «prostituendo la scienza al mercantilismo» e comportandosi in modo «umiliante per la sua posizione e per l'archeologia». Attacchi del genere provenivano in gran parte da Bradstreet, che scriveva sul *New York Times* e sul *Morning Post*, ma il *Daily Express*, il *Daily Mail* e altri importanti giornali li accolsero con gioia. Maxwell definì «importuni» i controlli e le attività svolte dai giornalisti in Egitto, accusandoli di usare la stampa locale antibritannica per incrementare il risentimento contro Carnarvon. I rapporti tra Carnarvon e Lacau, a proposito dei quali alcuni giornali avevano fornito un quadro sensazionale, erano in realtà abbastanza cordiali, sebbene i visitatori che si recavano al Winter Palace Hotel rimanessero sorpresi «per via della situazione assurda creata da queste beghe». Carter andò al Cairo il giorno 20 per essere al capezzale del suo superiore. La settimana prima avevano parlato del completamento dell'attività stagionale.

[50] Carnarvon a Aubrey Herbert: Fitzherbert, *op. cit.*, p. 242.

Il 22 marzo arrivò un telegramma di auguri per Carnarvon da parte del re [51] e giunse da Londra la notizia che a Carter era stata assegnata l'appartenenza onoraria all'EES in riconoscimento dei «servizi da lui resi all'egittologia». Lady Carnarvon arrivò il 26 marzo. Il giorno 30 il *Times* riportò dal Cairo che Lord Carnarvon soffriva a causa di una polmonite lobare e che si aveva motivo di essere preoccupati. Le sue condizioni di salute venivano definite «molto gravi». Era il periodo in cui morì Sarah Bernhardt e furono giustiziati i vescovi cattolici in Unione Sovietica, ma era della sorte di Carnarvon che il mondo aspettava con ansia maggiore di essere informato. Il 5 aprile il *Times* comunicò dal Cairo: «Alle ore due del mattino di oggi si è spento serenamente Lord Carnarvon. È stato cosciente quasi fino alla fine. Reuter» [52].

Nel diario di Carter c'è questa semplice annotazione: «Lord Carnarvon muore alle due del mattino», in basso la registrazione della ricevuta di 973 sterline versate dal Metropolitan Museum per l'acquisto del «papiro da Mr Nahman», di cui 200 erano la sua commissione [53].

Il resto della stampa mondiale, cui bruciava ancora l'accordo da lui stipulato riguardo all' «esclusiva», dedicò a Porchy dei necrologi a denti stretti. Nessun accenno alla meravigliosa scoperta che il suo denaro e la sua buona volontà nel sostenere Carter, quando nessun altro lo avrebbe fatto, avevano reso possibile.

C'era da fare qualche altra fotografia e da mettere a punto pochi particolari per il lavoro stagionale da svolgere, come la scrupolosa rimozione della veste del re con le sue ventimila perline e di un pacchetto contenente gli anelli d'oro del re avvolti nel lino. Per il momento la spedizione fallì sotto una grandine di recriminazioni e al pubblico non restò che ammirare i successi riportati da Woolley a Ur, la spedizione polare di Amundsen e riflettere sull'andamento della caccia alla volpe e sugli spasimi mortali di Lenin.

---

[51] Il re a Carnarvon e iscrizione onoraria all'EES: *The Times*, 22 marzo 1923.

[52] Morte di Carnarvon: dal relativo certificato in data 5 aprile 1923 risulta che la causa del decesso fu la polmonite e che la malattia si protrasse per otto giorni.

[53] Nahman, 31 marzo: Maurice Nahman si era dimesso dal posto di cassiere capo presso il Crédit Foncier, allo scopo di intraprendere l'attività di commerciante a livello internazionale e di essere uno dei più importanti contatti di Carter al Cairo.

# CAPITOLO DODICESIMO

# «La manomissione delle serrature»

La morte di Lord Carnarvon avvenuta nel Continental Hotel del Cairo, a cui assistettero Almina, Evelyn e il figlio di Carnarvon, Lord Porchester, il quale era stato fatto venire dall'India dove prestava servizio militare, diede la stura a dicerie su strani avvenimenti [1].

Mentre il conte passava serenamente a miglior vita nelle prime ore del mattino del 5 aprile, si dice che tutte le luci del Cairo si siano spente. Si ritiene che, a distanza di mille miglia, il cane che Porchester aveva lasciato a suo padre prima di andare in India e che, a detta dei domestici, si era consumato lentamente durante la sua permanenza in Egitto, abbia ululato inconsolabilmente e sia morto pochi minuti dopo il conte. Nessuno dei due avvenimenti è convalidato scientificamente, ma all'epoca furono entrambi confermati da persone presumibilmente sane di mente [2]. Lord Allenby in persona confermò la mancanza di energia elettrica al Cairo. Si dice che abbia chiesto spiegazioni all'ingegnere preposto all'erogazione dell'elettricità, ma senza risultato.

La leggenda del serpente e del canarino non fu, a quanto pare, che un primo avvertimento riguardo agli enigmi latenti nelle latebre della necropoli reale. «La Maledizione del Faraone» e «La Maledizione di Re Tut» sarebbero diventati i nuovi titoli ricorrenti. Mito e superstizione si unirono alle più concrete disgrazie del «gioco di sciangai» di Carter.

Carter era ormai solo ad affrontare le conseguenze della inclinazione del suo mecenate di un tempo a compiere gesti generosi e ad assumere impegni insensati. L'ultimo testamento di Carnarvon era datato 29 ottobre 1919, con un codicillo dello stesso giorno, e non diceva niente riguardo alla concessione che, all'epoca in cui il testamento era stato redatto, era priva di valore. Non voleva che «si osservasse il lutto» e chiedeva di essere sepolto a Beacon Hill che sovrasta Highclere, «se possibile e se le spese non superano le cinquanta sterline».

Evelyn e suo fratello, il sesto conte di Carnarvon, partirono il 9

---

[1] Avvenimenti inspiegabili: Desroches-Noblecourt, *op. cit.*, p. 27; e altre fonti.
[2] Mito e superstizione: cfr. Reeves, *op. cit.*, p. 62.

aprile con la P. & O.; Lady Carnarvon rimpatriò seguendo lo stesso itinerario il giorno 14, «con le spoglie di Lord C. e con Johnnie Blumenthal», avendo promesso a Carter che avrebbe mantenuto la concessione nella Valle in memoria di suo marito [3]. L'inumazione, alla presenza dei soli intimi, ebbe luogo alle 11 del mattino del giorno 28, nella posizione scelta dal conte, da cui egli poteva guardare per l'eternità le scuderie del suo allevamento di cavalli, i suoi parchi e le sue tenute, i suoi laghi e i suoi prati inglesi, giungendo fin dove l'occhio poteva arrivare in uno degli angoli più verdi e meglio curati d'Inghilterra. L'acquisto della sua disadorna tomba fu messo a carico dell'asse patrimoniale di Carnarvon, in quanto faceva parte della sua proprietà, e il relativo costo non superò cinquanta sterline.

Aveva disposto dei lasciti per le sorelle [4] e assegnato 500 sterline a Carter senza commenti. Il dottor Alan Gardiner ricevette 100 sterline, «per acquistare qualcosa in mio ricordo». Tutta la sua collezione egiziana, di cui non era stato fatto l'inventario, fu lasciata ad Almina, con la richiesta però di donare un oggetto al British Museum e uno all'Ashmolean. Pregava inoltre la moglie di donare una tazza di vetro azzurro dell'epoca di «Tothmes III» al Metropolitan Museum. Se sua moglie fosse stata costretta a vendere la raccolta, tutta o in parte, Mr. Carter si sarebbe incaricato di condurre le trattative e sarebbe stato l'unico a decidere sulla congruità del prezzo. Nel caso che ella avesse deciso di tenere la collezione, o parte di essa, per il figlio, avrebbe dovuto consultare il dottor Gardiner e Mr. Carter. A suo figlio, Lord Porchester, lasciava «l'orologio, la catena e il portasigarette». Al suo fedele maggiordomo, Alfred Streathfield, al suo cameriere personale, George Fearnside, e al suo guardiacaccia, Henry Maber, lasciava 100 sterline a testa. «A otto uomini e otto donne d'età avanzata di Highclere, presi a caso, assegno a ciascuno un bel soprabito azzurro». Gli atti ufficiali dimostrano che, quando l'omologazione del testamento fu accordata ai suoi esecutori, a capo dei quali era il generale Sir John Maxwell, i suoi beni erano valutati a 416.554 sterline e 18 scellini, e che la tenuta veniva trasmessa direttamente a suo figlio ed erede. Il testamento, al pari dell'uomo, era un insieme di ponderazione e di arroganza.

A pochi giorni dalla morte di Carnarvon e dalla sua sepoltura in forma riservata, Carter prendeva nota delle incombenze prosaiche di cui di solito si occupa l'archeologo quando fa chiudere

---

[3] Agenda: 9 aprile, Lady E. è partita con Porchester, a mezzo P & O [Peninsula and Orient Steamship Company], per Marsiglia. Il 14 Lady C. è partita dal Cairo alle 11 con la salma e con Johnnie Blumenthal. Il 16 Lady C. si è imbarcata sul *Malwa* della P & O. Il padre di Blumenthal, George, era presidente del Metropolitan Museum of Arts.
[4] Testamento: registrato a Londra. Vedi anche Reeves, *op. cit.*, p. 47.

l'area al termine della stagione. Concluse altri affari riguardanti scarabei, «un arco turcomanno fatto di corno, legno e legamenti», una scatola damascena intarsiata. Fece una visita d'affari e di convenienza al Cairo, ritornò il 16 aprile a Luxor per liquidare i suoi operai e sistemare il salario di Callender e relative spese, ai primi di maggio andò a salutare Lucas e Burton. Il 14 maggio prese nota della spedizione su «vetture» di trentaquattro casse, contenenti ottantanove scatole di manufatti restaurati[5] provenienti dal sepolcro e destinati al Museo del Cairo. In realtà, le «vetture» erano carrelli ferroviari adattati e impiegati in una straordinaria operazione di trasporto. Poiché le automobili non potevano percorrere il tratto di quasi dieci chilometri di sabbia tra le tombe e il Nilo, gli operai di Carter ripristinarono il trasporto ferroviario di tipo militare: posavano il binario sulla sabbia, spingevano i vagoncini fino al suo punto terminale, poi tiravano su le rotaie adoperate rimaste indietro e le riutilizzavano mettendole davanti. Il trasferimento cominciò all'alba e fu concluso alle ore 18. Nell'ultima settimana del mese stese un elenco numerato, come fa una brava massaia, per ricordarsi di consegnare l'autovettura all'agenzia Ford al Cairo, di spedire in Inghilterra, per farlo incorniciare, un papiro destinato a New York, di depositare la concessione in una cassetta di sicurezza, di prelevare denaro, di inviare un cablogramma a Maxwell e a Lady Carnarvon.

Il 24 maggio partì per il Cairo e la sera del 25 si imbarcò ad Alessandria sulla motonave *Vienna*. Seguì la sua solita rotta fino a Trieste e di lì a Venezia, per andare con il Transcontinental Express fino a Bologna. Giunse a Londra l'ultimo giorno del mese e all'arrivo registrò: «Vista Lady Evelyn». Il giorno dopo fece visita a Lady Carnarvon. Trascorse gran parte dell'estate del 1923 a Londra, ma si recò diverse volte a Highclere[6].

La fama che aveva portato con sé una fiumana di articoli giornalistici e di interesse da parte del pubblico, e spesso anche l'adulazione, un anno prima si era concentrata per lo più su Carnarvon. L'allontanamento di tutta la stampa, tranne il *Times*, aveva appannato la sua immagine e quella di Carter. Già a metà del 1923 per giornali e riviste era cosa normale parlare del sepolcro di Tutankhamun senza menzionare Carter o il suo defunto capo. Con tutto ciò, il *Times* e l'*Illustrated London News* mantennero la parola e ben presto la sua agenda si riempì di visite fatte all'appartamento di St James, nonché di appuntamenti con giornalisti,

---

[5] Trasporto dei manufatti: agenda, 6-14 maggio. Il 28 aprile Carter annotò: «Inviare parere a Lacau in merito al trasporto del materiale dalla tomba di Tutankhamun».
[6] Londra, 1923: agenda, 29 maggio-3 ottobre.

commercianti e colleghi reduci dall'Egitto. Mace si trovava in
città. Callender viveva a Londra abbastanza vicino a Carter e si
vedevano spesso. Ricevette qualche invito ufficiale, come c'era
da aspettarsi, da associazioni cittadine, da istituti culturali o da
comitati universitari, ma ce ne fu uno che dovette aver fatto scin-
tillare gli occhi del ragazzo di campagna toccato dal successo,
proveniente da Buckingham Palace, per un ricevimento all'aperto che si sarebbe tenuto alle ore 16 del 26 luglio. La Royal Scot-
tish Geographical Society gli chiese di tenere una conferenza. E
durante i mesi di villeggiatura alcune delle signore meno frivole
di Londra restarono «a casa».

Durante le prime due settimane pranzò con Maxwell e il procuratore legale Molony, nell'ufficio di quest'ultimo a Lancaster
Gate; si incontrò diverse volte con Percy White, sua vecchia conoscenza del Cairo [7], il quale gli diede preziosi consigli su come
comportarsi con la stampa; andò a un pranzo in suo onore presso
l'Author's Club a Whitehall Court; fece visita alla redazione del-
l'*Evening Standard*; cenò con Gardiner, che era appena tornato
dalla Siria, presso il Traveller's; di nuovo con i Maxwell nella loro
casa a Cadogan Square; e il 12 giugno ebbe un incontro con Dawson negli uffici del *Times* per parlare delle condizioni di un nuovo
accordo, dato che il principale firmatario di quello precedente
era morto. Sir William Garstin, uomo tenuto nella massima considerazione in tutti gli ambienti in Egitto durante gli anni in cui
era stato consigliere del ministero dei Lavori pubblici, era preoccupato a causa dei pessimi rapporti tra Carter e Lacau, il quale
aveva un potere assoluto per quanto riguardava i lavori di scavo
delle tombe. Andò a St James per il pranzo e per fare una chiacchierata sincera e, prima di tornare in Egitto, invitò il suo ospite a
pranzo da Brook's. Gulbenkian e il marchese di Northampton
erano tra i tanti appassionati e collezionisti, per lo più amici di
Porchy, i quali gli chiesero consiglio e lo invitarono al White's, al
Turf e al Savile and Reform. Fu un rientro un po' frenetico, che
in particolare lo mise a contatto con un ambiente sociale per lui
completamente nuovo.

Soltanto durante la terza settimana di giugno riuscì a trovare il
tempo per trascorrere qualche giorno a Highclere. Vi arrivò il 16

---

[7] Percy White: Reeves, *op. cit.*, p. 67, avanza l'ipotesi che White, romanziere di successo
e già docente di letteratura al Cairo, abbia notevolmente contribuito a preparare il testo
del primo volume di *The Discovery of the Tomb of Tut.ankh.Amen*, come era inizialmente
intitolato. Secondo me è probabile che White abbia curato le annotazioni dell'agenda di
Carter nel redigere le parti seconda e terza del predetto volume (Mace era il coautore
riconosciuto della prima parte). Può darsi benissimo che White, al cui generoso aiuto
letterario Carter dà ampio riconoscimento nella prefazione originale, abbia lavorato su
un dattiloscritto acquistato dalla nipote di Carter, Phyllis Walker, e pubblicato a distanza
di tempo dalla morte dello zio col titolo *The Tomb of Tutankhamen*.

sul tardi, poiché durante il tragitto aveva pranzato con Gulbenkian al quale aveva venduto un gatto egiziano per 350 sterline. Maxwell lo raggiunse per parlare insieme a Lady Carnarvon in merito al futuro dell'attività di scavo. Non ci volle molto per convincere Almina, preoccupata di fare il meglio possibile per onorare la memoria del marito, anche se a partire da quel momento avrebbe dovuto cimentarsi con questioni che probabilmente l'avrebbero coinvolta in problemi e controversie internazionali di cui aveva scarsa conoscenza. In ogni caso, per sistemare la collezione di suo marito, aveva bisogno dell'aiuto e del consiglio di Carter. Acconsentì a rinnovare la concessione con l'ufficio egiziano preposto alle Antichità per un altro anno, cioè fino al primo novembre 1924.

Per la maggior parte del tempo in cui rimase al castello, Lady Evelyn fu presente. Nell'agenda non vi sono accenni a particolari premure da parte di Carter. Certamente era ormai in rapporti molto confidenziali con la vivace figlia dei Carnarvon. Ma gli appunti terra terra e «approssimativi» dell'agenda, che registrano gli incontri avuti al Cairo, a Luxor e in Inghilterra, non offrono motivo per credere che il rapporto fosse qualcosa di più di una gradevole amicizia tra una figlia rispettosa affascinata dall'impresa più famosa compiuta da suo padre e lo scapolo impenitente che ne era stato lo strumento. Pertinente alla questione della storia d'amore, anche se a quanto pare è passato inosservato ai più recenti commentatori intenti a ricamare teorie su Carter e sui Carnarvon, è il fatto che poco dopo essere arrivata a casa dall'Egitto ella sposò Brograve Campbell Beauchamp, figlio ventiseienne di Sir Edward Beauchamp, presidente della compagnia del Lloyd e deputato liberale al parlamento. A due anni dal matrimonio Brograve subentrò nel titolo ed Eve diventò Lady Evelyn Beauchamp. Sua suocera, Betty Campbell Beauchamp, era figlia di un facoltoso americano, Archibald Woods, e Carter fu un assiduo frequentatore della loro casa a Prince's Gate.

Mentre si precipitava da un posto all'altro, elegantemente «agghindato» nel completo acquistato in Savile Row e col cappello a lobbia, ostentando un bastone da passeggio alla maniera del suo idolo cinematografico Charlie Chaplin e un bocchino alla maniera di Carnarvon, diffondeva un senso di fiducia che equivaleva quasi alla socievolezza. Ma né la fama né il successo aprono automaticamente le porte di quella circospetta istituzione che è la classe dirigente inglese. Carter rimase ai margini dell'ambiente sociale e di quello accademico, come i fratelli William e Verney. Quest'ultimo, prima di lui, fu membro del Burlington Fine Arts Club e nota personalità nella comunità artistica, ma senza diritto a una stima concreta o a un riconoscimento. Fu la stampa, che cercava di eludere l'accordo con il *Times*, a fornirgli la maggior parte dei suoi pasti gratuiti.

Robert Emmett Sherwood, in procinto di assumere la direzione della rivista *Life*, arrivò dall'America con l'intento di realizzare uno spettacolare servizio fotografico, in vista del quale ci furono diversi incontri nel suo appartamento a Park Lane. Bruce Ingram (proprietario e direttore dell'*Illustrated London News*), protetto dal suo accordo privato stipulato con il *Times*, mantenne uno stretto rapporto con Carter, che diede i suoi frutti qualche mese dopo con la pubblicazione delle prime fotografie a colori dell'arredamento interno prese da Harry Burton [8]. Fino ad allora i lettori della rivista, entusiasti – come scriveva il direttore – «per qualcosa di meglio delle fotografie di Carnarvon dall'atmosfera dantesca», si erano sorbiti i disegni a colori e le ricostruzioni dell'artista angloegiziano Hamzeh Carr, i paesaggi di Charles Whymper e i soliti lavori di Amedeo Forestier il quale aveva disegnato le aree archeologiche sin dal primo decennio del secolo. Tornato nel mese di gennaio, Ingram era stato talmente impaziente di illustrare le bighe di Tutankhamun che aveva chiesto a Newberry se poteva fornire appunti e disegni sull'argomento. Newberry gli aveva dato i disegni delle bighe eseguiti da Carter, tratti da altre decorazioni sepolcrali, specialmente quelle di Thutmosi IV, per accompagnare le foto, fatte da Burton, del veicolo smontato rinvenuto nell'anticamera della tomba di Tutankhamun. I primi disegni di Forestier relativi alla ricostruzione del sepolcro si basavano su materiale fornito da Flinders Petrie.

Ormai il lettore poteva dilettarsi nell'osservare la biga da cerimonia e il trono: la prima rivestita con stupendi pannelli placcati in oro, in cui si vede il giovane re sotto forma di sfinge, che calpesta i suoi nemici e, come marito, assistito dalla sua premurosa regina Ankhesenamun [9]; il secondo, di splendida fattura, quasi indescrivibile nell'interazione dei materiali impiegati. In un articolo destinato ad apparire nel mese di novembre, Carter scrisse:

Il pannello è rivestito di una pesante lamina d'oro e riccamente adorno di intarsi di vetro, ceramica e pietra colorata. È il principale ornamento del trono e non si può esitare ad affermare che si tratta della più bella rappresentazione che sia mai stata scoperta in Egitto. La scena rappresenta uno dei saloni del palazzo, un ambiente decorato con colonne inghirlandate di fiori, un fregio di cobra reali e uno zoccolo tradizionale «rientrato». Attraverso una apertura del tetto, il sole lancia i suoi protettivi raggi dispensatori di vita. Il re in persona siede in una posa disinvolta su un trono coperto di cuscini, con un braccio appoggiato negligentemente sul suo schienale. Davanti a lui sta in piedi la regi-

---

[8] *Illustrated London News*: articolo editoriale e fotografie, 10 marzo-13 ottobre 1923.
[9] Regina Ankhesenamun [Ankhesenpaaten]: qui si indica il nome assunto in seguito al ritorno a Tebe.

na, dall'aspetto di fanciulla, che sembra intenta a dare gli ultimi ritocchi alla toletta del re. In una mano ella tiene un vasetto di unguento e con l'altra gli unge delicatamente la spalla, o gli mette un po' di profumo sul bavero [10].

Era una promessa stimolante di quanto sarebbe avvenuto. Affari e piacere si disputavano la sua attenzione via via che i mesi estivi si dileguavano. I tempi austeri di Petrie in cui si mangiava carne in scatola stantia dovettero sembrare lontani anni luce. Ecco gli appunti di una giornata nella sua agenda: «Maxwell 11; Gardiner 13,30; Robinsons, Berkeley 19,15; Teatro; P. & O. Office». Edward Robinson, direttore del Metropolitan, il quale l'anno precedente aveva perfezionato l'intesa ufficiosa con Carnarvon, in base alla quale il museo americano diventava socio nell'impresa dell'esplorazione del sepolcro, era a Londra con la sua famiglia e Carter pranzò con loro due volte in una settimana al Berkeley, parlando tra l'altro della possibilità di una tournée remunerativa di conferenze negli Stati Uniti. Furono però l'altro Robinson, Sir Harry Perry del *Times*, insieme a Merton e ad Alan Sinclair, da poco arrivato dal *Glasgow Herald*, e allo stesso direttore, a sottrargli la maggior parte del tempo [11], essendo decisi a non mollare la loro presa soffocante su cronaca e fotografie. Nel mese di luglio il figlio del professor Breasted, Charles, si unì agli americani.

Mentre faceva il giro dei club e dei ristoranti di Londra, il quarantottenne Carter mostrava ancora i segni rivelatori dell'educazione alla buona ricevuta nell'Anglia orientale, dove si ha scarsa dimestichezza con certe cose, nonché degli anni di isolamento sociale che ne erano seguiti. Scriveva ancora la parola Savile con due elle, riferendosi sia al Club che alla strada omonima, e spesso confondeva i nomi delle padrone di casa, le quali lo disorientavano quasi quanto lui disorientava loro.

Al ricevimento all'aperto a palazzo reale [12] fu riservata soltanto una breve nota nell'agenda verso la fine di luglio. Il re, che aveva ascoltato attentamente la descrizione di prima mano fattagli da Carnarvon, interrogò Carter a proposito della camera sepolcrale. L'udienza durò abbastanza perché Giorgio v dicesse a Carter che non era del parere che la mummia dovesse essere portata via dalla tomba. James Breasted era stato a palazzo il 20 luglio. Il giorno prima era intervenuto al ricevimento dato dal sindaco di

---

[10] *Illustrated London News*: articolo del 10 novembre 1923.
[11] Incontri con i dirigenti del *Times* e altre persone: agenda; e News International Archive, file 1. Citazione da *Outlook*, 8 dicembre 1923: «Questi archeologi, quanto si vogliono bene tra di loro!».
[12] Ricevimento all'aperto: «laconica annotazione sull'agenda», in data 26 luglio. Mace. Ore 16, ricevimento all'aperto a Buckingham Palace. Sua Maestà il re non vuole che la mummia sia spostata da dove si trova.

Londra a Mansion House, dove Lord Chalmers, presidente della Royal Asiatic Society, lo aveva tirato in disparte per dirgli: «Domani sarà ricevuto dal re». Breasted arrivò a Buckingham Palace proprio al momento del cambio della guardia, accompagnato da Emile Senart, presidente della Société Asiatique di Francia, da Sten Konow, l'orientalista norvegese, e da un vecchio amico, A.V. Williams Jackson. Così descrisse la sua visita: «Lord Chalmers ci è venuto incontro al portone del palazzo reale, ci ha fatto attraversare il grande cortile e varcare l'ingresso degli appartamenti del re, oltre l'imponente scala che i fortunati salgono per andare a fare la riverenza a corte». Re Giorgio v intrattenne i suoi ospiti «con calore e sollecitudine». Quando fu il turno del professore, il re «chiese subito notizie di Carnarvon e disse che avrebbe desiderato avere tempo per parlare a lungo della tomba di Tutankhamun».

Messo in agitazione da tutte le offerte editoriali e cinematografiche che gli piovevano addosso, nel mese di agosto Carter assunse un agente letterario, l'americano Curtis Brown. Tuttavia, prima che egli o il suo agente riuscissero a vendere completamente i suoi servizi, dovette incontrarsi diverse volte con i funzionari del *Times* per regolarizzare la propria posizione e la futura collaborazione di Merton e dei suoi assistenti per quanto riguardava la pubblicità inerente al sepolcro. La sua preoccupazione era che, una volta ripreso il lavoro, gli venissero risparmiati i disastri provocati l'anno precedente dalla stampa e dalle irruzioni del pubblico. L'accordo tra Carnarvon e il *Times* aveva in genere seminato zizzania sia a Printing House Square, sia a Fleet Street, per non parlare dei battibecchi nell'accampamento di Carter. Nei conti dell'inviato speciale del *Times*, Perry Robinson, figuravano frequenti pagamenti a favore dei membri del personale di Carter e di esperti come Jean Capart e Arthur Weigall, il noto giovane archeologo alle dipendenze del *Daily Mail*, i quali svolgevano un'attività secondaria. Gli sforzi per tenere informata la stampa egiziana e impedire attacchi al *Times* erano messi in evidenza nella corrispondenza tra la direzione di Londra, Gresham House (l'indirizzo dell'ufficio del giornale al Cairo) e Luxor, dove Robinson e altri due inviati, Moyne e Warhurst, erano andati a risiedere durante la stagione degli scavi. Si minacciò di non fornire più notizie alla stampa locale se essa avesse continuato a mordere la mano che la nutriva. Le ostilità nazionalistiche non furono appianate dalla *Saturday Review* che nel mese di marzo, quando Carnarvon era stato messo sotto tiro, intervenne in difesa della spedizione inglese esordendo con la descrizione fatta da Plinio degli egiziani: «*Ventosa et insolens natio*» («popolo ampolloso e arrogante»). Merton, il quale seguì Carter a Londra per alcuni colloqui nella sede del *Times*, nel mese di maggio aveva telegrafato al suo direttore, Lint Smith, al termine di un lungo incontro a casa di Carter nella Valle: «Visita Carter soddisfacentissima».

Nondimeno Carter era abbastanza lungimirante da fare progetti per il futuro, cominciando a conoscere altri proprietari e direttori. Nel mese di luglio aveva accettato un invito a pranzo al Carlton con William Berry, erede del patrimonio di Camrose e redattore capo del *Daily Telegraph*. Per il momento, era lieto di consigliare Lady Carnarvon di tener fede all'accordo esistente, anche se Dawson si stava dimostrando incontentabile riguardo alle condizioni finanziarie. Prima di dire a Richard Bethell che a sua volta dicesse a Lady Carnarvon di prolungare l'accordo relativo alla notizia esclusiva, si consigliò con Maxwell, White e Newberry. Poco prima di partire per l'Egitto, Ingram lo portò all'Ivy Restaurant per fargli firmare una serie di articoli, tramite il *Times*, per i mesi successivi. Poi Gulbenkian lo volle a pranzo al Carlton. E Sybil Amherst voleva che andasse da Highclere a Foulden Hall nel Norfolk, l'ultima residenza della famiglia vicino alla tenuta di Didlington, che era andata perduta per colpa della errata formulazione del primo testamento di Lord Amherst. Sybil si era presa cura del patrimonio di famiglia alla morte di sua sorella Mary (Lady William Cecil) avvenuta nel 1919, ma il titolo lo aveva ereditato il nipote di quest'ultima, William, che all'epoca aveva sette anni.

Due conferenze in programma per il suo ritorno in Inghilterra [13] riscossero un enorme successo. Anche i suoi conoscenti più stretti in campo professionale credevano che Carter fosse alquanto maldestro, ben diverso dal tipo distinto ed educato rappresentato da colleghi archeologi come Newberry e Griffith, o come l'autoritario Petrie o Breasted. Sebbene non ne fosse conscio – e probabilmente avrebbe negato che fosse vero – era simpatico all'uomo comune. La conferenza da lui tenuta il 10 settembre alla Usher Hall di Edimburgo davanti a un folto uditorio dimostrò che quella simpatia esisteva e che intorno a Tutankhamun e alla divulgazione dell'archeologia si muoveva un vasto interesse pubblico. Carter, forse inconsciamente, usò alcuni trucchi di scena dell'uomo che aveva studiato con tanta attenzione nei cinematografi del Cairo e di Londra, Charlie Chaplin, e l'effetto fu sbalorditivo. Gli spettatori scozzesi, accorsi all'invito della Geographical Society, reagirono come se stessero assistendo a un numero di teatro di varietà alle battute di spirito pronunciate al momento giusto, che infioravano i suoi commenti riguardo agli scivoloni di Harry Burton. Lo stesso avvenne due settimane più

---

[13] Conferenze: *Illustrated London News*, 22 settembre.

tardi al New Oxford Theatre in Oxford Street a Londra, stavolta di fronte a un uditorio convocato dall'EES. Ancora una volta fu un tutto esaurito e un successo enorme. Sempre con le vocali aperte della parlata del Norfolk, chiaramente percepibili sotto una dizione perfezionata (una trasmissione radiofonica da lui tenuta qualche anno dopo faceva venire in mente un accento «di Oxford» troppo affettato) e trasmettendo la comicità con faccia solenne e gesticolazioni teatrali, Carter dimostrò a se stesso di essere uno dei migliori e più vivaci conferenzieri, riscuotendo l'approvazione anche dei suoi pari fra i più intelligenti degli egittologi. L'ambiente accademico, però, non offriva spazio a persone della sua razza. Nessuna istituzione culturale avrebbe cercato di fare tesoro della sua rara dote naturale.

Durante i pochi giorni che mancavano alla sua partenza per l'Egitto, si fermò per una notte a casa dei Newberry presso Godalming e pranzò con Percy al Burlington. Aveva ancora la massima fiducia nel parere dell'uomo che per primo lo aveva raccomandato a Amherst e in Egitto una trentina d'anni prima. Manifestò inoltre segni di inquietudine riguardo al nuovo regime nazionalista vigente in Egitto, che egli avrebbe dovuto ormai affrontare da solo, non più come collaboratore del ricco e potente Carnarvon ma in veste di protagonista, più di protettore che di dipendente della signora che ormai rappresentava. Ebbe anche degli incontri all'ultimo momento con Garstin e Lady Burghclere, la quale non condivideva l'ottima opinione che la nipote aveva di lui, ma voleva essere sicura che la più grandiosa impresa compiuta da suo fratello fosse in buone mani. Fece poi la visita d'obbligo a Fortnum, per ordinare una regolare fornitura di cesti con coperchio. La fama e un solido investimento avevano prodotto un cambiamento nel tenore di vita a Qurna. Aveva acquistato la proprietà che lui e Carnarvon avevano preso in consegna dall'EES, e le diede un nuovo nome, Alwat al-Diban, che vuol dire Campo del Lupo.

Carter partì da Londra alla volta di Trieste il 3 ottobre 1923 e arrivò al Cairo il giorno 8. Vi passò due giorni per parlare con Quibell, principale assistente di Lacau in merito alla sua campagna per l'imminente stagione, quindi andò ad Alessandria per sottoporre i suoi progetti al ministro dei Lavori pubblici Abdal Hamid e al primo ministro Zaghlul Pascià. Aveva preso a cuore le suppliche di Garstin – e anche quelle di Breasted e di Gardiner – e questa volta era deciso a continuare a stare dalla parte dell'autorità. L'11 ottobre, tre giorni dopo il suo arrivo, Carter si recò a un incontro presso il dipartimento alle Antichità e trattò il rinnovo del contratto relativo ai lavori di scavo in nome di Lady Carnarvon. Quibell fece riferimento in modo appropriato alla «capacità e meticolosità» con cui il lavoro era stato eseguito fino a quel momento e disse di sentirsi onorato per il fatto che gli si chiedesse di accordare un rinnovo. Carter propose che da allora in poi la sua attività venisse definita ufficialmente «lavoro di sgombro» e non «di scavo» [14].

C'erano comunque altre questioni da risolvere, che misero alla prova il tranquillo e affabile modo di fare di Quibell. Carter insistette affinché si protraesse l'esclusione di tutti i giornalisti, tranne Merton del *Times*, e si appagasse la stampa egiziana con bollettini giornalieri che avrebbero fornito ai cronisti locali notizie in anticipo prima ancora che esse pervenissero allo stesso *Times*. Quanto al pubblico, compresi i componenti dell'Alto commissariato o altri eminenti personaggi, esso sarebbe stato autorizzato a entrare nel sepolcro soltanto quando fosse stato portato a termine il lavoro più importante di trasferimento degli arredi e dei tabernacoli e si fossero predisposte le necessarie misure di conservazione. Carter, il quale aveva sempre considerato Merton come suo agente pubblicitario, rivelò a Quibell l'esistenza di un accordo da lui stipulato con l'uomo del *Times* mentre si trovavano entrambi a Londra; in base a quell'accordo da quel momento in poi egli avrebbe fatto parte del personale archeologico. Il primo ottobre Merton aveva scritto dal suo albergo di Londra accettando «l'offerta di un posto in qualità di agente pubblicitario», dicendo che il 26 sarebbe stato a Trieste e si sarebbe messo in contatto con Carter appena arrivato a Luxor. Non fu una mossa abile da parte di un inviato anziano nei riguardi del personale di redazione di un giornale nazionale. Quibell disse che l'accordo era «insensato». In linea di massima, la stampa non avrebbe accettato la cosa di buon grado.

Quanto al pubblico, molti di coloro che importunavano il dipartimento alle Antichità per ottenere il permesso di visitare la tomba erano influenti egiziani, i quali trattavano la faccenda come se fosse interamente affare loro e non avesse niente a che fare con gli inglesi. Come si permettevano Lacau e lui, Quibell, archeologo inglese e funzionario del Museo del Cairo, di ignorarli senza tante storie? Quando le parti in causa andarono ad Alessandria per ratificare l'accordo, Quibell si preoccupò dei particolari e chiese tempo per riflettere su certi punti. Il perfezionamento venne rinviato di altri quattro giorni, quando si sarebbero incon-

---

[14] Egitto, ottobre-dicembre 1923: agenda di Carter. Cfr. inoltre la notifica legale «Dichiarazione, corredata da documenti, riguardo agli avvenimenti accaduti in Egitto durante l'inverno 1923-24, che hanno portato alla rottura definitiva dei rapporti con il governo egiziano» (da far circolare soltanto in via riservata), Cassell and Company Ltd, senza data, intitolata «La tomba di Tut.ankh.amen» e contrassegnata «Confidenziale». Vedi anche Hoving, *op. cit.*, pp. 239 ss.

trati al Museo del Cairo. Lì per lì il dipartimento alle Antichità accettò le richieste esplicite e risolute di Carter a proposito della stampa e dell'esclusione dei visitatori. Quibell non accennò al fatto che Lacau si era opposto alle richieste di Carter, come aveva fatto la maggior parte dei politici interessati, ma disse che il caso di Carter era appoggiato da un noto anglofilo che faceva parte del governo, cioè dal ministro dei Lavori pubblici Abdal Hamid Suleiman Pascià. Il ministro si era rifiutato di sopportare il protrarsi delle discussioni e dichiarò che si doveva consentire a Carter di procedere a modo suo. Sfortunatamente per Carter, nel momento in cui il servizio civile egiziano era pronto a prendersi la rivincita, il posto di ministro sarebbe stato occupato da un notissimo anglofobo.

Carter arrivò a Luxor il 16 ottobre. Disse a Quibell che contava di completare lo sgombro della tomba entro un mese. Callender lo stava aspettando. Le operazioni ripresero a metà novembre, dopo che una forza di lavoro di ottanta manovali egiziani aveva impiegato un paio di settimane per rimuovere le 1700 tonnellate di roccia con cui Carter aveva chiuso l'accesso otto mesi prima.

I Breasted arrivarono poco dopo la ripresa dei lavori nella camera sepolcrale [15]. All'inizio dell'estate egiziana del 1923, James Breasted era tornato all'Istituto orientale dell'Università di Chicago, che egli aveva contribuito a fondare e a trasformare nella più avanzata istituzione del suo genere a livello mondiale, per studiare i testi della bara e preparare un saggio sul periodo del Nuovo Regno egiziano per la *Cambridge Ancient History*.

Charles Breasted si era servito dei privilegi che derivavano dal lavoro svolto in via ufficiale dal padre nel sepolcro per assumere il ruolo di giornalista nella nuova stagione. Egli accettò una nomina di inviato in Egitto del *Chicago Daily News* e del *Christian Science Monitor*, collocandosi così in una singolare posizione in trasgressione all'accordo Carnarvon-*Times*. Quando Carter lo incontrò a Londra, stava lavorando per conto di quei giornali sotto il nome fittizio di George Waller Mecham [16] e tutti si chiedevano chi potesse essere quel commentatore tanto bene informato, dato che nessuno si ricordava di averlo conosciuto in carne e ossa. Charles disse di avere adottato lo pseudonimo per proteggere il padre. «Eravamo tutti d'accordo», disse, «nell'ammettere che il contratto tra Carnarvon e il *Times* fosse estremamente iniquo nei confronti di tutto il resto della stampa e non vincolante a termini di legge.» Nondimeno mise immediatamente al corrente Carter dei suoi incarichi giornalistici. Carter rispose che nessun

[15] James Breasted: Charles Breasted, *Pioneer to the Past*, cit., p. 333.
[16] George Waller Mecham: ivi; e Hoving, *op. cit.*, p. 192.

accordo del genere era cosa che lo riguardasse e che lui, Carter, avrebbe dimenticato quanto gli era stato detto. A novembre Carter era interessato più al padre che al figlio. Smise di lavorare alla tomba, mentre tirava James Breasted in disparte per «rivedere con lui la situazione» nel sepolcro.

Si erano avuti altri incontri con il ministro dei Lavori pubblici al Cairo, mentre gli operai rimuovevano le enormi pietre che bloccavano l'accesso e all'interno della tomba si stava procedendo al lavoro preliminare di sgombro. Parlandone con l'ufficio di Lacau, si accennò alla possibilità che la concessione fosse trasferita a lui, Carter, «in nome della Società» (presumibilmente l'EES). Lui e Merton stettero insieme per la maggior parte del tempo e il 3 novembre andarono a palazzo reale a firmare il registro dei visitatori. Il giorno dopo al ministero Lacau sedeva dirimpetto a lui al tavolo delle conferenze, avendo al fianco i suoi assistenti inglesi, Paul Tottenham (consigliere del ministero dei Lavori pubblici) e Quibell. L'incontro, cominciato alle 10,30, era stato fissato per parlare delle visite della stampa e della sorveglianza sull'attività che si svolgeva nella tomba. Verso mezzogiorno si erano accordati sulla limitazione da imporre alla stampa e all'accesso al pubblico, nonché sulla facoltà d'ingresso da riservare agli incaricati di Lacau. Alle 12,30 il ministro, Ábdal Hamid Pascià, aprì la seduta e gli furono presentate le proposte formulate dal comitato dei tre. Sul documento fu d'accordo, tranne che per una piccola modifica riguardante gli inviti da diramare alla stampa. Quella sera Carter cenò allo Shepheard con Tottenham. A quanto pareva, gli accordi sul piano amministrativo scorrevano senza intoppi. Durante le due settimane successive, ci fu un fitto andirivieni tra Il Cairo e Luxor, con incontri tra Lord Allenby e funzionari egiziani, che culminarono in una riunione tenuta presso l'Alto commissariato il giorno 15, nel corso della quale Carter disse ad Allenby di essere pienamente d'accordo con il governo per quanto riguardava le proposte relative alla continuazione delle operazioni di scavo della tomba. In seguito disse a Tottenham di voler riprendere il lavoro su base amichevole. Nel frattempo arrivò Richard Bethell, ex segretario di Carnarvon, in qualità di factotum alle dipendenze di Carter e di rappresentante degli interessi di Lady Carnarvon.

Durante gli ultimi giorni di settembre a Highclere, Carter, poco prima di lasciare l'Inghilterra, aveva perfezionato con Lord John Maxwell l'accordo con Almina [17], in base al quale ella acconsentiva a rilevare la concessione e a finanziarla, in parte con il concorso dei diritti derivanti dal *Times*, che durante il primo anno aveva

---

[17] Accordo con Lady Carnarvon: ivi, p. 237.

versato in anticipo 5000 sterline e il 75 per cento di tutte le entrate, riducendo queste cifre negli anni successivi rispettivamente a 2500 sterline e al 50 per cento. L'accordo riguardante l' «esclusiva» venne rinnovato e Maxwell tenne conto dell'insistenza di Carter nell'esigere «pieni diritti» e garanzie contro «molestie o interruzioni».

Nel mese di agosto, durante l'assenza di Carter, Gertrude Bell, la «Lady» dei territori arabi (e direttrice alle Antichità nella nuova Amministrazione dell'Iraq) visitò il Cairo. A quel tempo era tutta presa a organizzare il proprio museo a Baghdad per ospitarvi le raccolte, in rapida crescita, delle scoperte sumeriche provenienti da Ur, Nippur, Kish e altre aree: si trattava di reperti che in diversi casi risalivano a oltre un millennio prima del sepolcro di Tutankhamun. La temperatura al Cairo superava i 50 gradi all'ombra, ma l'intrepida Miss Bell non la trovava «affatto calda», chiedendosi se gli egiziani e i loro ospiti americani ed europei sapessero veramente «che cosa è il caldo». Dopo avere ricevuto la maggior parte dei ministri del governo egiziano che si mettevano in fila per renderle visita allo Shepheard, si recò al Museo del Cairo per incontrare Quibell e James Breasted. Il 30 agosto scrisse al proprio padre con uno stile tra l'informativo e il noncurante: «Sono andata al museo e ho trascorso un'ora deliziosa con il caro Mr Quibell» [18]. Parlarono dell'ufficio iracheno che si occupava delle Antichità e di come lei dovesse adattarsi alle nuove leggi che avrebbero disciplinato le attività di Leonard Woolley, Stephen Langdon, Max Mallowan, Henri Frankfort e di altri, nelle antiche aree come Ur, Kish, Uruk, Khorsabad e Ninive. «Il parere di Mr Quibell, data la sua esperienza, è assai prezioso.» E proseguiva così:

Dopo di che andammo a vedere le cose appartenenti a Tutankhamun – qualcuna è già in mostra, una delle scatole, due sentinelle [?], alcuni vasetti d'alabastro e uno o due oggetti piccoli, tra cui il famoso manichino su cui provavano gli abiti del faraone; guardandolo, non credevo che gli sarebbero andati bene, in quanto esso era perfettamente «di fronte»,... cioè piatto all'altezza della schiena e dei fianchi. Mr Q. mi ha fornito notizie molto interessanti su tutto. Non c'è nulla che non sia stato preso da altre tombe, nulla di cui non abbiamo sentito parlare fino alla nausea, tranne il fatto che da nessun'altra tomba è stata mai presa una raccolta altrettanto completa. Uno dei troni di cui più si è parlato, intagliato in oro, non è diverso da un esemplare precedentemente acquisito, solo che è in condizioni migliori, in realtà in uno stato di conservazione assolutamente splendido. Un altro, un esemplare molto più semplice, in legno e oro, è veramente incantevole. Mr Q. ha detto che secondo lui è il miglior pezzo di arredo della tomba e secondo me è la cosa migliore del suo genere che io abbia mai visto. I vasetti d'alabastro erano francamente bruttissimi, straordinaria-

---

[18] Gertrude Bell: lettera inedita, 30 agosto 1923, University of Newcastle upon Tyne, dipartimento di archeologia (lettere di G. Bell).

mente elaborati fin dove si è spinta la maestria su un semplice pezzo di pietra e troppo particolareggiati per essere belli... Mr Q. ha detto che quest'anno Mr Carter farà del suo meglio per scongiurare il pericolo degli inviati dei giornali, ma non è sicuro di riuscirci. Come puoi immaginare, sono una bella scocciatura, ma conviene dare carta bianca a un solo giornale (il *Times* ce l'ha), in quanto può aiutare a tenere lontano l'affollamento... Lady Carnarvon sta pagando il completamento dei lavori alla tomba, che le costerà tanti bei soldini. Ci sono tre camere piene di cose, nessuna delle quali è stata ancora toccata, compreso il grande tabernacolo che secondo loro contiene la mummia. Vedi, probabilmente ci sono 5 tabernacoli, uno dentro l'altro – hanno aperto soltanto quello più esterno – con una bara al centro. Ritengono che si tratti di un sarcofago di pietra, e sperano di trovarlo intatto, nel qual caso vi si dovrebbe trovare uno splendido gioiello. In un'altra stanzetta c'è il tabernacolo che contiene i canopi e... i quattro[?] personaggi di guardia... che come mi ha detto il professor Breasted erano dei capolavori... Mr Q. ha detto che certamente erano bellissimi ma sciupati dal loro spesso rivestimento di lamina d'oro. È proprio da re e da gentiluomini di corte pensare che la doratura migliori l'aspetto del giglio.

A quanto pare, Breasted fu in grado di trasmettere informazioni nel mese di agosto su argomenti che ufficialmente non furono concordati fino a che Carter non ricomparve al Cairo due mesi dopo [19].

«Gli ci vuole un bel pezzo prima che riesca ad aprire il sarcofago», osservò Breasted, mentre in ottobre incominciava il lavoro di sgombro. Giornalisti e turisti arrivavano in numero sempre crescente. La stampa egiziana, offesa perché Carter si era rifiutato di sospendere la sua attività allo scopo di consentire anche ai più importanti cittadini del paese di dare uno sguardo alla loro eredità, rinnovò la sua caustica campagna anglofoba. I giornali locali trovarono potenti alleati nella stampa britannica e americana. «Facendo diventare il contenuto della tomba interna un segreto esclusivo, si è tirato addosso le ire di gran parte dei più influenti giornali del mondo», aveva scritto il *Daily Express* in un editoriale del febbraio precedente, riferendosi al primo accordo tra Carnarvon e il *Times* [20].

Nell'agenda di Carter, in cui era registrata l'attività della stagione, erano annotati i più importanti e delicati lavori svolti fino a quel momento, in mezzo alla confusione suscitata dalla massiccia campagna pubblicitaria che era presente in tutti gli spostamenti effettuati nella Valle e da una stampa a livello mondiale ben decisa a spezzare il monopolio del *Times*. In primo luogo, la squadra dovette traslocare le statue delle sentinelle che montavano la

---

[19] Scoperta dei tabernacoli: Carter, *The Discovery*, cit. p. 150; Charles Breasted, *Pioneer to the Past*, cit., pp. 337 ss.; McCall, *op. cit.*, p. 30; agenda di Carter, 18 novembre-24 dicembre 1923; agenda di Mace, 14 novembre-31 dicembre 1923. Per una descrizione completa del lavoro svolto e degli oggetti, cfr. Reeves, *op. cit.*, «I tabernacoli e il sarcofago», pp. 100 ss.
[20] Guerra della stampa: *The Times*, archivio, «Scoperte di Luxor», gennaio-dicembre 1923.

guardia da 3500 anni. Poi dovette rimuovere tutto quanto il muro settentrionale che separava l'anticamera dalla camera sepolcrale. Si dovettero togliere le pitture murali, per trattarle e ricollocarle successivamente a posto. Si dovette montare un'impalcatura di legno. Una volta tolti i chiavistelli di ebano del primo tabernacolo e aperte le sue ante, si scoprì il secondo tabernacolo le cui ante erano sprangate nello stesso modo ma con il sigillo di Tutankhamun intatto [21]. L'ampio spazio tra il primo e il secondo tabernacolo era occupato da un pesante telaio di legno, coperto d'oro, che reggeva un drappo funebre di lino nero costellato di rosette d'oro. Breasted lo paragonò a «un cielo notturno risplendente di stelle». Prima di poterlo trasferire nel laboratorio, il lino dovette essere trattato con un composto di cloruro di gomma, per rafforzarlo abbastanza da poterlo avvolgere a un rullo di legno. Quando le ante sprangate del secondo tabernacolo furono liberate, apparve il terzo tabernacolo che aveva un identico sigillo intatto. Finalmente Carter estrasse i chiavistelli dal terzo tabernacolo, portando così alla luce l'ultima struttura più interna, «di fattura ancora più fulgida».

Il 19 novembre si cominciò a lavorare sul sarcofago interno, mentre Burton prendeva fotografie e faceva le prove con una cinepresa prestatagli da Goldwyn. Mace, dal canto suo, aiutava a togliere con attenzione gli oggetti che stavano intorno al sarcofago stesso. Il terreno esterno al sepolcro numero 15 era stato spianato e preparato per costruirvi uno studio all'aperto e un laboratorio da carpentiere. Si procedette poi allo smontaggio dei quattro sarcofaghi, numerati in ordine ascendente dall'esterno all'interno, adattati insieme e contenuti l'uno nell'altro alla maniera delle «uova» Fabergé. Si tolsero i coperchi aggettati dei tre sarcofaghi esterni. Arrivati al coperchio del quarto, quello più interno, si constatò che il sarcofago era costituito da un pesante blocco unico di legno, avente uno spessore di 13 centimetri nella sua sezione più larga e pesante diverse tonnellate.

Breasted ricostruì gli avvenimenti di oltre 3000 anni prima, quando il corpo del re, «sontuosamente incassato in una bara aderente», era stato calato nel sarcofago. Terminate le cerimonie, gli artigiani e gli ingegneri avevano preso il comando, spostandosi con destrezza in mezzo «alla magnifica disposizione delle sezioni del sarcofago scintillanti d'oro», schierando un esercito di assistenti, che Breasted definiva «schiavi», anche se quella era una definizione inesatta, dato che nell'antico Egitto non si impiegava mano d'opera costituita dagli schiavi in quanto tali e

---

[21] Tabernacoli: Charles Braested, *Pioneer to the Past*, cit., pp. 339 ss.; Carter, *The Tomb of Tutankhamen*, London 1983, vol. II, pp. 51-2; e Reeves, *op. cit.*

nelle imprese di ingegneria civile venivano usati senza scrupoli i prigionieri di guerra. Nel rituale del loro mestiere consacrato dal tempo, i capisquadra solevano scalfire su ciascun pezzo dei contrassegni, scrivendo con inchiostro nero dei lemmi come «anteriore», «posteriore», «nord», «sud», «centro», «parte terminale». Per Carter i contrassegni erano chiari come il giorno in cui erano stati scritti. L'allineamento irregolare dimostrava che anche nel grande periodo dell'artigianato di Tell el-Amarna e immediatamente dopo si potevano commettere errori elementari che era più facile coprire che correggere. Una sezione dei tabernacoli interni orientata a nord era contrassegnata «sud». Gli ingegneri che avevano calato le parti nella camera sepolcrale avevano seguito l'ordine sbagliato. Per correggere l'errore, avrebbero dovuto estrarre il grande complesso sollevandolo, allinearlo di nuovo e farlo scendere per rimetterlo a posto. Con l'accompagnamento dei commenti dei lavoranti, che possiamo soltanto immaginare, le parti furono lasciate così come stavano, cioè nel senso sbagliato.

Si era fatta confusione anche tra i pezzi del secondo e del terzo sarcofago. Il legno lavorato agli angoli del terzo sarcofago, disse Breasted, era stato «barbaramente preso a martellate da artigiani maldestri». Ma questa debolezza umana non poteva sminuire la gloria del momento.

> Quando Carter e io togliemmo i coperchi del terzo e del quarto tabernacolo e scorgemmo il massiccio sarcofago di pietra che vi era contenuto, per la prima volta percepii la maestà dell'effettiva presenza del defunto faraone. Esplorando con una torcia elettrica lo spazio ancora esistente tra le pareti laterali del secondo e del terzo tabernacolo, vi trovammo posati, esattamente come vi erano stati lasciati il giorno della sepoltura, svariati archi del re e una scorta di frecce con accanto un oggetto di forma allungata, che lì per lì non riconoscemmo. Quest'ultimo si rivelò come uno dei grandi ventagli del re fatto di piume di struzzo che i suoi schiavi gli tenevano a portata di entrambe le mani quando andava in giro nel suo palanchino o era seduto solennemente su un alto trono.

Le piume, un tempo lunghe, si erano sgretolate fino a diventare una polvere grigioscura, ridotta a mucchietti, e rievocavano scene confuse di quello che Breasted definiva «uno splendore orientale».

Per tutto novembre e dicembre Mace pianificò, con minuziosa precisione, lo smontaggio dei tabernacoli, aggiungendo qualche particolare tecnico alle descrizioni quasi poetiche di Breasted. Il 12 dicembre Carter era esaurito e malato. Quando quel giorno Lacau visitò la tomba, a guidarlo furono Callender e Mace. Il 13 Lacau andò a trovare Carter per parlare delle recenti richieste da parte degli egiziani, i quali desideravano conoscere i nominativi dei dipendenti «per l'approvazione». Edward Harkness, presidente del consiglio d'amministrazione del Metropolitan, e Lythgoe arrivarono dall'American House per sentir dire da Carter al funzionario francese che non sarebbero state fatte «altre concessioni». Lacau, arrabbiatosi per via che Carter si era fermamente rifiutato perfino di discuterne, uscì dalla casa fuori di sé, internamente agitato ma deciso a mantenere un contegno dignitoso. Prima di andarsene Lacau disse agli americani che il governo stava predisponendo la visita al sepolcro da parte di quindici «signore del posto». Il 15 dicembre arrivò un telegramma dal ministero dei Lavori pubblici che convocava Carter al Cairo. Le riunioni col ministro e Allenby a nulla valsero per dirimere i crescenti disaccordi tra Carter e le autorità governative. Mace andò avanti con il lavoro sulle bighe ricuperate dal sepolcro, restaurando e lucidando con amore le parti lignee, in attesa del ritorno di Carter. L'inglese arrivò il 21 e, senza far cenno alla discussione che aveva avuto col ministro al Cairo, tornò a occuparsi dei tabernacoli.

Per il periodo natalizio l'attività non avrebbe subìto rallentamenti, né l'invasione turistica avrebbe conosciuto sosta. Soltanto la visita dello studioso di antichità classiche Sir John Marshall offrì una parentesi di raccoglimento, di tranquilla conversazione a tavola. La fama di Marshall per la scoperta delle civiltà della Valle dell'Indo aveva gareggiato con quella di Evans a Creta e preceduto quella di Carter in Egitto e di Woolley a Ur dei Caldei. Egli, però, non aveva dovuto sopportare l'attacco furioso della pubblicità del xx secolo e si dimostrò comprensivo nei confronti di Carter.

L'impresa di smontare i tabernacoli, per completare la quale Carter aveva calcolato un mese di tempo, all'atto pratico ne richiese quattro. Mentre il lavoro procedeva fino a Natale del 1923, inoltrandosi nell'anno successivo, James Breasted si ammalò a causa della ricorrenza di un vecchio disturbo con manifestazioni febbrili e dovette mettersi a letto al Winter Palace Hotel. Con tutto ciò, Carter ebbe spesso bisogno di consultarlo urgentemente sul posto e, quando occorreva, lo faceva portare fino alla Valle in una carrozza scoperta, che doveva essere traghettata da una parte all'altra del fiume, e con una maschera di lino che gli proteggeva la bocca e le narici dalla sabbia e dalla polvere. Nel frattempo, egli progettò una spedizione nel Sinai, proseguì a studiare i testi della bara e il famoso papiro di chirurgia di Edwin Smith, creando poi la «Luxor Epigraphic Expedition» presso l'Istituto orientale di Chicago. Pur essendo impegnato e malato, Breasted condivideva la crescente preoccupazione di Carter per il gran numero di turisti e di giornalisti che stavano portando l'attività nella Valle quasi a un punto morto. Carter si creò tante di quelle inimicizie che, quando fosse venuto il momento della resa dei conti, non sarebbe stato perdonato tanto facilmente.

Già a febbraio del 1924, quando il mondo attendeva col fiato sospeso di vedere i tabernacoli, Carter era quasi sempre di cattivo umore. Perfino i suoi colleghi più stretti gli lasciavano ampia libertà d'azione. Per il 12 febbraio fu fissato un sopralluogo speciale [22], nel corso del quale un gruppo selezionato di funzionari egiziani e di illustri archeologi avrebbe assistito all'apertura del sarcofago del re. Naturalmente ci sarebbe stato anche il *Times*, rappresentato da Arthur Merton. Gli inviati, accorsi a centinaia a Luxor, avrebbero colto come al solito l'occasione registrando voci o ascoltando colloqui di nascosto, per integrare le cronache che ottenevano tramite un'agenzia di stampa e che inviavano ai loro direttori. Charles Breasted si recava ogni sera all'ufficio telegrafico della stazione ferroviaria per trasmettere i suoi resoconti. Tanto il suo pseudonimo, quanto i suoi articoli, destavano ancora la curiosità della stampa mondiale. Chi era George Waller Mecham [23]? Da dove ricavava le sue informazioni apparentemente attendibili? I direttori telegrafavano continuamente ai loro inviati affinché appurassero come mai gli articoli di Mecham risultavano meglio informati di quelli dello stesso *Times*. Perfino Valentine Williams, il quale conosceva tutti e quasi tutto, era in un vicolo cieco. L'uomo del *Chicago Daily News* conservava il suo anonimato anche se entrava in contatto con la maggior parte degli inviati in buona fede, mentre entravano o uscivano dall'ufficio telegrafico.

Poco prima del momento di gloria di Carter, cioè l'apertura del sarcofago, un'altra visita accrebbe l'atmosfera di mistero che circondava il sepolcro. Comparve a Luxor un professore francocanadese di letteratura inglese, di nome La Fleur [24]. Era un uomo cordiale, alto e snello, con una barba a punta e un vivace senso dell'umorismo. Carter lo prese in simpatia e lo invitò a vedere la tomba, proprio nel momento in cui l'ospite si mise a letto per un lieve attacco di influenza. Con tutto ciò, non riuscì a resistere all'invito e Carter lo accompagnò a fare un giro. Fece ritorno in albergo tossendo e starnutendo. Il medico inglese chiamato per visitarlo disse che stava «molto male». Morì nelle prime ore del giorno seguente. Anche Charles Breasted e il medico incominciavano a prendere sul serio la «maledizione». Appresa la morte di La Fleur, convinsero Breasted senior a sospendere un rilievo topografico del Sinai, che gli era stato proposto.

Finalmente il grande giorno arrivò [25]. Il 12 febbraio una comitiva comprendente il sottosegretario del ministero dei Lavori pub-

---

[22] Sopralluogo speciale: *The Times*, 13 febbraio 1923.
[23] Mecham: Charles Breasted, *Pioneer to the Past*, cit., p. 337.
[24] Professor La Fleur: ivi, p. 338.
[25] Gran giorno: ivi.

blici, Muhammad Zaghlul Pascià, Pierre Lacau e un gruppo di archeologi formato per lo più da mentori di Carter (cioè Breasted, Gardiner e Newberry) stava in piedi, in silenzio, all'ingresso che conduceva dall'anticamera alla camera sepolcrale. Il dispositivo di sollevamento era a posto. Altrettanto lo era una cinepresa azionata da Harry Burton, tra la sorpresa degli ospiti.

Carter dette il segnale. «In un silenzio profondo», scrisse poi, «l'enorme lastrone... del peso di 1250 chilogrammi, si alzò dalla sua sede.» Il contenuto del sarcofago era interamente coperto da sudari di lino. Carter li ritirò rapidamente, arrotolandoli uno per uno... «e appena l'ultimo fu tolto via, un mormorio soffocato di meraviglia ci sfuggì dalle labbra, talmente sfarzosa era la vista che si parò davanti ai nostri occhi: un simulacro d'oro del giovane re fanciullo, di fattura assolutamente grandiosa, occupava interamente il sarcofago».

L'unica testimonianza oculare oltre quella di Carter fu scritta due giorni dopo da James Breasted. Egli si era recato alla cerimonia di inaugurazione, nonostante la malattia che lo rendeva ancora invalido e provocando le rimostranze del medico.

Dal punto in cui stavo potevo vedere sul muro opposto della camera sepolcrale, oltre i pesanti tavoloni dell'impalcatura, una pittura che raffigurava il successore di Tutankhamun, il re Ay, nell'atto di concludere il servizio funebre sul corpo del defunto giovane faraone... Quando finalmente la cinepresa fu pronta, Carter prese posto presso il paranco più vicino ai piedi del re, mentre Callender si mise accanto all'altro. In quel momento Carter diede l'ordine, i paranchi cominciarono a scattare e udimmo il debole ronzio ritmico della cinepresa... Il coperchio del sarcofago vibrò, cominciando a sollevarsi. Lentamente, e dondolando in modo esitante, roteò... Dapprima vedemmo soltanto uno spazio buio, lungo e stretto. Poi nel mezzo di questa oscurità distinguemmo a poco a poco i frammenti di granito che erano caduti dai punti in cui il coperchio si era staccato. Essi giacevano sparpagliati su un nero lenzuolo funebre, attraverso il quale ci sembrò di vedere emergere una figura indistinta.

Breasted proseguì descrivendo l'evolversi della scena in cui tutti restarono senza fiato per l'agitazione quando Carter illuminò il sarcofago con una torcia elettrica, mentre Burton seguiva ogni sua mossa, filmandone l'interno nascosto nei minimi dettagli. Poi ci fu un silenzio assoluto, mentre Carter e Mace, con «l'efficienza abituale degli aiutanti dei moderni impresari di pompe funebri», allentarono il sudario che copriva la figura dormiente e lo tolsero arrotolandolo in modo accurato.

Il lino un tempo bianco era striato e annerito come se fosse venuto a contatto con il fuoco e qualche volta si sgretolava tra le dita. Sotto c'era un secondo sudario, interno, meno scuro e meno scolorito, e sotto questo... giaceva il re. Attraverso il lino del velo di protezione riuscimmo a distinguere i contorni delle sue braccia incrociate sul petto, riuscimmo a vedere il profilo del suo volto e, sopra di esso, all'altezza della fronte, una prominenza irregolare come di insegne reali sporgenti... ecco finalmente il Re che aveva dormito così nel cuore silenzioso della montagna per circa 3250 anni. Tutte queste fugaci fantasie e molte altre ancora si accalcavano nella mente di un orientalista nel momento in cui egli chinava per la prima volta lo sguardo sulla sepoltura incontaminata di un antico sovrano orientale, il quale era morto all'alba della prima emancipazione spirituale dell'uomo.

La versione di Breasted del momento più intenso e commovente di tutta la storia dell'archeologia avrebbe costituito sempre il commento principe fra tutte le centinaia di quelli che da allora in poi hanno trovato la via della pubblicazione. Egli ha registrato i propri pensieri, quantunque essi debbano aver fatto eco a quelli di Carter, nel momento in cui il giovane monarca venne reso visibile nella pompa del suo abito funerario. Finalmente l'ultimo sudario, con cura infinita, venne arrotolato fino in fondo. Gli astanti guardarono intensamente il corpo da capo a piedi, la luccicante testa aurea d'avvoltoio e il cobra che si rizzava sulla sua fronte, gli occhi che fissavano il vuoto come se appartenessero a un corpo ancora in vita. E allora essi distinsero il corpo nella sua interezza, che ardeva nello splendore dell'oro scintillante: le braccia rivestite d'oro e le mani incrociate sul petto, un pastorale d'oro e ingemmato serrato nella mano destra, il mazzafrusto da cerimonia, anch'esso d'oro, nella sinistra.

Nel momentaneo sogno a occhi aperti, Breasted vide coloro che avevano adagiato la salma del re e si chiese che cosa potessero aver pensato del giovane re che li dominava, di colui il quale era la vittima delle forze clericali e sociali che sfuggivano al suo controllo. Che cosa pensò la bambina che era sua moglie, Ankhesenamun, figlia di Akhenaton, quando scese nel tabernacolo? Fu lei, forse, che tolse di mano a uno schiavo in attesa una tavoletta scrittoria d'avorio di rara bellezza e la collocò tra le zampe anteriori dello sciacallo messo a guardia dell'entrata più interna, dove gli uomini di Carter l'avevano trovata proprio lì esattamente un anno prima? Proveniva da Tell el-Amarna ed era stata fabbricata nel periodo grandioso di quella città rivoluzionaria dove, per la prima volta nella storia egiziana, si elevavano preghiere all' «Unico e Solo» dio. In ogni caso la giovane regina aveva visto i preti ostili restaurare il vecchio potere. Forse essi erano responsabili della morte di Tutankhamun. Forse egli aveva trovato la morte nel crollo del grande sogno di Akhenaton? Le risposte a domande del genere potrebbero andare vicino alla soluzione. Ma Breasted non si era aspettato la furberia degli schiavi del re o la perfidia dell'uomo moderno.

L'intera figura, scrisse Breasted, «era avviluppata nelle piume dorate di una dea protettrice». Finché non aveva avuto il tempo di riflettere, non si era reso conto che quello non era ancora il re. «Ciò che vedemmo era la bara esterna, lunga più di due metri e alta una settantina di centimetri, ingegnosamente lavorata dallo scultore, con l'aiuto del tagliatore di gemme e dell'orafo, fino a ricavarne una magnifica figura che ritrae il re giacente come sdraiato sul coperchio, simile a un crociato sulla sua pietra tombale in una cattedrale europea.» Al grande egittologo, mentre contemplava la rappresentazione che Carter aveva allestito come un inverosimile capolavoro di scenografia, venne fatto di pensare che probabilmente c'erano diverse bare interne, l'ultima delle quali avrebbe contenuto il corpo imbalsamato. Per il momento, l'ossessionante figura che si era presentata alla loro vista sarebbe dovuta bastare. Il volto rassomigliava in modo sconcertante alle statue che erano state messe di sentinella all'entrata sigillata. Le mani e le insegne erano perfettamente modellate, «completamente libere e a tutto tondo». Gli occhi erano fatti di pietre nere e bianche intarsiate. «Nessun coperchio di bara del genere finora noto», concluse Breasted, «può approssimarsi a quest'opera d'arte.» La giornata di lavoro era finita, Carter lasciò sospeso il coperchio della bara e chiuse il sepolcro per la notte.

Quando la squadra andò a pranzo prima che il coperchio del sarcofago venisse sollevato, Carter aveva un'aria da malato. Disse a Breasted di non sentirsi troppo bene. Si sedettero tutti insieme in una tomba incompleta, segnata col numero 41 dell'elenco ufficiale, e Carter occupò la vecchia seggiola di Carnarvon a capotavola. Mentre gli altri mangiavano di gusto, Carter si mise a smistare di malumore un mucchio di corrispondenza, fra cui c'era un appunto di Morcos Bey Hanna, il nuovo ministro dei Lavori pubblici [26], dal quale, in definitiva, dipendeva il dipartimento alle Antichità di Lacau. Era un uomo politico tenace, il quale era stato in prigione per alto tradimento, una condanna che conferiva sia carisma che rispetto nella predominante atmosfera antibritannica esistente in Egitto. Non nascondeva la sua intensa antipatia per Carter e ribadiva gli sforzi di Lacau sul piano burocratico per sommergere l'inglese di richieste e di disposizioni arbitrarie.

Alcuni giorni prima della cerimonia, Carter e il ministro avevano concordato una tabella di marcia per l'apertura del sarcofago. Adesso, il giorno fissato, il ministro aveva inviato un'altra versione dello stesso programma concordato con Carter, esprimendosi in toni offensivi e dispotici [27]. Carter la tese a Breasted il quale,

---

[26] Morcos Bey Hanna: Hoving, *op. cit.*, pp. 227 ss.
[27] Scontro con il ministero: ivi; e Foreign Office, file FO 371/10055, 30 gennaio-8 marzo 1924.

leggendola, convenne che «il frasario usato era semplicemente ingiurioso». Carter mormorò che tutta la faccenda lo aveva nauseato, mentre la squadra degli operai si univa agli ospiti invitati e si avviava verso il sepolcro qualche minuto prima delle 15.

I consiglieri più anziani di Carter avevano intuito con due settimane d'anticipo il pericolo di una prova di forza. L'ultimo giorno di gennaio, Breasted, Gardiner, Lythgoe e Newberry scrissero congiuntamente una lettera a Lacau, in cui affermavano che «è universalmente riconosciuto che Mr Howard Carter sta assolvendo il suo complesso e difficile compito comportandosi in un modo superiore a qualsiasi elogio».

Il giorno dopo l'apertura del sarcofago, il 13 febbraio, la controversia raggiunse a Londra e a Parigi il suo punto culminante sul piano politico. Alla Camera dei comuni il dottor Chapple presentò un'interrogazione al primo ministro, chiedendo «quali privilegi e concessioni avesse riconosciuto il governo di Sua Maestà a Mr Howard Carter» e, di conseguenza, quali fossero gli obblighi di Carter nel fornire notizie e fotografie. Il primo ministro, Ramsay MacDonald, rispose che non erano stati concessi privilegi né si erano fatte concessioni e che, pertanto, non era stata posta nessuna condizione.

Alan Gardiner il primo di febbraio aveva telegrafato al Foreign Office, preannunciando una crisi e chiedendo l'intervento del governo. Il 14 inviò un altro messaggio: «Temuta crisi è in atto». Da uno scambio di opinioni nell'ambito del Foreign Office emerge un atteggiamento di solidarietà nei confronti di Carter: «Viene continuamente oppresso con una serie di norme insignificanti... ed è improbabile che si facciano altre concessioni». Si diceva che Allenby avesse inoltrato una violenta protesta a Lacau. Si era però restii a spingersi oltre. «Non avanziamo troppe pretese», consigliò il sottosegretario anziano Lancelot Oliphant. «Non possiamo non accorgerci che questo problema presenta due alternative», osservò Mr Ingram.

A Parigi l'ambasciatore egiziano rilasciò alla stampa la seguente dichiarazione [28], che non ha bisogno di essere tradotta:

*L'indignation universelle ne peut manquer d'accueillir cette nouvelle fermeture du tombeau due au refus des visites de personnes que Carter, contrairement à l'accord préalable et aux instructions officielles données, voulait injustement privilégier. Paris le 16 février 1924.*

La giornata del 13 era stata riservata a un sopralluogo da parte della stampa – solo per i cronisti egiziani, dato che i giornalisti europei e americani erano condizionati dall'accordo con il *Times*

---

[28] Parigi, dichiarazioni alla stampa del 16 febbraio: ivi, file FO 371/10055.

– seguito da una escursione guidata per le mogli e le famiglie degli archeologi e delle maestranze più anziane. La mattina di quel giorno Carter fu svegliato da un'ulteriore serie di comunicati ufficiali, compreso un messaggio del ministero dei Lavori pubblici, con il quale gli si proibiva di fare entrare nella tomba di Tutankhamun le mogli e le famiglie degli «scienziati che hanno collaborato». Abbellendo la tracotanza con frasi tornite, il ministro dichiarava di avere inviato sul posto un altro contingente di poliziotti, per garantire l'applicazione delle sue disposizioni. L'ordine venne successivamente confermato da Lacau, il quale aggiunse: «Naturalmente essi [i poliziotti] sono tenuti a fare il loro dovere con tutta la dovuta cortesia».

Il gruppo di lavoro di Carter, di cui faceva parte Merton del *Times*, si incontrò a Luxor (secondo Breasted, «nella sua camera d'albergo») per stabilire di concerto una linea di condotta. Si dice che Carter andasse su e giù per la stanza, scoppiando quasi dalla rabbia, e dettasse una risposta caustica dietro l'altra, mentre Charles Breasted scriveva furiosamente a macchina, sforzandosi di tener dietro alle improvvise esplosioni dell'inglese. A loro ormai si erano uniti praticamente tutti gli insigni archeologi che a quell'epoca erano in Egitto, insieme ad altri studiosi americani e inglesi. Dopo una ventina di dichiarazioni che esprimevano lo sdegno e il risentimento del gruppo verso il ministro e il suo modo di comportarsi, Breasted senior prospettò che sarebbe stato più dignitoso reagire con maggior calma. Alla fine Carter acconsentì a firmare un avviso [29] che venne affisso nell'albo del Winter Palace Hotel alle ore 12,30 del 13 febbraio 1924. Eccolo:

> A causa delle insostenibili restrizioni e sgarberie da parte del ministero dei Lavori pubblici e del dipartimento alle Antichità da esso dipendente, tutti i miei collaboratori, in segno di protesta, si sono rifiutati di continuare a lavorare all'indagine scientifica inerente alla scoperta della tomba di Tutankhamun.
> Sono pertanto costretto a rendere noto al pubblico che subito dopo il sopralluogo al sepolcro da parte della stampa, avvenuto stamane fra le ore 10 e mezzogiorno, il sepolcro stesso verrà chiuso e non sarà possibile svolgere nessun'altra attività. (Firmato) Howard Carter

Dopo l'ispezione della stampa Carter, stando a quanto egli stesso riferisce [30], lasciò il coperchio del sarcofago sospeso come prima e chiuse il sepolcro con un lucchetto.

Merton inviò un telegramma al suo redattore di cronaca [31] su istigazione di Carter. Diceva semplicemente: «Costretti a chiudere la tomba. Contiamo su di voi per dare la più ampia pubblicità

---

[29] Avviso di Carter: Charles Breasted, *Pioneer to the Past*, cit., p. 346.
[30] Carter e la stampa: News International Archive, file 1, 28 ottobre 1923, appunto di P.M. Tottenham, consigliere presso il ministero dei Lavori pubblici.
[31] Merton: News International Archive, file 1.

ai servizi a livello mondiale e per attaccare vigorosamente le autorità egiziane». Dall'agenda di Carter furono strappate le pagine datate 12 e 13 febbraio: se da lui o da qualche persona bene intenzionata dopo la sua morte non è dato sapere.

Il *Times* uscì per l'occasione il 14 febbraio con un articolo di fondo che criticava aspramente il dipartimento alle Antichità per la sua «invidia e intromissione». Il giorno dopo il giornale pubblicò una lettera che confermava i motivi sottostanti al comportamento di Carter e ne attribuiva risolutamente la colpa alla intransigenza di Lacau e alla linea di condotta burocratica del suo ufficio. Era firmata da Breasted, Gardiner, Lythgoe e Newberry [32]. Il 18 febbraio arrivò dall'Egitto la cronaca di rinnovati violenti attacchi della stampa antibritannica. Intanto Carter era già andato al Cairo per mettere in moto l'apparato legale.

Il 22 febbraio, dal numero 10 di Downing Street venne inviato a Newberry questo telegramma: «Persuadete Carter con massima autorità sospendere azione giudiziaria. Accordatevi amichevolmente con autorità egiziane». Il 25 febbraio Carter, imperterrito, si affrettò a dare mandato insieme a Mace ai procuratori legali. Non più tardi dell'8 marzo Whitehall stava cercando di convincere Lady Carnarvon a intervenire presso Carter, ma costei era in viaggio per il Sudafrica e non poté essere contattata.

L'inviato dell'*Egyptian Gazette* scrisse: «Una nota patetica è stata fornita da due dei fidi capisquadra egiziani di Carter, messi a guardia di un cumulo di proprietà del loro padrone, non lontano dall'ingresso della tomba per la cui scoperta essi lo hanno servito con tanta infaticabile fedeltà e perserveranza» [33].

L'Egitto, disse Breasted come se stesse scrivendo una nota di commiato, avrebbe dovuto ricordare che la massima impresa di Carter aveva fruttato al paese il maggior prestigio di cui esso avesse mai goduto in epoca moderna, nonché torme di turisti che ne favorivano il benessere. L'accademico americano, che faceva la parte dell'onesto intermediario, parlò dei «nazionalisti arroganti, pieni di sé, per il momento vincitori in modo assoluto nel controllare incontrastati il governo egiziano».

La mattina del 22 febbraio, Charles Breasted si allontanò dal letto su cui giaceva malato suo padre e andò fino al sepolcro, dove si sedette sul muro soprastante all'ingresso, in attesa dell'arrivo del capo della polizia e di rappresentanti del governo. Meditò sul lato umoristico della situazione, cioè sulle azioni compiute da entrambe le parti, che avrebbero potuto essere evitate con estrema facilità e che ormai avevano l'aria di trascinare in un

---

[32] Breasted, Gardiner, Lythgoe, Newberry: *The Times*, 15 febbraio 1924.
[33] *Egyptian Gazette*: Cottrell, *The lost Pharaos*, cit., pp. 164 ss.

pantano legale il più meraviglioso di tutti i tesori dell'antichità. Poco prima delle ore 14 arrivò l'attesa comitiva ufficiale, guidata dal prestante Lacau dalla barba cespugliosa, il quale lesse con voce alta da banditore cittadino una lettera di Carter, in cui questi affermava che si rifiutava di consegnare le chiavi della tomba. Dopo di che i fabbri si misero all'opera, segando i lucchetti della porta esterna e della porta d'acciaio che immetteva nell'anticamera. «La manomissione delle serrature» si protrasse fino a metà pomeriggio. Il coperchio del sarcofago, lasciato in posizione precaria, non era caduto come si era temuto, ma la fune che lo tratteneva si era tesa fino al punto che esso, con il suo telaio di sostegno, era quasi a contatto con il sarcofago stesso. Fu lasciato come stava, pericolosamente sospeso sopra il sacello che avrebbe dovuto proteggere. I funzionari sostituirono le serrature di Carter con le proprie e andarono a ripetere l'operazione nella tomba di Sethi II sistemata a laboratorio.

Successivamente, il giovane Breasted andò a casa di Carter a Qurna. «Appariva sconsolato e sfinito», disse, «ma era perfettamente calmo e non manifestava nessun rancore.» [34] Quando Breasted si congedò, Carter lo ringraziò e gli chiese di dire a suo padre che lui, Carter, aveva deciso di andare al Cairo per opporsi alla decisione governativa rivolgendosi ai tribunali misti, davanti ai quali venivano dibattuti certi casi difficili in materia di diritto civile. Aveva intenzione di battersi «finché non mi nomineranno sequestratario della tomba».

---

[34] Stato d'animo di Carter: Charles Breasted, *Pioneer to the Past*, cit., pp. 346-7.

CAPITOLO TREDICESIMO

# La versione di Mace [1]

Gli avvenimenti della stagione 1923-24, che portarono alla rottura del rapporto eternamente agitato tra Carter e il governo egiziano, sono stati oggetto di svariate interpretazioni, nessuna delle quali lusinghiera per Carter. La scomparsa di pagine di importanza vitale dalla sua agenda contribuisce a confondere le acque. Ma per fortuna quei fatti ebbero un altro testimone, che tenne una cronaca particolareggiata.

Arthur Mace fu il fedele compagno di Carter, il suo collaboratore letterario e intimo amico. Il suo legame di famiglia con il temibile Flinders Petrie gli conferì un indiretto ma utile ascendente nell'ambiente archeologico. In ogni caso era indubbiamente un uomo di larghe vedute, il quale non avrebbe consentito che la lealtà offuscasse il suo giudizio, come dimostravano il suo diario e in particolare le lettere inviate alla sua famiglia. Un umorismo tagliente e umano illumina queste lettere e a volte lo si intravede nella registrazione, che si attiene ai fatti, dell'attività giornaliera che si svolgeva nella tomba adibita a laboratorio. Per esempio, nel febbraio del 1923 esaminò con tenerezza un indumento infantile che recava il cartiglio del re e, in una lettera diretta a sua moglie Winifred, si chiedeva se era possibile che Tutankhamun, quando salì al trono, fosse soltanto un bambino. Quando la regina del Belgio fece loro visita, egli scrisse che la sovrana viaggiava «talmente in incognito che veniva subito riconosciuta». E a proposito della morte di Carnarvon: «Nel corso di quest'inverno l'ho visto molte volte, naturalmente, e mi è piaciuto molto. Era un tipo eccentrico, ma simpaticissimo». È utile riesaminare il mese decisivo di febbraio del 1924 al lume della testimonianza di Mace.

L'appunto nell'agenda in data 12 febbraio, il giorno della visita dei pezzi grossi egiziani per vedere il sollevamento del coperchio del sarcofago, parlava dell'arrivo in mattinata del sottosegretario del ministro dei Lavori pubblici, Muhammad Zaghlul, e di un «affannato» Lacau, nonché della successiva discussione a propo-

---

[1] Questo capitolo si basa per lo più sull'agenda, incompleta, di Mace (GI, 14 novembre 1923-23 febbraio 1924).

sito degli ospiti avvenuta durante la conferenza stampa del giorno dopo[2]. Dopo «qualche contrasto», si concordò un elenco provvisorio di visitatori, per comprendervi le mogli e le famiglie degli assistenti anziani di Carter, che venivano qualificati come «scienziati». Zaghlul, però, disse che avrebbe telegrafato ai suoi superiori al Cairo per chiedere un assenso definitivo. Fu deciso che il chimico Lucas era un funzionario governativo e non un componente della squadra di Carter, ragion per cui sarebbe stato incluso nell'elenco ufficiale degli invitati.

La comitiva di autorevoli personaggi si riunì alle ore 15 e fu guidata fino al sepolcro. Mace si accorse che due egiziani, uno dei quali era un funzionario subalterno di polizia, si erano infiltrati nel gruppo ufficiale. Nell'anticamera erano state predisposte delle passerelle per comodità dei visitatori, per consentire loro di guardare in giù nella camera sepolcrale. I ministri egiziani si spinsero l'un l'altro per mettersi in prima fila, ma quelli che vi riuscirono permisero a Breasted di unirsi a loro. L'americano fu così l'unico estraneo a trovarsi in un punto favorevole di osservazione, anche se dopo un po' Lacau insistette affinché uno degli ispettori egiziani del suo ufficio cedesse il posto a Gardiner. La squadra di Carter venne così schierata in modo equanime da Mace: tre operai a est del sarcofago; Callender e un quarto operaio a ovest; Burton con la sua cinepresa sui gradini che conducevano dabbasso; lo stesso Mace sul lato nord del sarcofago, a prendere nota «ufficiale» dei fatti; Carter preposto alla direzione. C'è quindi la descrizione del modo di procedere per togliere il sudario arrotolandolo, della pausa che fece trattenere il fiato mentre Harry Burton provava la sua cinepresa, del mormorio soffocato quando venne esposta la parte superiore della bara e apparvero la maschera funeraria «magnifica nella sua perfezione», il «volto d'oro massiccio» come lo chiamò il *Times*, con il suo doppio *uraeus* del cobra e dell'avvoltoio che rappresentava i regni dell'Alto e del Basso Egitto. Finalmente il giovane re giaceva davanti a loro, con le mani incrociate sul petto. Le parole di Mace integravano quelle di Breasted, anche se lì per lì stentò a scrivere con la dovuta obiettività. Con tutto ciò, appena registrata la rapida visione della bara, Mace si accorse che il poliziotto «abusivo», il quale era apparso nella tomba all'ultimo momento, tendeva a Valentine Williams della Reuters «un rapporto completo dell'intera vicenda».

Il giorno 13 Mace esaminò i motivi della nota ministeriale, non-

---

[2] Nota ministeriale, 12 febbraio 1924: il testo completo è in Barry Wynne, *Behind the Mask of Tutankhamun*, London 1972, pp. 231 ss. L'autore, nel descrivere la parte avuta da Adamson nelle vicende, parla della difficoltà di controllare la ressa il 12 febbraio. Fra gennaio e marzo del 1924, afferma, la tomba fu visitata da oltre 12.300 persone.

ché la risposta sdegnata di Carter[3] e dei suoi assistenti che si erano riuniti nella sua casa nella Valle. «Ritenevamo di doverci rifiutare di mandare avanti il lavoro, perché si trattava non soltanto di un insulto nei nostri confronti, ma di un chiaro segno che il governo intendeva spingere la politica dell'interferenza fino alle estreme conseguenze», annotò.

Carter, Lythgoe e Mace salirono a bordo della Ford del primo (condotta dall'autista, dato che Carter non imparò mai a guidare) e si diressero a Luxor, dove Breasted, Gardiner e Newberry li aspettavano al Winter Palace Hotel. Sull'argine del fiume, mentre si avvicinavano all'albergo, furono intercettati dal Mamur (il capo della polizia) e da uno dei suoi ufficiali. Fu in quel momento che il Mamur consegnò l'ordine di servizio firmato da Lacau, in cui si proibiva la visita delle mogli nel pomeriggio. Il punto cruciale della disposizione era il seguente: «Sua Eccellenza il sottosegretario di Stato mi ha trasmesso poco fa l'ordine di vietare, fino a nuovo ordine, l'accesso alla tomba a tutte le signore che non abbiano ottenuto l'autorizzazione ministeriale in qualità di giornaliste». Tre ufficiali, Muhammad Effendi Shaaban, Antun Effendi Yusef e Ibrahim Effendi Habib, avevano avuto l'ordine preciso di impedire l'ingresso alle predette signore «usando ogni dovuta cortesia».

Un caso interessante fu quello del capo della polizia il quale, preoccupato di non fare tardi a un altro appuntamento, chiese a Carter se il suo autista potesse dargli un passaggio. Carter rispose che sarebbe stato lieto di aiutarlo «da amico», ma che non avrebbe potuto farlo «se si faceva accompagnare da qualcuno». Il Mamur esitò, volendo chiaramente portare con sé il suo ufficiale. Carter ordinò subito al suo autista di tornare a casa e si diresse con i suoi compagni verso il Winter Palace, dove fu compilato l'avviso in cui si annunciava la chiusura del sepolcro. Tuttavia, prima di affiggerlo all'albo, Carter e Mace si recarono fino alla barca fluviale, su cui si trovava il sottosegretario, sperando ancora fino all'ultimo momento di trovare in qualche modo un accordo. Il sottosegretario non era a bordo. Tornati in albergo, Carter affisse l'avviso e in quel momento apparve Rex Engelbach, l'inglese che faceva parte dell'ufficio di Lacau e che Carter a tratti apprezzava e a tratti aborriva. Costui invitò Carter a pranzo e «manifestò la massima comprensione», consigliando al suo connazionale di inviare un telegramma al primo ministro Saad Zaghlul Pascià. Spedito il telegramma, Carter andò di nuovo a trovare il sottosegretario Muhammad Zaghlul. Stavolta questi era in casa, a bordo della sua barca fluviale, e Carter gli comunicò

[3] Azioni legali di Carter dal 13 al 24 febbraio 1924: Foreign Office, file FO 371/10055.

in via ufficiale di aver chiuso la tomba e di avere intenzione di
«fare i passi necessari». Il sottosegretrio, a detta di Mace, «sembrava credere che tutta la faccenda fosse uno scherzo». Carter
tornò quindi in albergo con Mace e lungo il percorso fece visita a
Harkness e a Lythgoe del Metropolitan. Merton stava aspettando Carter quando quest'ultimo arrivò al Winter Palace e la lettera per il *Times* venne redatta a nome dei «collaboratori». Merton
la spedì per telegrafo la sera del 13. Fu pubblicata due giorni
dopo.

La lunga annotazione nell'agenda di Mace per il giorno 13 terminava con un accenno allo strano caso del Mamur e ai suoi
sforzi per andarsene dal sepolcro dopo che Carter si era rifiutato
di dargli un passaggio. Sembra che abbia requisito un taxi noleg-
giato da un gruppo di turisti, lasciando i malcapitati a piedi, e si
sia diretto verso la vicina area di scavo di Sir Robert Mond, il
ricco benefattore dell'EES. Dopo un bel po' di tiremmolla, lo
sfortunato capo della polizia fu lasciato senza mezzi di trasporto
presso la tomba di Tutankhamun chiusa a chiave e col catenac-
cio. Fu obbligato a fare ritorno a Luxor a dorso d'asino. Un bel
modo per chiudere la giornata.

Il giorno dopo, il 14, fu dedicato a un'attenta valutazione da
entrambe le parti. Mace andò a trovare Carter alla «casa» e
apprese che era arrivato un telegramma del primo ministro, il
quale esprimeva piena approvazione dell'operato dei suoi colleghi di governo. Il rais di Carter, Ahmad Gurgar, aveva riferito
che il numero di poliziotti messi a guardia del sepolcro era stato
aumentato, lamentandosi di essere stato intralciato nel lavoro
quando aveva cercato di spazzare i gradini dell'ingresso. Carter
comunicò le ultime notizie a Harkness e a Lythgoe, i quali lo
accolsero a bordo della loro casa-battello.

Il 15 Carter si recò alla tomba per vedere quanto fossero giustifi-
cate le paure del suo caposquadra. Gli si fece incontro il Mamur,
il quale era munito di un ordine diramato da Lacau, in cui era
stabilito che a nessuno, compreso Carter, dovesse essere consentito di entrare nella tomba. Il 16 arrivò da Alessandria un
telegramma in cui Maxwell diceva di essere in viaggio alla volta di
Luxor. La stampa francese al Cairo diede risalto a una storiella
da cui si apprendeva che tra i tanti reati commessi da Carter
c'erano la corruzione e la riscossione di provvigioni sulle preno-
tazioni fatte dai turisti presso gli alberghi del Cairo e di Luxor. In
preda allo sconforto, Carter trascorse la maggior parte della giornata insieme a Mace, Breasted e Newberry. Maxwell arrivò il 17.
Si recò al sepolcro con Carter, ma fu impedito loro di entrare.

Di ritorno a Luxor, Maxwell spinse Carter a inoltrare un cablogramma a Morcos Bey, ministro dei Lavori pubblici, in cui gli

chiedeva il permesso di accedere alla tomba per mandare avanti il necessario lavoro di manutenzione. «Se il governo non avesse accolto questa richiesta, secondo lui lo si sarebbe dovuto citare immediatamente in giudizio. Ad ogni modo dichiarò che in qualsiasi caso Carter doveva rifiutarsi di consegnare le chiavi.» Il giorno dopo il ministro fece pervenire una comunicazione conciliativa, revocando la sua precedente disposizione e consentendo a Carter di entrare nella tomba «nel caso volesse prepararla per le visite». Carter rifiutò l'offerta, «a meno che non fosse accompagnata da scuse e dall'assicurazione che non si sarebbe verificata più nessuna ingerenza». Il 20 arrivò a Luxor Allenby, per parlare con Carter. Il giorno precedente era trapelata, tramite Engelbach, la notizia secondo cui qualsiasi altra visita al sepolcro era «rinviata a tempo indeterminato».

Mace fu incaricato di redigere una «esposizione dei fatti» e lavorò al suo memoriale per tutto il 21, giorno in cui il consiglio dei ministri emanò l'ordine di confisca della tomba, rendendo noto che essa sarebbe stata di lì a poco riaperta dal governo. Maxwell prese una decisione altrettanto disastrosa. Agendo nell'interesse di Lady Carnarvon, diede mandato agli avvocati di citare in giudizio il governo egiziano.

Si sarebbe fatto ancora in tempo ad allontanarsi dall'orlo del baratro, tanto più che Lacau sembra avesse avuto *in extremis* l'idea di scendere a patti. Il mattino del 22 arrivò un telegramma del francese, in cui egli chiedeva a Carter e ai suoi collaboratori di incontrarlo presso la tomba alle 14, ora in cui egli si proponeva di aprirla. Più tardi al telegramma seguì una analoga e calorosa lettera dello stesso Lacau. La risposta di Carter fu adamantina. Non riusciva a capire perché «la tomba dovrebbe essere forzata oggi», tenuto conto in particolare «che la questione concernente l'azione di sequestro sarebbe stata presentata all'indomani in tribunale e che la custodia degli oggetti non aveva carattere d'urgenza». Alle 13,45 una macchina si fermò davanti alla casa di Carter e ne discese un poliziotto latore di una nota di Lacau, in cui si chiedeva la consegna delle chiavi della tomba. In caso non fossero state consegnate, il poliziotto aveva l'ordine di abbattere le porte d'ingresso al sepolcro. Carter restituì il biglietto unitamente alla propria risposta, in cui si rifiutava di consegnare le chiavi e presentava un'altra «protesta formale».

Di qui il resoconto di Mace che parlava di «manomissione delle serrature» in base alla testimonianza oculare di Ahmad Gurgar. Insieme a Lacau, Engelbach e un altro addetto al dipartimento alle Antichità, Baraize, c'erano il Mudir e il Mamur, il comandante della polizia di tutto il distretto, un funzionario del ministero della Giustizia, un meccanico e i suoi aiutanti, trentatré tra soldati e poliziotti, truppe cammellate, di cavalleria e di fanteria. Dopo aver segato e lavorato di lima sulle serrature, i funzionari di Lacau entrarono nella tomba e vi si trattennero per circa un'ora. Quando ne uscirono furono montate delle nuove serrature per conto del governo. Poi la comitiva applicò nuove serrature anche alla tomba di Sethi ii che fungeva da laboratorio. L'ultima annotazione di Mace per la stagione lasciava interdetti: «Ricevuto telegramma da Maxwell che comunica tribunale aggiornato fino alle quindici e trenta».

Il 24 febbraio 1924 venne notificato un *affidavit* a Lacau e al dipartimento alle Antichità – in definitiva al governo egiziano.

Le pagine dell'agenda di Carter che riguardano questo periodo critico sembrano più un esercizio di matematica che una documentazione dei suoi movimenti. Nondimeno fra il computo dei compensi versati alla mano d'opera e le ricevute per la vendita di manufatti a collezionisti e altre prestazioni, ci sono appunti di un certo interesse. Egli partì per il Cairo il 25 febbraio insieme a Mace. Maxwell calò dal suo abituale soggiorno alessandrino il 29. «Appuntamento col ministro fissato per oggi», dice l'annotazione di sabato primo marzo.

Estromettendo completamente Carter e gli scavatori ufficiali, il governo si era cacciato in una posizione insostenibile. Il dipartimento alle Antichità era condizionato interamente da Carter. Nessun altro avrebbe potuto assumersi l'incarico di effettuare scavi alla tomba in quella fase avanzata. Per ciò che riguardava la posizione legale, il patrocinante spiegò che una volta scoperta la tomba, l'accordo relativo alla concessione di Carnarvon si era trasformato in un contratto che aveva messo in azione la clausola numero 10, tradizionale in tutti gli accordi del genere, in virtù della quale, nel caso di tombe «che siano state già perlustrate», il dipartimento alle Antichità garantiva che la quota maggiore di reperti venisse accantonata a favore dell'Egitto, mentre agli esperti stranieri, che venivano incoraggiati a condurre a termine il lavoro, spettava la parte riservata alle persone autorizzate, che «sarebbero state risarcite in misura sufficiente... per gli sforzi e i disagi da loro sostenuti nell'attuazione dell'impresa». Nel caso di tombe che venissero scoperte inviolate, vale a dire che non presentassero segni di irruzione neanche in epoca antica, tutto il loro contenuto sarebbe stato di proprietà dell'Egitto. Carnarvon aveva sempre sostenuto l'esistenza della prova inconfutabile che il sepolcro era stato profanato e che, nella fattispecie, fosse applicabile la clausola numero 10. A complicare le cose contribuiva la circostanza che la scoperta di Carter era eccezionale. Non c'era stato niente di simile nella storia delle esplorazioni effettuate in Egitto.

Secondo James Breasted, Carter perse del tutto il controllo di
sé mentre si espletava l'azione legale; appariva «talmente sopraf-
fatto dalla sua avversa sorte da non essere capace di prendere
decisioni di una certa importanza». L'orientale, come lo chiamava la *Saturday Review*, era stato costretto a mettere le carte in
tavola. «Mr Carter», si diceva nello stesso articolo di fondo, «è
caduto in quella che sembra una trappola ben predisposta.» A
confondere una situazione già confusa, migliaia di turisti che avevano già pagato per vedere il corpo di Tutankhamun giravano
disordinatamente per la Valle, pretendendo che la tomba venisse
riaperta e che si dicesse agli archeologi «di andare avanti». Il
procuratore legale di Carter, in qualità di consulente dell'amministrazione Carnarvon, aveva affidato la causa all'avvocato inglese F.M. Maxwell il quale, meno di tre anni prima, aveva persegui-
to a termini di legge il ministro dei Lavori pubblici del momento,
Morcos Bey, chiedendo la condanna a morte per lui e per i suoi
complici. Non la si poteva definire una saggia decisione.
  Breasted voleva ritirarsi dalla faccenda, ma si rese conto che
soltanto lui poteva ormai arrivare a un accomodamento che meglio tutelasse gli interessi dell'egittologia. Agendo da arbitro tra
il governo e Carter, egli stese le condizioni in base alle quali
sperava che a Carter sarebbe stato consentito di fare ritorno al
sepolcro. Riuscì a convincere gli avvocati di entrambe le parti a
mettersi d'accordo per un rinvio del processo in attesa che tali
condizioni venissero vagliate. Il governo accettò le proposte su-
bordinatamente alla stesura di un nuovo accordo con Almina,
contessa di Carnarvon, in base al quale nel contratto si sarebbe
ovviamente prevista la rinuncia a qualsiasi diritto sul contenuto
della tomba. Carter rifiutò il compromesso. Sebbene non avesse
mai preteso per sé una parte del ricavato, come aveva fatto Carnarvon, a detta di Breasted aveva «la massima fiducia di ottenere
una vittoria completa».
  Carter ignorò il consiglio di Breasted e del suo avvocato e, di
propria iniziativa, negò il consenso per un ulteriore rinvio del
processo. «Aveva perduto ogni controllo ed era diventato assai
prepotente», disse Breasted, l'uomo che fin dall'inizio dei lavori
di scavo era stato per Carter una figura paterna. Il 4 marzo questi
gli consegnò una breve lettera indirizzata al primo ministro egiziano [4], in cui specificava la sua posizione in termini molto intransigenti. Nell'agenda, in data 5 marzo, Carter aveva preso
nota di avere incontrato Breasted al mattino e di essersi rifiutato

---

[4] Lettera per il primo ministro: GI, agenda di Carter, martedì 4 marzo, «Pagati Nahman
e Abemayer [altro cospicuo faccendiere]. Data a Breasted lettera per P[rimo] M[ini-
stro]»; mercoledì 5, «Visto Breasted... (aveva in tasca la lettera che gli ho dato ieri)».

di rinviare la causa, il cui inizio era fissato per il sabato, in quanto aveva ricevuto «soltanto promesse e niente di preciso, neanche una lettera». E aggiungeva: «Breasted aveva in tasca la lettera che gli ho dato ieri per il primo ministro» [5].

Il governo a volte era conciliativo, a volte inflessibile. Carter faceva altrettanto. Poco prima che si dibattesse la causa, il primo ministro Zaghlul Pascià aveva fatto suo il reclamo di Carter, il quale sosteneva che, essendogli vietato ritornare nel sepolcro, la sicurezza degli oggetti in esso contenuti sarebbe stata messa in pericolo, annunciando per il 6 marzo una riapertura «di gala» con l'intervento di un centinaio di ospiti illustri. Tra i visitatori c'erano Allenby e signora, i quali all'arrivo del loro treno speciale furono salutati dalla folla più numerosa che si fosse mai vista a Luxor. Zaghlul era ufficialmente indisposto e impossibilitato a presenziare quello che in realtà era un raduno di massa antibritannico, progettato per occupare le prime pagine dei giornali di tutto il mondo che ce l'avevano con Carter. Tutti, tranne il *Times*. Carter veniva considerato il genio del male al centro di un complotto avente lo scopo di privare l'Egitto della sua eredità. Il coperchio del sarcofago, che era stato lasciato precariamente sospeso, venne tolto dagli uomini di Lacau e appoggiato al muro. Il banchetto tenutosi successivamente si protrasse fino all'alba, ma a quell'ora Allenby stava facendo ritorno al Cairo, per unirsi agli altri querelanti presenti al processo. Si stavano facendo ancora dei tentativi per giungere a una transazione amichevole. Il *Times* aveva minimizzato la crociata anti-Carter, parlando il 3 marzo in favore delle trattative.

La causa, intentata dall'amministrazione del quinto conte di Carnarvon contro il governo d'Egitto, cominciò l'8 marzo 1924 con scambi talmente infuriati e insolenti da ambe le parti che l'aula del tribunale si mutò quasi in una bolgia. Il momento in cui tutto ciò avvenne era sfavorevole. Verso la fine dell'anno 1923, l'amministrazione del primo ministro Ibrahim Yahia Pascià aveva perduto ogni credibilità e gran parte dell'insicurezza, che si accentrava sull' «affare della tomba», come veniva chiamato dalla stampa egiziana, in realtà deriva da uno scontro tra il nuovo monarca, Fuad, e un premier stanco e deluso.

Zaghlul, il leader nazionalista beniamino del popolo, che era stato messo in libertà da Allenby dal suo esilio a Gibilterra nel mese di marzo del 1923, fu chiamato al potere da una schiacciante maggioranza nel gennaio del 1924. Si preparava ormai a recarsi a Londra per parlare con il primo ministro Ramsay MacDo-

---

[5] Breasted e l'azione legale: Charles Breasted, *Pioneer to the Past*, cit., pp. 344 ss.; e Hoving, *op. cit.*, pp. 300 ss.

nald della questione del Sudan e se fosse stato proprio possibile, quantunque l'argomento non fosse previsto nell'agenda ufficiale, del problema rappresentato da Mr Howard Carter. Il 15 marzo, esattamente a una settimana di distanza dall'apertura del processo, era il giorno fissato per l'inaugurazione del primo parlamento costituzionale d'Egitto e molto prima di quella data fatidica gli egiziani di ogni ceto e di ogni opinione si trovarono uniti in una frenesia di gioia nazionale. Zaghlul, l'uomo che aveva sfidato il governo inglese, aveva patito l'esilio ed era uscito vittorioso dalla lotta, era l'eroe del momento. Sul banco degli imputati c'era l'Inghilterra, rappresentata non tanto dal suo alto commissario nella sua splendida tenuta di feldmaresciallo quanto dal detestabile Carter, l'inglese che più di chiunque altro aveva cercato di sottrarre al paese la sua legittima eredità. Proprio mentre si stavano programmando le celebrazioni per il 15 marzo, per la stessa data si organizzò una manifestazione di protesta contro l'ininterrotto dominio inglese nel Sudan.

In base all'ordinamento giuridico stabilito dal «Protettorato» inglese e ancora in vigore in attesa che il nuovo regime promulgasse le sue leggi, una causa riguardante cittadini stranieri doveva essere discussa da una giuria mista di giudici egiziani ed espatriati, con un arbitro straniero e un primo giudice. Di conseguenza si parlava di «tribunali misti». Nel caso specifico, l'arbitro era quello americano, Pierre Crabites. Quindi, dopo qualche giorno di accese discussioni le due parti decisero che il professor Breasted dovesse agire in qualità di mediatore. La stampa egiziana biasimò i querelanti. Quella del resto del mondo era tutt'altro che tenera nei riguardi di Carter. L'accordo del *Times* si era ritorto contro lo stesso organo di stampa.

Le ragioni di Carter erano registrate negli appunti che Mace aveva frettolosamente preso il 21 febbraio e di cui Carter stesso si era servito per pubblicarli sotto forma di pamphlet, che peraltro non vide mai la luce finché Hoving non usò il documento per esprimere la sua condanna in un secondo momento. Gli appunti erano stati presi all'epoca della controversia sulle «mogli» e dell'accusa mossa dal governo a Carter, nel senso che questi aveva deliberatamente lasciato la tomba in condizioni tali da metterne in pericolo il contenuto, ma erano tuttavia particolarmente rivelatori del suo stato d'animo in quei momenti. Carter sosteneva che la chiusura della tomba era un «provvedimento temporaneo» in segno di protesta contro l' «oltraggio» del governo; che si era aspettato di ricevere le più ampie scuse, di modo che la sua squadra potesse riprendere il suo programma di lavoro; che il suo primo scopo era quello di proteggere gli oggetti che si trovavano nel sepolcro, scopo che il governo stava facendo di tutto per im-

pedirgli di attuare; che l'avviso esposto nell'albergo era stato buttato giù in fretta e furia e non aveva preso in considerazione
«tutti gli aspetti della situazione». Prima ancora di lanciarsi in
una sconsiderata vertenza stava facendo marcia indietro.

L'11 marzo Breasted incontrò i rappresentanti del dipartimento
alle Antichità e ritenne che si fosse giunti a una perfetta intesa. In
tribunale, l'avvocato del governo annunciò in piena baraonda
che i suoi clienti avevano accettato le condizioni del professor
Breasted, da questi formulate nella sua veste di intermediario.
Alla fine Carter acconsentì a far revocare la sua azione giudiziaria. Tuttavia, prima che si potesse firmare l'accordo, nel corso
della ricapitolazione del processo fatta dal giudice Crabites si
sviluppò una complicata discussione giuridica. Come mai, chiedeva il giudice, Mr Howard Carter aveva abbandonato la tomba
*prima* di aver chiamato in giudizio il governo? Poteva la corte
restituire ciò che Carter aveva volontariamente lasciato? Mr
Maxwell, patrocinante dell'amministrazione Carnarvon, era
sdegnato. Sostenne fermamente che Carter era ancora legalmente in possesso della tomba al momento della chiamata in giudizio,
ma che le autorità egiziane erano entrate in scena comportandosi
«come briganti». Nell'aula del tribunale calò un silenzio sbigotti-
to. L'avvocato che rappresentava il ministero, Maître Rosetti,
protestò violentemente. Il giudice Crabites trovò l'espressione
fuori posto. Maxwell mantenne il proprio punto di vista. Il governo interruppe senza indugio le trattative. Breasted presentò le
dimissioni da intermediario a Sir John Maxwell e a Carter, parti
in causa congiunte, i quali le respinsero. Pochi egiziani si preoc-
cupavano sul serio della sorte della tomba e del suo regale occupante. La storia preislamica non era una componente di gran
valore del pensiero o della cultura egiziana. Ma la «faccenda del
sepolcro» bastò a spingere masse di gente a invadere le strade in
un'orgia di tumulti antibritannici.

Breasted acconsentì a seguitare a fare da intermediario, purché
fosse autorizzato a scrivere a Morcos Bey per dissociarsi completamente dall'uso della parola «briganti» ed esprimere il suo profondo rammarico che un linguaggio del genere avesse posto «legittimamente» termine alle sue trattative. Sir John Maxwell e
Carter furono d'accordo e accompagnarono Breasted a casa del
ministro. Morcos Bey era commosso, ma si rifiutò recisamente di
prendere in considerazione la possibilità di riconsegnare la tomba a Carter. Al contrario, sollecitò Breasted a subentrare nella
concessione e nella direzione dei futuri lavori di scavo. Offrì inoltre all'americano qualsiasi altra concessione potesse desiderare
in Egitto. L'offerta era «inconcepibile», disse Breasted. Un'ulteriore mediazione era impossibile. Il procedimento si fermò a un

punto morto. L'amministrazione Carnarvon lasciò cadere la sua azione legale. Il ministero dei Lavori pubblici si rifiutò perfino di accusare ricevuta di una lettera di Sir John Maxwell, in cui si confermava l'intenzione di non avanzare alcuna pretesa su nessun oggetto che si trovasse nella tomba. Il ministero, però, sostenne in modo iniquo che la comunicazione equivaleva a una implicita ammissione da parte dell'amministrazione Carnarvon di averne vantato il diritto.

Durante quel giovedì 20 marzo Carter vide il giudice Crabites un paio di volte, sperando, anche a un'ora così tarda, di mettere in salvo qualcosa dalla sua azione legale. Nel pomeriggio aveva avuto un abboccamento anche con Maxwell. Il giorno dopo salutò i suoi colleghi americani dopo aver fatto colazione al Grand Continental. Con il treno delle 9,15 raggiunse «Alex», dove si imbarcò sulla motonave *Vienna*, diretta a Venezia. L'attività della sua vita era rovinata, il suo avvenire più che mai aleatorio.

# CAPITOLO QUATTORDICESIMO

# L'esperienza americana

Carter arrivò in Inghilterra alla fine di marzo del 1924 [1]. Era un uomo deluso e irritato, rattristato dal fatto che non gli era stato consentito di coronare i suoi sforzi con uno strepitoso successo. Il corpo mummificato di Tutankhamun era rimasto lì, invitante, in fondo al tabernacolo parzialmente smontato, nascosto nella sua bara a forma umana come lo era stato per 3500 anni, sotto un enorme lastrone di ardesia che pesava 1250 chilogrammi. La fine dell'età imperiale egiziana e della più affascinante dinastia, compreso il lignaggio del re, rimanevano avvolti nell'ombra.

Con il consueto ottimismo di un uomo che aveva dovuto fare sempre affidamento sulle proprie risorse interiori in circostanze in cui altri avrebbero potuto rivolgersi a famiglie e amici influenti, credeva che alla fine avrebbe raggiunto il suo obiettivo. Era convinto che sarebbe arrivato il giorno in cui l'Egitto avrebbe riconosciuto i propri errori e gli avrebbe chiesto di tornare. E quando fu in grado di liberarsi dal senso di sconforto per essere stato respinto dall'Egitto e abbandonato dai suoi colleghi archeologi, non ebbe esitazioni a crogiolarsi al calore ancora vivo della fama e del riconoscimento. La capacità di ricupero che nel passato lo aveva visto attraversare molte crisi era presto accorsa in suo aiuto.

A partire dal momento dell'apertura del sepolcro si era parlato di un giro di conferenze da tenere negli Stati Uniti e di una visita al Museo di New York, i cui esperti gli avevano prestato una assistenza professionale assai preziosa e un leale sostegno durante le traversie degli ultimi tempi. Nondimeno, alcuni fra i suoi colleghi americani avevano dei dubbi. Mace [2], poco dopo aver cominciato la sua collaborazione letteraria con Carter nell'aprile del 1923, disse a un amico di famiglia: «Il problema delle conferenze è destinato a diventare piuttosto grave. Non credo che Carter ne abbia mai fatta una in vita sua e, quanto meno, non sa da che parte si incomincia». Le riserve di Mace si dimostrarono

---

[1] A Londra: GI, agenda di Carter, martedì 25 marzo, «arrivato alle 23» – sabato 12 aprile «parto per gli USA sulla motonave *Berengaria*».
[2] Mace: Lee, *op. cit.*, p. 38.

prive di fondamento quando la prima conferenza di Carter tenuta a Edimburgo riscosse molto successo e gli accordi, che aveva preso a Londra nell'estate del 1923 con Charles Breasted e con altri colleghi americani, avevano dato luogo a un avvicinamento diretto da parte della rinomata agenzia di Lee Keedick nel corso degli ultimi caotici mesi trascorsi in Egitto. La sua partenza da Southampton a bordo della motonave *Berengaria* era stata fissata per sabato 12 aprile, a tre settimane dal suo rimpatrio dall'Egitto.

Edward Robinson era andato a Londra per salutarlo. Harkness stava arrivando dagli Stati Uniti. La stampa americana era piena di pronostici – e anche di promesse – secondo cui, in seguito al licenziamento di Carter, al museo di New York sarebbe stato chiesto di prendersi la responsabilità di sgombrare la tomba. Robinson aveva negato l'esistenza di certe dicerie, ma si preoccupava di stare al passo con tutti gli sviluppi della situazione. C'erano inoltre altri argomenti di incalzante interesse per il museo, come l'assegnazione dei tesori promessi da Carnarvon e adesso in custodia di Almina.

Il primo impegno sociale di Carter al suo arrivo fu un incontro con Eve, nella casa londinese dei Carnarvon, in Seamore Place. Dopo un piacevole pranzetto a due, passarono insieme il pomeriggio prima che lui andasse più tardi nello stesso giorno (il 27 marzo) a Burlington House, dove era stato invitato da un gruppo di membri della Royal Society. Trovò il tempo di andare a trovare il fratello William a Fulham, tra una visita e l'altra ai suoi procuratori legali Messrs Hastie nel West End e a Lincoln's Inn Fields, Harkness (il quale si presentò con Lythgoe) al Claridges e Porchester e Bethell a Seamore Place. Sabato 5 aprile si unì alla comitiva di Porchester, di cui facevano parte Eve e suo marito Brograve, per andare al Boat Race. Nel frattempo Kenyon, direttore del British Museum, volle conoscere i particolari della precipitosa fuga dall'Egitto, e altrettanto fece Harcourt Smith direttore del Victoria and Albert Museum.

Alla fine della seconda settimana londinese arrivarono in città due consiglieri d'amministrazione del Metropolitan, insieme a diversi funzionari anziani del settore egiziano. Quanto a inviti a pranzi e a cene, non badò a spese. Noleggiò una Daimler con autista per gli ultimi giorni tumultuosi e trovò il tempo per fare una frettolosa visita serale alla Walker's Art Gallery di New Bond Street, dove i disegni a colori di Charles Whymper, che rappresentavano la Valle dei Re ed erano stati riprodotti nell'*Illustrated London News*, stavano richiamando molta attenzione. Prima di fare le valigie, ebbe anche il tempo di cenare al Savile con Percy White e di parlare a lungo dei vecchi tempi del Cairo. Da quando era arrivato a Londra aveva avuto appena il tempo di respirare. Tuttavia, anche durante quel breve intervallo, quando il destino della tomba era ancora in sospeso, trovò ancora il tempo per protrarre i motivi di discussione.

La società nella quale la fama e la protezione di Carnarvon lo avevano catapultato, lo riceveva con cortesia ma non come un suo componente. L'amarezza con cui era partito dall'Egitto non fu attenuata dalla consapevolezza che anche il *Times*, che fino a poco tempo prima aveva cantato le sue lodi, lo aveva già abbandonato, tranne che per fare la cronaca dei suoi andirivieni. Soltanto l'*Illustrated London News* di Bruce Ingram manteneva un vivo interesse per i vecchi tempi. I suoi connazionali non ritenevano che la sua decisione di chiudere il sepolcro fosse del tutto «corretta». In ogni modo, non era e non sarebbe mai stato tipo da andare a genio alla società della media borghesia inglese. Era troppo arrogante, troppo sicuro delle proprie opinioni e capacità, teneva il prossimo a troppa distanza. Più che offeso, era pieno di disprezzo per i privilegi e i vantaggi concessi tanto spesso a gente di scarso merito o competenza. Anche i più vicini dei suoi colleghi archeologi come Griffith e Newberry si trovavano a disagio con lui.

Con tutto ciò, Tutankhamun e le bizzarre meraviglie del suo sepolcro avevano ormai raggiunto una notorietà che trascendeva la volontà degli scavatori. Stampa e pubblico mostravano allo stesso modo una avidità insaziabile per l'atmosfera romantica associata al giovane re, i cui arredi coperti d'oro e ingioiellati avevano fatto trasalire il mondo nei dodici mesi antecedenti. A dir la verità Londra, come Parigi, Berlino, New York e le altre grandi città del mondo, erano state lambite dall'onda della moda e dei motivi architettonici che esprimevano e riprendevano la mania del momento. La nuova duchessa di York non fu l'unica sposa del giorno a partire per la luna di miele con un capo di vestiario ricamato e stampato con soggetti egiziani nel suo corredo nuziale. Un entusiasmo del genere avrebbe potuto essere sfruttato da Carter a proprio vantaggio. Invece, ancora una volta egli fece in modo che la buona fortuna e la dura fatica si ritorcessero contro di lui.

Il 1924 fu caratterizzato soprattutto dalla mostra dell'impero britannico a Wembley, che rappresentava una valvola di energia nazionale dopo le privazioni del periodo postbellico. La scoperta della tomba di Tutankhamun a opera di Carnarvon e di Carter era la più affascinante di tutte le realizzazioni dell'impero, rappresentate in una esposizione che fu disturbata fin dall'inizio da scioperi e vertenze sindacali. Carter ne approfittò per fare un'altra mossa legale incauta e perentoria, stavolta nei confronti della Wembley Amusements Limited, che aveva avuto la sfacciataggine di creare una replica delle camere della tomba portate alla luce fino a quel momento. Le riproduzioni del mobilio e dei manufatti, che avevano abbellito le pagine della stampa internazionale, erano state intagliate e fuse da un celebre scultore, William Aumonier.

Il 22 aprile il *Daily Express* uscì con questo titolo: «Bomba di Carter su Wembley – Si tenta di chiudere il sepolcro del faraone». Nell'articolo di cronaca il giornale diceva che gli organizzatori erano «meravigliati di ricevere un atto di citazione da parte di Mr Howard Carter», il quale «si oppone alla replica in legno e stucco del sepolcro nel parco divertimenti... col pretesto che essa non rispetta i diritti d'autore di sua spettanza». Si diceva che la tomba «somigliasse molto a quella vera, piena di arredi funebri dorati fatti di legno e stucco da Mr Aumonier». Lo stesso giorno il procuratore legale di Carter, Hastie, scrisse al parco divertimenti di Wembley, sostenendo fermamente che il modello era fatto in base «ai cliché e alle rilievografie» di Carter, che si trattava di «un caso giuridico», che egli, Carter, aveva «il diritto di controllare la situazione» e che, «ammessa la validità di questi argomenti», Carter era propenso a dare una mano nel presentare un modello che sarebbe stato «una riproduzione rispondente al vero e degna di nota»[3].

Il 23 aprile, l'*Express* riportò le dichiarazioni di Mr Molony, un socio dello studio di Hastie: «L'intento di Carter nel fare emettere un atto di citazione in relazione al modello della tomba di Tutankhamun esibito a Wembley è di chiarire al pubblico che egli non si assume nessuna responsabilità per gli oggetti esposti e si riserva di esercitare i suoi diritti sulla documentazione del lavoro». Nello stesso giorno, lo studio legale di Hastie protestò con Geoffrey Dawson, direttore del *Times*, a proposito della loro «dichiarazione riportata in modo incompleto» dal *Daily Express*. Dawson espresse il suo «rincrescimento» per non aver potuto pubblicare la lettera del procuratore legale.

Carter dava per scontato che per fare i modelli l'artista avesse usato le sue fotografie tutelate dai diritti d'autore, ragion per cui incaricò il suo avvocato di ricorrere a un'ingiunzione per far «sottrarre allo sguardo del pubblico» qualsiasi opera che usurpasse quegli stessi diritti. La causa si sarebbe risolta mentre egli era assente, ma il modo stesso in cui era stata impostata mostrava

---

[3] Causa contro la British Empire Exhibitions Ltd: News International Archive, file 1, scoperte di Luxor. Il *Times*, probabilmente per usare un riguardo a Carter, non fece pubblicità alla causa, ma il resto di Fleet Street ebbe una giornata campale. Vedi il *Daily Express* del 22 aprile, «La bomba di Carter su Wembley», e altre fonti. Cfr. anche la corrispondenza in archivio tra gli avvocati di Carter, presso lo studio Hastie, 65 Lincoln's Inn Fields, e il *Daily Express* e *The Times*. Vedi inoltre Hoving, *op. cit.*, p. 236.

mancanza di abilità da parte di Carter. Aumonier fu in grado di dimostrare che egli aveva usato fonti diverse dalle fotografie di Carter come materiale di consultazione e la causa venne sommariamente rigettata. Ma anche prima che essa arrivasse in tribunale, ancora una volta Carter si era messo a lottare contro i mulini a vento, dissipando i suoi risparmi duramente guadagnati e tantissima energia in una controversia tempestosa e inutile.

Fu felice quando vide la linea costiera inglese svanire insieme ai ricordi dei recenti avvenimenti, man mano che la *Berengaria* usciva dalle acque territoriali di Southampton e l'isola di Wight balenava alla luce del sole nelle prime ore di un mattino di primavera.

In America fu tutta un'altra cosa [4]. Sbarcò a New York il 18 aprile, giorno di venerdì santo, e scese al Waldorf-Astoria. Fin dal suo arrivo, fu accolto come una celebrità. Per il momento, era l'uomo più famoso del mondo. Il suo giro di conferenze fu prenotato fino all'esaurimento negli Stati Uniti e in Canada, i biglietti furono venduti tutti prima ancora del suo arrivo e tutte le padrone di casa da Boston a Baltimora se lo contesero per averlo ospite ai loro ricevimenti. In realtà le sottoscrizioni per le sue conferenze erano talmente tante che di solito doveva replicarle nei giorni seguenti. A tre giorni dal suo arrivo tenne due conferenze al Metropolitan Museum.

Il primo discorso pubblico fu fissato per il Carnegie Hall nel pomeriggio del 23 aprile. I biglietti si vendettero fino a 5 dollari ciascuno, un prezzo enorme all'epoca, e il salone si sarebbe potuto riempire due volte. All'atto pratico, furono fatte entrare circa tremila persone. La conferenza era illustrata da circa 350 diapositive ricavate dalle fotografie di Burton, in cui si vedevano nei particolari i tanti oggetti artistici già messi in salvo dalla tomba e proiettati sullo schermo con tanta rapidità da tenere il pubblico in uno stato di continuo stupore, mentre Carter andava su e giù per il palcoscenico con la sicurezza di un attore consumato. Narrò la storia delle sue prime delusioni, il momento in cui fu fatta la scoperta nel novembre del 1922, la scrupolosa apertura del sepolcro e lo splendore dei reperti man mano che lui, Lord Carnarvon e i suoi colleghi americani perlustravano una camera dopo l'altra. Non trapelò nulla dell'astio che qualcuno dei suoi colleghi e conoscenti si era aspettato. Non commise imprudenze. Parlò bene e con arguzia. Il suo tono di voce si era fatto più da «inglese medio». Soltanto un esperto tra il pubblico avrebbe notato di

---

[4] America: agenda, sabato 12 aprile 1924-martedì 8 luglio 1924, ultima registrazione «arrivato a Southampton [motonave *Mauritania*], ore 15, Londra ore 19». Vedi anche Hoving, *op. cit.*, cap. 32, «Carter in America».

tanto in tanto la vocale larga che tradiva l'accento vernacolare
dell'Anglia orientale con cui era cresciuto. La sua nuova fiducia
nel proprio modo di fare si accompagnava a una voce dallo splendido volume e dalla pronuncia piuttosto affettata, dovuta in una
certa misura all'influenza dell'invadente Carnarvon.

Il *Tribune* di New York non fu tenero nel parlare sia del suo
corretto arabo, sia del suo inglese «di Oxford», mettendo in berli-
na la sua pronunzia nella cronaca della conferenza. Gli americani
erano stati talmente subissati sotto tutti i punti di vista con resoconti e citazioni da parte dei funzionari del Metropolitan Museum, da credere che Carter fosse uno di loro, finché non ne
ebbero udito la voce. Il *Tribune* osservò che chiunque affermasse
che Carter era americano, avrebbe dovuto essere «preso, imbalsamato, collocato in una cassa di vetro e classificato come l'osservatore più disattento fra gli esseri umani».

A nulla valsero le critiche dei giornalisti americani per distoglie-
re gli spettatori dal loro divertimento. Erano estasiati. Alle conferenze assistevano giornalisti provenienti da ogni parte del
mondo, man mano che Carter si spostava da uno Stato all'altro,
da una costa all'altra. Mentre descriveva loro l'esplorazione del
sepolcro, i suoi ascoltatori a Chicago, a Washington, a Detroit e
in tutte le città più importanti ne condividevano l'umorismo e le
lacrime. C'era nel suo spettacolo una caratteristica alla Chaplin e
può darsi che vi si riversasse genialmente la sua personale ammirazione per il piccolo clown che dominava il cinema dell'epoca.
Un breve filmato preso da Burton mostrava Carter abbigliato in
un completo con lobbia. Aveva un bastone da passeggio e cammi-
nava tutto rigido lungo un sentiero che portava alla Valle dei Re.
Passando davanti alla cinepresa, si girava verso Burton, faceva un
inchino, si girava bruscamente dall'altra parte e faceva salti di
gioia. Era una manifestazione di vera e propria esultanza, che si
trasmetteva immediatamente agli spettatori. Nel far vedere come
i corpi mummificati venivano deposti nei bianchi cassoni ovoidali
trovati nella tomba, chiariva che si trattava dello stesso procedimento usato dagli americani per inscatolare gli alimenti. Un bastone da passeggio, su cui era intagliata la figura di un prigioniero
con un copricapo nero, veniva messo in relazione a Chaplin,
«perfino nella bombetta che porta». Quando arrivava al momento in cui il coperchio del sarcofago veniva sollevato, con voce
soffocata parlava delle lacrime che gli erano salite agli occhi nel-
l'istante più lieto della sua vita. L'agente Lee Keedick aveva fatto
bene i suoi conti, riguardo sia all'uomo che al potenziale richiamo della tournée. Fece accettare Carter a 1000 sterline per conferenza e lungo il percorso quasi tutti ci guadagnarono.

«Ore 15: Museo americano di storia naturale. Ore 17,15: Brea-

sted. Ore 20,30: Cena del consiglio d'amministrazione del Metropolitan Museum, Club dell'università.» Queste erano le annotazioni nell'agenda in data 24 aprile. Fu al Club dell'università che
il Metropolitan Museum diede una cena in suo onore, offerta dai
membri del consiglio d'amministrazione, in occasione della quale
fu nominato socio onorario a vita del museo. Rispondendo alla
presentazione fatta dal presidente, Carter parlò con toni semplici
e precisi. Sembrava che le parole gli sgorgassero con facilità e con
una sincerità spontanea: «Mi pregio ringraziare il consiglio d'amministrazione per avermi nominato socio a vita di questa nobile
istituzione. È un onore di cui sarò sempre profondamente orgoglioso. Il mio lungo rapporto d'amicizia in Egitto con i componenti della sua spedizione costituisce da anni tra di noi un gradito
legame, a cui la mia elezione aggiunge adesso un vincolo perenne
e molto ambito».

A una visita di fine settimana alla casa degli Harkness a Long
Island, negli ultimi giorni d'aprile, seguirono altri due interventi
al Carnegie Hall e due all'Accademia di musica di Brooklyn. Giovedì primo maggio andò per un paio di giorni a Filadelfia, presso
quell'accademia di musica, per tenervi delle conversazioni pome-
ridiane. Tornato a New York, fu in grado di dedicarsi al suo
passatempo preferito, consistente nell'aggiornare i conti nella
sua agenda in una brillante esposizione di cifre. Nella prima
quindicina del suo viaggio aveva guadagnato più di 10.000 sterline, una somma enorme per quell'epoca. La stampa e il pubblico
pendevano dalle sue labbra. Egli era il personaggio più popolare
d'Europa sin dai tempi di Oscar Wilde, e assai meglio pagato.

Il 5 maggio andò fino a New Haven per tenervi una conferenza
serale. Il giorno dopo partì da New York per Washington, passando per Baltimora dove doveva tenere un discorso il 7. Durante il suo primo giorno nella capitale (giovedì 8 maggio), gli fece
visita l'ambasciatore egiziano Yussri Pascià. Dopo uno scambio
di omaggi, Carter andò a pranzo con il laconico occupante della
Casa Bianca, il presidente Coolidge. Ci fu poi la visita d'obbligo a
Esme Howard, l'ambasciatore inglese. Coolidge gli chiese di tornare venerdì 9 maggio, affinché tenesse in forma privata per lui
una conferenza illustrata sui lavori di scavo del sepolcro e sulla
storia della XVIII Dinastia. Una piccola folla selezionata lo attendeva nella sala orientale della residenza presidenziale. Carter
rimase stupito e lusingato dalla conoscenza che il presidente dimostrò riguardo alla sua attività svolta in Egitto e al contenuto
della tomba. Ma stavolta nel suo comportamento baldanzoso
c'era una certa dose di spacconeria. Mentre viaggiava in lungo e
in largo in quell'immenso paese era preoccupato per via delle

notizie che giungevano dall'Egitto e cominciò a mettere in evidenza alcuni dei tratti meno piacevoli del suo carattere.

La sera di sabato 10 maggio, mentre tornava a Boston, le sue orecchie risonavano degli applausi delle persone che si erano stipate nel National Theatre di Washington, ardeva del calore incandescente della stima dimostratagli dal presidente e dal pubblico, gustava per la prima volta nella vita il dolce aroma del consenso incondizionato. Comunque, non rientrava nell'indole di Carter permettere che una simile situazione priva di complicazioni durasse a lungo.

L'attore Douglas Fairbanks lo attese col figlio al Museum of Arts di New York per presentargli i suoi omaggi; tornato a Boston, incontrò John Singer Sargent, il quale era tornato in patria per morire. Andò a Pittsburg, Chicago, Cincinnati, Detroit, Cleveland. I Rockfeller, Henry Ford e Breasted gli fecero una visita ufficiale a Chicago.

Per la maggior parte del viaggio, Lee Keedick fu al fianco dell'inglese. I suoi appunti, presi all'epoca in cui tutto ciò accadeva, furono consegnati da suo figlio Robert a Thomas Hoving più di cinquant'anni dopo. Il ritratto che successivamente fece Hoving è credibile, in quanto illumina il lato innegabilmente oscuro e ostinato della personalità di Carter. Keedick prese atto della propensione di Carter a discutere e a litigare. Neanche i bambini si salvavano dai suoi maltrattamenti. Chiunque incontrasse nei suoi viaggi, dai tassisti ai facchini d'albergo, riceveva critiche e ingiurie. Ai conducenti dei treni diceva come dovevano controllare le loro locomotive, ai capocuochi come dovevano cucinare, ai portabagagli e ai portieri come dovevano comportarsi. Era un contegno che oscillava in modo drammatico tra l'imprevedibile e l'assurdo.

All'inizio andò verso nord in Canada, accompagnato da un imbarazzato Keedick. Buffalo e Toronto, i primi porti di scalo, mostrarono la stessa reazione esaltata che lo aveva seguito per tutti gli Stati Uniti. A Montreal tenne tre discorsi e al termine della seconda settimana di viaggio in Canada pranzò con Lord Byng, il governatore generale. Durante il tragitto tra Montreal e Ottawa, la carrozza ristorante delle ferrovie offriva un menu esauriente, unitamente a uno di quei brevi comunicati di cortesia con cui si esorta il cliente a fare le sue osservazioni. Secondo Keedick, Carter tirò fuori la penna e riempì il foglio di proteste puerili, facendo ridicoli commenti sull'addestramento e sulle capacità del personale addetto alle carrozze ristorante. Quando il treno arrivò, inviò la nota al soprintendente ferroviario.

È poco probabile che Lee Keedick, uomo di una certa maturità e dotato di buon senso, si sia inventato o abbia esagerato episodi del genere. Era suo interesse che Carter venisse visto in una luce favorevole. I suoi appunti si limitano a sottolineare alcuni aspetti incontestabili e chiaramente brutti nel carattere di Carter. In Egitto egli veniva sovente provocato da gente che era di per sé arrogante, boriosa e incompetente. In America si trovava in mezzo ad amici e ammiratori generosi, ma nondimeno non poteva resistere alla tentazione di intorbidare le acque in cui lui stesso doveva nuotare. Il colmo era che la sua boria in questioni di poco conto e trascurabili andava di pari passo con una grandissima modestia che per la stampa americana era quasi incomprensibile. Essa rivelò che Carter non si vantava mai della sua straordinaria impresa, che mai ometteva di riconoscere il merito, a volte nella maniera più esagerata, dei suoi assistenti. Eppure negli Stati Uniti, in Canada e altrove, avrebbe giovato enormemente alla propria causa se qualche volta si fosse soffermato a valutare l'importanza delle sue parole e avesse mitigato le sue osservazioni usando un po' di prudenza.

Nel mese di giugno fu concordato che la Yale University gli avrebbe conferito la laurea ad honorem. Andò pertanto a New Haven, dove il 17 fu ospite del professor Williams, vicerettore, per prepararsi alla cerimonia del giorno dopo. Fu la prima e ultima onorificenza accademica che avrebbe ricevuto. La gradì molto e nella sua agenda, in data 18, c'è questo secco commento: «Ricevuta laurea».

Man mano che il viaggio si avviava verso la sua trionfale conclusione, gli avvenimenti egiziani stavano toccando una crisi nuova e imprevista. Il Carter modesto che il pubblico americano dovette finire per conoscere e adorare era sul punto di trovare nuovi modi di esercitare il suo ingegno per crearsi nemici e allontanare gli amici.

Mentre Carter era in America, Herbert Winlock aveva mantenuto in Egitto una ingiunzione di custodia, a salvaguardia degli interessi del Metropolitan Museum e, per inciso, di quelli di Carter e dell'amministrazione Carnarvon [5]. I due uomini erano stati regolarmente in contatto per corrispondenza. Nel mese di maggio, Winlock scrisse dicendo di essere stato impegnato a discutere con Mr Maxwell, il procuratore legale dell'amministrazione, e con il suo omonimo Sir John Maxwell. Ai colloqui aveva partecipato anche un nuovo legale, Georges Merzbach, designato dai procuratori legali di Carter a rappresentare lui e l'amministrazione. Merzbach era del parere che, se l'amministrazione e Carter avessero dovuto essere eventualmente autorizzati a riprendere l'esplorazione e lo sgombro del sepolcro, essi dovevano confer-

---

[5] Winlock: Hoving, *op. cit.*, cap. 32.

mare la promessa di rinuncia che avevano fatto e ritirato durante le trattative svoltesi al Cairo l'anno precedente. Merzbach convinse Winlock, il quale era stato tra i più ferventi sostenitori di Carter, che le richieste del governo egiziano non erano irragionevoli e che ormai sarebbe stato indispensabile assumere un atteggiamento conciliante. Sir John Maxwell non era d'accordo. L'avvocato Maxwell gli aveva inviato il sommario di un nuovo contratto proposto dagli egiziani. Entrambi i Maxwell lo ritenevano «puerile». Fu convenuto che Sir John avrebbe consigliato ai suoi legali di Londra di ritirare formalmente la lettera di rinuncia presentata dall'amministrazione. Egli decise che l'unica strada che rimanesse aperta alla parte inglese era quella di battersi contro gli egiziani, i quali li avevano trattati come se «avessero fatto qualcosa di sbagliato» e volessero ottenere «tutto senza dare nulla in cambio». La loro tattica consisteva nel far pressione su Pierre Lacau e avevano scelto il momento adatto, dato che il direttore del dipartimento alle Antichità aveva litigato con il suo ministro Morcos Bey Hanna e si diceva che ormai fosse favorevole alla causa di Carter.

La presunta conversione di Lacau risaliva agli avvenimenti dell'anno precedente quando Carter, estromesso dagli egiziani, si era imbarcato sul primo bastimento a portata di mano in partenza per l'Inghilterra. Mentre era a Londra, aveva ricevuto un telegramma in codice da Winlock, in cui si diceva che un violento uragano si stava addensando sul Cairo. Il messaggio decodificato voleva dire che gli uomini di Lacau erano tornati il 30 marzo 1923 nella cosiddetta «tomba dello spuntino», la caverna che Carter e i suoi uomini avevano usato come mensa aziendale e magazzino, e nel retro di essa avevano trovato la scultura priva di etichetta di una testa infantile che raffigurava l'Aton, il disco solare, accuratamente conservata in una cassetta vuota per vini con su scritto il nome Fortnum & Mason. Era la testa di Tutankhamun all'età di circa nove anni e si diceva che fosse l'opera più bella finallora scoperta, in quanto era appoggiata su una base decorata di petali azzurri di loto come se emergesse dal fiore stesso. Rex Engelbach la descrisse come un «oggetto di qualità superiore appartenente al tipo di Akhenaton», cioè come un capolavoro. Tutte le parti interessate diedero per scontato che, siccome non era schedata tra gli oggetti del sepolcro e non aveva etichetta, Carter doveva averla tenuta separata dagli altri oggetti, con l'intenzione di prenderla alla fine per sé o per Lady Carnarvon. Carter rispose con franchezza a Winlock per telegramma e poi con una lettera, per spiegare che non tutti gli oggetti erano stati ancora registrati nell'indice, anche se a tutti era stata data una «numerazione per gruppi». Il pezzo in questione era stato trovato tra le macerie che ostruivano il passaggio d'accesso appena iniziati i lavori di scavo ed era stato messo da parte, insieme ad altri oggetti disseppelliti per primi, nella tomba vuota (la numero 4 secondo la serie numerica adottata da Carter), dove gli uomini di Lacau lo avevano scoperto. Fu solo dopo l'apertura dell'anticamera che gli era stato dato il permesso di usare la tomba 15 come magazzino, nel quale erano stati trasferiti tutti i reperti trovati successivamente. L'oggetto in questione era in condizioni di estremo deterioramento, sicché lui e Callender avevano penato a lungo per scoprirne la decorazione che si era sfaldata in mezzo ai rottami, lo avevano imballato con cura e accantonato, riservandosi di occuparsene in un secondo momento.

A quell'epoca Carter aveva pubblicato, presso l'editore Cassell di Londra, il primo volume del resoconto scritto da lui e da Mace riguardo alla scoperta del sepolcro e non aveva menzionato quel particolare oggetto, che per ammissione dello stesso Carter era il più importante che si fosse rinvenuto nella prima fase del lavoro di sgombro. Ciò si poteva spiegare col fatto che esso esigeva una speciale attenzione e quindi non era stato né fotografato né inventariato. In ogni caso, la spiegazione andò bene a Lacau. La pazienza del francese nel trattare con le teste calde egiziane e inglesi che lo circondavano era stata messa a dura prova ed egli non aveva nessuna voglia di protrarre la contesa.

Nel mese di giugno del 1924 gli americani avevano quasi rinunciato alla speranza di portare a termine il lavoro nella Valle, in cui si erano impegnati quanto Carter. Winlock tornò in America per trattare direttamente con Carter. Prima che partisse dal Cairo, Lacau gli disse che il ministro, Morcos Bey, aveva ridotto le sue pretese. Carter doveva chiedere scusa per la parola «banditi» pronunciata in tribunale e rinunciare a qualsiasi quota dei tesori. Una prima richiesta secondo cui Carter avrebbe dovuto promettere di comportarsi bene in avvenire fu lasciata cadere.

Appena tornato in America alla fine di maggio 1924, Winlock si mise in contatto con Carter, il quale era a Buffalo, nel New Jersey. Egli, Carter, doveva convincere l'amministrazione Carnarvon della necessità di rinunciare a rivendicare oggetti sepolcrali e di scrivere una lettera formale di scuse al governo. Oltre quelle concessioni non si sarebbe ottenuto altro. A nulla sarebbe valso ingannare se stessi o litigare. Gli egiziani credevano che Carter lo facesse «per il solo gusto di insultare la nazione egiziana». Forse era un'idea puerile, disse Winlock, ma essendo uno «dei più sinceri amici di Carter» era convinto che un atteggiamento conciliante fosse d'importanza vitale. E supplicava che nella stampa non comparisse «assolutamente nessun commento di *nessuna* specie». Era fin troppo bene al corrente della tendenza di Carter a usare Merton come agente pubblicitario attraverso le colonne del *Times*. Anche Lythgoe chiedeva che si arrivasse a un compromesso. Carter rispose a entrambi dallo Statler Hotel di Buffalo, dichiarando che «la notizia era dolorosa» e che si rattristava di esserne «l'elemento turbolento»: «Adempiere al proprio dovere non è stato altro che uno sforzo». Tuttavia era sempre inflessibile. Non c'era possibilità di fare marcia indietro, di rinunciare a diritti senza comprometterne altri in futuro. «Pertanto mi ritirerò, rinunciando a qualsivoglia rivendicazione in relazione alla scoperta di Tut.Ankh.Amen», dichiarò. Scrisse di avere «il cuore spezzato», di avere «un debito di gratitudine» verso il museo. Sperava di vederli tutti a New York nel mese di giugno. Lythgoe gli rispose per iscritto, rifiutandosi di ammettere che a «un vecchio amico» si consentisse di «cancellarsi da sé dalla faccia della terra». Non ci volle molto prima che un altro dei tempestosi discorsi di Carter avvelenasse il rapporto cordiale esistente con i suoi compagni americani.

Mentre era in giro per le conferenze, ricevette da Cassell le bozze di stampa dell'opuscolo che il suo editore aveva acconsentito a produrre in numero limitato per farlo «circolare privatamente», contenente le sue dichiarazioni e gli estratti dei documenti relativi alle trattative condotte in Egitto [6]. Era un trattatello molto simile nello stile alla polemica politica settecentesca, che esaminava ogni particolare delle discussioni, dei contrasti e dei tentati accordi giorno per giorno, sfociati alla fine nell'aula del tribunale del Cairo. Sebbene scritto in terza persona, rappresentava Carter come persona pacifica. Attaccava il governo egiziano e i suoi singoli ministri e descriveva Lacau come «una minaccia per l'intero avvenire dell'archeologia in Egitto». Le appendici che Carter aveva aggiunto all'opuscolo comprendevano tutta la corrispondenza che aveva scambiato con Winlock e altri componenti del personale del Metropolitan, unitamente a lettere riservate e a telegrammi in codice riguardanti la scultura «del loto» nella cassa da imballaggio della ditta Fortnum & Mason. Winlock ricevette la sua copia il primo di luglio. Carter doveva andare da lui quella stessa mattina, essendo arrivato a New York il giorno precedente, dopo aver trascorso il weekend con gli Harkness a Long Island.

Winlock parlò senza mezzi termini. Si diceva che fosse un bravo scrittore dalla «prosa pungente», ma che di solito non fosse portato all'invettiva. Appena Carter arrivò nel suo ufficio, partì all'attacco dicendo al visitatore che non desiderava avere più nulla

---

[6] Opuscolo polemico: Carter tolse dalla maggior parte delle copie l'appendice contenente la trascrizione dei telegrammi in codice di Winlock. Vedi Reeves, *op. cit.*, p. 65.

a che fare con lui. Misurando le parole in maniera raggelante, accusò Carter di averlo usato egoisticamente e con assoluta mancanza di sensibilità. Il «maledetto libello» era l'ultima asineria. Carter cercò di giustificarsi. Anziché chiedere semplicemente scusa per aver dato alle stampe corrispondenza privata senza consultarsi con nessuno e senza preavviso, sostenne che l'opuscolo avrebbe «scosso» l'ambiente degli studiosi in modo che Lacau potesse essere «estromesso» e che la fermezza era sempre, secondo lui, l'unico modo per trattare con gli egiziani. Winlock perse ogni speranza [7]. Carter non avrebbe mai mutato atteggiamento ma, a meno che non lo facesse, né lui né nessun altro sarebbe stato autorizzato a completare i lavori di scavo alla tomba. Winlock mise in guardia Robinson, il suo direttore, contro il «disgustoso» libretto di Carter che poteva danneggiare la reputazione di tutti loro. Avvertì inoltre Edward Harkness dei pericoli inerenti al carattere instabile e alle esplosioni capricciose di Carter. Winlock propose a Harkness che il museo dovesse convincere gli egiziani a consentire la ripresa dei lavori di sgombero del sepolcro, sulla base di una ripartizione che riservasse al dipartimento alle Antichità il diritto di prima scelta di tutti i reperti e prevedesse che un quinto dei pezzi rimanenti spettasse agli scavatori. Harkness ritenne che l'idea meritasse di essere messa alla prova.

Il giorno dopo, mercoledì 2 luglio, Carter si imbarcò sulla motonave *Mauritania*, alla volta di Londra [8]. Robinson aveva deciso di fare il viaggio con lui. Il riconoscimento che per tanto tempo gli era mancato sembrava aver pareggiato i conti con lui durante la sua visita d'oltreoceano. Ormai era ricco grazie a un unico giro di conferenze rimunerativo e coronato dal successo, apprezzato per il suo comportamento modesto con tendenza a sottovalutarsi, per il merito che aveva dato ai suoi colleghi americani e per il «favore popolare» di cui godeva. Ma in privato quegli americani, che gli erano stati vicini in Egitto e che avevano finito per ammirare la sua alta professionalità, ne avevano viste e udite abbastanza.

Quando si trovarono insieme in piena navigazione, Robinson e Carter scoprirono di nuovo un punto di contatto e il primo chiese ancora una volta che Carter presentasse agli egiziani le scuse con cui avrebbe messo a posto le cose. Chiese inoltre a Carter di non fare circolare l'oltraggioso libretto. Inaspettatamente, forse calmato dal salubre venticello marino, Carter riconobbe la sconfit-

---

[7] Winlock: Hoving, *op. cit.*, cap. 32, si riferisce alla corrispondenza intercorsa in marzo e aprile tra Metropolitan Museum, Carter e Winlock (Metropolitan Museum of Arts, archivio).

[8] Carter in Inghilterra: GI, agenda 1924.

ta. Nella sua cabina scrisse un messaggio a Lacau, rinunciando a ogni rivendicazione o pretesa sulla tomba o su quanto conteneva: «Dichiaro di ritirare tutte le azioni pendenti e autorizzo i rappresentanti del governo a chiederne la cancellazione».

Ci fu appena il tempo per pranzare con Newberry a Londra prima che Carter si gettasse di nuovo nella battaglia legale in cui erano ormai coinvolti gli americani, l'Egitto e l'amministrazione Carnarvon rappresentata da Almina, Lady Burghclere e Mervyn Herbert. La delegazione americana era alloggiata al Claridges. Le cose si erano fatte più complicate per via delle difficoltà d'ordine politico che si trovavano a fronteggiare tanto il gabinetto dei conservatori, subentrati al Labour Party di Ramsay MacDonald a seguito dello scandalo della «lettera di Zinoviev», quanto una compagine governativa egiziana parimenti nuova. L'avvocato di Carter al Cairo, F.M. Maxwell, non aveva più niente a che fare con quella che si era rivelata una gazzarra giuridica. Carter prese nota nella sua agenda dei suoi «onorari fino a quel momento maturati»: 1384 sterline.

In occasione del loro primo incontro, a cui intervenne anche Sir John Maxwell, Carter dichiarò che si era rassegnato all'inevitabile e chiese alla contessa di rinunciare per la seconda volta ai suoi diritti personali su qualsiasi oggetto. Maxwell sostenne fermamente che il patrimonio Carnarvon dovesse conservare il suo diritto a una quota, o a un risarcimento. Alla fine venne compilata una dichiarazione concordata a nome di Lady Carnarvon, indirizzata in data 13 settembre 1924 a Sua Eccellenza Morcos Bey Hanna, ministro dei Lavori pubblici, con la quale lei e Carter accettavano di rinunciare a tutte le rivendicazioni, aggiungendo però che «gli esecutori di Lord Carnarvon sono su posizioni alquanto diverse». Nel corso del lavoro di ricerca svolto nella Valle dei Re per dieci anni, e tra tante delusioni, il marito di Lady Carnarvon aveva speso circa 45.000 sterline, «come da valutazione di Mr Howard Carter». Si esprimeva rincrescimento per i «malintesi» che erano sorti nell'anno precedente e un sincero desiderio affinché l'attività continuasse. «Inoltre mi auguro sul serio che egli, Mr Carter, porti a termine il lavoro secondo l'intenzione e le aspirazioni sovente manifestate dal fu Lord Carnarvon...» La dichiarazione così concludeva:

Mi sia pertanto consentito di proporre che non si persista nella rinuncia fatta dagli esecutori testamentari di mio marito, ma che, una volta portato a termine il lavoro e pienamente constatato l'effettivo contenuto del sepolcro, la definizione della quota di quegli oggetti a cui gli esecutori testamentari di Lord Carnarvon hanno equamente diritto in conformità alle condizioni di cui alla convenzione originale debba essere affidata all'arbitrato di due archeologi indipendenti di riconosciuta reputazione, uno dei quali designato dal nostro governo e l'altro dagli esecutori testamentari, naturalmente concedendo loro la libertà di nominare un arbitro ove ciò si rendesse necessario.

Fu il nuovo avvocato, Merzbach, a suggerire l'idea del «diritto fondato sul principio di equità». Merzbach, veterano della professione forense al Cairo, sapeva che gli egiziani si sarebbero sentiti defraudati se non avessero potuto mercanteggiare. In ogni caso, non si sarebbe data l'impressione di trascurare gli interessi dell'amministrazione. Il governo egiziano rimase favorevolmente colpito dal modo in cui la causa era stata impostata e, di lì a qualche giorno, l'avvocato rispose telegraficamente per comunicare che il governo era pronto a concedere che a Lady Carnarvon toccassero gli articoli in doppia copia «come simboli per quanto possibile della scoperta». Il messaggio dell'avvocato del Cairo così terminava: «Con le mie più cordiali congratulazioni».

Carter attese con impazienza un invito da parte del nuovo ministro a tornare nella Valle. Trascorso inutilmente un mese, andò a Bath con i Robinson. Più tardi raggiunse Bethell a Highclere per qualche giorno, pranzò con Lord Montagu a Beaulieu e se ne andò in gita per la Gran Bretagna con William e sua moglie Mary che non stava bene. Percorsero in automobile l'Inghilterra centrale, trascorrendo alcuni giorni a Malvern, facendo il giro della Valle di Evesham e dirigendosi a Stratford-on-Avon. Poco prima di fare, verso la fine di agosto, un'altra gita in macchina con William che si concluse fra le colline di Malvern, fece questa annotazione, con la precisione con cui trattava sempre gli argomenti finanziari: «Ore 11, acquistate 4000 obbligazioni di guerra al 5%». A Tellon House, nei pressi di Taunton (Carter aveva inserito il «tiro» come suo svago preferito nel *Who's Who*, anche se non aveva usato sul serio un fucile sin dagli anni di disoccupazione in Egitto prima della guerra) e visitò la mostra dell'Impero a Wembley con i Newberry e Mrs Cosgrove, moglie di un socio anziano dello studio cui apparteneva il suo procuratore legale, dove ebbe modo di osservare di nuovo la causa del suo più recente disastro giudiziario, l'esposizione della «Tomba». Passò alcuni giorni con i Newberry a Ightham nel Kent, prima di impegnarsi in altre conferenze da tenersi a Norwich e a Rugby, alla Grammar School di Newbury, alla Westminster School e a Eton.

Nel mese di ottobre tenne un discorso da lungo tempo promesso alla gente di Swaffham. Il cinema della sua città natale era stato addobbato per l'occasione con soggetti egiziani dipinti da William Carter. Fu riferito che il cinema era «strapieno» quando Carter fece il suo ingresso, accompagnato dal suono martellante del pianista da «cinema muto», per offrire una versione un po' modificata del suo discorso americano, con tanto di imitazioni di Chaplin e della sua descrizione ormai collaudata dei tesori contenuti nel sepolcro.

Quando fece ritorno all'appartamento di St James era molto richiesto. Gulbelkian, il duca d'Alba, mecenate degli artisti e il più perspicace degli archeologi dilettanti, il simpatico orientalista George Eumorphopulos, Lythgoe e Robinson, Lady Burghclere, Oscar Raphael (un collezionista) e una schiera di avvocati facevano la fila per avere il suo tempo e la sua attenzione. I suoi consiglieri legali si erano pronunciati a favore del processo, nel senso che lo ritenevano l'unica strada che gli era aperta per trattare con gli egiziani.

Tornato in luglio, il duca d'Alba lo aveva persuaso con la sua facondia a tenere un breve giro di conferenze e il 21 novembre i due uomini partirono per Madrid, dove alloggiarono per una notte al Paris Ritz. Tre conferenze tenute la settimana seguente a Madrid, Barcellona e Toledo entusiasmarono la Spagna. Carter ritornò in Inghilterra domenica 30 novembre, appena in tempo per essere accanto al fratello maggiore William, al quale era morta la moglie. Non poté neanche accompagnare Will, che per lui era diventato una specie di figura paterna in occasione dei suoi momenti difficili, al funerale di Mary, celebrato a Swaffham l'8 dicembre.

A metà novembre, gli avvenimenti politici in Egitto cominciarono a imporre condizioni alla sua presenza personale e a quella della Gran Bretagna in quel paese. Il primo ministro nazionalista Saad Zaghlul Pascià, all'apice della sua popolarità nel 1924, era stato messo in guardia da Allenby sul fatto che la sua politica di affidare ai suoi seguaci più estremisti incarichi governativi, lasciandosi consigliare più dalla vanagloria personale che dall'efficienza amministrativa nella scelta dei ministri, stava dando luogo a una situazione pericolosa per lui stesso e per il paese. Gli onesti venivano destituiti perché dicevano la verità. Ai disonesti venivano affidate mansioni importanti in cambio del loro servilismo.

Nel mese di ottobre, mentre Carter si trovava a Londra con William e Mary, Zaghlul vi si recò con Allenby quando il governo laburista di Ramsay MacDonald stava esalando l'ultimo respiro. Il presuntuoso e carismatico Zaghlul voleva porre fine ai privilegi inglesi che erano sopravvissuti alla Dichiarazione di indipendenza. Voleva limitare l'influenza dei consiglieri britannici e far cessare l'ingiusta politica di esenzione fiscale a favore degli stranieri derivante dalle antiche «capitolazioni» ottomane. Una delle tante pretese di esenzione che gli passavano per la testa era senza dubbio la rivendicazione dell'amministrazione Carnarvon. Voleva inoltre tagliare le ali alla classe dirigente militare inglese nel suo paese, il cui controllo era esercitato dal Sirdar delle forze armate egiziane e dal governatore generale del Sudan, all'epoca Sir Oliver Lee Stack, il quale in tempi più lontani aveva diretto il servizio segreto militare e aveva nemici nelle alte sfere. I colloqui londinesi finirono in un fallimento. Zaghlul si rese conto che il Foreign Office sotto il controllo laburista era zelante non meno di qualsiasi governo conservatore nel tutelare gli interessi imperiali. Tornò in patria per apprendere che il governo MacDonald era caduto e che gli era subentrato un governo di destra il cui ministro incaricato degli affari esteri era Austen Chamberlain.

Il fallimento della missione di Zaghlul suscitò delusione in Egitto, anche se in apparenza il paese era calmo. Ma il 19 novembre, mentre rincasava dal ministero della guerra al Cairo, Lee Stack era stato fatto segno da colpi d'arma da fuoco e ferito a morte [9]. Anche il suo aiutante di campo, capitano Campbell della Black Watch, e l'autista australiano Marsh erano rimasti entrambi feriti. In quel momento Allenby stava ricevendo l'ex primo ministro Asquith e subito dopo la sparatoria nella residenza dell'alto commissario arrivò Zaghlul per esprimere il suo rincrescimento e la sua comprensione. «È colpa vostra!», esclamò Allenby. Zaghlul si girò dall'altra parte e se ne andò. Tuttavia, tra la costernazione dei funzionari britannici, Allenby consentì che il primo ministro e alcuni funzionari governativi partecipassero al rito funebre. Molti consiglieri inglesi si dimisero dal loro incarico. Ad Alessandria ebbero luogo grandi manifestazioni antibritanniche e Allenby ripristinò il regime diretto in base alla legge marziale. Fra gli altri castighi, impose inoltre un'ammenda di mezzo milione di sterline a carico del governo egiziano. L'ammenda fu pagata, Zaghlul si dimise e primo ministro diventò Ziwar Pascià, dalla mole enorme, gioviale, accanito fumatore, di formazione gesuitica e filobritannico. Re Fuad rimase precariamente sul trono, ma ancora una volta l'Inghilterra aveva il controllo effettivo della situazione. Allenby si dimise, anche se acconsentì a tenere nascosto il fatto finché non si fosse trovato un successore adatto. In modo quasi provvidenziale, Carter poté fare ritorno in Egitto. A quanto pareva non gli era necessario cedere su nessun punto.

Avvocati, commercianti e funzionari di museo volevano vedere Carter prima che egli si mettesse in viaggio per l'Egitto per aprire le trattative con il nuovo governo. Mace, Harkness e Breasted volevano offrire consigli, e altrettanto fece Sir Frederic Kenyon presso il British Museum. Gulbelkian voleva che Carter lo accompagnasse da Sotheby, dove c'era una vendita di articoli egi-

---

[9] Zaghlul e assassinio di Lee Stack: Field Marshal Viscount Wavell, *Allenby: Soldier and Statesman*, London 1946, pp. 333 ss.

ziani. All'ultimo momento si dovette trovare spazio per un incontro molto importante con il suo patrocinante legale Maxwell al Constitutional Club.

Il 10 dicembre Carter partì da Londra con Mace. La traversata fino a Parigi fu ritardata dalla nebbia, ma si perdette poco tempo e giunsero ad Alessandria il giorno 15. Il giorno dopo, al Cairo, incontrò il primo ministro Ziwar, il quale criticò i suoi predecessori per la loro mancanza di cooperazione nei confronti di Carter e del sepolcro di Tutankhamun, promettendogli il suo pieno appoggio. La reazione di Carter fu di chiedersi se non fosse possibile ritirare la lettera di rinuncia di Lady Carnarvon. Merzbach lo sconsigliò di agire in tal senso. Sarebbe stato interpretato come un gesto in mala fede. Forse il ricordo delle conseguenze del comportamento avventato tenuto nel passato aveva consigliato cautela e Carter accettò di attenersi al parere del suo avvocato. In ogni caso era convinto che Ziwar, «così cortese e disposto a cooperare», avrebbe acconsentito a una spartizione del tesoro. Merzbach consigliò inoltre Carter di lavorare senza fare rumore dietro le quinte per esigere da parte del governo una divisione più equa dei reperti.

Il 16 dicembre, a mezzogiorno, Carter era nella sede dell'alto commissario al Cairo dove fu ricevuto dal secondo segretario Furness, essendo andato in precedenza a trovare Merzbach ed essendosi imbattuto «per caso» con il primo ministro Ziwar. Furness gli disse che per ottenere un appoggio ufficiale doveva garantire che non ci sarebbero stati più «contratti privati con la stampa». Promise che nel nuovo accordo sarebbe stata inscritta una clausola che escludeva in particolare qualsiasi contratto del genere con la stampa. L'accordo con il *Times* era finito.

L'agenda di Carter, di solito tenuta soltanto per brevi annotazioni relative ad appuntamenti, conteneva un dettagliato resoconto dei fatti del giorno:

A giudicare dalle poche parole che ho scambiato questo pomeriggio con Sua Eccellenza Ziwa[r] Pascià (primo ministro), quando ci siamo incontrati per caso, e anche da quanto hanno detto Merzbach e Furness alla Residenza, sembra che sia il momento propizio per riuscire a concludere accordi amichevoli fra tutti gli interessati, ma si può chiedere di aprire la tomba per un breve periodo nel mese di gennaio per motivi diplomatici, semplicemente per avere un appiglio, per segnare [?] il passo, nel qual caso ci vorrebbe un piccolo stanziamento di circa 750-1000 sterline per mandarlo in porto fino in fondo. Una cosa sembra più urgente ed è quella di interrompere le azioni giudiziarie, in quanto esse non saranno comunque di nessuna utilità.

Allenby, le cui dimissioni erano ancora tenute segrete su richiesta del Foreign Office, promise il suo pieno appoggio e chiese a

Carter di far preparare la tomba in vista di aprirla al pubblico per dieci giorni nel mese di gennaio. A quanto pare, alla visita resa all'alto commissario e all'incontro con Ziwar erano seguiti incontri clandestini. Nell'agenda è annotato: «Sharia Emir el Said, (R. sul ponte Bulaq) tra le 5 & le 6», ma non si dice chi aspettava lui. Nei due giorni seguenti si recò a Palazzo per parlare con Re Fuad e prese il tè con Madame Nequib. Al 18 dicembre è registrato: «Furness ha detto che l'alto commissario sarebbe disposto a intavolare trattative con il governo egiziano sulla base della continuità della ricerca scientifica della tomba di Tut, con certe garanzie a favore del governo [egiziano]». Sembrava che le garanzie riguardassero ancora una volta il dibattuto problema della distribuzione dei reperti, una ricetta sicura per prolungare discussioni e dissidi.

Nel corso del colloquio con il primo ministro e in compagnia del direttore della missione archeologica francese, M. Georges Foucart, Carter comprese che Ziwar Pascià era fermamente convinto che «lo scavatore o lo scopritore dovessero essere trattati in modo imparziale». Foucart sembrava deciso a scalzare il suo connazionale Lacau. Carter chiese un colloquio con il nuovo ministro dei Lavori pubblici, presente Merzbach, per redigere un nuovo accordo. Ziwar disse che avrebbe gradito ricevere prima una lettera da parte di Carter in cui fossero esposte in dettaglio le sue proposte. Sembra che Madame Nequib, alla quale Carter dedicò molto tempo, abbia avuto una parte nelle trattative che, prevedibilmente, non si svolgevano affatto in modo lineare come lui aveva sperato. Merzbach stava dimostrando di essere irremovibile e partecipò a molte utili assemblee nell'interesse di Carter e dell'amministrazione Carnarvon. Ma non fu se non a Santo Stefano, dopo aver trascorso un piacevole Natale con Percy White al Cairo, che Carter fu in grado di annunciare di aver conseguito un effettivo progresso. Furness gli disse allora che il primo ministro e il ministro dei Lavori pubblici avevano dimostrato buona volontà «a parlare ufficialmente del problema della tomba». Il giorno 27 annotò: «Telefonato diverse volte durante la mattina per vedere il primo ministro». Dopo aver visto il 28 Madame Nequib, gli fu concesso un colloquio con Ziwar. Georges Foucart era presente e a Carter fu chiesto di mettere per iscritto le sue idee.

Alla fine si predispose una riunione ufficiale per il primo weekend del gennaio 1925. Con stupore, Carter vide che la parte egiziana era rappresentata non solo dal potente ministro dell'Interno Sidky Pascià, ma anche da Badawi Pascià, consigliere legale presso il governo precedente che gli aveva creato tanti proble-

mi, e da Pierre Lacau. Prima della riunione, Carter fu invitato da
Ziwar a un incontro privato presso il Muhammad Alì Club. Qui
disse a Carter che il dipartimento alle Antichità incontrava ancora delle difficoltà in merito a una piccola questione, in quanto era
necessaria un'ulteriore lettera che confermasse la rinuncia da
parte dell'amministrazione Carnarvon e di Carter ai diritti su
tutti i tesori, anche sui duplicati. Il primo ministro aggiunse che
egli, naturalmente, avrebbe usato la sua influenza per fare in
modo che alcuni oggetti duplicati, «purché compatibilmente con
tutto il complesso», fossero messi a disposizione di Lady Carnarvon. Carter, temendo di potersi trovare ancora una volta al centro di polemiche internazionali, osservò il silenzio. Quando parlò
con Merzbach del voltafaccia fatto prima dell'incontro con i ministri, l'avvocato fece tristemente notare che «un'azione del genere da parte del primo ministro era proprio da aspettarsela,
specie in Egitto».

Nel corso della riunione, Lacau mantenne un'aria da cospirato-
re, ma Carter era dell'idea che Merzbach trattasse la questione
«brillantemente». Si sperava ancora che, una volta portato a termine il lavoro, il governo avrebbe acconsentito a dare a Lady
Carnarvon qualche duplicato. Carter preparò una lettera e Merzbach la ritoccò prima che fosse inoltrata al nuovo ministro dei
Lavori pubblici, Mahmoud Bey. Era conciliativa e cortese. Vi si
invitava il governo ad accordare una nuova concessione, con
l'intesa che la contessa rinunciasse a tutte le precedenti rivendicazioni e azioni. Essa ottenne una risposta dal ministro in data 13
gennaio, in cui, «sebbene non si riconoscessero obblighi di nessun genere riguardo agli oggetti trovati nella tomba», si proponeva, «secondo il parere espresso da M. Lacau immediatamente
dopo la scoperta», di concedere ad Almina, contessa di Carnarvon, a discrezione del ministero, «la facoltà di scegliere i duplicati delle opere che si presentino in più di un esemplare e siano
quanto più possibile esempi tipici della scoperta, a condizione
però che tali esemplari possano essere estrapolati dal complesso
senza compromettere gli interessi della scienza».

Finalmente Carter poté prepararsi a tornare nella Valle, sia
pure a condizioni molto meno favorevoli di quanto avesse sperato. Si dice che nel frattempo il sergente Adamson, «chiuso fuori
della tomba fin dal precedente mese di febbraio», fosse rimasto
in attesa con i fedeli operai. Carter li pagò puntualmente, sebbene fossero stati chiamati per svolgere soltanto servizio di sorveglianza. Nell'ultimo giorno dell'anno annotò: «A Rais Ahmad
Gurgar, Husain Ahmad, Gad Hassan e Hussain Awad, pagato lo
stipendio maturato al 31 dicembre 1924».

Prima di partire da Londra per Il Cairo, da Qurna aveva ricevuto il seguente rendiconto sull'avanzamento dei lavori:

Egregio Signore,
mi pregio scrivere la presente lettera augurandomi che stiate bene in salute e chiedo all'Onnipotente di proteggervi e di farvi tornare tra noi sano e salvo. Mi pregio informare vostra eccellenza che il Deposito n. 15 va bene, che il Deposito settentrionale va bene. Wadain e la Casa stanno bene e tutte le vostre istruzioni di lavoro sono state eseguite conformemente ai vostri distintissimi ordini. Rais Hussein, Gad Hassan, Hassan Awad Abdalal Ahmad e tutti i ghaffir della casa si pregiano inviarvi i loro più cordiali saluti. Con i miei migliori ossequi alla signoria vostra, in attesa del vostro sollecito ritorno, vostro devotissimo

Rais Ahmad Gurgar [10]

[10] Ahmad Gurgar: Carter, *The Discovery*, cit., p. XXXVII.

# CAPITOLO QUINDICESIMO

# «L'immagine vivente di Ammone»

Charles Breasted disse che la «tranquilla» riammissione di Carter sulla scena del sepolcro era avvenuta «a condizioni molto meno favorevoli di quelle che, durante la stagione precedente, mio padre si era adoperato di fargli ottenere». Il governo, sebbene agisse sotto il diretto dominio britannico, aveva creduto di muoversi su una base abbastanza compatta per decretare che in avvenire *tutto ciò* che veniva rinvenuto dagli scavatori sarebbe stato di proprietà dell'Egitto. In ultima analisi, disse Breasted [1], l'effetto fu di mettere praticamente fine alla spedizione inglese e a quella americana.

Il risarcimento a favore di Lady Carnarvon [2], su cui era stato raggiunto uno stentato accordo, era rigorosamente limitato al rimborso delle spese. La Gran Bretagna esercitava un potere fiacco per mezzo di un alto commissario stanco e deluso, il quale non voleva altro che andare in pensione e consolarsi col bere. Molti membri anziani dell'amministrazione rassegnarono le loro dimissioni in conseguenza del rifiuto di Allenby di dare la caccia ai responsabili dell'assassinio di Stack e di punirli. Il paese sembrava incapace di proteggere i propri interessi [3]. Carter e gli americani potevano occuparsi della tomba se lo desideravano. Per tutta ricompensa, non avrebbero avuto diritto a niente. C'è poco da meravigliarsi se alcuni pezzi piccoli, ma non tra i meno preziosi, andarono a finire a Londra e a New York.

Il 15 gennaio, Merton riferì a Londra che Carter era in viaggio dal Cairo a Luxor e si proponeva di riaprire il sepolcro il 25. In quel giorno le chiavi della tomba e del laboratorio gli furono consegnate solennemente a nome del ministero dei Lavori pubblici. Il giorno dopo il *Times* riportò l'articolo di Merton in merito alla «cerimonia molto semplice» [4], seguita da una breve ispezio-

---

[1] Breasted: Charles Breasted, *Pioneer to the Past*, cit., pp. 350 ss.

[2] Risarcimento: ivi; e Hoving, *op. cit.*, pp. 340 ss. I particolari in Foreign Office, file FO 371/14647 (1930), «Risarcimento agli eredi del fu Lord Carnarvon». Collocamento dei duplicati, ivi, file FO 371/14647-14652.

[3] Inghilterra ed Egitto: osservazioni retrospettive sull'atteggiamento dell'Egitto, ivi, file FO 371/14647.

[4] Merton: *The Times*, 16 gennaio 1925.

ne di Carter alla tomba e al laboratorio di Sethi II. Fu notato tuttavia un primo guasto, dovuto all'interruzione di undici mesi. Il drappo funebre che un tempo aveva coperto i sarcofaghi, «unico nel suo genere», era stato lasciato fuori della tomba di Sethi dal dipartimento alle Antichità quando, nel 1924, a Percy Newberry e a sua moglie, che ne stavano curando la conservazione, fu detto di andarsene dall'area con il resto della squadra di Carter. Non era stato ben protetto e la luce del sole lo aveva gravemente danneggiato.

Prima di ricominciare a smontare le bare, Carter decise di occuparsi pazientemente degli oggetti che dovevano essere trattati con cura e attenzione nella tomba laboratorio, un'incombenza che tenne occupata la sua squadra per tutta la primavera e gran parte della calda estate. Ormai per ricevere i visitatori si dovevano prendere accordi in via regolare e vagliandone l'opportunità, ragion per cui depone a favore del mutato umore di Carter il fatto che egli registrasse di buon grado più di 12.300 presenze al sepolcro nel corso della stagione e 270 ricevimenti presso il laboratorio[5]. Sotto la vecchia amministrazione quasi certamente avrebbe chiuso l'area proprio perché tanti turisti lo intralciavano nel lavoro e mettevano a repentaglio quei capolavori.

L'attività procedeva con calma e senza incidenti, fortemente agevolata da una erogazione permanente di energia elettrica allacciata l'anno precedente dietro interessamento di Lacau. Tutti gli oggetti fino a quel momento estratti dalla camera sepolcrale, rivelati per la prima volta nel febbraio del 1923 quando era stata abbattuta la parete confinante con l'anticamera, furono trattati e preparati per trasportarli al Cairo senza che la squadra avesse modo di fare una pausa e riprendere fiato. Mentre Carter riattaccava a lavorare nella Valle, uno dei moderni santoni dell'archeologia del Medio Oriente, David Hogarth[6], parlando ai ragazzi della Westminster School, disse loro: «Se il governo egiziano non fosse stato capace di accordarsi con Mr Howard Carter affinché egli proseguisse il lavoro che aveva iniziato in quel paese, esso non avrebbe trovato nessun altro disposto a portarlo avanti. Eppure Carter non avrebbe avuto nessun diritto su qualsiasi cosa avesse trovato».

L'ambiente archeologico, mai molto comprensivo nei riguardi di Carter, stava cominciando ad accorgersi dell'ingiustizia del suo caso. Comunque, quando in estate egli arrivò in Inghilterra[7], sembrava tutt'altro che abbattuto, anzi piuttosto rinvigorito, dal-

---

[5] Visitatori: le cifre sono fornite da Wynne, *op. cit.*
[6] Hogarth: *The Times*, 7 febbraio 1925.
[7] Estate 1925: GI, agenda di Carter (minuta), 23 settembre 1925-21 maggio 1926.

la prospettiva di quanto stava per accadere. Un piatto forte dei mesi di vacanza fu costituito da un ritorno l'11 settembre al New Oxford Theatre a Oxford Street, dove esattamente due anni prima le sue conferenze avevano fatto il pienone. Stavolta londinesi e turisti affollarono il teatro per ascoltare un discorso mirato ad aiutare l'Abydos Fund dell'EES, dal titolo «La tomba di Tut.ankh.Amen dall'Anticamera alla Camera Sepolcrale».

L'attività della stagione successiva cominciò ai primi di ottobre del 1925. Al Cairo – prese nota – il Continental-Savoy Hotel gli aveva riservato la stessa camera «che di solito prendeva il povero Ld C.» [8]. Il primo del mese andò a far visita al Museo del Cairo e fu inorridito scoprendo che un bel bastone d'argento, gemello di un bastone d'oro trovato nell'anticamera, giaceva spezzato nella sua teca di vetro. Con indifferenza gli dissero che un funzionario europeo lo aveva rotto nel mostrarlo a M. Carpart. Ci rimase male, anche perché Lacau era assente, ma parlò con un sostituto, il quale provvide affinché la luce elettrica venisse erogata nella Valle a partire dall'11 ottobre. Nel corso di un colloquio con Badawi Pascià al ministero dei Lavori pubblici, Carter sottolineò l'urgenza di esaminare la mummia del re al più presto possibile. Egli propose di farlo il 25 ottobre, quando cioè avrebbero potuto essere presenti il professor Douglas Derry della scuola di medicina dell'Università del Cairo e il dottor Saleh Bey Hamdi, ispettore sanitario egiziano. A Carter fu detto che doveva intervenire anche Lacau, il quale però non sarebbe stato disponibile fino al 10 novembre. «Ecco un altro ritardo per il mio lavoro!», fu il commento di Carter.

Carter aveva progettato di sollevare i quattro tabernacoli sepolcrali d'oro sistemati l'uno dentro l'altro e le tre bare a forma di mummia nascoste al loro interno, che nel complesso costituivano il grande sarcofago. Le tre bare, come i quattro tabernacoli che fungevano da contenitori, si adattavano l'una nell'altra con la massima precisione [9]. L'operazione per separarle mostrava di essere la più rischiosa fra tutte quelle che lo sgombero della tomba comportava. Le metà inferiori delle bare interne si erano incollate l'una all'altra in seguito al processo di solidificazione degli unguenti che vi erano stati versati sopra all'atto della consacrazione. Fu perciò necessario fendere le bare lateralmente in modo da sollevarne le metà superiori. La prima bara venne aperta in questo modo dopo due giorni di accurata preparazione. Carter prese nota dell'avvenimento:

Dopo avere attentamente esaminato il modo in cui la bara giaceva nel sarcofa-

---

[8] Continental-Savoy: dopo la guerra i due alberghi si erano fusi.
[9] Bare: ivi, 13 ottobre.

go, fu deciso che le quattro maniglie originali di bronzo (due per ciascun lato) erano abbastanza ben conservate da sopportare il peso del coperchio della bara, ragion per cui le si poteva utilizzare per sollevarlo, compatibilmente con la rimozione dei cavicchi di bronzo con cui esso era fissato al corpo della bara [10].

Cominciò così la più emozionante e sensazionale di tutte le imprese che Carter e la sua squadra abbiano affrontato nella tomba di Tutankhamun.

La prima delle tre bare più interne era fatta di legno e sul suo coperchio era raffigurato il giovane re in tutto il suo splendore. Da solo avrebbe ripagato la fatica di anni, ma segnò soltanto l'inizio di diciotto giorni di scoperte meravigliose. La seconda bara, costruita nello stesso modo, era sontuosamente intarsiata con vetro opaco che imitava corniola, lapislazzuli e turchese. L'immagine dorata del re lo mostrava con il *nemes*, il copricapo di lino a strisce azzurre e d'oro. Il giorno 23, al termine di una preparazione intensa e trepidante e dopo che Burton ebbe eseguito le fotografie obbligatorie per la documentazione, venne sollevata la sezione superiore. La terza bara così portata alla luce era coperta da un lenzuolo funebre di lino rosso. Carter e Burton tolsero il lenzuolo in assoluto silenzio. Nel farlo, si resero conto che l'ultima delle bare, la meta di tutte le loro fatiche e speranze, «aveva chiaramente una forma umana» ed era fatta d'oro massiccio. Era lunga quasi due metri. Era estremamente difficile accedervi, dato che era fissata dentro l'alloggiamento della seconda bara, il cui delicato intarsio doveva essere salvaguardato. A causa del peso enorme del coperchio d'oro massiccio e del fatto che l'olio denso simile a pece usato come sacrificio libatorio e additivo conservante era molto compatto e impenetrabile, l'impresa di sollevarlo facendo leva si presentava difficile e delicata. Anche un affilato scalpello d'acciaio sortì scarso effetto. Quando il 28 ottobre 1925 riuscirono finalmente nel loro intento, né Carter né gli altri che erano presenti, cioè Burton, Lucas e Breasted, poterono credere ai loro occhi. L'agenda di Carter accennava alla «penultima scena». La mummia rimaneva celata dietro la maschera d'oro massiccio, «la maschera dall'espressione triste ma tranquilla, che simboleggiava Osiride».

Il 30 ottobre Burton aveva terminato un completo documentario fotografico della bara e della sua mummia. L'ultimo giorno del mese, omaggi floreali straordinariamente conservati e tutti gli altri oggetti mobili all'esterno della mummia erano stati rimossi affinché se ne occupasse Lucas. Alla fine il loro sguardo scese sulla scena illuminata che avrebbe reso l'immagine di Tutankhamun come la più famosa e la più fotografata di tutti i re della

---

[10] Citazione: Carter, *The Tomb*, cit., p. 51.

storia. Fu un istante sublime e Carter fece del suo meglio per analizzarlo:

> In certi momenti le emozioni si sottraggono all'espressione verbale, tanto sono complesse e stimolanti. Tremila anni e più erano passati da quando sguardo umano era penetrato in quella bara d'oro. Il tempo, misurato dalla brevità della vita umana, sembrava perdere la sua normale prospettiva... Ma è inutile soffermarsi su certi sentimenti, basati su impressioni di timore riverente e di umana pietà. L'aspetto emotivo non fa parte della ricerca archeologica [11].

Carter era troppo vicino ai fatti per poterli descrivere con freddezza. James Breasted era meglio addestrato per fornire un primo, sperimentale resoconto di una delle visioni più maestose a cui si fosse mai assistito.

Quattro uomini, disse, avrebbero a mala pena sollevato la bara d'oro massiccio, che infatti pesava 948 chilogrammi. E proseguiva:

> Il coperchio... rappresenta di nuovo il re in tutte le sue splendide insegne regali: il volto è un ritratto; i panni sopra le sue braccia incrociate sono ricoperti di pietre multicolori semipreziose come la corniola, la turchese e i lapislazzuli; mentre sotto le braccia incrociate è avviluppato dalle ali protettrici di dee tutelari, le cui avvenenti forme sono minuziosamente incise in oro e lo avvolgono in una rete luminosa fatta d'oro [12].

La bara e il coperchio erano lavorati in oro massiccio e Breasted, basandosi sul tasso di cambio corrente, giudicò che in lingotti, a prescindere dal loro pregio artistico e d'antiquariato, valessero circa 243.000 sterline. «In che modo il ritratto del volto del re sia stato eseguito sull'oro del coperchio lucido come uno specchio, senza lasciare da nessuna parte neanche la minima traccia di segni da utensile, è un gran mistero», disse al colmo della meraviglia. Inoltre dentro c'era il corpo mummificato del re, «che aveva circa diciotto anni quando morì», con la testa e le spalle coperte dalla maschera d'oro finemente modellata: «Nessun altro oggetto residuo dell'arte dell'oreficeria che ci sia pervenuto dal mondo antico, o dalla tomba stessa di Tutankhamun, può reggere il confronto con questa bara e con questa maschera. Li ho osservati con stupore e riverenza» [13].

Lacau e i funzionari egiziani arrivarono tardi sulla scena, ma stettero a guardare il ricco apparato funebre con la stessa meraviglia manifestata da Carter e dai suoi uomini. L'osservatore imparziale potrebbe ragionevolmente pensare che in quel momento l'Egitto avrebbe riesaminato la questione del risarcimento.

[11] Citazione: Carter, *loc. cit.*
[12] Citazione: Charles Breasted, *Pioneer to the Past*, cit., pp. 350 ss.
[13] Breasted: ivi.

Nulla si disse o si fece, né allora né in seguito. Le ultime parole di Breasted sull'argomento esprimevano la sua costernazione per la tirchieria del paese che aveva tratto tanto vantaggio dall'impresa senza rischiare un centesimo:

Il governo egiziano ha ignorato la proposta secondo cui un modo appropriato di compensare Carter per la sua scoperta, nonché per riconoscere le successive prestazioni sue e dei suoi collaboratori americani, sarebbe stato quello di offrire al British Museum e al Metropolitan Museum le opere di cui esistevano due o più esemplari uguali provenienti dalla tomba di Tutankhamun. Esso non ha dato niente a nessuno dei due musei [14].

Lo stesso Carter non accennò all'argomento. Ormai era un uomo ricco grazie al ricavato del suo giro di conferenze e della vendita massiccia a livello mondiale del primo volume del suo libro sulla scoperta della tomba, scritto a due mani. Forse credeva di poter arrivare a una dignitosa posizione economica. In ogni modo, si era preso direttamente cura della questione del risarcimento, come più tardi sarebbe risultato.

Per tutto l'arco di tempo compreso fra l'ultima settimana di ottobre 1925 e la prima settimana di novembre, con l'aiuto di Burton e di Callender, Carter preparò con la massima cura la tomba e la sua regale mummia per presentarla ai loro benefattori egiziani. Quando, il 4 novembre, rimosse dal sarcofago un catafalco d'oro con teste e piedi di leone sul quale poggiava l'ultima delle bare, erano trascorsi esattamente tre anni dal momento in cui era stata scoperta la scala che portava al sepolcro di Tutankhamun. In una vita dedicata all'arte e a una attività noiosa e monotona, quello fu per Carter un lavoro gradito. «Quello di oggi», scrisse, «è stato un gran giorno nella storia dell'archeologia... un giorno unico per chi... ha desiderato vedere tradotto nella realtà ciò che in precedenza era basato soltanto su congetture.» [15]

L'11 novembre, alle ore 9,45, funzionari del governo egiziano, Lacau e altri componenti del dipartimento alle Antichità si unirono al gruppo di Carter per vedere il professor Derry e il dottor Saleh Bey Hamdi eseguire la più procrastinata delle autopsie [16]. Il giorno prima, Carter aveva riempito una pagina della sua agenda con una traduzione tratta da Erodoto, il «Padre della Storia», il quale durante i suoi viaggi effettuati nel secolo v a.C. aveva osservato gli abitanti dell'Egitto che praticavano l'arte dell'imbalsamazione: «Queste persone, quando viene loro portato un cadavere, mostrano al latore del medesimo diversi modelli di

---

[14] Breasted: ivi.
[15] Rimozione della bara: GI, agenda di Carter (minuta), 1925.
[16] Autopsia: ivi.

salme, fatti di legno e dipinti in modo che esse sembrino vere. Si dice che il più perfetto sia quello preparato secondo lo stile di colui che dal punto di vista religioso non ritengo menzionare in relazione a un argomento del genere». Tra parentesi Carter aggiunse: «Si tratta senza dubbio del dio dei morti, Osiride». Erodoto proseguiva descrivendo il metodo dell'imbalsamazione, «il procedimento più perfetto». Dopo il trattamento del cervello e di altri tessuti molli,

il corpo viene lasciato completamente immerso nel *natron* per settanta giorni. Spirato questo termine, che non deve essere superato, il corpo viene lavato e tutto fasciato, dalla testa ai piedi, con bende di panno di lino di prima qualità, spalmate di gomma, che in genere viene usata dagli egiziani al posto della colla, e così condizionato viene restituito ai parenti che lo chiudono in una cassa di legno, che essi hanno fatto fare appositamente, sagomata a figura d'uomo [17].

Esattamente un corpo del genere, sia pure contenuto in una cassa d'oro massiccio anziché di legno, attendeva il professor Derry. Non essendo possibile toglierlo dalla bara per non correre il rischio di danneggiarlo, venne esaminato così come si trovava, secondo la descrizione fatta da Carter:

Ore 10,35. Date le condizioni di fragilità e di friabilità degli strati esterni delle fasciature, tutta la superficie esposta della mummia tranne la maschera venne spennellata con cera mista a paraffina a una temperatura tale che essa si coagulava trasformandosi più che altro in uno strato sottile in superficie e non penetrava nelle fasciature imputridite se non per uno spessore minimo. Appena raffreddatasi la cera, il dottor Derry eseguì un'incisione longitudinale al centro delle fasciature esterne, esattamente fino al livello di penetrazione della cera, permettendo così la rimozione degli strati esterni solidificati a grandi ritagli. Fu accertato che anche le bende sottostanti, molto spesse, erano marcite e fragili; in realtà, come poi si è dimostrato, più ci si avvicinava in profondità al corpo, peggiori erano le sue condizioni.

L'esame minuzioso, eseguito in silenzio tranne che per lo scambio di poche parole fra i due medici e per qualche sporadico intervento da parte di Carter, proseguì per otto giorni, durante i quali soltanto uno del gruppo iniziale, un ispettore egiziano, cedette alla stanchezza.

Fu rimossa la crosta esterna di fasce imputridite, ma ciò non bastò a consentire di sollevare la mummia dalla sua bara. Una materia densa si era accumulata al di sotto del corpo e lo aveva incollato all'oro che lo racchiudeva. Derry decise di togliere le fasciature sul posto, strato per strato. Mentre così procedeva, apparvero amuleti e ornamenti d'oro massiccio, cesellato e intarsiato. Ciascun oggetto venne identificato con una lettera dell'al-

[17] Erodoto: ivi.

fabeto che venne raddoppiata, triplicata, aggiungendovi poi un numero con l'aumentare del conteggio.

C'era una grande collana intarsiata, formata da segmenti in duplice copia. Un pugnale d'oro decorato con una impugnatura a pomo di cristallo era poggiato sulla sua coscia destra. Avvolta attorno alla vita aveva una fascia in lamina d'oro. Un amuleto in lamina d'oro arrivava dall'addome al pube. Un pesante braccialetto d'oro e intarsiato giaceva aperto sulla coscia sinistra. Un'indicazione della cura con cui medici e archeologi si muovevano fu data dalla scoperta di un oggetto d'oro guarnito di perline, dall'aspetto fragile, che stava sul lato sinistro dell'addome. Smisero di occuparsi della mummia e prepararono un po' di cera fusa, versandola poi sull'ornamento in modo da comprimerlo in una massa compatta. Un grande falco talismanico con le ali distese copriva parte dell'addome. Sopra l'ombelico c'era uno scarabeo nero resinoso tenuto da un filo d'oro appeso al collo. Adornava inoltre la coscia sinistra un *uraeus* d'oro massiccio con la corona reale del settentrione, mentre dalla destra sporgevano la testa e il collo della dea-avvoltoio Nekhbet. Burton fotografò ogni oggetto man mano che esso veniva scoperto. «Registrare l'orientamento nord e sud del corpo», «Registrare l'orientamento di certi oggetti come la testa d'avvoltoio e l'*uraeus*», scrisse Carter, prendendo frettolosamente nota di argomenti da trattare esaurientemente in momenti di maggiore calma.

Alzando il corpo, «sotto la maschera e il rivestimento» si trovò un quinto amuleto, un falco in lamina d'oro cesellata, identificato con la lettera «T» e non visibile nella fotografia fatta da Burton, in quanto era nascosto dalla collana reale. «Gradualmente, man mano che il lavoro procede, è possibile distinguere in mezzo agli oggetti quello di carattere strettamente religioso e talismanico da quello che è di proprietà effettivamente personale.» Gli oggetti di entrambe le categorie, scrisse, erano «sontuosi», e aggiunse che «questo non è però il momento adatto per descriverli». La mattina del 12 novembre il lavoro di rimozione di altri strati di bende in via di disintegrazione aveva rivelato la presenza di altri cerchietti d'oro sull'ombelico e al di sopra dei ginocchi; un massiccio braccialetto d'oro e di corniola sull'avambraccio destro; perline d'oro e di ceramica staccatesi da una collana spezzata; una grande placca a forma di uccello finemente intarsiata d'oro, collocata sul petto e coperta da un unico foglio di papiro. L'ultimo oggetto era il venticinquesimo, siglato con la lettera «Z», in quanto non era stata usata la «I».

Il gruppo successivo, catalogato da «AA» a «ZZ», sembrò ancora più sfarzoso, man mano che Derry continuava a togliere pezzi di bende, avvicinandosi sempre più al corpo mummificato e rivestendo di cera gli oggetti più delicati mentre procedevano. Sulle cosce era posata un'altra collana; sopra al pube c'erano grani d'oro e di ceramica alla rinfusa, più in basso un cerchietto d'oro; uno stiletto in filigrana d'oro stava sulla regione addominale, molto più bello e più pesante dell'arma trovata in precedenza; un'altra cintura in lamina d'oro; un gruppo di anelli massicci di lapislazzuli, oro, ceramica e calcedonio; un'altra collana talismanica cesellata in lamina d'oro; altri oggetti talismanici d'oro e di materiale vario.

Il pomeriggio del 12 si lavorò per portare allo scoperto il braccio e la mano destra, in quanto tutto l'arto era fissato all'addome. L'avambraccio era circondato da cinque fulgidi braccialetti. Le dita erano protette da ditali d'oro. Al termine della giornata avevano raggiunto i resti mummificati delle parti inferiori del re e fu chiaro che si trovavano di fronte a una persona giovane. «In seguito, un esame medico più approfondito stabilirà con certezza l'età precisa.»

Il giorno seguente, il 13, il corpo del re fu fotografato e misurato. L'avambraccio e la mano sinistra furono liberati dagli ultimi involucri e stavolta vennero alla luce altri braccialetti e un gruppo di otto anelli d'oro e di una sostanza resinosa, alcuni dei quali con incastonature a scarabeo, altri con il prenome e il nome del re. Alcuni braccialetti erano di fattura molto complessa e rivelavano una maestria incredibile; furono fotografati in scala. Un ulteriore esame anatomico rivelò che i tessuti molli erano in condizioni molto precarie e offrirono ai patologi pochi indizi diretti. Fino a quel momento, annotò Carter, erano stati scoperti cinquantadue gruppi di oggetti (i gruppi rappresentavano oggetti singoli o eterogenei, trovati in punti particolari del corpo avvolto nelle bende), per lo più gioielli personali e di carattere religioso e tutti lavorati con eccellente maestria. Fino a quel momento l'autopsia si era occupata soltanto della zona inferiore. «Di conseguenza, se gli ornamenti della zona superiore e della testa sono proporzionatamente sfarzosi», osservò Carter, «possiamo cominciare a farci un'idea della ricchezza e della prodigalità con cui, a quanto pare, era consuetudine onorare le spoglie mortali di quegli antichi faraoni sepolti nella necropoli reale.»

Man mano che l'esame procedeva, ogni giorno venivano diramati comunicati per la stampa. Merton, che ufficialmente era ancora alle dipendenze di Carter in qualità di addetto alla pubblicità, quantunque l'accordo con il *Times* fosse ormai decaduto per non dire dimenticato, stava cercando di tenere testa sia agli affari politici egiziani che all'archeologia. Vennero ancora una volta alla ribalta i problemi relativi ai rapporti con la stampa, mentre l'interesse per la tomba raggiungeva di nuovo un alto livello. Il gruppo messo insieme per eseguire l'autopsia venne improvvisamente assediato da agenti pubblicitari che si mettevano a disposizione di chiunque avesse storie da vendere. Essi diventarono, più dei giornalisti, autentici grattacapi. Tuttavia, per il momento, per Carter questioni del genere non erano altro che fugaci motivi di irritazione. Egli era preoccupato per le scoperte recenti.

«Grazie a tutto il materiale che abbiamo appena visto abbiamo una chiara cognizione dell'artigianato specializzato che operava a Tebe», scrisse in un momento di riflessione. Indotto a esprimere un giudizio spontaneo, riteneva che i gioielli trovati nel sepolcro forse non erano, «quanto a rifinitura, di eccellente livello come quelli fabbricati dai gioiellieri del Medio regno, ma anche se la bravura tecnica non è altrettanto pregevole, il gusto raffinato che esprimono sorpassa le nostre aspettative». In un'altra occasione si fece una prova sugli amuleti, ammettendo l'ignoranza riguardo a molti simboli trovati lì e altrove che furono interpretati come segni «per difendersi dal vilipendio durante il viaggio verso gli Inferi... per entrare nel regno dei morti, per mangiare il cibo di Osiride... per essere protetti da Iside e da Horo», ecc.

Il lavoro proseguì per altri cinque giorni finché, il 19 novembre, i due medici firmarono le loro note e dichiararono portato a termine l'esame. Lacau, il quale era stato presente per tutto il tempo, partì il giorno prima per il Cairo, portando con sé la relazione provvisoria dei chirurghi e il comunicato archeologico di Carter. Questi precisò che nelle fasciature della mummia erano stati trovati 97 gruppi separati di oggetti, alcuni dei quali comprendevano molti pezzi singoli.

Sulle placche d'oro della camera sepolcrale c'erano le benedizioni degli antichi numi eliopolitani rivolte al re in quanto erede del trono di Osiride: «Le tue membra sono salde... ti presenti come un dio... O Osiride Tutankhamun».

Il *Times* pubblicò per intero il «comunicato ufficiale» definitivo, redatto da Carter e da Merton [18]. In esso si parlava del rincrescimento da parte degli scopritori per il fatto che l'analisi radiografica si era dimostrata impossibile in quanto «la bara d'oro e la spessa sostanza simile alla pece» erano impenetrabili ai raggi. Vi erano tuttavia registrati i fantastici ritrovamenti del mese precedente, resi possibili dal lavoro di rimozione delle fasciature «carbonizzate» eseguito senza commettere errori: il diadema reale con le insegne dell'avvoltoio e del serpente sul capo; le figure talismaniche attorno al collo; i pettorali tolti dal torace, compresi molti amuleti disposti in non meno di sedici strati, spesso minuziosamente lavorati a smalto *cloisonné*; undici splendidi braccia-

---

[18] Comunicato ufficiale: *The Times*, 20 novembre 1925, «Il tesoro di Luxor».

letti sulle braccia e tredici anelli massicci alle dita; due cinture d'oro attorno alla vita, da ciascuna delle quali pendeva un bel pugnale; sandali d'oro funebri; un gran numero di amuleti. Ancora una volta il mondo rimase meravigliato per la dimensione e la magnificenza della scoperta. Sotto il profilo scientifico, tuttavia, c'era da aggiungere il fatto che non era stato trovato neanche un documento scritto. La scoperta che più di ogni altra nella storia aveva affascinato uomini e donne di tutto il mondo sembrava destinata a contribuire soltanto indirettamente al complesso della conoscenza dell'antico passato.

Nel suo articolo Derry scrisse:

Quasi non si sarebbe creduto che un re di oscure origini, il cui regno è stato breve e privo di avvenimenti significativi, avrebbe un giorno richiamato l'attenzione del mondo intero e ciò non in conseguenza della fama connessa a se stesso ma per il solo fatto che, mentre le tombe di tutti i faraoni già scoperte erano state svaligiate in epoca antica, quella di Tutankhamun fu trovata praticamente intatta. Nello spazio ristretto di questo piccolo sepolcro era contenuto un ammasso di ricchezze degne di un re quale prima d'ora non si era mai visto [19].

Derry si pose poi una domanda retorica a cui da allora in poi gli egittologi avrebbero fatto eco: «In tal caso, che cosa deve essere stato il contenuto delle tombe di Sethi I, di Ramesse III e di altri, in un solo edificio dei quali sarebbe stato possibile fare entrare tutte le ricchezze del sepolcro di Tutankhamun?».

Il dottor Derry scrisse una prefazione alla sua relazione sull'autopsia effettivamente eseguita, tenendo conto dell'esperienza acquisita nell'esaminare le salme di molti re nel Museo delle antichità al Cairo. Di recente aveva studiato le mummie ricuperate da Winlock a Deir el-Bahri dal tempio di Nebhepetre Mentuhotope dell'XI Dinastia, dalle quali non era stato tolto nessun organo. Più tardi era stata adottata la pratica di eseguire un'incisione addominale dopo la morte per estrarre gli organi principali.

Un altro esperto del settore, il professor Elliot Smith dell'Università di Londra [20], il quale fu predecessore di Derry alla scuola di medicina del Cairo, aveva conseguito una inaspettata notorietà in conseguenza dell'iniziativa del *Daily Telegraph* nel chiedergli di scrivere una serie di articoli nel 1923-24, in cui, descrivendo le scoperte delle tombe nel contesto della storia e della patologia, fu in grado di guidare un tiro a due grazie all'accordo Carnarvon-*Times*. Agiato egittologo dilettante e fra i più eminenti anatomisti a livello mondiale, nel suo *Catalogue of the Royal Mummies* aveva

---

[19] Derry: Carter, *The Tomb*, cit., Appendice I, «Rapporto sull'esame della mummia di Tutankhamen».
[20] Elliot Smith, citazione: ivi.

esaminato quasi tutte le mummie reali conservate nel Museo del Cairo, nonché quelle dei sacerdoti e delle sacerdotesse della xxi Dinastia, descrivendo i metodi di preparazione e di conservazione dei cadaveri nei vari periodi. Elliot Smith fu il primo a comporre un libro completo sulla scoperta della tomba, pubblicato alla fine del 1923, fornendo inoltre alcune interessanti, anche se fuorvianti, note illustrative in merito ai presunti antenati di Tutankhamun. Quando si trattò di eseguire l'autopsia sul corpo di Tutankhamun, Derry si avvalse sia dell'esperienza di Elliot Smith che della propria nell'attenersi al normale sistema di preparare e fasciare le mummie reali. Fu in grado di descrivere, per esempio, il modo di fasciare le dita delle mani e dei piedi, una alla volta, e di applicarvi guaine d'oro fino a coprire completamente le unghie, prima di fasciare di nuovo tutto il piede e tutta la mano.

Quanti anni aveva il re? La dimostrazione di Derry partiva soprattutto dal dato ortopedico: «In base alla prova fornita dai suoi arti inferiori», scrisse, «sembrerebbe che Tutankhamun, al momento della sua morte, avesse più di diciotto anni, ma meno di venti». Più tardi, grazie a una ricerca anatomica comparata, disse che il re «aveva evidentemente più di diciassette anni».

Ma in una famiglia in cui crani platicefali e tratti effeminati nella ritrattistica suggerivano l'idea di un difetto ghiandolare congenito e addirittura di un raffinato travestitismo, fu la testa a suscitare all'epoca la maggior parte delle polemiche e a contribuire, da allora in poi, alle discussioni e alle controversie accademiche. Si tratta di una disputa che solleva interrogativi universali di critica storica basati su prove visive preservate nella loro integrità [21]. È impossibile addentrarsi in profondità nelle discussioni prolisse che si sono susseguite in merito alla bellezza effeminata di Tutankhamun e ai suoi presunti rapporti in seno alla famiglia reale del periodo di Tell el-Amarna, senza chiedersi se una generazione di persone tanto remota potrebbe giudicare l'aspetto degli esseri umani del xx secolo riferendosi, diciamo, ai dipinti di Picasso o alle sculture di Henry Moore. Nondimeno, la controversia che cominciò con le scoperte di Petrie e dell'Istituto tedesco per l'Oriente a Tell el-Amarna prima del 1914 è forse il più affascinante, di sicuro il più frequente, degli argomenti di discussione nel campo dell'egittologia.

Elliot Smith era stato il primo a esaminare nel 1907 la mummia del re eretico Akhenaton. Ora, nel 1925, Derry scoprì che la sago-

[21] Età di Tutankhamun, regno e rapporti di parentela: per il comune lettore non c'è niente di meglio di Reeves, op. cit., capitolo sulla «Cronologia e rapporti familiari». Naturalmente, nello sviluppare l'argomento, fin dall'inizio mi sono giovato di Carter, The Discovery, cit., nonché di Fairman in Antiquity, XLVI; Redford, op. cit.; Baines-Malek, op. cit.; Aldred, Cyril, Akhenaten King of Egypt, London 1988.

ma della testa di Tutankhamun era nel complesso talmente simile a quella del suo presunto suocero che «era più che probabile che ci fosse uno stretto rapporto di sangue tra questi due re». L'insolita forma del cranio di Akhenaton aveva portato Elliot Smith a concludere che il re aveva sofferto di idrocefalia, ma ulteriori ricerche avrebbero messo in dubbio quella diagnosi. La singolare dimensione fu il fattore determinante che avvalorava la convinzione di Derry riguardo alla consanguineità. L'eccezionale larghezza del cranio di Akhenaton rispetto al modello egiziano (154 millimetri) era praticamente superata da quella di Tutankhamun. Derry dichiarò che un rapporto di sangue era «quasi certo». Dal momento che aveva sposato la figlia di Akhenaton (che prima si era chiamata Ankhesenpaaten e poi Ankhesenamun dopo il ritorno a Tebe e il ripristino del culto di Ammone), era possibile che il giovane re – che secondo Carter «avrebbe potuto essere di sangue reale», con una propria indiretta pretesa al trono, o forse «un semplice cittadino» – fosse in realtà figlio e genero nello stesso tempo di Akhenaton? Le eventualità erano affascinanti, perfino per quei giornali e per i loro lettori che di solito non erano attratti dai particolari della storia antica.

Le teorie abbondavano. Era credibile che i re fossero fratelli e non padre e figlio, oppure che Tutankhamun fosse semplicemente un figlio nato da una «moglie informale», oppure figlio del visir di Akhenaton, il «Padre Divino» Ay, il quale diventò re dopo Tutankhamun? Se quest'ultima ipotesi stava in piedi, la madre sarebbe stata Tiye, moglie principale di Ay. Inoltre Ay e Tiye furono probabilmente i genitori di Nefertiti, la moglie del re, nella cui espressiva bellezza molti scorgevano i presupposti di quella di Tutankhamun. Anni dopo, la polemica iniziata da Elliot Smith, da Petrie, da Gardiner e da altri nel primo decennio del xx secolo trovò convincenti sostenitori dell'opinione secondo cui Amenhotep iii era il padre, anziché il nonno, del re fanciullo avuto o dalla sua sposa principale Tiye o dalla figlia-moglie Sitamun (un doppio ruolo tutt'altro che insolito nell'antico Egitto). Un'ipotesi del genere fornisce la materia prima alla letteratura popolare e, nel caso specifico, ha dato origine a una vasta bibliografia sull'argomento. Infatti, a qualche anno dalla rivelazione dell'esistenza del giovane re, Agatha Christie avrebbe messo in scena la più famosa famiglia dell'antico Egitto nel suo lavoro teatrale *Akhnaton*.

Carter, giunto al terzo volume della sua esposizione relativa alla scoperta della tomba, avanzò l'ipotesi che Akhenaton avesse regnato per un periodo tra i diciassette e i diciotto anni, dopo il quarantennio durante il quale il padre Amenhotep iii aveva tenuto il potere, seguito dalla permanenza in carica di Tutankhamun

per poco più di nove anni, un regno che era incominciato in onore dell'Aton o disco solare in quanto Tutankh*aton*, cioè «Immagine Vivente dell'Aton», e si era chiuso con un penoso tentativo di
estirpare immagine ed eresia per ripristinare il culto dell'antico
dio tebano Amun [Ammone], donde Tutankh*amun*. La rivaluta-
zione del dogma religioso aveva latenti motivazioni politiche. I
nuovi simulacri antropomorfici che mostravano la figura zoo-
morfa del dio con il volto di Tutankhamun non bastarono a rida-
re credito alla sua memoria. Alla sua morte vennero sfigurati dai
sacerdoti conservatori e dai loro seguaci, insieme alle tombe dei
sovrani apostati che li avevano preceduti. Le statue furono fatte a
pezzi, i nomi cancellati e sostituiti e il volto di Tutankhamun
rimpiazzato da quello dei re successori di sangue comune, Ay e il
generale Haremhab.

Tuttavia, i periodi relativi al regno e l'ordine di successione erano ancora incerti, come lo erano il luogo preciso e la data di
nascita di Tutankhamun. Esisteva un brandello di prova che era
tanto irrefutabile nel suo vigore artistico quanto indimostrabile
dal punto di vista scientifico. La maschera sotto cui il giovane re
fu rivelato al mondo presentava una misteriosa somiglianza con
una delle più note tra tutte le sculture di esseri umani, cioè con il
busto della regina Nefertiti, moglie di Akhenaton. Nella tomba
non fu trovata nessuna testimonianza scritta, come gli archeologi
avevano ardentemente sperato. L'ipotesi era poi ostacolata dal-
l'eventualità che all'inizio e alla fine del regno di Akhenaton ci
fossero stati dei coreggenti.

La moderna dottrina prospetta la probabilità che Amenhotep III
sia salito al trono nel 1391 a.C. e abbia regnato fino al 1353. La
prova indiziaria, comunque, indicava che la successione di Akhenaton decorreva dal 1358 e che, di conseguenza, avrebbe potuto
esserci stato un periodo di coreggenza del padre e del figlio.
Quanto all'altra data finale del regno, si riteneva che ad Akhenaton fosse succeduto il minorenne Tutankhamun nel 1333 circa
(alcuni propendono per una data più vicina al 1340), ma negli
ultimi due anni verso la fine del regno compare un altro re,
Smenkhkare, genero di Akhenaton e fratello presunto o zio di
Tutankhamun, il che fa pensare a un'altra coreggenza. Col passare del tempo, archeologi e periti medici avrebbero dibattuto il
carattere di questo o quel rapporto, ovvero la data di nascita,
dell'assunzione al trono o della morte. I progressi della scienza
medica hanno reso possibili le prove sierologiche e gli esami ra-
diografici che al tempo delle ricerche di Derry erano irrealizzabi-
li.

Il riesame da parte di specialisti delle iscrizioni provenienti dal
sepolcro e dalla bara sconsideratamente portati alla luce nel 1907

da Theodore Davis nei pressi della tomba di Ramesse IX, riaccese le discussioni. Davis riteneva si trattasse della tomba della regina Tiye; Weigall era convinto che le ossa appartenessero a Akhenaton, portate da Tell el-Amarna quando la città era stata abbandonata. Engelbach dava la preferenza a Smenkhkare. La prova medica sostenne prima l'una e poi l'altra tesi. Norman de Garis Davies, topografo per conto della spedizione dell'EES, si unì al gruppo favorevole al reggente Smenkhkare. La più recente dottrina del xx secolo propende per la teoria secondo la quale la bara fu progettata per una delle figlie del re a Tell el-Amarna, forse per la maggiore Meretaten o Meketaten, o addirittura per la loro madre Nefertiti, e più tardi adattata per uno dei re, Akhenaton o Smenkhkare. Sul piano organico, la più recente delle prove indica anomalie nelle spoglie mortali che fanno venire in mente le stesse caratteristiche eunucoidi connesse alle sculture di Akhenaton che ci sono pervenute. Lo scheletro facciale somigliava moltissimo a quello di Tutankhamun. Dagli esami del siero eseguiti sul corpo trovato nella tomba di Davis (la numero 55 nel catalogo della Valle) risultava lo stesso gruppo sanguigno di Tutankhamun, cioè l'A2 con antigene del siero MN. Era la prova, si disse, che il corpo, dato e non concesso che fosse quello di Akhenaton o di Smenkhkare (e la maggior parte degli esperti appoggiava quest'ultima tesi), era quello del padre o del fratello di Tutankhamun. Il mondo era disposto a pensare che sull'argomento fosse stata detta l'ultima parola, finché lo studioso russo Perepelkin dimostrò che i testi trovati nella tomba 55 rivelavano che la bara era stata costruita per Kiya, «la favorita del re», una moglie di second'ordine di Akhenaton e, secondo alcuni esperti, candidata a essere la probabile madre di Tutankhamun. Inoltre, da alcuni testi rinvenuti nel 1922 in un tempio di Tell el-Amarna da Sir Leonard Woolley, e fin da allora trascurati, risultava che la caduta in disgrazia di Kiya si era risolta nella soppressione del suo nome dai monumenti per essere sostituito da quello della principessa Merataten, mentre la dedica di Kiya sulla bara della tomba 55 venne modificata per adattarla al re. Forse quella tomba era diventata una camera blindata per la disonorata famiglia reale, dopo la riconferma dell'antico credo e il ritorno a Tebe sotto la sovranità di Tutankhamun.

Un certo sostegno lo ricevette un argomento, a quell'epoca più inconsistente, relativo al fatto che un leone di granito conservato nel British Museum recava un'iscrizione in cui Tutankhamun si riferiva a Amenhotep III come al «padre», «dimostrando» così che egli era il fratello minore di Akhenaton.

Comunque stessero veramente le cose, la descrizione della reggia fornita da Carter, nello svelare la quale egli aveva svolto una parte di rilievo sin dai primissimi tempi del suo soggiorno in Egitto quando scavava con Petrie a Tell el-Amarna, è ancora la più attenta rispetto a tutto ciò che si è detto e scritto sull'argomento, per il modo in cui egli studiò a fondo la successione e i presunti rapporti familiari risalenti nel tempo, cioè a quattordici secoli prima di Cristo, quando «Akh.en.Aten passava la sua vita fantasticando». Il racconto di Carter, inoltre, in merito al matrimonio del giovane re con Ankhesenpaaten, figlia di Akhenaton e quindi, forse, sua sorella o cugina carnale, tocca una nota universale di atmosfera romantica. Egli parla della sua vedovanza e della sua ricerca di un marito reale in una lettera che ella inviò al re ittita Suppiluliuma subito dopo che costui aveva conquistato Carchemish: «Perché dovrei ingannarti? Non ho nessun figlio, e mio marito è morto. Mandami uno dei tuoi figli e io lo farò re». E poi:

> È mai uscito il principe ittita dall'Egitto e quanto lontano si è spinto? Ay, il nuovo re, ha avuto sentore dei progetti di Ankh.es.en.Amen e ha preso provvedimenti validi per farli fallire? [Ella aveva naturalmente cambiato nome insieme a suo marito negli ultimi giorni di vita di quest'ultimo]. Non lo sapremo mai. In ogni caso la regina scompare dalla scena e non ne sentiremo più parlare. È un'affascinante storiella. Se il complotto avesse avuto esito positivo, non ci sarebbe stato un Ramesse Magno [22].

Forse, se quanto sostiene la successiva dottrina regge, fu la regina madre Nefertiti che durante la sua vedovanza scrisse al re ittita supplicandolo di farle avere un marito reale, e non sua figlia, come avevano supposto Carter e altri egittologi. Un moderno studioso ha riepilogato il probabile esito in maniera tale da suscitare probabilmente invidia da parte di Agatha Christie. Egli ha ricordato che all'incirca nel quindicesimo-sedicesimo anno del suo regno Akhenaton elevò al trono, come suo coreggente, Smenkhkare, marito della sua figlia maggiore. Prima di quell'avvenimento, o in conseguenza di esso, Nefertiti lasciò il marito e la città reale di Tell el-Amarna, Smenkhkare e Meretaten, figlia di Akhenaton, riempirono gli affetti di quest'ultimo, mentre Smenkhkare appare «più come una mascotte che come un legittimo socio nella gestione del potere monarchico». Entro due anni Akhenaton morì, nel diciassettesimo anno del suo regno e Nefertiti si rese conto che la sorte le era propizia. Il re ittita Suppiluliuma – al quale, come Carter aveva messo in evidenza, ella aveva scritto chiedendogli un principe per marito in grado di governare l'Egitto – le inviò uno dei suoi figli. Ma mentre il principe si

---

[22] La regina e il principe ittita: Carter, *The Discovery*, cit., pp. 48 ss.

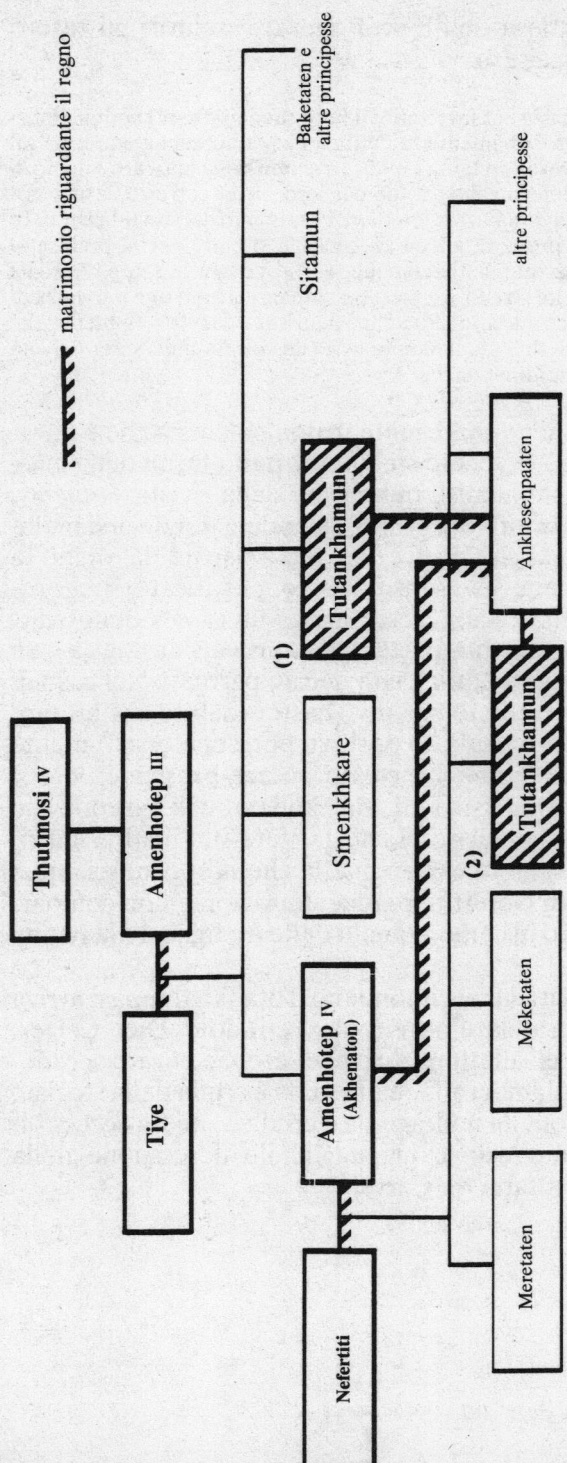

Una famiglia di riserva e rapporti coniugali di Tutankhamun fondati sulle affermazioni che egli fosse (1) figlio di Amenhotep III, e quindi fratello (o fratellastro) di Akhenaton, e zio e cognato rispetto a sua moglie Ankhesenpaaten (Akhenaton aveva preso in moglie la propria figlia), oppure (2) figlio di Akhenaton e quindi fratello o fratellastro rispetto a sua moglie Ankhesen-paaten, figlia di Akhenaton e di Nefertiti.

NOTA. A Smenkhkare, probabilmente coreggente di Akhenaton e forse di Tutankhamun, non si dà importanza tranne che per la sua posizione come figlio di Amenhotep III, per evitare inutili complicazioni.

avvicinava alla frontiera dell'Egitto, ignoti assalitori gli tesero un'imboscata e lo uccisero.

Non ci vuole molta fantasia per far risalire il fatto sanguinoso al subdolo intervento di Smenkhkare. Probabilmente fu l'ultima mossa di Smenkhkare: sia lui che Meretaten scomparvero con tanta rapidità che non possiamo fare a meno di chiederci se l'infuriata Nefertiti abbia attuato la loro rovina con astuzia maggiore di quanta ne avessero avuta loro nel tramare l'assassinio del suo fidanzato. In ogni modo, Nefertiti si presenta a Tell el-Amarna, si batte per la pretesa al trono dell'ancora sconosciuto Tutankhamun, gli fa sposare la sua terza figlia Ankhesenpaaten e, d'accordo con Ay, riesce a mandare avanti una parvenza di governo regolare per circa due anni. Può darsi benissimo che l'avvenimento che accelerò la capitolazione di Tutankhamun e la sua ritirata dalla città nel suo terzo anno fosse la morte di Nefertiti [23].

Un'analisi critica ancor più recente di una polemica che è durata quasi tre quarti del xx secolo stabilì due punti fermi della massima importanza. Tale analisi, pubblicata dalla rivista *Antiquity*, sottolinea che il confronto dei gruppi sanguigni dei diversi membri della famiglia reale che si succedettero a partire dal regno di Amenhotep III, sebbene sia «senza dubbio giustificato» nel prospettare la discendenza, «non riesce in nessun caso a dimostrarla». L'autore demolisce gran parte della «prova sierologica», su cui si sono costruiti tanti edifici, con queste parole: «Nel caso di siffatti confronti, un risultato negativo basterà subito a confutare la discendenza... ma un risultato positivo potrebbe essere niente altro che una coincidenza». Lo stesso autore prosegue: «Se si accetta che Tutankhamun sia figlio di Akhenaton, è naturale che la curiosità ci induca a chiederci chi sia stata sua madre. La risposta più corretta sembra essere quella che non conosciamo». Se fosse stato figlio di Nefertiti, perché il suo nome non comparve mai sui monumenti insieme a quello delle tre figlie della regina principale?

Tra i tanti interrogativi che circondano Tutankhamun, si arriva a un punto in cui formulare altre ipotesi è inutile. Dice Carter: «Mettiamo da parte gli allettanti "ciò che sarebbe potuto accadere" e i "forse" e atteniamoci alla realtà nuda e cruda della storia». La maggior parte di quella realtà nuda e cruda è ancora accessibile nella semplice, modesta e ineguagliabile descrizione della scoperta della tomba fatta da Carter.

---

[23] Citazione: Redford, *op. cit.*, p. 182.

# CAPITOLO SEDICESIMO

# «Una forza mistica»

La scoperta della bara d'oro e dei resti mortali mummificati del giovane re segnò il momento culminante della vita e della carriera di Carter. Sicuramente questo era il momento in cui i conflitti del passato avrebbero dovuto dare la precedenza al successo del momento, quando si sarebbe potuto presumere che all'apice di una lunga e faticosa professione, al centro della quale c'era la visione del sereno volto giovanile del monarca, si offrisse un avvenire di soddisfazione; anche, forse, un confortevole collocamento a riposo. Ma non sembra che pensieri del genere siano passati per la testa di Carter. Seguitò a lavorare con l'impegno di sempre e, apparentemente, senza tener conto come al solito del parere di coloro i quali avrebbero potuto spianargli la strada del riconoscimento sociale e accademico.

Dalla fine di novembre e per tutto il mese di dicembre del 1925 [1] Carter e il suo assottigliato gruppo di colleghi si dedicarono alla pulitura della bara d'oro, indicata come articolo numero 255 [2], e al restauro degli oggetti trovati addosso alla mummia. Adesso Callender e Lucas erano i suoi primi aiutanti, il primo sempre al suo fianco, mentre Lucas era occupato a lavorare nella vicina tomba adibita a laboratorio. Mace, la cui famiglia gli era stata al fianco per la maggior parte del tempo a Luxor, alla fine della stagione 1924 stava troppo male per continuare [3].

Gli americani, le mogli della maggior parte dei quali frequentavano il Winter Palace Hotel e la Expedition House, avevano condotto una vita sociale in larga misura separata, anche se di tanto in tanto si riunivano per una partita a bridge o per una gita. Le lettere che si scambiarono i componenti della famiglia Mace, venute alla luce settant'anni dopo, hanno reso possibile vedere più a fondo nella vita sociale che si svolgeva a Luxor: le escursioni sul Nilo, le visite al tempio funebre di Ramesse III a Medinet Habu, al grande Ramesseum e ai Colossi di Memnone, gli alterchi di Mrs Lythgoe e di Mrs Burton, le quali volevano essere entrambe

---

[1] Novembre-dicembre 1925: GI, diario di Carter (minuta).
[2] Numerazione degli oggetti: vedi Reeves, *op. cit.*, pp. 60 ss., «Il sistema di numerazione adottato da Carter».
[3] Mace e famiglia: Lee, *op. cit.*, pp. 46 ss.

le api regine nel matriarcato anglo-americano, la munificenza del milionario Harkness, le passeggiate a dorso d'asino, le corse dalla Valle a Luxor a bordo di un «pullman» costruito sul telaio di una vecchia carrozza Ford, gli andirivieni di visitatori importanti come il principe Arthur di Connaught, gli Astor e Sir Rider Haggard.

A Natale del 1923 Carter aveva portato Winifred e Margaret Mace a fare una corsa sulla sua automobile, nella Valle «profonda e spaventosa» spingendosi fino alla tomba, dove Winifred notò «il bagliore dell'oro e della splendida ceramica azzurra» dell'interno. Carter fece strada e mostrò loro il tabernacolo con le sue «belle porte d'oro incontaminato» e quindi i vasi di alabastro. Poterono vedere la tomba che fungeva da laboratorio, dove Mace era al lavoro. «Vidi così mio padre», scrisse Margaret, «che curava le bighe: erano sontuose, d'oro, con figure d'oro di persone, negri, asiatici, prigionieri e decorate all'esterno con fiori di loto fatti di ceramica, vetro e corniola. Le ruote erano laminate in oro.» Winifred completava la descrizione della figlia: «Qui Arthur è il re assoluto... le bighe sono uno splendore... Non ho mai visto niente di simile».

Il Natale del 1923 era stato un periodo rilassante, nonostante i contrasti di Carter con gli egiziani e il ricordo della tragica morte di Carnarvon. I Mace dettero un ricevimento al Winter Palace Hotel e più tardi Carter si unì a loro per la cena e per i giochi di società alla Expedition House che essi avevano addobbato di stelle filanti. La casa che il Metropolitan Museum aveva nell'area era il centro sociale della Valle, ma il trambusto tipicamente americano che vi regnava era ben diverso dall'agitata attività che gli archeologi svolgevano nel gran calore del giorno egiziano e nel freddo delle sue notti, che consentiva poco riposo e causava molta molestia. Il lavoro di Mace nel laboratorio, il suo aiuto nei rapporti con la stampa e con le persone importanti, la sua pressante collaborazione con Carter nel redigere congiuntamente il loro rapporto sulla scoperta della tomba, tutto contribuì a portarlo all'esaurimento. La sua salute era più cagionevole di quella di Carter, sicché nel maggio del 1924 un rapido indebolimento fu la causa di una precipitosa partenza per l'Inghilterra.

Il Natale del 1925 fu, per quanto riguardava Carter, un ritorno alla normalità. Il lavoro di sgombro della tomba ebbe la precedenza sulle vacanze. L'agenda di Carter si atteneva ai fatti. Dopo il ritiro dei medici chirurghi giunse per una breve visita al sepolcro H.R. Hall, capo del settore egittologico del British Museum. Tranne questa parentesi, ogni istante fu dedicato alla preparazione della bara e della mummia.

Il periodo 16-31 dicembre era compendiato in un'unica annota-

zione: «Completata la bara d'oro 255 e la maschera d'oro 256a».
Il 31 dicembre Carter e Lucas partirono per Il Cairo con tre casse
contenenti la bara [4], la maschera e gli oggetti trovati addosso alla
salma, che furono consegnati al museo. Il corpo del re fu ricollo-
cato nella sua bara esterna dentro il sarcofago di pietra e lasciato
a riposare nella camera sepolcrale della tomba, dove sarebbe
rimasto per sempre.

Carter decise di mandare avanti il lavoro di restauro fino alla
fine della stagione, sebbene il ministero dei Lavori pubblici an-
nunciasse che il sepolcro sarebbe stato aperto al pubblico a partire dal 15 gennaio 1926. Il *Times* riferì che Carter aveva calcolato
che l'oro trovato sopra e dentro le bare valesse 40 mila sterline,
equivalenti alla fine di questo secolo a ben oltre un milione e pari
quasi esattamente a quanto Carnarvon aveva investito nel-
l'impresa. Finalmente Carter arrivò in Inghilterra il 28 maggio,
rientrando in patria in una atmosfera stranamente tranquilla.

Infatti, l'arrivo a casa sua a Londra passò talmente inosservato
che riuscì a tenere nascosta la sua presenza all'ambiente accademico, dove si era contato che il 12 giugno egli tenesse una conferenza alla Royal Institution. L'estenuante stagione lo aveva lasciato in uno stato di prostrazione fisica e il *Times*, tre giorni
prima della data prevista per la conferenza, annunciò che «era
stato trattenuto al Cairo».

Quando si fu ripreso abbastanza da farsi vivo, si trovò coinvolto
in una ennesima controversia. Anche se le vecchie discussioni
seguitavano a fare rumore (nel mese di marzo il suo procuratore
legale Hastie aveva detto a William Lint Smith del *Times* che egli
non avrebbe più agito per conto di Carter e non desiderava avere
più niente a che fare con lui) [5], l'ultimo contrattempo era uno di
quelli in cui le buone ragioni di Carter non potevano, una volta
tanto, essere messe in dubbio. Il 10 aprile, mentre era in corso
l'autopsia della mummia di Tutankhamun, il *Morning Post* pubblicò un servizio [6] intitolato «Incidenti misteriosi» e «Coincidenza di un segno sul volto di Tutankhamun». La cronaca prendeva
spunto dalla morte di un eminente antiquario francese, M. Bénédite, ma citava ampiamente Arthur Weigall nel chiaro tentativo
di diffondere notizie sensazionali attaccandosi all'idea di una antica maledizione.

Parlando ieri con un rappresentante del *Morning Post*, Mr Arthur Weigall, il
celebre egittologo che ha effettuato uno studio particolare sulle superstizioni

---

[4] Bara: «Mr Carter e Mr Lucas sono partiti oggi [31 dicembre 1925] da Luxor diretti al
Cairo, con la bara di Tutankhamun» (*The Times*, 1 gennaio 1926).
[5] Hastie a Lint Smith: News International Archive, file 1, lettera del 4 marzo 1926.
[6] George Bénédite: *Morning Post*, 10 aprile 1926, Weigall e gli «Incidenti misteriosi».

egiziane in genere e del regno di Tutankhamun in particolare, ha messo in evidenza che l'obiettivo delle maledizioni connesse alle tombe consisteva nel terrorizzare i profanatori dell'epoca, i quali avrebbero potuto fare a pezzi la mummia alla ricerca di gioielli o, altrimenti, danneggiare la tomba in modo tale che l'identità del defunto sarebbe andata perduta. Un fatto del genere, secondo gli egiziani, nuocerebbe al benessere dello spirito nell'Ade...

Ormai i più illustri archeologi se la prendevano per abitudine con Tutankhamun. Weigall non costituiva un'eccezione. «Mentre non posso affermare con esattezza di essere d'accordo nel credere nell'efficacia di tali maledizioni, devo ammettere che alcune cose molto strane – chiamatele coincidenze se volete – sono accadute in connessione con gli scavi eseguiti a Luxor», disse l'uomo che aveva preso il posto di Carter in qualità di ispettore capo per la regione di Luxor e che adesso si faceva strada come inviato speciale del *Daily Mail*. Le «cose» o «coincidenze» a cui alludeva Weigall riproponevano la storia del canarino e del cobra, che secondo Carter era un episodio perfettamente spiegabile, data l'attrazione che gli uccelli esercitano sulla maggior parte degli animali da preda allo stato brado.

Più considerevole fu l'apporto personale di Weigall alla riserva di superstizione locale. Con l'inviato del *Morning Post*, che probabilmente era Bradstreet, parlò del destino di un cittadino del posto il quale a Karnak aveva mandato in frantumi la statua della dea Sekhmet, usata secondo la leggenda dal dio sole Ra per distruggere il genere umano. Weigall dichiarò di avere indagato in merito ai decessi di bambini avvenuti il giorno dell'atto iconoclasta e accertò che ne era morto uno, figlio di «colui che aveva fracassato la statua». C'era poi la storia della prima visita che Carnarvon aveva fatto al sepolcro, «mostrando allegrezza» e lanciando «osservazioni scherzose». Weigall si era girato verso H.V. Morton del *Daily Express*, il quale si trovava proprio dietro di lui, dicendogli tra il serio e il faceto: «Se scende in quello stato d'animo gli do sei settimane di vita». Sei settimane dopo, secondo Weigall, quando Carnarvon era morto, Morton gli aveva ricordato le parole che aveva pronunciato.

Il giornale aveva portato avanti la sua discutibile storia accennando ancora una volta al destino del conte di Carnarvon. Parlando di un segno che il dottor Derry aveva scoperto sul volto di Tutankhamun, il foglio diceva, senza citare la fonte, che esso si trovava «esattamente nello stesso punto» della puntura d'insetto che aveva ucciso sua signoria. Considerato il risalto che l'articolo del *Morning Post* diede alla versione della «maledizione del faraone», vale la pena di citare le esatte parole del referto medico ufficiale:

Sulla guancia sinistra, proprio di fronte al lobo dell'orecchio, c'è una depressione rotonda, riempita dalla pelle e somigliante a una crosta. Intorno alla circonferenza, i cui bordi sono leggermente sollevati, la pelle è sbiadita. Non è possibile dire di quale natura sia stata questa lesione [7].

Non abbiamo nessuna indicazione medica sulla posizione esatta della puntura d'insetto che indirettamente provocò la setticemia in Lord Carnarvon e, alla fine, la fatale polmonite; ma anche nel caso in cui essa si fosse trovata sulla guancia sinistra, sicuramente la teoria della coincidenza sarebbe stata stiracchiata fino all'eccesso per lasciare intendere che Tutankhamun era stato punto esattamente nello stesso posto, il che avrebbe causato la lesione identificata dopo 3000 anni. Nondimeno, il diffuso concetto della «maledizione», che per la prima volta era stato pubblicamente espresso dalla stampa all'epoca della morte di Carnarvon e sostenuto dal più illustre occultista del momento, Sir Arthur Conan Doyle, riceveva adesso credito scientifico da parte di Weigall.

A distanza di sei mesi dal decesso di Porchy, la teoria ricevette una conferma superficiale in seguito alla morte improvvisa di uno dei suoi fratellastri, Aubrey Herbert [8]. Rimasto cieco negli ultimi nove mesi di vita, Aubrey aveva deciso di seguire il consiglio datogli nell'ambiente di Oxford, dove si sosteneva fermamente che tra occhi e denti intercorresse uno stretto rapporto, ragion per cui se ne fece estrarre diversi. Sopravvenuta la setticemia, come era avvenuto a seguito della puntura d'insetto nel caso di suo fratello, morì all'età di quarantatré anni nel settembre del 1923. Sette anni dopo, l'altro fratellastro, Mervyn, morì improvvisamente all'età di quarantanove anni. Tali decessi, quantunque perfettamente spiegabili, inducevano inevitabilmente a speculare sul piano mistico. Marie Corelli affermò che «la punizione più terribile perseguita chiunque sia tanto avventato da violare una tomba sigillata».

Nel frattempo in America Winlock conduceva un'azione dilatoria e prudente contro «chiacchiere sfrenate e racconti esageratamente entusiasti» [9], che quasi quotidianamente apparivano sulla stampa e causavano timori assai diffusi fra il pubblico, usando perfino i suoi ricordi personali degli avvenimenti per meglio gettare discredito su ogni asserzione infondata appena veniva enunciata. Ebbe scarso successo.

Ogni qual volta moriva un egittologo o un turista, quale che fosse la sua età o condizione, si diceva che la «maledizione» aveva colpito ancora. Un notissimo scrittore di archeologia divulgativa paragonò la malia del pubblico alla «maledizione del dia-

[7] Testimonianza medica: Derry, in Carter, *The Tomb of Tutankhamen*, cit., Appendice I.
[8] Aubrey Herbert: Fitzherbert, *op. cit.*, pp. 244 ss.
[9] Winlock e «La maledizione»: Hoving, *op. cit.*, pp. 226 ss.

mante Hope» e a quella «dei monaci di Lacroma». Un amico di
Carnarvon morì nel corso di una visita al sepolcro. Un membro
della deposta famiglia reale egiziana fu assassinato a Londra. Si
ritenne che un operaio del British Museum fosse morto mentre
etichettava alcuni oggetti provenienti dalla tomba. Winlock
obiettò che l'amico di Carnarvon era malato prima di arrivare in
Egitto e che molti turisti che si recavano in Egitto erano persone
collocate a riposo che viaggiavano per motivi di salute. Poteva
darsi che il principe Ali Kamal Fahmy Bey, il quale era stato
assassinato dalla moglie al Savoy Hotel, avesse visitato il sepolcro, ma mai in veste ufficiale. Nel British Museum non c'erano
nel modo più assoluto oggetti provenienti dalla tomba.

Dal 1926 in poi si ebbe un susseguirsi di decessi che alimentaro-
no la generale propensione verso il mistero [10]. Bethell, il segretario di Carnarvon, morì di trombosi coronaria nel suo letto. Il
padre, il settantottenne Lord Westbury, si suicidò saltando dal
settimo piano del suo appartamento a Londra. Il chirurgo Sir
Archibald Douglas Reid morì mentre si apprestava a radiografa-
re una mummia (anche se non era quella di Tutankhamun o di
qualcuno della famiglia). Un americano, certo dottor Carter,
morì improvvisamente e inspiegabilmente. Mace, Callender, due
cronisti assistenti di Merton e facenti parte del personale del
Times, nonché altre persone, sarebbero andati ad aggiungersi al
crescente elenco di Winlock. Nel 1933, l'egittologo tedesco professor Steindorf pubblicò un pamphlet in merito a questi decessi.
Dopo avere indagato sui loro precedenti, ne dedusse che nessun
avvenimento luttuoso potesse assolutamente essere imputato
alla profanazione della tomba o alla rimozione del suo contenuto. Citava Carter, secondo il quale sarebbe stato fuorviante far
credere che le formule protettive incise sui manichini collocati
nella camera sepolcrale fossero delle maledizioni. Il loro scopo
era solamente di «spaventare, fino a farlo fuggire, l'avversario di
Osiride (cioè il defunto) in qualsiasi forma si presenti».

Nel 1925 un visitatore dotato di spirito di osservazione fu Henry
Field, un giovane antropologo angloamericano [11]. Field viaggiava con il dottor L.H. Dudley Buxton, sotto il quale aveva studiato
al New College di Oxford. Stavano andando insieme in Mesopotamia per incontrare Gertrude Bell e far visita a Woolley a Ur.
Desideravano inoltre conoscere Carter nel corso del viaggio. In
un libro scritto trent'anni dopo, in cui metteva le teorie della
«maledizione» in una prospettiva più intelligente, Field descrisse
anche una notte trascorsa al Cairo, durante la quale aveva gu-

[10] Superstizione popolare: ivi; e Reeves, *op. cit.*, pp. 62 ss.
[11] Field: cfr. Field, *The Track of Man*, pp. 42 ss.

stato i piatti squisiti e il vino dello Shepheard, osservando Russell Pascià, il temutissimo capo della polizia, seduto a un tavolo vicino, mentre di fuori abbaiavano cani rognosi e «i mendicanti chiedevano l'elemosina, sudici monelli cercavano di vendere le sorelle, sudice ragazzine cercavano di vendere i fratelli».

Buxton e Field si recarono alla tomba insieme a James Breasted:

> Buxton e io aspettammo fra i ciottoli e la polvere vicino all'ingresso, ostentando indifferenza. Howard Carter aveva fama di fare a pezzetti i biglietti da visita degli aspiranti visitatori. Ma Mr Carter si comportò da amico. Era gioviale mentre ci faceva entrare nella tomba più pubblicizzata della storia. Parlò delle scoperte e delle opere di scavo. Buxton ascoltava con la massima attenzione, ma la mia mente si concentrava su un unico argomento.

Carter chiese al giovane che cosa lo rendesse irrequieto, poi sorrise e gli disse di sollevare il lenzuolo vicino al suo piede destro. Field sollevò la sporca tela di lino e «fissò abbagliato la massa d'oro scolpita, di una bellezza accecante, che conteneva la mummia del giovane re». Anni dopo vide la maschera d'oro al Museo del Cairo, «ma essa non sarebbe più apparsa così magnifica come in quel momento, nel pozzo mal rischiarato tagliato nel fianco di una collina della Valle dei Re». Non avrebbe mai dimenticato né l'affabilità né la cortesia di Carter, dell'uomo più anziano e celebre che guidava un giovane laureato sconosciuto nella più famosa di tutte le escursioni. A quell'epoca scrisse a proposito della «superstizione secondo la quale la sventura avrebbe colpito coloro che avessero osato penetrare nella tomba colma d'oro di Tutankhamun». Ricordò la storia del fermacarte donato all'amico di Carter, Sir Bruce Ingram. Il fermacarte consisteva in una mano mummificata, il cui polso era ancora stretto in un braccialetto di rame adorno di uno scarabeo su cui erano scritte le seguenti parole in caratteri geroglifici: «Sia maledetto colui che sposta il mio corpo. Lo incoglieranno fuoco, acqua e peste». Poco dopo aver ricevuto il dono, la casa di campagna di Ingram fu distrutta dal fuoco e, dopo essere stata ricostruita, fu travolta completamente da una inondazione. Ingram restituì il fermacarte all'Egitto. «Dire che in questo caso si tratta di una miscela di superstizione e coincidenza è la via d'uscita più facile e anche la più scientifica», dichiarò Field, aggiungendo: «Nondimeno, in molti momenti ho esitato davanti alle porte chiuse e sigillate del passato. Allora qualcosa fa presa sulla fantasia e ci trattiene. Non è una sensazione piacevole. Quel giorno a Luxor, nel sepolcro del re Tutankhamun, quella sensazione si è presentata per la prima volta e con grande forza».

Lo stesso Weigall, l'archeologo che fin dall'inizio aveva ottenuto il consenso per la sua attività nell'ispettorato ed era tornato in Egitto nel 1923 in qualità di inviato del *Daily Mail*, morì in seguito a una febbre, che in quel paese era una normale calamità, diventando il numero 21 nell'elenco delle «vittime». Ma Winlock mise in evidenza che l'uomo che aveva favorito l'affermarsi della teoria della «maledizione» non era mai stato invitato a visitare la tomba, tranne che in occasioni pubbliche, e che non ricopriva una posizione ufficiale. Protestare, comunque, fu inutile. L'interesse del pubblico per il sepolcro si era spostato in gran parte dagli splendori artistici del periodo di Tell el-Amarna e dalle sue immediate conseguenze durante la XVIII Dinastia alla minaccia perpetua di una maledizione faraonica. Il disprezzo di Carter si tramutò in furore, ma al pari di Winlock non poté fare niente per tenere a freno la brama del pubblico o per scoraggiare gli sforzi della stampa nel soddisfarne i desideri. Nel riconoscere l'idea di una «forza mistica» inerente all'immagine delle cose egiziane, si riferiva a Sir Alan Gardiner e scrisse che, nel frugare il corredo del giovane re, non aveva avuto alcuna intenzione di «compiacere l'emotività che nasce da una curiosità morbosa». «Io sono ancora vivo», soleva rispondere quando, quasi ogni giorno, gli chiedevano conto della morte di un oscuro archeologo o di un funzionario addetto ai musei. Anche se nessuno voleva sentirne parlare, il fatto era che anche a distanza di un decennio dall'apertura della tomba, tutti i cinque uomini, tranne uno, e l'unica donna presenti erano sopravvissuti.

Fu proprio un bene che a quell'epoca i giornalisti non avessero accesso ai taccuini di Carter che, per colmo di ironia, avrebbero potuto prestare un formidabile sostegno a congetture astruse. Un articolo di cronaca si riferiva alle parole incise su un candeliere trovato presso il tabernacolo del dio Anubi: «Io sono il protettore dei morti». Parole alle quali il cronista aveva aggiunto di suo: «Ucciderò coloro che varcheranno la soglia...». Poco prima di partire per l'Inghilterra, nel mese di maggio, Carter scrisse nella sua agenda uno strano racconto riguardante lo sciacallo Anubi, il dio zoomorfo dei morti:

*Maggio 1926*. Sulle colline dietro casa mia [nella Tebe occidentale], ho visto una coppia di sciacalli... che si dirigevano verso il terreno coltivato. Probabilmente avevano i cuccioli fra le colline, altrimenti sarebbe stato prematuro per loro scendere in località abitate e coltivate. Ma la cosa più interessante era il fatto che, mentre uno di essi era di taglia e colore normali, l'altro – non riuscivo a distinguere se fosse un cane o una lupa, dato che erano a una distanza di oltre 200 metri – era tutto nero, molto più alto e sottile, somigliante, anche se aveva una coda non altrettanto cespugliosa, al tipo... che si trova sui monumenti. Questo è il primo esempio di sciacallo di quel colore e di quella razza che abbia visto in Egitto in più di 35 anni di esperienza nel deserto e mi ha fatto venire in mente... l'antico e originale sciacallo egiziano che solo ora conosciamo con il nome di Anubi.

Sotto l'annotazione nell'agenda c'era uno schizzo semplice ma evocativo dell'animale, nero e con le orecchie verticali, come lo aveva visto attraverso il suo binocolo Zeiss. Aveva ormai poche occasioni di disegnare, ma ogni volta che se ne presentava la possibilità dimostrava che il senso della linea e della forma non lo aveva abbandonato man mano che l'archeologia aveva preso il sopravvento sul suo primo amore.

Durante l'intervallo estivo del 1926, Carter fece la sua solita visita a Highclere Castle. Stavolta, però, aveva del lavoro da fare. Lady Carnarvon aveva deciso, attenendosi alle ultime volontà del marito, di sistemare qualche pezzo antico della sua magnifica collezione [12]. Interpretando il gergo legale del testamento, era desiderio esplicito di Carnarvon che «l'intera raccolta egiziana» toccasse ad Almina, alla quale chiedeva di consegnare un solo oggetto per ciascuno al British Museum, all'Ashmolean Museum e al Metropolitan Museum. Il dono destinato a quest'ultima istituzione era così specificato: «Un frammento di tazza di vetro azzurro, dell'epoca di Thutmosi III». Non c'è nulla di vero in ciò che ha asserito successivamente Hoving, nel senso cioè che Carnarvon intendesse destinare l'intera raccolta al British Museum. *Tuttavia*, «se mia moglie è costretta a vendere», solo Carter doveva essere incaricato di svolgere le trattative e di stabilire il prezzo. Se, d'altro canto, Almina decideva di tenersi la raccolta, «per mio figlio o per il paese», avrebbe dovuto «consultare il dottor Gardiner e Mr Carter». Comunque, quando si stabilì di vendere, fu Albert Lythgoe, rappresentante del Metropolitan Museum, a raggiungere Carter nel mese di agosto per imballare i preziosi pezzi e a consigliare Lady Carnarvon sulla loro sistemazione. Il procuratore legale del patrimonio Carnarvon si mise in contatto con il British Museum, i cui amministratori dovevano approvare gli acquisti in grande con criteri che a quei tempi erano tutt'altro che solerti. La somma a cui Carter era arrivato, 40.000 sterline circa, non poté essere approvata nel tempo stabilito, cioè entro le ore 16 del giorno in cui il procuratore legale si era presentato. L'intera raccolta venne offerta al Metropolitan Museum per l'equivalente somma di 145.000 dollari. Il museo di New York concluse così uno degli affari più vantaggiosi e riservati della sua esistenza, e nello stesso tempo Carter placò la sua coscienza riguardo al mancato risarcimento da parte dell'Egitto verso l'unica

---

[12] Collezione Carnarvon: Hoving, *op. cit.*, pp. 357 ss.; e Reeves, *op. cit.*, p. 47.

istituzione che con l'aiuto dei suoi esperti gli aveva consentito di portare a compimento lo sgombro del sepolcro.

Carter ritornò in Egitto il 27 settembre 1926, pronto a iniziare una nuova stagione di attività nella «stanza che si trovava dietro la camera sepolcrale» [13]. Lucas, ormai unico responsabile del laboratorio dopo il ritiro di Mace, era sempre un amico fedele e leale, anche se era arrivato quattro anni prima temporaneamente distaccato dal ministero dei Lavori pubblici. Un paio di settimane furono dedicate a discussioni e riunioni informali con alcuni funzionari del ministero, per concordare un programma dei lavori di sgombro della camera che fungeva da magazzino e che più tardi Carter avrebbe definito «la parte più interna del tesoro».

La tomba sarebbe rimasta chiusa al pubblico fino al primo gennaio 1927, dopo di che sarebbe stata aperta per tre giorni alla settimana fino al 15 marzo. Ci fu anche un breve intervallo di amichevoli contrasti con i compatrioti Quibell e Frith, i quali si erano allontanati in seguito alle discussioni che Carter aveva avuto con il loro superiore Lacau, ma ora cercavano di ottenere il suo parere a proposito di uno scheletro di cavallo da loro scoperto a Saqqara. «Calcolando un certo restringimento, la sua altezza al garrese è di 160 centimetri=60 pollici=15 palmi», annotò, «che sembra anormale per un cavallo del periodo ramesside a cui, a quanto pare, Frith e Quibell lo fanno risalire.»

Arrivato al sepolcro con Lucas, scoprì che i topi si erano fatti strada passando sotto la porta di legno della tomba numero 15, quella adibita a laboratorio. Nel caso specifico, gli invasori avevano arrecato pochi danni, ma Carter fece notare con stizza che «avrebbero potuto farne» e che lo si sarebbe evitato «mettendo un po' di sabbia alla base». Mancavano ancora alcuni ritocchi da apportare alla mummia del re e alla bara esterna, in cui da allora in poi essa avrebbe riposato. Il 23 ottobre scrisse: «La prima bara più esterna contenente la mummia del re, finalmente fasciata di nuovo, è stata calata stamattina nel sarcofago». Ormai erano pronti a dare inizio all'indagine della stanza situata a nord della camera sepolcrale. Nel rinunciare allo scopo di ogni sua ambizione e desiderio, Carter citò il grande egittologo dell'Ottocento, Sir Gardner Wilkinson, a proposito della sepoltura dei defunti:

Amore e rispetto venivano manifestati al sovrano non soltanto quando egli era in vita, ma si continuava a tributarglieli alla memoria dopo la morte; e il modo in cui si celebravano le sue esequie funebri tendeva a dimostrare che, sebbene il loro benefattore non esistesse più, permaneva un sentimento di gratitudine per la sua bontà e di ammirazione per le sue virtù.

[13] Stagione 22 settembre 1926-3 maggio 1927: GI, agenda di Carter (minuta).

Un nuovo ispettore addetto al dipartimento alle Antichità, Tewfiq Effendi Bulos, arrivò per assistere agli ultimi preparativi per la solenne esposizione della mummia al pubblico. Ogni fase dell'operazione venne fotografata da Burton, il quale era giunto a Luxor il 16 ottobre. Il 24 Burton trasferì la sua attrezzatura fotografica all'interno della stanza adibita a magazzino (detta il «tesoro» di Carter) [14]. Quando era stata scoperta la prima volta fin dal febbraio del 1923, la camera aveva rappresentato una sfida al senso del dovere di Carter. A differenza degli altri ambienti, la sua apertura non era stata sigillata nell'antichità. La tentazione di girovagare in mezzo alla massa di oggetti funebri che conteneva era stata grandissima, ragion per cui Carter aveva ordinato di sbarrarne l'ingresso con tavole di legno in modo che lui e i suoi uomini non si distraessero. Ormai avevano la possibilità di studiarne i particolari.

Proprio all'ingresso c'era la nera figura di Anubi, accovacciato su un pilone dorato, posato su una slitta (o palanchino) munita di stanghe per il trasporto. Sul pavimento di fronte al dio sciacallo c'era una torcia di canne su un piedistallo di mattoni d'argilla, che aveva l'incantesimo «di respingere il nemico di Osiride, sotto qualsiasi forma si presenti». Dietro la figura di Anubi c'era una testa di vacca, altro simbolo dell'aldilà. Lungo una parete c'era un mucchio di scrigni neri, a forma di tabernacolo, tutti chiusi e sigillati, tranne uno. Quello aperto conteneva statuette raffiguranti il re, fasciate nel lino e collocate sulla schiena di un leopardo. Il pensiero di ciò che gli altri scrigni, quelli «infausti», potessero contenere «spronava la fantasia». All'atto pratico, essi contenevano statuette del re preso dalle sue occupazioni divine. La squadra, ansimante e grondante sudore, mise in salvo numerose imbarcazioni riprodotte in scala ridotta, tutte con la poppa volta a occidente, munite di cabine, di guardie, di troni e di piccoli padiglioni. Di fronte agli scrigni, trovarono offerte di più delicata fattura, battelli con le vele sciolte e serrate, poggiate sul modello ligneo di un granaio. Inoltre, sotto il cumulo di scrigni, nell'angolo della stanza rivolto a sud-ovest, c'era una grande cassa oblunga contenente un'effigie di Osiride avvolta in tessuto di lino.

Al lato opposto della stanza c'era una fila di cofanetti, ornati d'avorio, ebano e oro, e casse di semplice legno dipinto di bianco costruite a volta, contenenti gioielli, eccetto una, in cui c'era un ventaglio di piume di struzzo con manico d'avorio, un ricordo del giovane re, «perfetto come nel momento in cui aveva cessato di appartenergli».

---

[14] Il tesoro più nascosto: Carter, *The Tomb*, cit., pp. 223 ss. Cfr. anche Hoving, *op. cit.*, pp. 363 ss.; Desroches-Noblecourt, *op. cit.*, pp. 77 ss.; Reeves, *op. cit.*, pp. 119 ss.

Altri oggetti che facevano parte del «tesoro» comprendevano ancora barche riprodotte in scala ridotta, una faretra decorata, due bighe da caccia smontate e ammucchiate come quelle che si trovavano nell'anticamera, bare in miniatura e altre «case» di legno che ospitavano le statuette *ushebti*. Molti oggetti non erano stati spostati, ma Carter era sicuro che i ladri, i quali sapevano dove mettere le mani, erano entrati nella stanzetta. Sembrava che essi, «alla ricerca del bottino», avessero arrecato poco danno tranne che l'aver portato via gli scrigni preziosi, lasciando cadere alcune perline per il nervosismo o per la fretta.

Restava tuttavia un solo altro oggetto di primaria importanza. «C'era infatti, appoggiato alla parete orientale e alto fino a toccare quasi il soffitto, un grande canopo dorato, sormontato da file di cobra solari brillantemente intarsiati.» Il canopo, sorretto da quattro pilastri quadrati e montato su una slitta, nascondeva uno scrigno dorato a forma di tabernacolo contenente una scatola canopica che a sua volta presentava delle suddivisioni d'alabastro dentro le quali erano adattati quattro recipienti d'oro massiccio a forma di mummia, in cui erano conservate le viscere del re. Contro ciascun pannello montava la guardia la figura di una dea (Iside, Nefti, Neith e Serket), che sorvegliava una parte specifica del corpo del re. I quattro lati di ciò che è comunemente noto come lo Scrigno canopico sono intagliati con caratteri geroglifici color nero, evocativi delle formule pronunciate da ciascuna delle dee tutelari nel rivolgersi ai quattro figli di Horo: Imset, Hapi, Duamutef e Qebehsenuf. La straordinaria scoperta, l'ultima che appagasse l'insaziabile esigenza del mondo per gli ornamenti d'oro e per i misteri incomprensibili, riportò Tutankhamun e il suo sepolcro sulle prime pagine dei giornali. Anche in mezzo agli inimmaginabili tesori della tomba, essa spiccava come un capolavoro d'arte e di concezione. «Oltre al materiale appena verbalizzato», scrisse Carter concludendo, «deve esserci stato un mirabile spiegamento di ricchezze in quei cofanetti di cose preziose, e ci sarebbe ancora se non fosse stato per le attività selettive dei profanatori di tombe durante il periodo dinastico.»

Carter indugiò sul significato della stanzetta che egli chiamava il «tesoro», riferendosi al papiro di Torino che contiene il progetto della tomba di Ramesse IV al fine di spiegarne le tante caratteristiche mistiche. «Sebbene quel documento appartenga a un regno datato a circa un paio di secoli dopo Tutankhamun, esso getta luce sulla sua tomba.» Vengono indicate dimensioni e altezze come in una dettagliata descrizione di architettura: «Disegnato a grandi linee, inciso con lo scalpello, colorato». Nel verso del papiro ci sono alcune note, compresa una intestazione: «Misurazioni della tomba del Faraone, Vivo, Vegeto, Sano». La camera sepolcrale viene denominata la «Casa dell'Oro in cui riposa l'Uno»; e quella camera è fornita «dell'arredo di Sua Maestà su ogni lato di essa, unitamente alla Divina Enneade che è nella Duat» (l'Enneade è un gruppo di nove divinità, la Duat è il mondo degli inferi).

Per via di comparazione, Carter sottolineò:

Grazie ai dati citati, e grazie alla gran quantità di materiale trovato nella stanzetta dietro la Camera Sepolcrale, diventa perciò del tutto chiaro che essa riunisce diverse camere in una sola: «Il posto degli Ushebti; l'ultima dimora degli Dei»; almeno uno dei due «Tesori»; e «il Tesoro della Parte più Riposta».

L'agenda del mese di ottobre del 1926 contiene appunti relativi alla religione tradizionale e alle divinità dell'antico Egitto, che dimostravano una comprensione nata da lunghi anni passati a disegnare e a studiare le iscrizioni e gli oggetti sacri delle tombe. «Il nucleo della religione egiziana», scrisse, «era monoteistico», ma intorno a quel dio principale (il quale era niente di meno che il dio sole) si raggruppavano altre divinità. Insieme a lui otto divinità formavano la Grande Enneade (serie di nove), che si riteneva discendessero tutte direttamente dal Grande Dio. Oltre a questo c'era una seconda Enneade, o Enneade Minore, «che, quantunque discendesse in linea diretta dal dio sole, gli era imparentata più alla lontana». Egli elencò la Grande Enneade: Ra, il dio sole, creato dalle acque primordiali; Shu e Tefnet, sputati dalla bocca di Ra, che sostenevano il cielo; i loro figli Geb e Nut, la terra e il cielo, e la loro discendenza rappresentata da Osiride, Iside, Seth e Neft, «che hanno molti figli sulla terra». Venivano poi Horo, Thot, Anubi, e così via.

Per il resto dell'anno, i taccuini e i diari attestavano il crescente interesse di Carter per l'ammaestramento tratto dai manufatti che aveva scoperto, per il pantheon, i miti, i geroglifici (che copiava con mano abile e sicura), le etimologie delle parole egiziane e l'organizzazione dell'antica società egiziana. C'era anche spazio e tempo da dedicare a un pezzo affascinante di moderna ricerca archeologica, citando E.W. Lane a proposito di un filtro potabile dei battellieri del Nilo, di cui parla in *Modern Egyptians*: «Boozeh o Boozah, un liquore inebriante fabbricato con l'orzo». La stessa tomba sembrava avere poco più da offrire.

Alla fine di ottobre un giovane francese, Henri Landauer, giunse a Luxor su invito di Lacau, per lavorare come assistente di Carter e di Lucas nel deposito. Per tutto novembre e dicembre, gli oggetti che ancora restavano vennero puliti, rinfrescati e preparati per il laboratorio dove, sotto l'occhio esperto di Lucas, furono rimessi a posto e avviati in via definitiva al Museo del Cairo.

L'interesse della stampa era scemato al punto che ormai pochi inviati infastidivano Carter, e anche Merton, sempre oggetto di sospetti da parte dei suoi superiori di Printing House Square, si trovava a Londra per difendere la sua causa durante i recenti disordini politici e per spiegare perché non era stato in grado di inviare al giornale una descrizione del trasferimento del corpo del re dal sepolcro al Museo del Cairo al termine dell'anno precedente. Conseguentemente al diminuito interesse pubblicitario, Carter poté tenere il contenuto del deposito lontano dalla curiosità della gente fino al 4 dicembre, quando l'*Egyptian Gazette* emanò un comunicato concordato con il dipartimento alle Antichità, in cui si fornivano particolari sui gioielli scoperti all'ultimo momento. Alla fine dell'anno, un rinnovato interesse da parte del governo, della stampa e del pubblico era evidente. I ministri del governo e i loro amici, come pure i funzionari del dipartimento alle Antichità, andavano e venivano senza far pensare che Carter fosse uscito dai gangheri.

Il tè dai Newberry e un pomeriggio in cui si svolse la cerimonia inaugurale del nuovo collegamento ferroviario a scartamento largo da Luxor ad Assuan costituirono gli unici impegni sociali nell'arco di tre mesi. La tomba venne chiusa poco prima di Natale, il 19 dicembre, dopo una visita dei delegati del XIV congresso internazionale della navigazione. Carter, Lucas e Landauer festeggiarono insieme il giorno 25 al Winter Palace. Il lavoro riprese il 30. Una annotazione enigmatica nel diario di quel giorno si riferiva alla «conservazione e alla registrazione di materiali e oggetti scoperti in fondo a una cavità». L'ultimo dell'anno 1926 re Fuad visitò la tomba e il laboratorio, attirato dalla cronaca sulle scoperte più recenti.

Il Capodanno diede luogo a un aumentato agitarsi da parte di masse di gente richiamate dalla pubblicità data alla fine dell'anno ai fantastici manufatti del tesoro. Adesso il pubblico veniva ammesso al sepolcro tre giorni alla settimana, martedì giovedì e sabato, dalle 9 alle 12. Il diario di Carter in data 9 febbraio annunciava la sua partenza per Assuan «a causa delle pretese dei visitatori». Tornò alla tomba laboratorio venti giorni dopo per trovare che Burton e Lucas erano ancora impegnati a lavorare sodo per fotografare ogni pezzo da tutti gli angoli visuali prima di imballarlo e spedirlo al Cairo. Sfinito, cominciava ad accusare per la prima volta gli effetti di tanti anni trascorsi nel caldo e nel trambusto dell'Egitto, e non vedeva l'ora di concedersi una vacanza estiva in Inghilterra. Durante il tragitto, si fermò una notte alla Residenza del Cairo su invito del nuovo alto commissario, Sir George (più tardi Lord) Lloyd. Allenby, spinto alla disperazione dalla politica del suo governo e dell'amministrazione che gli era stato chiesto di controllare, era partito per l'Inghilterra nel giugno del 1925. Da un cablogramma Reuter apprese che il suo successore sarebbe stato Lloyd [15], il quale durante la guerra 1914-18 aveva prestato servizio come uno dei suoi ufficiali addetti alle informazioni. Carter arrivò a Londra il 3 maggio 1927.

---

[15] Allenby e Lloyd: Wavell, *op. cit.*, p. 347.

# CAPITOLO DICIASSETTESIMO

# I vivi e i morti

Colui che si mise in viaggio per portare a termine l'opera della sua vita procedendo allo sgombro dell'ultimo settore del sepolcro, la *dépendence*, era un Howard Carter affaticato e più tranquillo.

Tornò al Cairo a metà settembre del 1927 [1], per un colloquio con alcuni funzionari del dipartimento alle Antichità e del governo. Adesso doveva firmare annualmente una nuova convenzione, agendo nell'interesse di Lady Carnarvon, dato che la stagione iniziava ufficialmente il 15 settembre. «Durante gli ultimi giorni di novembre del 1927, fummo in grado di affrontare le fasi finali delle nostre ricerche.» Quelle fasi finali sarebbero durate, ininterrottamente, per altre cinque stagioni.

Le prime sei settimane furono dedicate all'attività di laboratorio sul tabernacolo di Anubi e sui manufatti più piccoli del tesoro, sotto la sorveglianza per la maggior parte del tempo di Rushdi Effendi, ispettore per la regione di Luxor, e di diversi suoi colleghi più giovani. Burton si unì al gruppo il 15 ottobre e Landauer arrivò di lì a qualche giorno, in tempo per dare una mano, data l'affluenza dei visitatori. Alla fine di novembre erano pronti a trasferire le sezioni di tetto dei tabernacoli smontati che erano stati depositati sul lato meridionale dell'anticamera, in previsione di ricollocarli nella *dépendence*, sul lato occidentale [2]. Questa era la camera che essi, secondo quanto si dice, avevano invaso durante la «lunga notte» del 26-27 novembre 1922, forzando la parte superiore di un vano di porta sigillato, in quanto nella parte inferiore i ladri avevano aperto una breccia quasi 4000 anni prima. Il 30 novembre 1927 riuscirono a spostare alcuni oggetti dall'ingresso e a mettere piede nella confusione caotica che avrebbe tenuto occupato Carter e i suoi uomini per i quattro anni successivi.

«Gli oggetti strani e belli attirano su di sé ammirazione ed elogi, teorie e belle parole», scrisse Carter nella sua agenda, pensando

---

[1] Nuova stagione, settembre 1927-aprile 1928: GI, agenda di Carter (minuta).
[2] *Dépendence*: ivi; e Carter, *The Tomb*, cit., pp. 272 ss. Vedi anche Desroches-Noblecourt, *op. cit.*, pp. 90 ss.; e Reeves, *op. cit.*, pp. 70 ss.

al xxi capitolo del libro in cui, mentre lavorava, riferiva fase per fase il lavoro di sgombro della tomba. Arrivato all'ultima stesura, sostituì le parole «attirano su di sé» modificando così la frase: «Oggetti strani e belli suscitano ammirazione...». Egli era convinto che il suo libro dovesse trasmettere con le parole più semplici non solo i fatti inerenti alla sua scoperta, già di per sé stupefacenti, ma anche le sue autentiche emozioni via via che scopriva ogni camera e ogni oggetto. Come ebbe ripetutamente a ricordare al lettore nel testo definitivo, la sua preoccupazione era quella di evitare le complicazioni e le sottigliezze dell'egittologia, che non avrebbero avuto alcun significato per il profano e sarebbero servite soltanto a rendere più incomprensibile la sua esposizione.

Breasted e Gardiner aiutarono a decifrare i quattro sigilli rimasti impressi nello strato di stucco della parte superiore della porta, e nei quali il giovane occupante del sepolcro veniva reso noto con il nome che aveva al momento dell'incoronazione:

Il Re dell'Alto e Basso Egitto, Nebkheprure, il quale trascorse la sua vita fabbricando immagini degli dèi, affinché potessero dargli ogni giorno incenso, sacrifici libatori e offerte.

Nebkheprure, il quale imitò [fabbricò immagini di] Osiride e costruì la sua casa come in principio.

Nebkheprure-Anubi [probabilmente quando è stato preso per il re come nel caso di Osiride], vittorioso sui nove archi.

Il loro Signore Anubi che riporta la vittoria sui quattro popoli prigionieri.

Ma Carter ebbe il suo bel da fare per spiegare che i suoi amici accademici erano responsabili solo in parte. Alla fine presentò i sigilli a modo suo, con qualche variante di minore importanza.

Carter era attratto dall'idea che i ladri avessero fatto irruzione tanti secoli prima sapendo che cosa c'era all'interno della tomba. «Nella scena che si parava davanti a noi c'era qualcosa di sconcertante, ma degno di attenzione. L'incongruo guazzabuglio di materiale, ammassato con assoluta ottusità e mancanza di rispetto, senza dubbio nascondeva una strana storia, sempre che fosse possibile svelarla.» La lampada elettrica inondava di una luce dorata la stanza in pieno disordine, evidenziando i singoli pezzi in mezzo a cumuli di oggetti funebri. Qui c'era una scranna «simile a un faldistorio, decorata secondo il gusto di un'epoca remota», là un fusto di letto, non molto diverso da quello usato dagli abitanti del Nilo al giorno d'oggi, un vaso, una statuetta; armi, panieri, ceramiche, alabastro, cassette, imbarcazioni; una cassetta rotta contenente barche magistralmente intagliate; un leone, uno stambecco, un ventaglio, un sandalo, un guanto, e il tutto stava «in bizzarra compagnia di emblemi dei vivi e dei morti».

Le idee di Carter a proposito di persone molto abili, se non proprio devote, che avevano operato in una lontana età di altis-

simo livello artigianale, ben presto cedettero il passo a una misu-
rata valutazione del compito che lo attendeva. Durante un colloquio con i suoi assistenti francesi e inglesi, fu deciso che si di-
sponessero in due gruppi: un gruppo interno di «cacciatori del
tesoro», i quali sarebbero stati calati a testa in giù, pian piano,
centimetro per centimetro, attraverso la montagna di oggetti, sostenuti da una braca in cavo sotto le ascelle, che sarebbe stata
tenuta, come si fa con le marionette, da un secondo gruppo di
operai che si trovavano nell'anticamera. In tal modo gli oggetti
sarebbero stati scelti e presi uno per uno, a cominciare da quelli
che stavano in cima, scongiurando così il pericolo che qualcuno,
scivolando, provocasse la caduta di un pesante manufatto o il
crollo di tutto il mucchio.

Nell'affrontare il problema in modo così sistematico, gli scavatori furono in grado di farsi un'idea molto precisa sia dell'ordine
originale delle cose, sia del modo in cui si era arrivati al caos
finale. Si giunse alla conclusione che i furti erano stati due: il
primo perpetrato dagli scellerati rapinatori di metalli della Valle,
interessati soltanto a trovare oro, argento e bronzo; il secondo,
da ladri altamente specializzati, il cui scopo era quello di trovare
gli unguenti rari e preziosi usati nei procedimenti di sepoltura e
contenuti in vasi di pietra. Effettivamente, la *dépendence* era il
ripostiglio vero e proprio, destinato alla conservazione degli oli e
degli unguenti, del vino e del cibo occorrenti per il viaggio negli
Inferi, ma i materiali appartenenti alla camera sepolcrale e il
tesoro erano strabocchevoli, ragion per cui erano stati accatastati
alla sommità di quanto vi era in origine. I due furti avevano poi
accresciuto la confusione fino a creare l'empia accozzaglia che
avrebbe accolto Carter e i suoi uomini a distanza di 3500 anni.

Perché tanti vasi assolutamente trascurabili erano stati mano-
messi? si chiedeva Carter. Perché alcuni di essi erano stati lasciati
vuoti sul pavimento delle camere, mentre altri erano stati abban-
donati nel passaggio dell'ingresso? I grassi e gli oli usati a quei
tempi, pensava Carter, erano di valore molto maggiore di quanto
presentemente si potrebbe supporre. Il loro valore spiegava il
fatto che la tomba era stata chiusa due volte, come egli aveva
dato per scontato quando per la prima volta aveva esaminato
l'accesso sigillato e il vano di porta interno. Lo strano paniere e il
vasetto d'alabastro gettati sul pavimento dell'anticamera, nonché la solitaria statuetta *ushebti* appoggiata alla parete, era sicuro
che provenissero dalla *dépendance* e che fossero stati lasciati indietro dai ladri o sbadatamente, o per portarli via più tardi a loro
comodo.

Per combinazione, delle proprietà chimiche e dell'importanza
di un vasetto di «cosmetico» trovato nel sepolcro si era parlato

nell'agosto del 1926, in occasione dell'assemblea annuale della British Association per il progresso della scienza [3]. Gli autori dell'articolo, Mr Chaston Chapman e il dottor Plenderleith, dissero che il contenuto oleoso del vasetto era piuttosto attaccaticcio e aveva l'aspetto di «una eterogenea mistura costituita da grumi gialli oltre che da una sostanza color cioccolato». Si scioglieva a temperatura corporea, emanando «una fragranza debole ma caratteristica» che i chimici paragonarono a quella della noce di cocco. Dopo attenta analisi, si disse che la sostanza era formata per il 90 per cento da grasso neutro animale e per il 10 per cento da resina o balsamo.

Nel concludere il suo lavoro nella *dépendance* e riservando le restanti energie agli oggetti che si trovavano nella tomba laboratorio di Lucas, Carter si permise di fare un'ampia ricapitolazione storica:

Nulla potrà mai cambiare il fatto che in questo sepolcro noi abbiamo trovato prove d'amore e di rispetto, insieme alla mancanza d'ordine e all'oltraggio finale. Questa tomba, pur non condividendo il destino di mausolei consimili ancorché più imponenti, fu nondimeno saccheggiata – saccheggiata due volte – ai tempi dei faraoni... Sono altresì convinto che entrambe le scorrerie ebbero luogo qualche anno dopo la sepoltura. Vicende come il trasferimento della mummia di Akhenaton dal suo sepolcro iniziale a Tell el-Amarna fino alla sua cella tagliata nella roccia a Tebe, a quanto pare sotto il regno di Tutankhamun; il rinnovamento della sepoltura di Thutmosi IV, nell'ottavo anno di regno di Haremhab, dimostrano che essa era stata depredata dei suoi tesori, chiarì in modo notevole la situazione nella necropoli reale a quell'epoca. La confusione religiosa in cui era allora lo Stato; il crollo della dinastia; la conservazione del trono da parte del gran ciambellano e probabile reggente, Ay, il quale alla fine fu soppiantato dal generale Haremhab, furono episodi che è possibile supporre abbiano favorito certe forme di razzia... Ci si chiede come sia avvenuto che quella sepoltura reale, con tutto il suo ricco contenuto, si sia sottratta al destino finale delle altre ventisette esistenti nella Valle [4].

Arrivavano ancora visitatori da ogni punto cardinale. L'ultimo giorno dell'anno 1927 giunse il re dell'Afghanistan con il suo *entourage* di corte. Il 6 gennaio 1928 [5] fece la sua comparsa il primo ministro reintegrato Sarwat Pascià e, due giorni dopo, la tomba fu aperta al pubblico per gentile concessione. Era tempo di imballare l'ultima infornata di oggetti antichi provenienti dal laboratorio e di spedirli al Cairo, mentre anche Carter si metteva in viaggio nella stessa direzione per incontrare la sorella di Carnarvon, Lady Burghclere. L'ultimo dei visitatori che richiese la sua assistenza personale fu la sultana madre Malek, che arrivò il

[3] British Association: *The Times*, 6 agosto 1926.
[4] Ricapitolazione storica: Carter, *The Tomb*, cit., pp. 278-9.
[5] Gennaio-febbraio 1928: *The Times*, 4 gennaio, «Ancora scoperte su Tutankhamun»; e ivi, 6 febbraio, «Altre scoperte».

13 gennaio. Nella prima settimana di febbraio Carter tornò a
Luxor dal Cairo insieme a Lady Burghclere, per salutare Umberto, il principe ereditario d'Italia.

Il fare da guida ad alto livello si era sostituito alla spossante
routine e ai contrasti politici che negli ultimi anni avevano assorbito molte delle sue energie. Può darsi che un cambiamento nel
sistema di vita gli sembrasse auspicabile e, apparentemente, se la
cavò bene. Tuttavia l'esistenza disagiata che ormai era costretto a
condurre nel suo paese d'adozione ben presto mise a dura prova
il suo stato di salute. Come molte persone della sua generazione,
aveva fumato abitualmente per anni, con evidenti conseguenze
sulle vie respiratorie. Ai primi di febbraio risalì il fiume con Lady
Burghclere fino a Assuan e alla fine del mese tornò a casa sua a
Qurna con un grave raffreddore. Rimase a letto per quasi tutto il
mese seguente, assistito dal suo fedele domestico Abdal-Asl Ahmad Said. Alla fine del mese si rimise in piedi in occasione dell'arrivo della principessa Mary, figlia di Giorgio v, e di suo marito
il visconte Lascelles, e fece fare loro un'escursione nella Valle
fino alle tombe tebane in cima alle rupi, dove egli aveva trascorso
tanti utili anni della sua giovinezza. La sultana Malek, la più entusiasta di tutti i membri della famiglia reale egiziana, ritornò nel
mese di aprile e Carter la portò a Deir el-Bahri per mostrarle i
disegni murali restaurati. All'inizio dell'estate egli era a Londra,
stremato dagli impegni sociali.

Prima di salutare Burton e Landauer e di chiudere il sepolcro
per la stagione calda, ricevette la notizia della morte di Mace [6],
suo collaboratore letterario e, insieme a Burton e a Callender,
uno dei suoi amici più stretti. Tranquillo e senza pretese, Arthur
Mace era costituzionalmente ben diverso da Carter quanto da
Petrie, suo cugino e mentore. Giudicava con discernimento, aveva una personalità stabile e un comportamento tollerante, qualità che nelle comunità americane e inglesi a Tebe scarseggiavano.
La sua collaborazione al primo volume della *Discovery of the
Tomb of Tutankhamen* era stata feconda; anzi, il testo, sia pure
frutto incontestabile di un lavoro in comune, risultava scritto a
mano da lui. Al pari di Burton, ebbe la fortuna di avere una
moglie risoluta – le mogli degli archeologi ai tempi del pionierismo fra le due guerre erano per tradizione forti – ma Mace aveva
trovato in Winifred una compagna che avrebbe condiviso il suo
ardore per i viaggi, per l'Egitto e per l'archeologia: a suo modo
una perfezionista, la quale a volte pretendeva dagli altri l'impossibile ed era sempre felice quando constatava che suo marito
poteva essere all'altezza di tali valori.

[6] Morte di Mace: Lee, *op. cit.*, pp. 53 ss.

Quando nel gennaio del 1923 Mace unì le forze con Carter, disse che il suo capo era un «tipo strano», aggiungendo che era «a volte molto irritabile a causa delle sue responsabilità (la cosa non mi sorprende), ma con me è sempre molto simpatico». Carter, nell'apprendere la morte del collega, inviò a Winifred un telegramma, in cui diceva che Mace era stato un uomo che egli «aveva profondamente rispettato». Mancava un po' di generosità, nell'ultimo omaggio reso da Carter all'uomo che era stato il suo *alter ego* durante i primi due anni della scoperta del sepolcro e del lavoro di sgombro che vi era stato effettuato. Verso Mace aveva un grosso debito. Se, come spesso si sostiene, il loro lavoro in comune sulla scoperta della tomba, pubblicato come Volume Primo nel 1923, è fra i più piacevoli resoconti divulgativi mai scritti a proposito di uno scavo archeologico, allora gran parte della stima del pubblico, come pure la gratitudine di Carter, spettano a A.C. Mace, uomo di grande talento e modestia. Tuttavia Carter non riuscì mai a esprimere in pieno i suoi sentimenti. Quando nel dicembre del 1924 il fratello maggiore William perdette la moglie Mary, Carter aveva detto addio a una cognata prediletta annotando nell'agenda: «È venuta a mancare la moglie di William» [7]. Parole tanto distaccate erano tipiche di Carter e in quel momento spiegavano la sua reazione alla morte di Mace avvenuta in una clinica del Sussex.

Inevitabilmente a Mace venne assegnato un posto d'onore nel lungo elenco di persone che avevano avuto a che fare con il sepolcro e che, secondo la stampa popolare, erano vittime della «maledizione del Faraone». Quando morì aveva esattamente la stessa età di Carter, 54 anni. Carter, pur non sapendo trovare altro che banali parole di apprezzamento nell'apprendere il decesso del suo collega, ritrovò un po' del suo antico furore quando i giornalisti perseverarono nel riproporre le assurdità che in passato avevano indotto migliaia di persone superstiziose a distruggere, o a inviare nei musei, qualunque oggetto di provenienza egiziana scovassero nelle loro case, per quanto irrilevante fosse. Negli ultimi anni Mace aveva sofferto di pleurite e di polmonite e andare in Egitto gli era costata la vita. Tutto qui, sosteneva fermamente Carter, e basta.

Ben presto le esigenze quotidiane lo distolsero dall'ultima polemica in materia di «morte». Nel 1923, il governo spagnolo, su raccomandazione del duca d'Alba, aveva voluto dare a Carter una decorazione in segno di riconoscimento per il suo contributo alla storia e all'archeologia, ma il governo inglese – sempre diffidente quando si trattava di ricompense civili da parte di governi

---

[7] Citazione: Carter, agenda, 4 dicembre 1924.

stranieri – aveva consultato al riguardo Buckingham Palace e col benestare del re aveva respinto l'offerta. Per non essere superato in astuzia, il duca lo mise in nota per una seconda conferenza da tenersi a Madrid [8] nel mese di maggio. In quella precedente, tenuta nel 1924, Carter aveva lasciato il suo uditorio al punto in cui si era scoperto il «sarcofago di quarzite». Quando il mecenate reale aprì la seduta, Carter estasiò di nuovo il suo uditorio descrivendo le successive operazioni di smantellamento delle bare inserite l'una nell'altra, la scoperta della mummia e l'applicazione rituale degli unguenti prima della sepoltura.

Il 25 settembre 1928 [9] fece puntualmente ritorno in Egitto, la terra che ormai era la sua prima patria. Arrivando a Kasr Carter, riuscì a individuare un secondo esemplare del raro sciacallo nero, quasi estinto, che aveva notato due stagioni prima. «Ora si tratta del secondo esemplare che ho visto con i miei occhi. In entrambi i casi, esso somiglia nella forma e nel colore all'animale Anubis molto più dello sciacallo che vive da queste parti.»

Lucas arrivò l'8 ottobre, con la febbre alta, e dopo dieci giorni Carter mandò a chiamare il medico, il quale inviò il paziente all'ospedale angloamericano del Cairo. Fu diagnosticato il paratifo. Carter manifestò un grave raffreddore che gli impedì di lavorare «a tutto vapore», la sua automobile si fracassò in mezzo alle dune di sabbia e, pieno di diffidenza, pensava che l'ospedale non sapesse dargli notizie precise in merito al miglioramento di Lucas. Il 5 novembre Burton arrivò dall'Italia [10] e subito si ammalò. Fu costretto a letto nella casa dell'area, assistito da un'infermiera mandata da Luxor, mentre Carter seguitava a lavorare da solo, «esaminando, riparando e registrando una quantità di oggetti eterogenei». Dato che il suo caratteraccio esplodeva prendendo le direzioni più disparate, avrebbe potuto benissimo cominciare a chiedersi se fosse del tutto giustificato l'aver ripudiato la teoria della «maledizione». In proposito, nelle agende e nei taccuini non c'è traccia che avesse cambiato idea. Divenne sempre più evidente soltanto la sua crescente scontentezza nei riguardi dei colleghi e della mano d'opera.

Il 15 novembre 1928 scrisse: «Sto avendo un sacco di guai per via della stupidità sia dei Rais che degli uomini. Sembra che diventino più stupidi via via che invecchiano e si fanno più lenti, forse perché sono stati troppo tempo con me». I suoi appunti dimostravano quanto tristemente la sua violenza e la sua mancanza di generosità crescevano col passare degli anni. I suoi operai erano

---

[8] Madrid: GI, da «Appunti in merito agli oggetti conservati in magazzino, 1925-27» di Carter, di cui egli si servì per redigere le note della sua conferenza spagnola.
[9] Nuova stagione, settembre 1928-aprile 1929: GI, agenda di Carter (minuta).
[10] Burton-Lucas: agenda di Carter, 9 ottobre-4 dicembre.

stati tra i più leali e i più affezionati dei dipendenti, correndo il rischio di incappare nella collera dei loro compatrioti quando le attività e gli scatti avventati del loro capo avevano attirato su tutti loro lo scontento delle autorità. Il Rais Ahmad Gurgar e i suoi compagni, i quali avevano ardentemente desiderato che «tornasse al più presto» quando li aveva lasciati nel 1924, adesso venivano incolpati per lo sconfortante stato di inattività che, in verità, caratterizzava la fine deludente della fase esplorativa e l'inizio dell'ordinaria attività di conservazione.

L'atmosfera di scoraggiamento si coglieva grazie all'asciutta corrispondenza tra William Lint Smith e Merton, la cui guarigione dall'itterizia aveva richiesto una lunga convalescenza nel clima mediterraneo di Alessandria. Merton era ancora ufficialmente agente pubblicitario di Carter. I tentativi della direzione del *Times* di mettersi in contatto sia con Merton che con il procuratore legale di Carter nello stesso momento si rivelarono inopportuni.

Il primo novembre 1928 i rappresentanti legali londinesi Frere Cholmeley & Co. di Lincoln's Inn Field risposero a una lettera [11] che Lint Smith aveva inviato a Hastie, ex rappresentante legale di Carter: «I Signori Hastie desiderano informarvi tramite nostro che essi non agiscono più per conto di Mr Carter e respingono ogni ulteriore comunicazione relativa alla sua attività che sia a loro diretta. Sebbene negli ultimi tempi non abbiamo fatto niente per Mr Carter, riteniamo di essere tuttora i suoi rappresentanti legali di Londra». Gli incarti amministrativi del giornale che si riferiscono alla rappresentanza legale contenevano la nota di pagamento di due gratifiche di 100 sterline ciascuna versate a Merton nell'aprile del 1923 e nel settembre del 1925, entrambe per il lavoro da lui svolto in relazione al ritrovamento di Tutankhamun.

Mentre Merton tornava a Luxor per tenere a bada la stampa, Carter si recò al Cairo per una serie di abboccamenti con il dipartimento alle Antichità. Il direttore dei servizi dall'estero del *Times*, Deakin, aveva deciso di sostituire il suo corrispondente al Cairo. Si era giunti al culmine di uno stato di insoddisfazione da tempo covata riguardo all'attività di Merton. Anche nel pieno della storia di Tutankhamun nel 1923, quando egli riceveva generose gratifiche, Deakin aveva detto al direttore che «nella collaborazione resa da Merton al giornale non si registrava nessun notevole miglioramento». Inoltre, nel 1924, Sir William Tyrrell del Foreign Office aveva riferito a Geoffrey Dawson alcuni «commenti scriteriati» fatti dal suo corrispondente. Nel mese di

---

[11] Merton-Hastie: News International Archive, file interno, Egitto 1912-30.

novembre del 1926, il direttore inviò un cablogramma a Merton, rinfacciandogli di aver trascurato di comunicare la «nuova inumazione» della salma di Tutankhamun dopo l'autopsia e di non aver parlato della scoperta del contenuto della *dépendance* riportata da altri organi di stampa. «Come corrispondente Mr. Merton lascia a desiderare. Spesso i suoi lunghi cablogrammi sono molto confusi... Può darsi che le sue oche politiche diventino cigni da un momento all'altro...», osservava Dawson in un promemoria a uso interno.

Merton non era ridotto proprio allo stremo. Per la maggior parte di quel periodo era stato molto male. Anzi, in un certo senso era stata la prima vittima del presunto influsso malefico che la tomba esercitava sui disturbatori, in quanto fin dall'inizio del ritrovamento aveva avuto bisogno di sottoporsi a un intervento chirurgico e in seguito era stato messo a terra da un'epatite. A lui si dovevano i primi più importanti dispacci che fecero onore al giornale, per non parlare della cospicua percentuale di guadagno proveniente dalla diffusione tramite le agenzie di stampa. Durante gli anni successivi seguitò a lavorare nonostante i suoi malanni. Nelle agende e nei taccuini di Carter non si accenna alle condizioni fisiche di Merton.

Sulla ribalta egiziana all'Inghilterra era subentrata la Germania, nei cui confronti la stampa reiterava l'invito a restituire la «testa» di Nefertiti. Il *Sunday Times* ostentava titoli tipo «Patto Fallito per la Bella Regina». Per Carter era una strana sensazione quella di non essere nell'occhio del ciclone. Al Cairo, la questione della risoluzione del caso Carnarvon emerse di nuovo nel corso di colloqui svoltisi presso il ministero dei Lavori pubblici. Carter parlò dell'argomento con Lady Carnarvon e con Frere Cholmeley a Londra, all'inizio dell'estate del 1929. Nel settembre di quello stesso anno, quando tornò al Cairo, era latore di una serie di proposte da presentare agli egiziani, in cui si teneva conto delle esigenze del patrimonio Carnarvon, delle condizioni alle quali egli avrebbe proseguito l'attività nell'interesse del ministero egiziano e della necessità di risarcire il Metropolitan Museum per il suo ingente investimento di personale specializzato nei lavori al sepolcro. Di conseguenza, l'attività fu sospesa durante tutta la stagione. Le trattative si protrassero giorno per giorno per sei mesi. Alla fine della stagione era giunto a un'intesa «per quanto riguardava le favorevoli condizioni per il completamento del lavoro che rimaneva da fare». Sull'agitata questione dell'indennizzo a favore dell'amministrazione Carnarvon non si addivenne a nessun accordo fino all'inizio della stagione seguente. Alla fine l'Egitto offrì di versare agli eredi 34.000 sterline. Finalmente, con decreto reale firmato dal re Fuad in data 3 luglio

1930, fu stabilita la somma di 35.979 sterline, a copertura delle spese sostenute e dimostrate dall'inizio dei lavori nel 1922 fino alla conclusione dell'impegno di Carnarvon nell'aprile del 1929 [12]. Il risarcimento per il Metropolitan Museum fu lasciato in sospeso. Kenyon, direttore del British Museum, espresse al Foreign Office il suo stupore per il fatto che gli egiziani avessero adottato quella che per loro era la soluzione più costosa. «A quanto pare il governo egiziano preferisce pagare l'amministrazione Carnarvon di tasca propria, anziché mettere in conto all'Inghilterra una generosa assegnazione di duplicati.»

Mentre quelle trattative erano in corso, Merton ricevette un preavviso di licenziamento da parte del *Times* [13]. La lettera di Lint Smith, in data 1 novembre 1929, forniva diversi motivi per giustificare l'epilogo del suo incarico: spese superflue, cablogrammi inutili e prolissi, prese di posizione troppo frequenti e troppo disinvolte. Si diceva che il lavoro da lui svolto in Palestina, dove il mandato inglese era attaccato sia dagli arabi che dagli ebrei, fosse stato «molto deludente». Quale che fosse la giustificazione addotta per la decisione presa dall'amministrazione del *Times*, Merton era stato gravemente offeso. Il 28 maggio il suo rappresentante legale presentò una citazione per «diffamazione a mezzo stampa», una procedura normale a quell'epoca, condizionata dalla buona volontà di segretari e di altre persone che testimoniassero le parole offensive e descritta nella fattispecie dal giudice Scrutton come un caso da dattiloscritto «piuttosto pieno di errori». Quali che fossero i suoi pregi, la causa era destinata a tenere occupati gli avvocati di entrambe le parti per i due anni successivi, durante la maggior parte dei quali Merton fece il pendolare tra il Turf Club al Cairo e il sepolcro, sostituendo Carter quando questi trovava insopportabile smistare e registrare i manufatti del ripostiglio e scappava al Cairo per concedersi qualche giorno di pausa. L'ex ministro egiziano a Londra, il dottor H. Mahmud [14], rivelò al *Times* che Merton, mentre lavorava per quel giornale, veniva pagato non solo da Carnarvon e da Carter per servizi fuori contratto ma anche dalla famiglia reale egiziana, che aveva disposto una assegnazione mensile di 200 sterline in aggiunta a un pagamento inziale di 1000 sterline. Quali fossero le mansioni di Merton in cambio di quei compensi non fu mai chiarito.

Alla fine il *Times* offrì a Merton 1000 sterline, che gli avvocati presero erroneamente per 10.000, prima di rendersi conto del

---

[12] Disposizioni della questione Carnarvon: agenda di Carter, «Stagione 1929-30», e FO 371/14647, file J2703, 12 agosto 1930.
[13] Merton: News International Archive, file interno.
[14] Dottor Mahmud: ivi.

loro sbaglio e di correggerlo. Nel marzo del 1932 le parole offensive contenute nel preavviso di licenziamento furono tolte dalla documentazione e sostituite con espressioni che si riferivano a «un piano di riduzione in Egitto» e ringraziamenti per il «servizio da lui lealmente prestato». La cifra pagata a Merton a titolo di risarcimento e rimborso spese ammontava a 5936 sterline e pochi spiccioli.

All'inizio dei fatti, sia Merton che Carter erano stati proposti per la loro iscrizione al Savile Club di Londra. Il proponente di Merton era Ralph Walter, direttore del *Times*. Carter, noto ospite del club da molti anni, era proposto e sostenuto da un gruppo che comprendeva i suoi vecchi conoscenti del Cairo e cioè Percy White e Edward Boulanger, Ivor Back, esperto chirurgo del St George's Hospital, e Ernest Louis Franklin, banchiere, filantropo e collezionista.

Durante le ultime due stagioni [15], 1930-31 [16] e 1931-32, Carter lavorò sotto il peso dello scoraggiamento e dello sforzo fisico. Riemerse la sua irascibilità [17]. Più volte nei suoi appunti si lamentava della presenza di ispettori egiziani che gli stavano alle costole e lo interrogavano su ciò che stava facendo. Le sue agende si riempivano sempre più di particolari riguardanti visitatori importanti: «Abbiamo sospeso temporaneamente il lavoro a causa dell'arrivo del principe ereditario di Svezia, che ho dovuto accompagnare durante la sua visita di tre giorni».

Durante il decennio in cui egli aveva realizzato l'ambizione della sua vita e portato a termine il compito che un destino incostante gli aveva assegnato, l'Egitto era stato teatro di sovvertimenti politici quasi ininterrotti. La pesante fatica, il clima e le controversie giudiziarie avevano messo a dura prova le sue forze. I raffreddori arrivavano più spesso e in forma più grave rispetto al passato e si accorse che era ancora più difficile lavorare a pieno ritmo. Ma l'Egitto gli aveva preso l'anima e, quantunque potesse permettersi di vivere a Londra e di fare la vita che si addice a un agiato personaggio, la prospettiva di un'esistenza del genere non lo allettava. Nel vigore dei suoi cinquant'anni, seguitò a essere un solitario, ancora più lontano dalla sua famiglia, certo delle proprie capacità e troppo spesso sprezzante delle altrui; immusonito, taciturno e diffidente, vittima in parte dei pregiudizi di classe della società inglese, che prendeva nota più dell'estrazione sociale che di quanto realizzato nella vita, ma in misura ancora maggiore vittima del proprio temperamento intransigente.

---

[15] Le ultime due stagioni: GI, agenda di Carter (minuta), 1929-30 e 1930-31.
[16] Novembre-dicembre 1930: Thompson, *Mixed Memoirs*, p. 148, novembre-dicembre 1930.
[17] «In piena depressione»: Margaret S. Drower all'autore, 2 marzo 1990.

Nella sua vita ci furono delle donne: relazioni di breve respiro,
discontinue e raramente trasformatesi in amicizia. Howard Carter ebbe pochi amici intimi, se ce ne furono, e in genere la sua
famiglia denota lo stesso suo carattere taciturno, ma suo fratello
William, stimato sia come artista che come amico di diversi illustri accademici e pittori suoi colleghi, fa sapere che egli non era
del tutto virtuoso. Altri, che lo conobbero abbastanza bene, ritenevano però che fosse privo di desiderio sessuale. Le influenze
della sua giovinezza non furono eccezionali, ma neanche normali. La carenza d'affetto da parte dei genitori durante l'infanzia e
le esagerate premure di due zie nubili, la mancanza di un'istruzione regolare e, di conseguenza, di giochi e di attività di gruppo,
nonché la stima dimostratagli da importanti egittologi a un'età in
cui i pensieri e le fantasie di altri giovani erano rivolti altrove,
avevano avuto senza dubbio un certo effetto.

Gertrude Caton Thompson tornò nella Valle nel 1930 con la sua
amica Elinor Gardner, moglie del docente di storia antica presso
il college di Winchester, per dare un'occhiata da esperta all'inglese che era diventato il più noto, se non il più famoso, cittadino
espatriato d'Egitto. Le due donne alloggiavano al Savoy Hotel,
«a causa del suo magnifico giardino», ma siccome dell'Egitto desideravano vedere qualcosa di più oltre al Cairo e alla zona del
Fayyum, si diressero verso la Valle. Carter le ricevette con fredda
cortesia. Questo il commento della Thompson: «A Tebe Howard
Carter era ancora al lavoro sette anni dopo la scoperta della
tomba di Tutankhamun. Lo abbiamo trovato che riparava alcune
casse da morto. Ci ha mostrato un'infinità di cose che ancora
attendono di essere curate e ho provato compassione al vederlo
rinchiuso da anni nell'oscurità del sepolcro rotta dalla luce elettrica».

Negli anni successivi altre persone lo osservarono mentre era
rinchiuso non nella tomba adibita a laboratorio, intento a prendere ininterrottamente appunti sui tabernacoli e i manufatti del
ripostiglio e dell'anticamera, bensì al Winter Palace Hotel dove
poteva almeno abbandonarsi alla sua passione di tutta una vita,
quella di avere una comoda poltrona, «seduto nell'atrio, al buio e
senza parlare con nessuno», come disse un visitatore.

Gli egittologi cominciarono a sottolineare i pregi artistici della
scoperta di Carter e a confrontarli con la scarsezza dei progressi
archeologici. Per esempio, Alan Gardiner avrebbe detto che «la
scoperta ha contribuito molto poco alla nostra conoscenza della
storia del periodo. Per il filologo la tomba è stata deludente in
quanto priva di documenti scritti». Il lavoro di Gardiner nel gruppo consultivo di Carter era indispensabile, ma Carter non era ben
disposto nei suoi confronti. «Più lo vedo e meno mi piace», disse

una volta. Da parte sua, Gardiner ammirava molto l'opera di Carter, definendolo quasi un genio nella «tecnica pratica del lavoro di scavo». Disse allo scrittore Leonard Cottrell:

Tuttavia, come rivelazione della conquista *artistica* del periodo, la scoperta fu assolutamente ineguagliabile. Nulla di simile era stato scoperto in precedenza e, secondo me, è molto incerto che in futuro si farà una scoperta analoga. Il fatto che, dopo un saccheggio precipitoso, il sepolcro è rimasto intatto per 3000 anni è probabilmente dovuto a circostanze fortunate. Quando, a distanza di molti anni dalla sepoltura di Tutankhamun, si stava scavando l'ipogeo di Ramesse VI sul fianco della collina sopra la tomba, i frammenti di pietra caduti dal punto in cui si scavava seppellirono l'accesso al molto più modesto sepolcro di Tutankhamun, che in tal modo se l'è cavata. Il valore archeologico della scoperta sta non tanto nella profusione di oggetti che essa ha portato alla luce, quanto nel fatto che queste belle cose sono state registrate e salvaguardate con tanta consumata abilità [18].

Fu inevitabile avanzare delle riserve. I risultati della più grande scoperta nella storia dell'archeologia, «compiuta da un inglese», non erano mai stati pubblicati come si deve, nel senso della presenza, sul piano scientifico, di una dettagliata descrizione di tutti gli oggetti. «Nel 1926», scrisse Gardiner, «Carter mi disse che secondo lui una pubblicazione del genere sarebbe costata 30.000 sterline». Nel 1950, quando riprese l'argomento, Gardiner calcolò che la cifra indicata da Carter avesse ormai toccato le 100.000 sterline. Quanto costerebbe alla fine di questo inflazionistico secolo è materia che ogni giorno che passa si fa sempre più congetturale, ma la spesa non potrebbe essere inferiore al milione di sterline. Chi finanzierebbe oggi una pubblicazione del genere? si chiedeva Sir Alan. A settant'anni dalla scoperta della tomba, il Griffith Institute [19], nell'ambito dell'Ashmolean Museum a Oxford, è impegnato nel diligente compito di documentare in modo completo e accurato l'impresa di Carter. Questo omaggio postumo sarà l'estrema ricompensa per la vita di lavoro e di dedizione solitaria di Carter a una causa in cui aveva una fede straordinaria e che aveva tradotto in realtà con il sostegno finanziario e morale dell'unico vero amico di tutta la sua vita, Lord Carnarvon.

Tra le persone che gli capitò di conoscere in Egitto, in Inghilterra e in America non ci fu nessun'altra autentica amicizia? Neanche una relazione amorosa o un'amicizia femminile? Neanche una «indiscrezione»? Se fosse vissuto in Francia, certe domande avrebbero avuto un carattere soltanto retorico; un'amante qua e là non sarebbe stata ritenuta meritevole di commento. Nella vita pubblica inglese, invece, è raro che emergano molti dati riguardanti i suoi aspetti sessuali. Le risposte a domande su argomenti

---

[18] Gardiner: Cottrell, *The Lost Pharaos*, cit., p. 168.
[19] Griffith Institute: vedi introduzione al presente volume.

che la maggior parte degli altri popoli trattano allegramente mettono in imbarazzo gli inglesi e debbono necessariamente basarsi più su dicerie e supposizioni che sulla realtà.

A quanto pare, comunque, le prime fantasie del giovanotto erano venute meno prima di potersi conquistare troppo spazio. Risalendo alla stagione del 1903, all'epoca della sua nomina a ispettore e della scoperta della biga reale, mentre lavorava «sperimentalmente» sulla tomba di Thutmosi IV per conto di Theodore Davis, Carter andò al Cairo, soddisfatto degli sforzi da lui compiuti nell'interesse dell'americano e non vedendo l'ora di prendersi un po' di giorni di vacanza con alcuni vecchi amici. Fu un intervallo che diede luogo a una prova rivelatrice. I suoi anonimi amici lo avevano invitato a cena all'Hôtel d'Angleterre e in mezzo agli ospiti c'era «una affascinante signorina a fianco della quale ebbi il piacere di sedermi». Ci fu la solita «frettolosa» presentazione e nessuno dei due sapeva assolutamente chi fosse l'altro, ma egli constatò che la sua compagna di tavola era un'ottima e divertente conversatrice, «in modo particolare sull'argomento delle sue esperienze durante un soggiorno nell'Alto Egitto su uno dei battelli della Cook in servizio sul Nilo». Carter sedeva in silenzio mentre la signorina al suo fianco parlava della sua incantevole gita nel corso della quale aveva visto la «meravigliosa biga reale» nella Valle dei Re. Lui, Carter, era mai stato nella Valle? Aveva sentito parlare della scoperta della biga? Carter rispose affermativamente. «Sono la donna più fortunata del mondo!», esclamò lei. «Dalla sua espressione, poi, percepii vagamente i sintomi di un altro mistero», scrisse Carter. «Lo crederebbe?», disse lei. «Ero presente in quella splendida Valle quando hanno scoperto la biga e l'ho vista quando la tiravano fuori dalla tomba del faraone con tre cammelli bianchi!» «Signora!», ribatté Carter. «Debbo farle proprio le mie congratulazioni!» [20]

Il giovanotto concluse il racconto in parte inventato della «affascinante» ragazza conosciuta al Cairo, osservando in tono sprezzante che «i resti di una biga reale» furono negli anni seguenti trascinati qua e là «da quelle misteriose e un po' goffe bestie da soma bianche come il latte». Prendendola alla leggera, fu d'accordo con il professor John Tyndall: «Quando la gente la pensa così, si può sostenere qualsiasi panzana a dispetto di tutte le verità del mondo».

Tornato a Londra in seguito alla chiusura del sepolcro, nel 1932, Carter venne operato per una grave affezione alla vescica, diagnosticata come morbo di Hodgkin. Per un po' di tempo fu assistito da un bel giovane, di cui sembra che nessuno ricordi il

[20] Storia giovanile: GI, taccuino 16 di Carter, schizzo V, «Il topo e il serpente».

nome [21]. Insinuare sospetti di omosessualità non è ammissibile, dato che in Egitto ci sarebbero state un mucchio di occasioni, e anche di chiacchiere, al riguardo. Tra i conoscenti, specie all'Arts Club di Chelsea dove spesso lo portò William, si parlò di una giovane francese che abitava nella zona di King's Cross a Londra. Altri parlavano di una amica che abitava sulla costa meridionale nei pressi di Brighton. Se costei è mai esistita, avrebbe potuto benissimo essere la stessa donna, che faceva la spola tra i due indirizzi. Anche le confidenze provenienti dal passato fanno pensare che, in occasione delle sue tante visite fatte a Burton nella sua casa di Firenze nel corso degli anni, Carter abbia finito per conoscere alcuni italiani e inglesi espatriati, ma non c'è traccia di amicizie o di rapporti sessuali. Lo stesso dicasi a proposito dei suoi viaggi di rimpatrio attraverso l'Europa con Carnarvon, durante gli anni che precedettero e seguirono immediatamente la prima guerra mondiale. A quell'epoca era praticamente un domestico di sua signoria e non possedeva mezzi finanziari per condividere la passione del suo mecenate per donne costose o per qualche bel faccino di passaggio, ma sembra che avesse messo gli occhi su una donna in particolare e non c'è motivo per non credere che abbia approfittato di qualche sporadica occasione.

Cosa più importante, che dire del rapporto che senza dubbio ci fu, almeno per un anno o due, con la bella e aristocratica Lady Evelyn [22]? Egli fu certamente un assiduo frequentatore della sua casa a Londra nel decennio che seguì la morte del padre di lei, e forse è significativo il fatto che nel 1930 egli si era trasferito da St James's in un appartamento in Prince's Gate Court, praticamente porta a porta con la casa matrimoniale di Evelyn. Nondimeno, stando alla sua agenda, egli frequentò con altrettanta assiduità la zia di Evelyn, Lady Burghclere, e non c'è prova del fatto che l'una o l'altra lo ricevesse più che garbatamente o con null'altro che un autentico desiderio di informarsi di più sull'andamento della sua attività nella tomba che occupava tanta parte delle loro esistenze. Ciò nonostante, c'era la lettera espansiva scritta subito dopo la scoperta, che esprimeva i sentimenti di una delicata fanciulla di diciotto anni in un momento di intensa emozione: un momento condiviso da quasi tutto il mondo. Incuriosita dalle voci ostinate che collegavano sua madre all'archeologo, la figlia di Evelyn, Patricia, una volta cresciuta chiese apertamente: «Ma è vero?». Al che Lady Beauchamp, quale era allora Evelyn, rispose: «Dapprima provavo soggezione davanti a lui, più tardi ne

---

[21] Gli ultimi giorni: entro certi limiti, mi sono basato sulla ricerca effettuata da Henrietta McCall per la sua tesi di laurea a Oxford, tramite il Griffith Institute, nonché sui ricordi di contemporanei e dei loro discendenti.
[22] Lady Evelyn Beauchamp: conversazione dell'autore con Mrs Patricia Leatham.

ero piuttosto intimorita». Disse alla figlia di essere convinta che Carter «avesse voglia di attaccar briga» e di essersi risentita per la sua «determinazione» nel mettersi tra suo padre e lei.

Potrebbe esserci stata una qualche consistenza nel successivo insistere su una «relazione»? Patricia, attualmente Mrs Leatham, è fermamente convinta che le congratulazioni intenzionali nella lettera di Evelyn avessero assunto il tono di un innocente panegirico: «All'epoca di quelle asserzioni, la mamma aveva avuto un secondo colpo apoplettico», disse, «ed era incapace di agire liberamente. Sono certa che in altre circostanze avrebbe promosso un'azione legale per impedire la pubblicazione della storia». È ovvio che la figlia sarebbe rimasta fedele alla memoria della madre e del padre, ma non è possibile rifiutare la sua testimonianza. Fu vicina alla madre e non aveva motivo di nascondere o di abbellire la verità. Con tutto ciò, non si può mettere in dubbio che tra la madre e Carter ci fosse un tenero legame. La prova di ciò era evidente tanto prima quanto dopo la morte di Carter.

La celebrità diede modo a Carter di recarsi saltuariamente nella «villa di campagna» e durante le rare visite che faceva a Norfolk [23] passava a volte il tempo con la famiglia Coleman, famosi fabbricanti di mostarda, che avevano mostrato un grande interesse nella sua attività, e a volte anche con la nuova generazione degli Amherst a Foulden Hall, nella vecchia tenuta di Didlington. Ogni tanto visitava la casa della sua infanzia – una cugina, Annie, era andata ad abitare nella casetta di Sporle Road dopo la morte di zia Kate – ma di solito si fermava da Audrey, la vedova di Verney, a North Creake vicino a Swaffham.

Nel 1932, poco dopo la scadenza del suo contratto in Egitto, ancora una volta trasferì la sua residenza londinese da Prince's Gate Court in un appartamento bene arredato vicinissimo al Royal Albert Hall in Kensington Gore, al numero 49 di Albert Court, e il Grill Room dell'attiguo Hyde Park Hotel divenne il fulcro della sua vita sociale a Londra. Il capocameriere era chiaramente remissivo mentre Carter, alle rispettose premure del *maître d'hôtel*, rispondeva invariabilmente: «*Pas mal*». Una volta, mentre desinava all'Hyde Park, gli si era avvicinato John Drinkwater per dirgli che un comune amico, Axel Munthe, sarebbe arrivato per il fine settimana. Si chiedeva se Carter sarebbe stato libero da impegni per unirsi a loro. Carter aveva declinato l'invito, vantandosi con il poeta che una volta aveva buttato Munthe fuori di casa sua in Egitto. «Che brutta cosa», aveva detto Drinkwater. «Mia moglie ne è rimasta molto impressionata.» «Lo cre-

---

[23] Visite a Norfolk: Mr D.C. Butters, Swaffham Museum, e corrispondenza dell'autore con Miss Elisabeth Reeves e Mr N.G. Stafford Allen, 7-12 febbraio 1990.

do bene», aveva ribattuto Carter. L'entusiasmo di Munthe per l'Egitto salta fuori qua e là dalle pagine della sua famosa *Storia di San Michele*, per esempio quando riferisce in che modo aveva messo un cobra in stato di catalessi nel tempio di Karnak. Dopo la pubblicazione del libro nel 1929, era stato felice di visitare il «Castello di Carter».

A Carter l'Egitto e la *sua* tomba erano entrati nel sangue. Seguitò a svernare a Luxor, vivendo nella casa della Valle, servito dai suoi vecchi domestici, oppure al Winter Palace dove si metteva seduto in disparte, sempre più immerso nei suoi pensieri e in solitudine. Il 17 marzo 1931, il dipartimento alle Antichità accusò ricevuta dell'ultima grossa consegna, costituita da 39 casse di oggetti provenienti dal sepolcro, con lettera firmata dal sostituto di Lacau.

Il 22 luglio, il *Times* fece la cronaca di una delle ultime importanti apparizioni in pubblico dell'uomo che aveva già cominciato a uscire di scena, quando Flinders Petrie gli chiese di tenere una conferenza all'University College [24]. Con l'aiuto di 600 diapositive compì un *tour de force* sotto l'occhio acutissimo del suo primo maestro in Egitto. Un ultimo mistero è là dove si dichiara che Carter abbia detto quanto segue:

In mezzo ai tesori della tomba c'erano due sepolture in miniatura di bambini nati morti, entrambi sconosciuti ma sepolti col nome paterno. Se non sono mai venuti al mondo vivi, ciò è derivato da uno stato patologico o da una macchinazione politica? In tal caso, è stato commesso un delitto? A questa domanda e a quella precedente, temeva il dottor Carter, non si sarebbe mai risposto, ma ciò che si sarebbe potuto inferire era che se uno di quei bambini fosse vissuto non ci sarebbe stata nessuna dinastia ramesside. Fu così che la celebre dinastia passò per le mani del Gran Maestro di Camera, il quale fu a sua volta soppiantato dal generale di Tutankhamun, Horemheb, che fondò la xix Dinastia.

Gli embrioni erano stati trovati nel cosiddetto tesoro, in bare d'oro massiccio dentro una cassa di legno tinta di nero, collocati fianco a fianco e con la testa dell'uno all'altezza dei piedi dell'altro. Le iscrizioni delle bare si riferivano soltanto a Osiride e non contenevano alcuna informazione sui nomi che gli occupanti avrebbero avuto se fossero vissuti. L'ultimo esame accertò che probabilmente un feto presentava uno sviluppo di sei mesi, l'altro di sette.

Gli ultimi rituali dello sgombero della tomba furono messi in evidenza sei mesi dopo dal giornale che era stato sempre al centro della storia di Tutankhamun. Il 2 febbraio 1932 il *Times* riferì: «1 febbraio. Un'ultima consegna di reperti, comprese le parti del grande tabernacolo d'oro, è stata spedita oggi al Cairo. Con questa consegna termina l'attività svolta da Mr Carter nella tomba per dieci anni».

---

[24] Conferenza all'University College: *The Times*, 22 luglio 1931.

Il 3 febbraio uscì un editoriale intitolato: «Tutankhamun – L'ultima fase». Uno degli episodi coronati da maggior successo e certamente uno dei più eccitanti negli annali dell'archeologia si era concluso.

MR HOWARD CARTER, l'eroe di tutta l'impresa, ha la soddisfazione adesso di vedere il suo lavoro completamente portato a termine. Egli e il fu Lord Carnarvon lo hanno progettato e per lungo tempo hanno sudato sette camicie senza costrutto; poi è arrivato il segno che l'obbiettivo era stato raggiunto, e con esso la morte, nel momento del trionfo, di LORD CARNARVON (...) L'impresa di MR CARTER ne è stata la magnifica conclusione... Egli ha ritrovato l'atmosfera romantica di una dinastia di cui in precedenza non si conosceva molto, la breve felicità di un giovane re e della sua consorte; ed egli ha dimostrato una volta ancora quanto l'eterno potere della morte tocca il cuore umano.

Nonostante le lettere maiuscole, due anni dopo, nell'ottobre del 1934, il lettore avrebbe dimenticato quel canto funebre quando lo stesso giornale annunciò che Mr Carter stava tornando alla Valle per riprendervi la sua attività. Era un falso allarme, anche se Carter sarebbe vissuto per altri cinque anni facendo la spola tra l'Egitto e l'Inghilterra.

Più di qualsiasi altro evento, la morte di Callender [25] parve segnare la fine, almeno per tre decenni, dell'interesse del pubblico verso il re fanciullo dell'antico Egitto e il suo araldo inglese. A quanto consta, Arthur Callender morì in Egitto nel 1937. Insolitamente, il suo decesso non fu mai registrato dall'ufficiale di stato civile della Gran Bretagna e non fu denunciato né al consolato del Cairo né a quello di Alessandria. Per non si sa quale motivo, la morte di Callender, avvenuta all'età di sessantuno anni, fu un segreto gelosamente custodito e Carter, col quale Callender aveva diviso una casa per quindici anni, mantenne il silenzio.

La scoperta e lo sgombro della tomba di Tutankhamun ebbero luogo contemporaneamente agli scavi eseguiti da Woolley a Ur. È un quadro interessante del modo di pensare degli inglesi nei riguardi del successo in genere, e delle prodezze accademiche in particolare, il fatto che Woolley conseguisse in patria un titolo di cavaliere, lauree ad honorem dalle principali università e un incarico governativo in India, mentre Carter cozzò contro un muro di silenzio. Al termine della sua vita, l'unico riconoscimento per la sua impresa fu la laurea conferitagli dalla Yale University d'America. Sarebbe bello analizzare i processi mentali della «classe dirigente» e delle istituzioni che battevano i tacchi in presenza di quella grandiosa e spettacolare rivelazione di antica regalità. Anche se fu un uomo scontroso e irascibile, non ci sono parole per giustificare i politici e i colleghi a cui l'invidia e la presunzione impedirono di rendere omaggio alla sua impresa.

[25] Callender: Reeves, *op. cit.*, pp. 57-63; Registro consolare, Londra.

Nel 1936, la storia della città eretica di Tell el-Amarna, nel cui culto del disco solare Tutankhamun era nato, era diventata di dominio pubblico. *Akhanaton*, l'opera teatrale di Agatha Christie, fu rappresentata a Londra; in essa si utilizzavano tutti gli ingredienti del teatro popolare per descrivere il rammollito monarca e la sua regina Nefertiti, nonché le convinzioni apostatiche che i loro figli crescendo avevano abbracciato e, alla fine, respinto. Agatha, che aveva conosciuto il marito Max Mallowan a Ur dei Caldei scoperta da Woolley, aveva discusso a fondo il complotto con loro e con gli altri archeologi che avevano conosciuto nell'ultima area di Woolley, Atchana, e a Ninive dove Max aveva eseguito lavori di scavo negli anni Trenta. Nessuno sollecitò mai il parere di Carter, su quello o su qualsiasi altro argomento riguardante il periodo di storia antica che egli, più di chiunque altro, aveva reso comprensibile.

Negli anni Trenta il Medio Oriente, come l'Europa, fu colto inaspettatamente dall'ascesa del fascismo, ma mentre i suoi compatrioti si lamentavano del trapasso di un mondo che il loro paese e l'impero un tempo dominavano, Carter meditava su un più distante e immensamente più romantico impero del passato, ormai rivelato affinché tutto il mondo lo vedesse nel nuovo splendido Museo del Cairo. Il suo nome era tutt'altro che messo in evidenza. La tomba e il suo contenuto erano divenuti proprietà dell'Egitto, a buon diritto ma in modo nondimeno amaro per l'uomo il quale aveva dato quasi tutta la sua vita per il loro ritrovamento.

Nel 1936, il giovane principe Faruk tornò in Egitto reduce dal suo tirocinio militare in Inghilterra, per salire al trono alla morte del suo collerico genitore Fuad. Poco dopo fu chiesto a Carter, sia pure in veste informale, di condurre il giovane re a visitare la tomba. Un membro della comitiva reale era un principe della linea materna della famiglia, il diciassettenne Adel Sabit, il quale sarebbe diventato il biografo del re. Egli avrebbe fatto conoscere il tipico punto di vista egiziano di Carter [26] negli anni del suo declino, formatosi nel mezzo di una contesa tra la nuova regina, Farida, e sua suocera, la regina madre Nazly:

(...) durante una settimana di visite ininterrotte a templi e tombe, effettuate con l'accompagnamento di illustri personaggi come Howard Carter... le ostilità sono continuate... Howard Carter è un individuo vigoroso e vivace, ma scontroso e piuttosto arcigno con la gente, tra cui i turisti, che sono la sua pecora nera. Carter può nondimeno essere un uomo affascinante e interessante, quando non scaglia tonanti imprecazioni all'indirizzo del dipartimento alle Antichità del governo egiziano, col quale ha un antagonismo di vecchia data.

[26] Punto di vista egiziano: Adel M. Sabit, *A King Betrayed: The Ill-Fated reign of Farouk of Egypt*, London 1989.

Sembra che Carter apportasse dei miglioramenti alla bizzarra storiella che aveva raccontato a Charles Wilkinson molti anni prima, secondo cui si proponeva di andare alla ricerca della tomba di Alessandro [27]. Disse ai suoi reali ospiti di averla trovata, ma che non intendeva svelarne l'ubicazione. «Il segreto morirà con me», promise. La memoria tradì Adel Sadit almeno per un particolare. Credeva che la sua visita risalisse al 1941. Se così fosse stato, le teorie soprannaturali che Carter respingeva con tanta veemenza sarebbero state certamente convalidate. «Il sentimento dell'egittologo... non è di paura, ma di rispetto e di timore riverente... tutto il contrario rispetto a sciocche superstizioni.» Nel 1941 Carter era morto da due anni [28].

La sua fine arrivò improvvisamente, il 2 marzo 1939, nella sua casa a Londra, quando aveva sessantacinque anni. Il suo medico ne attribuì la morte a collasso cardiaco e a linfadenoma (che è la definizione medica del morbo di Hodgkin). Sua nipote Phyllis era al suo capezzale.

Alla fine aveva goduto del favore della stampa, ma anche nei necrologi i giornalisti si soffermarono sulle superstizioni che si erano ostinatamente accanite contro la sua impresa. Uno dei più importanti giornali provinciali inglesi, lo *Yorkshire Post*, parlando d'altro, propose quello che presumibilmente avrebbe potuto essere il suo epitaffio: «Su ali veloci la morte coglierà colui che ha profanato la tomba di un Faraone». Se fosse stato in grado di rispondere, Howard Carter avrebbe senza dubbio ripetuto la parola che tanto spesso aveva usato al riguardo: «Sciocchezze!».

Il 6 marzo la sua inumazione ebbe luogo al Putney Vale Cemetery alla presenza di nove persone. Era un modesto lembo di terra, tomba numero 45, blocco 12, con una lapide in cui si leggevano queste semplici parole:

HOWARD CARTER
Archeologo e Egittologo
nato il 9 maggio 1874 – morto il 2 marzo 1939

Intervennero alla cerimonia funebre il fratello superstite William, il cosmopolita George Eumorfopoulos, due archeologi che lo avevano aiutato per un breve periodo negli anni Venti e una sola donna: Lady Evelyn Beauchamp [29].

---

[27] Alessandro Magno: quasi certamente Carter aveva letto qualcosa in merito alla vana ricerca condotta da Belzoni dell'oasi di Siwa, dove si riteneva fosse stato sepolto il monarca macedone. Lui, Carter, sosteneva spesso di averne trovato l'ultima dimora, cercando la quale un tempo trovò la morte un esercito persiano.
[28] Morte: *The Times*, 3 marzo 1939.
[29] Funerali: ivi, 7 marzo 1939.

CAPITOLO DICIOTTESIMO

# I risultati

Nel suo ultimo testamento, redatto il 14 luglio 1931 mentre abitava a Prince's Gate, Carter nominò suoi esecutori testamentari [1] Henry (Harry) Burton, abitante in via dei Bardi a Firenze, e il capitano Bruce Ingram, direttore dell'*Illustrated London News*. Li incaricò di rendersi garanti affinché la casa e la tenuta che occupava da tanti anni a Alwat al-Diban nella Valle dei Re, vendutagli dall'EES e da lui ampiamente valorizzata, fosse destinata con tutto ciò che conteneva, «al più presto possibile», al Metropolitan Museum of Art. Dopo i soliti legati a favore dei suoi esecutori e del suo domestico Abdal-Asl Ahmad Said, che lo aveva servito per molto tempo, lasciò tutte le altre sue proprietà, i titoli azionari e il denaro (per lo più depositato presso la National Bank of Egypt) a sua nipote Phyllis Walker.

Aggiunse: «... e le [cioè alla stessa Phyllis] raccomando vivamente di consultare i miei Esecutori sulla opportunità di vendere l'uno o l'altro degli oggetti antichi egiziani compresi in questo lascito (...)». La nipote seguì il suo suggerimento. Burton e Ingram, sapendo con certezza che, in mezzo ai tanti oggetti acquisiti legalmente presso commercianti, nella raccolta di Carter c'erano alcuni pezzi di valore che provenivano dal sepolcro, chiesero consiglio a Newberry, il quale si rivolse a sua volta ad Alan Gardiner [2].

Il coinvolgimento rappresentato dalla scoperta postuma del tesoro di Carter si complicò: un ex dipendente del Museo del Cairo, Salim Bey Hassan, stava a quel tempo facendo causa per diffamazione contro un giornale locale che lo aveva accusato di complicità nel furto indiscriminato di oggetti antichi, e nel corso di quella causa si fecero delle controaccuse, menzionando diversi

---

[1] Patrimonio di Carter: registrazione a Londra. Copia autentica del testamento in data 5 luglio 1939 a Harry Burton e Bruce Stirling Ingram. Valore 2002 sterline, 19 scellini e 8 pennies. Confermato al Cairo l'1 settembre 1939. I testimoni del testamento furono Francis Franklin, avvocato dello studio al n. 28 di Lincoln's Inn Fields, e P. Wilson suo impiegato.

[2] Manufatti provenienti dalla tomba: Foreign Office, file FO 371/23355, 9 marzo 1939, con riferimento alle accuse mosse a Engelbach, e 7 dicembre, con riferimento agli oggetti provenienti dalla tomba «rinvenuti in mezzo agli effetti personali del fu Mr Howard Carter».

impiegati inglesi del dipartimento alle Antichità tra i quali, in particolare, Rex Engelbach. Per di più il successore di Lacau, l'affabile Abbé Drioton, aveva deciso di andare in pensione e Engelbach era il principale candidato per occupare il suo posto. Purtroppo i titoli accademici di Engelbach non furono reputati adeguati, ragion per cui Newberry stava cercando di convincere il vicedirettore dell'Università di Liverpool a conferire una laurea in lettere ad honorem all'uomo che tutti gli appartenenti alla fazione britannica volevano che occupasse la poltrona di direttore generale. L'ultima cosa che i protagonisti di questi drammi, tra loro collegati, avrebbero desiderato era un altro scandalo che riguardasse le scomode proprietà di Carter. Gardiner si rivolse al Foreign Office che – data la minaccia di guerra con le potenze dell'asse che era nell'aria – si mostrò comprensibilmente riluttante a lasciarsi trascinare in un clamoroso caso giudiziario in materia di archeologia.

Ci vollero nove mesi prima che si giungesse a una decisione di qualsiasi genere, proprio nel momento in cui i paesi principalmente coinvolti erano impegnati nelle prime scaramucce della seconda guerra mondiale.

Nel mese di novembre del 1939 Engelbach assunse la direzione del Museo e Burton gli inviò un elenco degli oggetti in questione, chiedendo il suo parere al riguardo. Era un catalogo di tutto rispetto:

1 poggiacapo di vetro verde-azzurro
1 grande statuetta di *ushebti*, di ceramica verde
1 paio di statuette di *ushebti*, di lapislazzuli
1 piccolo bicchiere da libagione
1 finta tazza sepolcrale, di ceramica
1 amuleto da caviglia
8 chiodi dalla testa d'oro
3 decorazioni d'oro per finimenti
1 tenone di metallo

Dopo aver reso noto l'elenco di Burton, Engelbach scrisse che la raccolta costituita da «statuette, piccoli amuleti... e, cosa più importante... da un grande poggiacapo di vetro azzurro turchese, con il cartiglio di Tutankhamun, vale molte migliaia di sterline». Engelbach lasciava intendere che se fosse stato possibile restituire al Cairo i predetti articoli per mezzo della «valigia diplomatica», lui li avrebbe rimessi a posto senza chiasso.

Anche se non era detto che tutti quegli oggetti fossero necessariamente stati portati via dalla tomba durante «la brutta notte» del 26-27 novembre 1922, era dimostrato ormai senza possibilità di dubbio come a un certo punto Carter avesse risolto di propria iniziativa la questione inerente al risarcimento.

Gli archeologi interessati si misero d'accordo affinché si sopprimessero i particolari riguardanti «gli oggetti illecitamente esportati», allo scopo di evitare uno scandalo di portata internazionale. Tuttavia, anche in quella fase tardiva, ci furono delle divergenze sul modo in cui la questione avrebbe dovuto essere trattata. Burton riteneva fosse meglio che Miss Walker «li donasse o li vendesse» senza far rumore al Metropolitan Museum. L'agenda del Foreign Office, alla data del 7 dicembre 1939, conteneva le osservazioni del sottosegretario Laskey: «Credo che gli oggetti debbano essere restituiti... Se fosse dipeso da me li avrei gettati nel Tamigi». Quanto alla proposta di restituirli con la valigia diplomatica: «Non mi piace l'idea di rendere complice il governo di Sua Maestà». La ridistribuzione di questi oggetti, e di altri notoriamente compresi nella raccolta di Carnarvon, fa pensare che mentre i più importanti di essi furono rimandati in Egitto e rimessi a posto da Engelbach (il quale da allora in poi tacque sull'argomento), altri presero la strada per New York.

Gardiner deve essersi ricordato di una circostanza risalente al dicembre del 1922, poco prima che Lord Carnarvon e Almina partissero per trascorrere il Natale in Inghilterra. Un paio di settimane dopo l'apertura della prima porta che immetteva nelle camere interne, Porchy aveva dato un ricevimento al Winter Palace Hotel, in un periodo ricordato da Valentine Williams della Reuters [3] come «la stagione più brillante che Luxor abbia mai conosciuto». Gardiner era presente, come lo era il giovane artista Charles Wilkinson [4], ed essi videro sua signoria passare di mano in mano oggetti provenienti dalla tomba.

In realtà, Carter non dovette faticare molto per nascondere gli oggetti che aveva preso per sé a titolo di pagamento per il lavoro eseguito e di tacita ricompensa per l'insensibilità dell'Egitto. Sulla scrivania della sua casa di Londra egli esibiva apertamente una deliziosa statuetta *ushebti* di ceramica azzurra che ritraeva Tutankhamun. Un'altra più piccola del cane Anubi andò a finire nel Griffith Institute di Oxford, ma gli imbarazzati funzionari, nel controllare i documenti, si resero conto che Carter aveva schedato il pezzo nell'indice che aveva scrupolosamente tenuto di tutti i manufatti del sepolcro [5]. La figlia di Mace, Margaret, diventata poi Mrs Orr, in tarda età ricordò le visite che da adolescente faceva a casa di Carter a Kensington accompagnando la madre. «Mia madre disapprovava Carter», dichiarò in un'intervista a un giornale. «Andammo a trovarlo anni dopo ed egli aveva dei vasi e

[3] Williams: *op. cit.*, p. 363.
[4] Wilkinson: il più recente curatore dell'arte del Medio Oriente, presso il Metropolitan Museum of Arts. Vedi Hoving, *op. cit.*, p. 58.
[5] Schedario: GI.

oggetti vari. Lei mi disse: "Hai visto quanta roba? È disgustoso".
A quell'epoca non capii cosa volesse dire.»

Il ritorno al potere di un governo nazionalista nel 1930 aveva
fatto emanare una nuova legge, che vietava il trasferimento di
qualsiasi articolo proveniente dal sepolcro di Tutankhamun o da
qualsiasi altra tomba senza il permesso del dipartimento alle Antichità, anche se si trattava di pezzi di cui esisteva un altro esemplare. Non si può affermare con certezza se gli oggetti divenuti
proprietà dei patrimoni di Carnarvon o di Carter fossero stati
portati fuori dell'Egitto prima o dopo quella legge, che ebbe ampia applicazione, ma è probabile che Carter li avesse presi in
tempi diversi, probabilmente nei suoi momenti di estrema rabbia
e frustrazione. All'epoca della ripresa del potere nazionalista,
Capart aveva effettuato una stima imparziale degli esemplari forniti da Carter, al fine di dare al governo egiziano un ammontare
complessivo da cui partire quando esso avesse acconsentito di
risarcire Lady Carnarvon. La valutazione dello studioso belga fu
quasi uguale a quella di Carter, cioè di circa 37.000 sterline.

Thomas Hoving [6], nel mettere insieme successivamente le prove
derivanti da svariate fonti, compresi i curatori dei musei americani, cataloga il trasferimento di diciassette pezzi, «descritti nei
suoi [di Carter] appunti personali», al Metropolitan Museum.
«Alcuni di essi il Metropolitan li aveva acquistati sia dall'amministrazione di Lord Carnarvon, sia da Carter quando era in vita,
ovvero dal patrimonio di Carter nel 1940», scrive Hoving. «Altri
sono stati dati da Carter al Museo.» Eppure, in tutti gli anni in cui
il Museo aveva posseduto gli oggetti in questione, non se ne era
riconosciuta pubblicamente la provenienza. Forse il Metropolitan Museum era consapevole di condividere la responsabilità per
l'illecito possesso di un tesoro? Certamente sull'argomento si è
sempre mantenuta la congiura del silenzio. In occasione delle
celebrazioni del cinquantenario della scoperta della tomba te-
nutesi nel 1972-73, la reazione dei funzionari del Museo agli interrogativi posti al riguardo fu degna più della CIA che di una
stimata istituzione accademica. Con l'avvicinarsi, poi, del settantesimo anniversario, anche i dirigenti succedutisi nel frattempo hanno chiarito che non muteranno atteggiamento. L'elenco di
Hoving comprendeva alcuni pezzi presi per sottoporli ad analisi
scientifica, come un fluido essiccato usato per l'imbalsamazione,
frammenti di legno dorato, stoffe, avanzi di stuoie e così via.
C'erano tuttavia oggetti più consistenti, come due «magnifici
anelli di ceramica azzurra con cartigli recanti il prenome del re al

[6] Hoving, *op. cit.*, cap. 35, «La divisione segreta».

momento dell'incoronazione; due chiodi d'argento e due d'oro provenienti dalle bare reali; una rosetta di bronzo; una collana fatta di perline di ceramica azzurra; un cagnolino di bronzo». Pezzi del genere, secondo Hoving, non rappresentavano altro che «un'imprudenza in campo archeologico di secondaria importanza», presumibilmente tanto da parte dei suoi datori di lavoro, vale a dire del Metropolitan Museum, quanto di Carnarvon e di Carter, che, con il loro denaro e la loro fatica, li avevano portati alla luce.

Ma quell'elenco era soltanto la punta dell'iceberg del Metropolitan. Dieci opere, catalogate dal Museo come probabilmente provenienti dalla tomba di Tutankhamun, Hoving le descrive classificabili come «capolavori, secondo i canoni di qualsiasi lessico dell'arte antica egiziana». Il secondo elenco è grandioso. Un anello d'oro massiccio, su cui era inciso un prenome, venne donato al Museo nel mese di dicembre del 1922, a poca distanza da quella notte trascorsa nel sepolcro alla fine di novembre e dalla frenetica operazione di sgombro effettuata nel corridoio che andava a finire nell'anticamera, quando Carter aveva detto al suo capo che era in grado di vedere «cose meravigliose». Gli appunti di Winlock dicevano che l'anello era in offerta sul mercato d'arte del Cairo sin dal 1915, il che era pretendere troppo. L'agenda di Carter per il mese di dicembre del 1922 riportava acquisti di oggetti antichi per un valore di 1000 sterline e vendite pari a 435 sterline. Parlava poi di un ventaglio o scettro splendidamente intarsiato d'oro; di due scatole d'avorio per cosmetici dipinte e intagliate, a forma di anatre di stile astratto; di un cane d'avorio, intagliato nell'atto di correre, con la mascella inferiore mobile e un collare con l'attacco per il guinzaglio; di un vasetto portaprofumi d'alabastro; di una tavolozza per colori e di una tavoletta d'avorio per scrivere. Quest'ultima ha una fenditura con chiusura scorrevole fatta per contenere i pennelli, su cui compare questa iscrizione in caratteri geroglifici: «La Figlia del Re nata dal suo corpo, la sua diletta Meritaton, nata dalla Grande Moglie Reale Neferneferwaten Nefertiti, che vive per tutti i secoli dei secoli».

Hoving ricordò la risposta data da Carter a Lythgoe nel 1926, quando questi chiese da dove secondo lui provenissero alcuni pezzi compresi nella raccolta Carnarvon: «Dal sepolcro di Amenhotep [Amenophis]». Quasi cinquant'anni dopo, nel mese di marzo del 1988, l'incertezza che circondava quei manufatti che si riuscì a esportare fu sottolineata dalla scoperta di altri tesori trovati in uno stipo a Highclere, costituiti da gioielli e da altri pezzi, che erano denominati «Tesori di Tutankhamun» anche se, stando a quanto si diceva, erano usciti dalla tomba di

Amenhotep III [7], «vuotata da Lord Carnarvon nel 1915». Naturalmente quest'ultimo sepolcro era stato vuotato non da Carnarvon, che nel 1915 si trovava a Highclere, ma da Carter che era rimasto in Egitto.

A quel tempo, il curatore della collezione di Highclere pubblicò sul *Times* un elenco di oggetti che Carter aveva compilato quando, nel novembre del 1924, fece visita a Lady Carnarvon con Lythgoe e preparò i pezzi più importanti della raccolta per farli custodire nelle camere blindate della Banca d'Inghilterra. È impossibile identificare alcuni oggetti in particolare in base a quell'elenco, ma le sue diciture molto generiche, quali «Scultura» e «Visi di pietra», avrebbero potuto benissimo riferirsi ad alcuni pezzi che sin da allora trovarono la strada per l'America.

Altri due pezzi di incerta provenienza vengono citati da Hoving nel suo catalogo: una famosa statuetta raffigurante un cavallo che salta, intagliata nell'avorio e dipinta in rosso scuro e con la criniera nera, e una gazzella, alta circa 15 centimetri, con lo sguardo vigile e apprensivo di quegli animali selvatici fra i più affascinanti. Secondo i documenti del Museo, citati da Hoving ma non altrimenti convalidati, questi due «graziosi animali», comprati nel 1926 dal patrimonio di Carnarvon, «può darsi che provengano dalla tomba di Tutankhamun». Negli archivi del Metropolitan Museum è conservata anche una lettera diretta da Carnarvon a Carter, spedita da Highclere a Luxor in data 24 dicembre 1922, che viene citata da Hoving a dimostrazione che si tratta di «uno scherzo tipicamente egittologico», di cui sono partecipi mecenate e domestico. Carnarvon aveva ricevuto congratulazioni da tutte le parti, soprattutto dal «Jockey Denoghull» (probabilmente un gioco di parole sul nome di Donague). In questa lettera Carnarvon diceva di aver messo l'aerea creatura (cioè la gazzella) e il cavallo, «*comprati* al Cairo», in un armadietto a muro a Highclere. Dopo attento esame, Carnarvon aveva dedotto che quei pezzi non contrassegnati appartenessero «agli inizi della XVIII Dinastia e provenissero da Saqqara». Aveva già chiesto a Carter se nella tomba ci fosse per caso altra «roba non contrassegnata».

Altri articoli riferiti a Tutankhamun sono esposti in altri musei americani, particolarmente a Brookkyn, a Cleveland, a Cincinnati e nell'Art Gallery di Kansas City. Un magnifico capolavoro, un ornamento d'oro che rappresenta il giovane sovrano sul suo coc-

---

[7] Oggetti provenienti dalla tomba di Amenhotep III: elenco in data 17 novembre 1924. *The Times*, 15 ottobre 1990. La scoperta fu fatta dal dottor Nicholas Reeves, curatore a Highclere, nel 1988. Vedi inoltre l'autore, citato in «Peterborough», *Daily Telegraph*, 9 marzo 1988.

chio di guerra, fu donato al Museo del Cairo da re Faruk nel 1952, prima che abdicasse. Inoltre Faruk viene indicato come il «tramite segreto» che aveva consentito a Howard Carter di prendere «altri quattro o cinque oggetti di Tutankhamun e di portarli in Inghilterra». Secondo Hoving, il testamento di Carter «stabiliva che i pezzi – anelli d'oro e di ceramica – erano lasciati in eredità alla nipote, Phyllis Walker, la quale, quando ne scoprì la vera origine, ne fu atterrita al punto che per mezzo dell'esecutore testamentario di Carter restituì gli anelli a Faruk». In realtà, il testamento non dice nulla riguardo a nessun pezzo di antichità egiziana in particolare, in quanto si riferisce soltanto a «cose di proprietà immobiliare e personale». Come risulta da appunti della sua agenda per la stagione 1929-30, fino all'ultimo momento egli si preoccupò del fatto che il Metropolitan Museum non avesse ricevuto nessun indennizzo per l'enorme contributo da esso prestato al lavoro eseguito nel sepolcro, «con sacrificio personale», in ogni caso fino all'aprile del 1929, quando il governo egiziano assunse la responsabilità dell'impresa sottraendola all'amministrazione Carnarvon.

Quando il ministero dei Lavori pubblici mostrò di non avere intenzione di accogliere l'appello di Carter a favore del Museo, è molto probabile che egli si prendesse cura personalmente della questione. Senza dubbio alcuni pezzi conservati nel Metropolitan Museum corrispondono alla descrizione di cui all'elenco di Burton e indicano che Phyllis Walker diede retta a Burton stesso, vendendo o donando a quell'istituzione alcuni fra i pezzi di minor valore lasciati a lei.

L'onere di spiegare l'intera questione sul modo in cui i manufatti di Tutankhamun erano andati a finire nel Metropolitan Museum, settant'anni dopo la scoperta della tomba, spetta totalmente al suo consiglio d'amministrazione. Finché esso non agirà come altre grandi istituzioni del settore, quali il British Museum e l'Ashmolean Museum, e non renderà di pubblico dominio tutto il relativo carteggio, lo si udrà recitare il *mea culpa*. In mancanza di una inequivocabile dichiarazione a proposito della posizione assunta dal Museo, nessun tribunale potrebbe prendere in considerazione neanche per un secondo qualsiasi accusa formulata dai suoi funzionari a carico di Carnarvon o di Carter.

In mezzo a tutte queste insinuazioni, tocca agli egittologi e ai sorveglianti di raccolte museali distinguere la realtà dalle supposizioni. Nel corso degli anni Carter smerciò tanto di quel materiale egiziano che quasi certamente alcuni oggetti sono rinvenibili sul mercato. Del pari, non può sussistere alcun dubbio sul fatto che lui e Lord Carnarvon non si siano creati troppi scrupoli nell'applicare le norme di legge egiziane relative alle antichità, in modo particolare per quanto riguarda Carter, quando egli si convinse di essere stato trattato ingiustamente.

L'interrogativo che per l'avvenire avrebbe offuscato le descrizioni della grande impresa compiuta da Carnarvon e da Carter rimane senza risposta. Il fatto che essi siano tornati al sepolcro durante la notte tra il 26 e il 27 novembre 1922, come sostiene Hoving, è ormai dimostrato. Anzi, la conferma definitiva è stata fornita nel 1981, quando il giornalista John Lawton, il quale fece ritornare sul posto il sergente Adamson per ricostruire quanto ricordava degli avvenimenti di settant'anni prima, esaminò l'agenda di Mervyn Herbert, il secondo fratellastro di Carnarvon, nella Bodleian Library a Oxford. Nel descrivere la gita in macchina per recarsi alla cerimonia inaugurale il 29 novembre 1922, Herbert annotò: «Porch ha bisbigliato qualcosa a Evelyn e le ha detto di riferirmelo. Lei così ha fatto, impegnandomi al più rigoroso segreto. Ecco il segreto. Loro due erano già entrati nella seconda camera! Dopo la scoperta, non erano stati capaci di resistere alla tentazione: avevano aperto una breccia nella parete (che poi richiusero di nuovo) e vi si erano infilati. Le sole altre persone che ne sono al corrente sono gli operai».

Ciò ovviamente non dimostra che in quel momento fosse stato asportato qualcosa dalla tomba. C'è sempre la testimonianza del sergente Adamson, in base alla quale quella notte essi non avrebbero avuto la possibilità di entrare nell'anticamera o nelle camere ubicate oltre le sue pareti orientate a nord e a ovest a causa della massa di oggetti che li avrebbe ostacolati. In ogni caso, per farlo, avrebbero dovuto scavalcarlo mentre dormiva.

Stando così le cose, la versione di Adamson va trattata con cautela. Per diversi anni, l'ex agente della polizia militare tenne conferenze davanti a platee di profani e di esperti, in Inghilterra e all'estero, impressionando tutti coloro che lo ascoltavano con la precisione dei suoi ricordi e con la spontanea sincerità con cui raccontava le cose. Tuttavia, nel corso dei dieci anni durante i quali egli asseriva di essere stato il guardiano ufficialmente designato del sepolcro, non un solo membro del gruppo – né Carnarvon, né Carter e neanche uno degli americani – accennò al soldato inglese che si trovava in mezzo a loro. Si deve inoltre presumere che gli abili cronisti che avevano passato due o tre anni nel vano tentativo di spezzare il monopolio del *Times* non avrebbero certo mancato di intervistare l'unico uomo il quale, sussurrando una o due parole, avrebbe potuto far loro sapere quel che volevano. Nessuno di loro lo ha mai menzionato, né all'epoca né nei suoi ricordi. Le fotografie e le diapositive usate da Adamson, e poi impiegate per illustrare libri e articoli dedicati alla sua avventura, erano tutte riproduzioni ufficiali tratte da giornali e riviste che si erano avvalse dei servizi del *Times*. In nessuna delle migliaia di fotografie scattate all'interno della tomba e nei suoi paraggi compariva il poliziotto di guardia.

Richard Adamson finì i suoi giorni alla Star and Garter Home per mutilati di guerra a Richmond. Il sovrintendente di quel famoso istituto negli ultimi due anni, il maggiore Harris, non mise in dubbio la sincerità e l'onestà dell'uomo. Tuttavia Adamson non cominciò a raccontare la sua storia se non dopo la morte della moglie, avvenuta nel 1966. Neanche i suoi figli, fino a quel momento, avevano saputo nulla della sua straordinaria avventura. Purtroppo la sua storia, per quanto affascinante, non può servire, senza ulteriori delucidazioni, a confermare o a completare gli avvenimenti di quella «giornata unica».

Nelle carte private delle famiglie di Carter e dei suoi assistenti potrebbe esserci ancora qualche prova utile. Tra i punti che rimangono misteriosi nello svolgersi delle insolite vicende di Carter ci sono i decessi dei suoi due più stretti colleghi. Negli annuari d'archeologia si dice che «Pecky» Callender sia morto nel 1931, sebbene in realtà non sia morto se non sei anni dopo, intestato, in Egitto. Il suo decesso non venne registrato nel suo paese natale, circostanza assai inconsueta ma non eccezionale, quando si muore all'estero. Burton morì nel 1940 ad Assiut in Egitto all'età di sessant'anni, poco dopo aver finito di occuparsi delle ultime pendenze di Carter. Il suo testamento venne omologato a Llandudno nel Galles, ma non diceva nulla delle sue proprietà tranne che egli le lasciava a sua moglie Minnie. Ma al testamento erano stati aggiunti due codicilli non resi pubblici, omologati presso l'alta corte separatamente dal testamento, che fu rilasciato dalla corte suprema del Cairo il 16 luglio 1941.

Sotto il profilo storico, un lascito forse più importante da parte di Carter a favore di sua nipote fu il manoscritto che conteneva le annotazioni e correzioni della sua pubblicazione *The Tomb of Tutankhamen*. Nel 1972 venne pubblicata in Inghilterra quella versione del libro, seguita nel 1982 da un'altra edizione presentata dall'archeologo John Romer, il quale la definì «una delle più belle opere di archeologia divulgativa di tutti i tempi». Romer disse come egli, più giovane di Carter di una generazione, lavorando in mezzo alle tombe reali della Valle, si fosse inginocchiato per consultare la sua rotella metrica: nel far ciò, aveva visto «luccicare una linea verticale» proprio nel punto della parete che stava esplorando. Accanto a quel segno a matita c'erano le iniziali «H.C.» e la data «1917». Poche tombe sfuggivano alla sua attenzione. «Non sorprendeva il fatto che Carter fosse stato là prima di me», disse Romer, citando *Il romanzo della mummia*, scritto da Théophile Gautier nel 1854, del cui fantastico protagonista aristocratico, Lord Evandale, egli parlava come di un *déjà-vu*, di una caricatura del «freddo e affascinante» Carnarvon. Ma l'egittologo di Gautier, Ramphius, «con una faccia da ibis e una spiccata simpatia per gli enigmatici testi religiosi», era totalmente diverso da Howard Carter, «il quale era un uomo vigoroso e pratico, riconosciuto dai suoi contemporanei come un esperto e acuto osservatore della natura e del deserto, uno dei più bravi disegnatori in campo archeologico che avessero mai lavorato in Egitto».

È una nota adeguatamente scevra da spirito polemico su cui accomiatarci da un grande archeologo del tutto dimenticato, da un uomo amareggiato, il quale avrebbe potuto reagire meglio alla musica esaltante della fama effimera se essa fosse stata accompagnata dal consenso sincero dei suoi contemporanei.

# Bibliografia

ALDRED, CYRIL, *The Egyptians: Ancient People and Places*, London and New York 1961.
ALDRED, CYRIL, *Egyptian Art*, London 1961 (trad. it. *Arte Egizia*, Rusconi, Milano 1988).
ALDRED, CYRIL, *Akhenaten and Nefertiti*, London 1973.
ALDRED, CYRIL, *Akhenaten King of Egypt*, London 1988.
ALLEN, T.G., *The Egyptian Book of the Dead*, Chicago 1960.
ANDREWS, CAROL, *Near Eastern Art*, London 1969.
ANDREWS, CAROL, *Catalogue of Egyptian Antiquities VI, Jewellery from Earliest Times to the End of the Seventeeth Century*, London 1981.
ANDREWS, CAROL, *Egyptian Mummies*, London 1984.
ANTROBUS, GEORGE P., *King's Messenger 1918-1940*, London 1941.
BAINES, JOHN e MALEK, JAROMIR, *Atlas of Ancient Egypt*, Oxford 1978 (trad. it. *Atlante dell'antico Egitto*, a cura di Alessandro Roccati, Istituto Geografico De Agostini, Novara 1985).
BÉNÉDITE, GEORGE, *Egypte*, Paris 1900.
BRIERBIER, M.I., *The Tomb Builders of the Pharaohs*, London 1982.
BISSING, F.W. von (Baron), *Ein thebanischer Grabfund aus dem Anfange des neuen Reichs* (con tavole tratte da disegni di Howard Carter), Berlin 1900.
BRACKMAN, ARNOLD, *The Search of the Gold of Tutankhamun*, New York 1976.
BREASTED, CHARLES, *Pioneer to the Past*, London 1948.
BREASTED, J.H., *Ancient Records of Egypt: Historical Documents*, Chicago 1906.
BREASTED, J.H., *History of Egypt*, New York 1910.
BRUNTON, WINIFRED (a cura di), *Great Ones of Ancient Egypt. Portraits by Winifred Brunton, History by Eminent Egyptologists, Foreword by Professor J.H. Breasted*, London 1925.
BUDGE, E.A., WALLIS, *By Nile and Tigris*, 2 voll., London 1920.
BUDGE, E.A., *The Mummy*, Cambridge 1925.
BUDGE, E.A., *Amulets and Superstitions*, Oxford 1930.
BUDGE, E.A., *From Fetish to God in Ancient Egypt*, Oxford 1934.
*Cambridge (The) Ancient History* (trad. it. *Storia antica*, Il Saggiatore, Milano 1967; Storia del mondo antico, Garzanti, Milano 1974).
CAPART, JEAN (a cura di), *Letters of Charles Edwin Wilbour*, Brooklyn 1936.
CAPART, JEAN *et alii*, *Tout-Ankh-Amon*, Bruxelles 1943.
CARTER, HOWARD, *The Discovery of the Tomb of Tutankhamen*, New York 1977.
CARTER, HOWARD, *The Tomb of Tutankhamen*, London 1972 (trad. it. *Tutankhamen*, 65 illustrazioni in bianco e nero e 16 tavole a colori, Garzanti, Milano 1973; *Tutankhamen*, Garzanti, Milano 1980); idem, con introduzione di John Romer, London 1983.
CARTER, HOWARD, e MACE ARTHUR CRUTTENDEN, *The Tomb of Tut.Ankh.Amen discovered by the late Earl of Carnarvon and Howard Carter* (3 voll., di cui il secondo e il terzo soltanto di Carter), London-New York 1923-33.
CARTER, HOWARD, e NEWBERRY, PERCY EDWARD, *The Tomb of Thoutmosis IV*, in «Antiquités Egyptiennes du Musée du Caire», nn. 46001-46529, London 1904.
CERAM, C.W., *Gods, Graves and Scholars*, London 1967 (trad. it. *Civiltà sepolte. Il romanzo dell'archeologia*, Prefazione di Ranuccio Bianchi Bandinelli, Einaudi, Torino 1952 e 1970. Tit. orig. *Götter, Gräber und Gelehrte*, trad. di Licia Borrelli).
CERNY, JAROSLAV, *The Valley of the Kings*, Cairo 1973.
COTTRELL, LEONARD, *The Lost Pharaos*, London 1950.
COTTRELL, LEONARD, *Lost Cities*, London 1957 (trad. it. *Città perdute*, Baldini e Castoldi, Milano 1959).
COTTRELL, LEONARD, *Wonders of Antiquity*, London 1960.
DANIEL, GLYN, *A Hundred and Fifty Years of Archeology*, London 1975.

DARESSY, GEORGE, *Fouilles de la Vallée des Rois 1898-1899*, Cairo 1902.
DAVIES, N.M., e GARDINER, A.H., *Ancient Egyptian Painting*, 3 voll., Chicago 1936.
DAVIS, THEODORE M., *Biban El Moluk. Description and Excavation of the Tomb of Hatshopsitu*, London 1906.
DAVIS, THEODORE M., *Theodore M. Davis's Excavations, The Tomb of Iouiya and Touiyou*, con illustrazioni di H. Carter, London 1907.
DAVIS, THEODORE M. *et alii*, *The Tomb of Siptah*, London 1908.
DAVIS, THEODORE M. *et alii*, *The Tombs of Harmharbi and Toutankhamanou*, London 1912.
DAWSON, W.R. e UPHILL, E.T., *Who was Who in Egyptology*, London 1972.
DESROCHES-NOBLECOURT, CHRISTIANE, *Tutankhamen: The Life and Death of a Pharaoh*, London 1963.
DEUEL, LEO, *The Treasures of Time*, Ohio 1961.
DROWER, MARGARET S., *Flinders Petrie*, London 1985.
EDWARDS, AMELIA B., *A Thousand Miles Up the Nile*, London 1877.
EDWARDS, AMELIA B., *Pharaohs, Fellahs and Explorers*, London 1982.
EDWARDS, I.E.S., *The Pyramids of Egypt*, London 1961 (trad. it. *Le piramidi d'Egitto*, Il Saggiatore, Milano 1962, 1969, 1982).
EDWARDS, I.E.S., *Treasures of Tutankhamun*, London 1978.
EDWARDS, I.E.S., *Tutankhamun – His Tomb and its Treasures*, London 1979 (trad. it. *Tutankhamon, la tomba e i tesori*, A. Mondadori, Milano 1980).
ELLIOT-SMITH, G. e DAWSON, W.R., *Egyptian Mummies*, London 1924.
EMERY, W.B., *Archaic Egypt*, London 1961.
FITZHERBERT, MARGARET, *The Man Who was Greenmantle*, London 1983.
FOX, PENELOPE, *Tutankhamun's Treasure*, Oxford 1951.
FRANKFURT, HENRI, *Ancient Egyptian Religion*, New York 1961.
GARDINER, ALAN H., *Egytp of the Pharaohs*, Oxford 1961 (trad. it. *La civiltà egizia*, G. Einaudi, Torino 1971).
HERBERT, GEORGE E.S.M., 5th Earl of Carnarvon, e CARTER, HOWARD, *Five Years' Exploration at Thebes* (capitoli di F.Ll. Griffith, George Legrain, George Moeller, Percy E. Newberry, William Spielberg e Henry Frowde), London 1912.
HOLST, MENO, *Hinter versiegelten Tueren, Unter Forschern, Pharaonen und Fellache*, Reutlingen 1956.
HOVING, THOMAS, *Tutankhamun: The Untold Story*, London 1979 (trad. it. *Tutankhamon. Una storia sconosciuta*, A. Mondadori, Milano 1979).
JAMES, T.G.H., *Hieroglyphic Texts From Egyptian Stelae etc.*, Parte IX, London 1970.
JAMES, T.G.H., *Excavating in Egypt: The Egypt Exploration Society 1882-1982*, London 1982.
JAMES, T.G.H., *The British Museum and Ancient Egypt*, London 1983.
JAMES, T.G.H. e DAVIES, W.V., *Egyptian Sculpture*, London 1983.
MALLAK, K. AL e BRACKMAN, A.C., *The Gold of Tutankhamen*, New York 1978 (trad. it. *L'oro di Tutankhamen*, Istituto Geografico De Agostini, 1980).
MARIETTE, AUGUSTE, *The Monuments of Upper Egypt*, London 1877.
MARLOWE, JOHN, *Spoiling the Egyptians*, London 1974.
MASPÉRO, GASTON, *La trouvaille de Deir el Bahari*, Cairo 1881.
MASPÉRO, GASTON, *Les Momies Royales de Deir el Bahari*, Paris 1889.
MASPÉRO, GASTON, *The Struggles of the Nations*, London 1896.
MASPÉRO, GASTON, *New Light on Ancient Egypt*, London 1908.
MASPÉRO, GASTON, *Egypt: Ancient Sites and Modern Scenes*, London 1910.
MEKHITARIAN, A., *Egyptian Painting*, Genève 1978.
MICHALOWSKI, K., *The Art of Ancient Egypt*, London 1969.
MURRAY, MARGARET, *My First Hundred Years*, London 1963.
NAGEL, G., *Egypt*, London 1978.
PEET, T. ERIC, *The Great Tomb-robberies of the Twentieth Egyptian Dynasty*, Oxford 1943.
PENDLEBURY J.D.S., *Tell el Amarna*, London 1935.
PETRIE, sir W. FLINDERS, *Qurneh*, London 1888.
PETRIE, sir W. FLINDERS, *A History of Egypt*, Methuen, London 1924.
PETRIE, sir W. FLINDERS, *Seventy Years in Archaeology*, London 1924.
PIANKOFF, ALEXANDRE, *Egyptian Religious Texts and Representations*, 5 voll., Princeton 1954-68.
REDFORD, DONALD F., *History and Chronology of the Eighteenth Dynasty of Egypt*, Toronto 1967.
REEVES, NICHOLAS, T*he Complete Tutankhamun*, London 1990.

REISNER, G., *The Development of the Egyptian Tomb*, Oxford 1936.
ROMER, JOHN, *Valley of the Kings*, Michael Joseph, London 1981 (trad. it. *La valle dei re*, A. Mondadori, Milano 1984).
SABIT, ADEL M., *A King Betrayed: The Ill-Fated Reign of Farouk of Egypt*, London 1989.
SAYCE, A.H., *Reminiscences*, London 1923.
SMITH, sir GRAFTON E., *Tutankhamen and the Discovery of the Tomb by the late Earl of Carnarvon and Mr H. Carter*, London 1923.
SMITH, JOSEPH LINDON, *Tombs, Temples and Ancient Art*, Oklahoma 1956.
SMITH, SIDNEY, *Sir Flinders Petrie*, London 1943.
THOMAS, ELIZABETH, *The Royal Necropolies of Thebes*, Princeton 1966.
WAVELL, Field Marshal Viscount, *Allenby: Soldier and Statesman*, London 1946.
WEIGALL, A., *A Guide to the Antiquities of Upper Egypt*, London 1910.
WEIGALL, A., *The treasury of Ancient Egypt*, London 1911.
WEIGALL, A., *Tutankhamun and Other Essays*, London 1924.
WEIGALL, A., *A History of the Pharaohs*, New York 1923.
WHEELER, R.E.M., *Archaeology from the Earth*, Oxford 1954.
WHEELER-HOLOHAN, V., *The History of the King's Messengers*, London 1935.
WILBOUR, CHARLES EDWIN, *Travels in Egypt* (a cura di Capart), New York 1936.
WILLIAMS, VALENTINE, *The World of Action*, London 1938.
WILSON, JOHN A., *Signs and Wonders upon Pharaoh: a History of American Archaeology*, Chicago 1964.
WINSTONE, H.V.F., *Gertrude Bell*, London 1978.
WINSTONE, H.V.F., *The Illicit Adventure*, London 1982.
WINSTONE, H.V.F., *Uncovering the Ancient World*, London 1985.
WINSTONE, H.V.F., *Woolley of Ur*, London 1990.
WOOD, CHRISTOPHER, *The Dictionary of Victorian Painters*, London 1978[2].
WYNNE BURY, *Behind the Mask of Tutankhamun*, London 1972.

## FONTI PARTICOLARI

BEINLICH, HORSTe MOHAMED, SALEH, *Corpus der Hieroglyphischen Inschriften aus dem Grab des Tutanchamun*, 2 voll., Warminster 1989.
BIERBRIER, M.I., *The Late New Kingdom in Egypt*, Warminster 1975.
BIERBRIER, M.I., *Hieroglyphic Texts from Egyptian Stelae* etc., Parte x, London 1982.
BRUNTON, GUY, *Howard Carter, necrologio*, ASAE, n. 39, 1939.
BURTON, HENRY, *The Late Theodore M. Davies Excavations at Thebes, 1912-13*, «Bulletin of Metropolitan Museum of Art» , XI, 1916.
CARTER, HOWARD, relazione riguardante la tomba di Sen-nefer, *ASAE*, n. 2, 1901.
CARTER, HOWARD, relazione riguardante il furto compiuto nella tomba di Amenhotep II, *ASAE*, n. 2, 1902.
CARTER, HOWARD, relazione riguardante i lavori in generale, *ASAE*, n. 4, 1903.
CARTER, HOWARD, *Excavations at Biban el Moluk*, *ASAE*, n. 4, 1903.
CARTER, HOWARD, relazione riguardante il lavoro svolto nell'Alto Egitto, *ASAE*, n. 4, 1905.
CARTER, HOWARD, relazione riguardante la tomba di Amenhotep I, scoperta a Zeser-ka-ra dal conte di Carnarvon nel 1914, *JEA*, n. 3, 1916.
CARTER, HOWARD, *A Tomb prepared for Queen Hatshpesut*, *JEA*, n. 4, 1917.
CARTER, HOWARD e GARDINER, ALAN, *The Tomb of Ramesses IV and the Turin Plan*, *JEA*, n. 4, 1917.
*City of Akhenaten, The*, 3 voll., Egypt Exploration Society, London 1923-51 (contributi di Peet, Woolley, Gunn, Guy, Newton, Frankfurt, Pendlebury e di altri autori).
DAVIES, N. DE GARIS, *The Tomb of Nefer-Hotep at Thebes*, 2 voll., Metropolitan Museum of Art, Egyptian Expedition, New York 1933.
DAVIES, N. DE GARISE GARDINER, A.H., *The Tomb of Huy, Vicerooy of Nubia in the Reign of Tutankhamun*, EES, 1926.
DAVIES, N. DE GARISE MARTIN, G.T., *The Rock Tombs of El Amarna*, 7 voll., Archaeological Survey of Egypto, London 1903-08.
DERRY, D.E., nota riguardante lo scheletro finora ritenuto quello del re Akenaton, *ASAE*, n. 31, 1931.
DERRY, D.E., relazione riguardante l'esame della mummia di Tutankhamun, in Carter, *The Tomb of Tutankhamen*, cit.

DERRY, D.E., *The Dynastic Race in Egypt*, *JEA*, n. 42, 1956.

*Deutsche Orient-Gesellschaft*, seit 1898, im Dienste der Forschung, Museum für Vor and Frühgeschichte, Schloss Charlottenburg, Berlin.

ENGELBACH, R., *An Essay on the Advent of the Dynastic Race*, *ASAE*, XLII, 1943.

HARRIS, JAMES E., e WEEKS, KENT R., *X-Raying the Pharaohs*, New York 1973.

HARRISON, R.G., *The Anatomical Examination of the Pharaonic Remains Purported to be Akhenaten*, *JEA*, n. 52, 1966.

HERBERT, ALMINA VICTORIA MARIA ALEXANDRA, contessa di Carnarvon: catalogo della casa di vendite Christie relativo a mobili francesi, porcellane di Sèvres e regali ricevuti dal defunto Alfred de Rothschild, messi all'asta il 19 maggio 1925, nonché a disegni e quadri messi all'asta il 2 maggio 1925.

JONES, DILWYN, *Model Boats from the Tomb of Tutankhamun*, Warminster 1988.

KNUDTZON, J.A. *et alii*, *Die el-Amarna Tafeln*, 2 voll., Leipzig 1915; ristampato con il titolo *Tell el-Amarna Tablets* da S. Mercer, Toronto 1939.

LEE, CHRISTOPHER C., *...the grand piano came by camel*, *The Story of Arthur C. Mace*, Lochwinnoch Community Museum, Department of Arts and Libraries, Renfrew 1989.

LEEK, F. FILCE, *The Human Remains from the Tomb of Tut'ankhamun*, Warminster 1972.

LITTAUER, M.A. e CROUWELL, J.H., *Chariots and Related Equipment from the Tomb of Tutankhamun*, Warminster 1986.

LUCAS, ARTHUR, nota su *Temperature and Humidity of Several Tombs in the Valley*, *ASAE*, n. 24, 1924.

LUCAS, ARTHUR, note riguardanti *Some of the Objects from the Tomb of Tutankhamun*, *ASAE*, n. 41, 1942.

MANNICHE, L., *Musical Instruments from the Tomb of Tut'ankhamun*, Warminster 1976.

MCCALL, HENRIETTA, *Howard Carter, Egyptologist 1874-1939*, 1987 (tesi di laurea inedita).

MCLEOD, W., *Composite Bows from the Tomb of Tut'ankhamun*, pubblicato dal Griffith Institute, Warminster 1970.

MCLEOD, W., *Self Bows and other Archery Tackle from the Tomb of Tut'ankhamun*, Warminster 1982.

MEYER, E., Aus dem Sande Aegyptens, Mitteilungen der DO-G 62, 1923 15ff Berlin.

MEYER, E., Die Stadt von Echnaton und Nofretete, Mitteilungen der DO-G 55, 1914 3ff.

MURRAY, HELEN e NUTTALL, MARY, elenco manoscritto per il *Catalogue of Objects in Tutankhamun's Tomb* di Carter, GI, Warminster 1963.

NAVILLE, H. EDOUARD, *The Temple of Deir el Bahri*, 6 voll., EEF, 1895-1908.

NEWBERRY, PERCY E., *Howard Carter*, necrologio, *JEA*, n. 25, 1939.

NEWBERRY, PERCY E., *Report on the floral wreaths found in the coffins of Tutankhamen*, in Carter, *The Tomb of Tutankhamen*, cit.

PETRIE, W.M. FLINDERS, *Tell el Amarna*, «Illustrated London News» , 22 ottobre 1892.

PIANKOFF, ALEXANDER, *The Shrines of Tut-ankh-Amon*, Bollingen series, n. 49, I, *Egyptian Religious Texts*, New York 1955.

TAIT, W.T., *Game Boxes and Accessories from the Tomb of Tutankhamun's*, Warminster 1982.

*Tutankhamun's, Treasure*, catalogo, American Association of Museums and Smithsonian Institute, 1961-62.

VERGOTE, J., *Tutankhamon dans les archives hittites*, Historical-Archaeology Institute of the Netherlands in the Near East, Istambul 1961.

WEIGALL, ARTHUR, *Excavations and Explorations in Egypt*, EEF Report, 1909-10.

WOOLLEY, C. LEONARD, *The Heretic Pharaoh's Prime Minister and his House*, «Illustrated London News», 16 dicembre 1922.

Altre fonti particolari sono citate nelle note a piè di pagina.

*Elenco delle sigle*:

*ASAE*: *Annales du Service des Antiquités de l'Egypte*
EEF: Egypt Exploration Fund
EES: Egypt Exploration Society
GI: Griffith Institute, Ashmolean Museum, Oxford
FO: Foreign Office
*JEA*: *Journal of Egyptian Archaeology*

# Indice dei nomi

In genere le date storiche che compaiono nel testo e nell'indice sono quelle di cui all'ultima edizione disponibile della *Cambridge Ancient History*. Le forme alternative e le interpretazioni vocaliche di parole antiche e arabe sono evidenziate in parentesi quadre.

# Indice

Caro lettore,

ritagli e invii in busta chiusa, dopo aver risposto alle nostre domande, la scheda allegata.

Riceverà in omaggio periodicamente il nostro catalogo.

Dove ha acquistato il libro?

☐ libreria ☐ edicola ☐ ipermercato ☐ regalo

Ritiene di aver acquistato, indipendentemente dall'opera, un prodotto editoriale:

☐ scadente ☐ mediocre ☐ buono ☐ ottimo

Barri con una X le aree di lettura che predilige:

☐ narrativa ☐ filosofia ☐ antropologia ☐ storia
☐ psicologia ☐ poesia ☐ letteratura ☐ saggistica
☐ politica ☐ fiabe ☐ teatro ☐ cucina
☐ architettura ☐ arte ☐ magia ☐ musica
☐ giallo ☐ orrore ☐ fantastico ☐ avventura
☐ fantasy ☐ fantascienza ☐ rosa ☐ archeologia

nome ................................... cognome .....................................

età ...................................... professione ...............................

Via ................... ................... cap ................. Città ...............

Spedire a: Newton Compton editori
Via della Conciliazione, 15
00193 ROMA
Tel. 06/68803250

GTE 292

# Richiesta volumi arretrati

(Spedizione contrassegno senza alcun contributo per spese postali)

N.B. Per richieste di importo inferiore a L. 5.000, inviare, unitamente alla cedola libraria, francobolli di importo pari all'ordine.

| Numero collana | Numero copie | Titolo | Importo |
|---|---|---|---|
| | | | |
| | | | |
| | | | |
| | | | |
| | | | |
| | | | |
| | | | |
| | | | |
| | | | |
| | | | |
| | | | |
| | | | |
| | | | |
| | | | |
| | | | |
| | | | |
| | | | |

Data _____ Firma _____